# 眼の冒険
## デザインの道具箱

松田行正

紀伊國屋書店

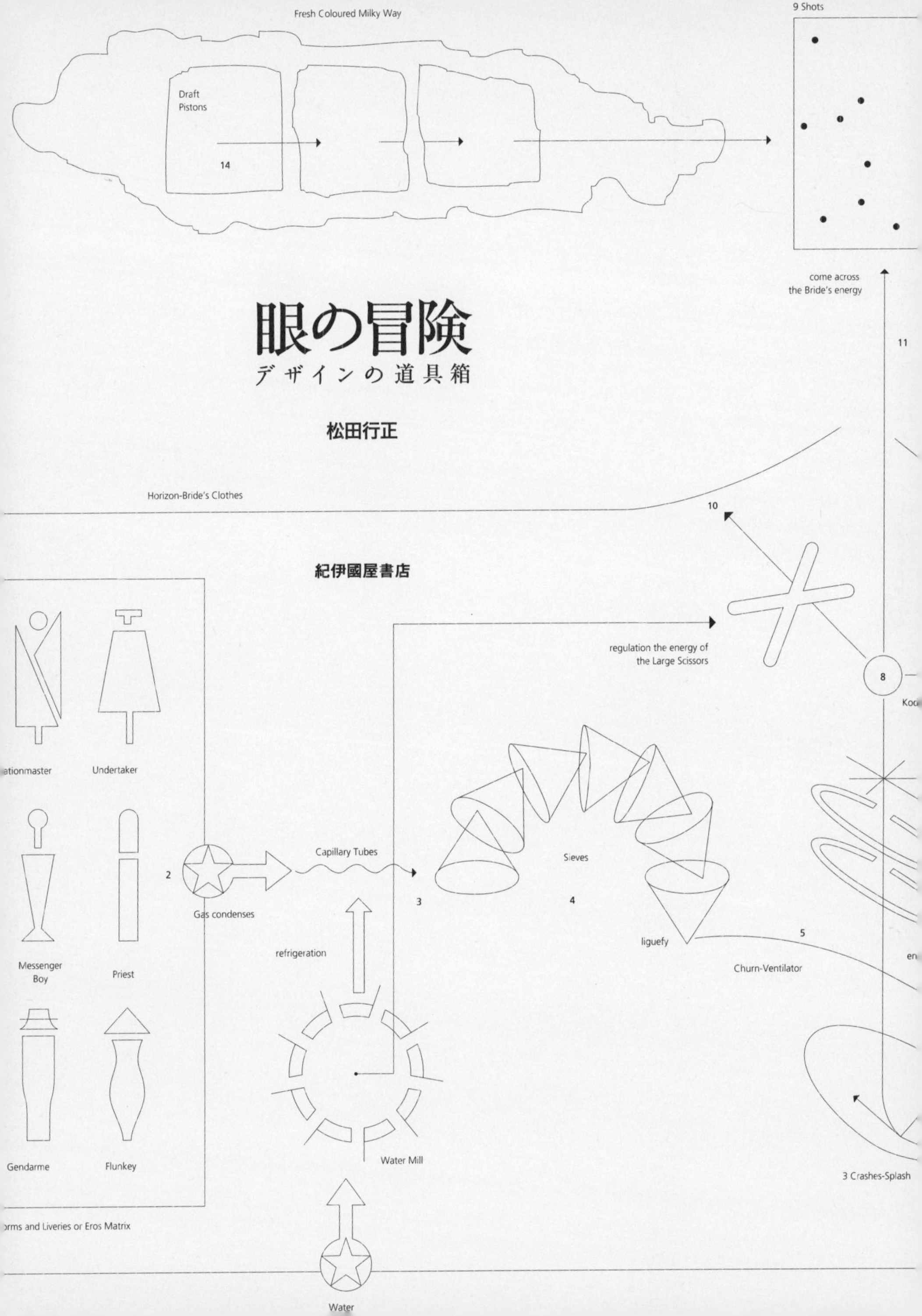

# 眼の冒険　目次

# 1 直線の夢

2

# 面の愉しみ

# 3 形のコラージュ

4

# 数字・文字・暗号・シンボル

## 5

# 見ること・見られること



著者自装
本文図版作成協力
河原田智
澤地真由美
斎藤千恵子
中村晋平

# 眼の冒険

デザインの道具箱

はじめに　「似ている」こと

「似ている」ことに関心を持ってから大分経つ。きっかけは一九七八年に出版された松岡正剛編『遊一〇〇一相似律』（工作舎）に触れたときからだった。そこには、形の似たものが同等に並び、似たもの同士カタログの観を呈していた。

例えば表紙には、「遊」の漢字に触発された漢字らしき文字が並んでいる（P.108参照）。じっと見ていると、どれもなんとなく「遊」の文字のような気がしてくる。このなんとなく似ている、ということが大事で、ピッタリ同じ、つまり合同ではそこからの新たな展開をシャットアウトしている、というのがこの本の骨子だった。

例えば、星雲と頭髪と指紋と素粒子の飛跡が同列に並んでいる。どれも渦巻という形態を共有しているからだ。ここでは形が似ていることは性格、性質を共有するばかりでなく共振しているというのだ。

渦巻き

つむじ

星雲

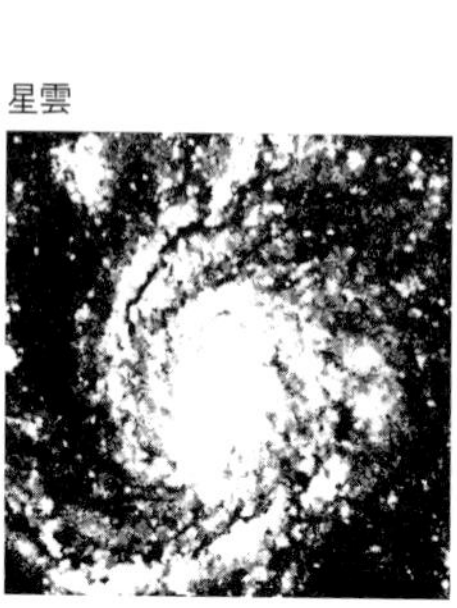

錬金術などの神秘主義ではシンボリズムが重要なアイテムで、アナロジー（類似）という方法論は欠かせない。科学や物理の発見のきっかけにもアナロジーは大きく作用している。

人間の発想の原点に「似ていること」が大きく作用していたのもよく知られている。C・G・ユングが提唱したアーキタイプ説では、円や正方形などの形にわれわれがことのほかとらわれるのは、もともとわれわれの脳に刷り込まれている形だからだ、と言う。

しかし、ユングのアーキタイプ説を持ち出すまでもなく、われわれの眼と脳とは、もともと「似ていること」に対しては敏感だ。似ているものはまとめてしまったりなど、抽象表現向きである。なかでも円や正方形などのシンプルな形にまとめやすい、ということのようだ。ここでは「厳密さ」よりも「らしさ」が重視されている。

眼を細めれば視界の輪郭は弱まる。涙を流せば風景は完全に歪み、特徴だけが際だってくる。この方法で二つのものを比較すると自ずと似ている点が浮上してくる。

ピート・モンドリアンは、オランダの風景画から出発したが、

子持ち三つ巴紋

対数螺旋をつくるヒナギクの配列図。
ジョージ・ドーチ、1981。
（『デザインの自然学——自然・芸術・建築におけるプロポーション』ジョージ・ドーチ著、多木浩二訳、青土社、1994より）

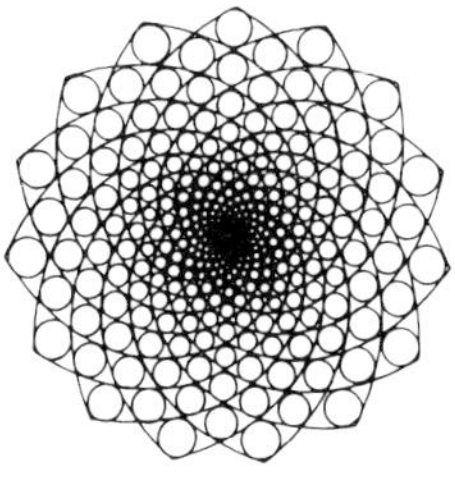

素粒子の飛跡。
（右ページ3点も含めて『遊1001 相似律』工作舎、1978より）

風景は水平線と垂直線でできているとして、水平線と垂直線のみの抽象画を描いた。そして一九四二〜三年には《ブロードウェイ・ブギウギ》や《ヴィクトリー・ブギウギ》で、水平線と垂直線とドットを使ったニューヨーク俯瞰図とおぼしき抽象画を描いた。これは対象物から特徴を抽出して、その特徴のみで描いた絵画だ。これによってあらゆる方眼状の図は同一線上に並ぶことができた。

ブロードウェイは平城京、平安京と似ているのは同じ市街図として当たり前だが、チェスや将棋のゲーム中の軌跡図、コンピュータの集積回路、胎蔵界と金剛界の曼陀羅図、ルイス・カーンのフィラデルフィアの交通の流れ図、デ・ステイル誌表紙図版、ル・コルビュジエのグリッド構成案、「河図《かと》」図、レオナルド・キッツやヴィクトル・ヴァザルリのパターン、パウル・クレーの正方形、中国明代の印章や円相文字など似ているものを数え上げたらきりがない。

このぼかしたり、にじませたり、輪郭のみを抽出したりするなど見え方が変わることで「似ていること」を見つけ出す方法は十九世紀に偶然現れた。いや必然だったかもしれない。それは、人類が二足歩行を獲得し、そのために眼が顔の真ん中に寄

ルイス・カーンの
フィラデルフィアの交通流れ図、1962。
走っている車と駐車している車で表されている。
（"The Notebooks and Drawings of Louis Kahn" Louis Kahn, The Falcon Press, 1962より）

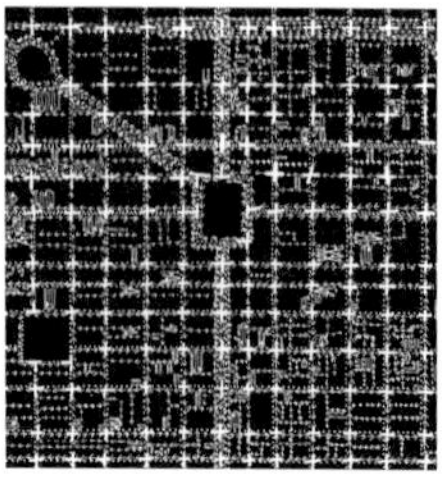

モンドリアン
《ヴィクトリー・ブギウギ》1943-4

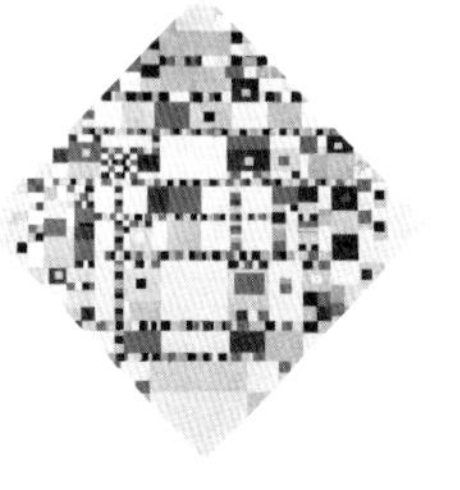

モンドリアン
《ブロードウェイ・ブギウギ》1942-3

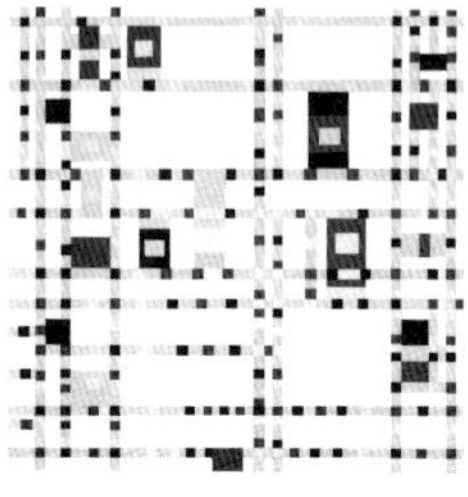

ってきて以来最大の視覚革命となった。

発端はイギリスの産業革命だ。知覚、経済、交通、国家の在り方、環境との関係などあらゆることが根本的に変わった時代である。市場の拡大による資本主義経済システムの勃興、そのための技術革命、石炭をエネルギーとする動力革命、大量生産という考え方（ここには世界戦争による大量殺戮も含まれる）、販路の拡大を求めて輸送の量と距離のネットワークが拡がる陸と海の交通革命、そしてそれに伴う環境破壊などだ。

一八三〇年、リヴァプール―マンチェスター間に世界初の鉄道が開通し、汽車の旅が始まり、鉄道が世界各国に広まる。鉄道は山を崩し、河に橋をかけ、自然を改造してひたすら真っ直ぐに突き進んだ。二本のレールの上を動くため、アップダウンもカーブも得意ではなく、直線こそ最大の安全策である。ここから、自然と人工の対立という、人類がこれから悩み抜く最大のテーマが登場する。

環境破壊は、人類が大地を開墾して農業を発明したときから始まっていたが、鉄道の誕生は七千年のゆるやかな環境破壊の

胎蔵界曼陀羅図

金剛界曼陀羅図

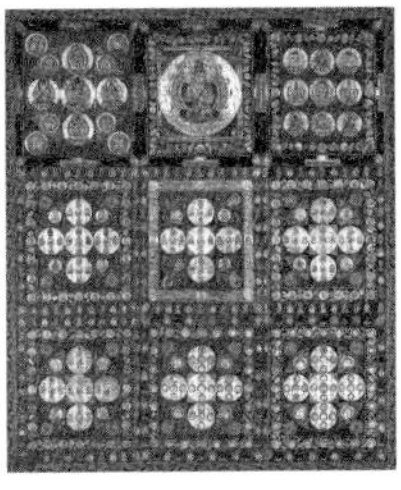

『デ・ステイル第3巻8号』(1920)の表紙に使われた図。デザイン：フィルモス・フサール。『デ・ステイル』誌は、テオ・ファン・ドゥースドルフがモンドリアンにもちかけてつくったデ・ステイル・グループの広報誌。
(『デ・ステイル 1917-1932』セゾン美術館編、セゾン美術館／東京新聞、1997より)

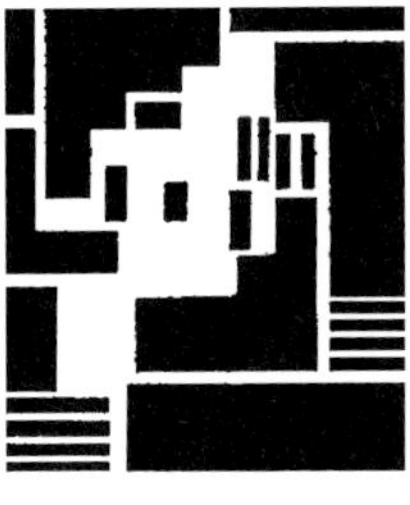

テンポを一気に押し進めた。そして、鉄道の普及は、世界の空間と時間を短縮し、また、その短縮によって空間はより遠くへと拡大した。

地球の歴史は、核を知らなかった時代と核によって環境を汚染された現在に二分される、としばしば語られるが、人類の歴史を速度で切ると、ゆるやかなテンポですごしていた時代と、圧倒的な「速度」を獲得した時代に二分することもできる。

馬車とは比較にならないほどのスピードで走る鉄道の旅は、人々に新しい知覚をもたらした。それまでしっかり見えていた風景はかすみ、崩れ、見たこともない形を人々に見せつけた。

ヴィクトル・ユゴーは、車窓から見える風景について、「畑のへりに咲く花は、もはや花ではなくて色彩の斑点、いやむしろ赤とか白の帯、点はもう消えて帯ばかりなのです。穀物畑はたいへん長い黄色の帯の列、クローバー畑は、長い緑のお下げ髪に見えます。町も教会の塔も樹々も舞いを舞いながら、やがて狂ったみたいに地平線と溶け合います。」(シヴェルブシュ著『鉄道旅行の歴史』より)と語った。車窓から見る近くの風景は、そのスピードによって奥行き感を失い、フラットになっていく。

ルイス・キャロルの『記号論理学』(1881)より。宇宙と部屋の集合

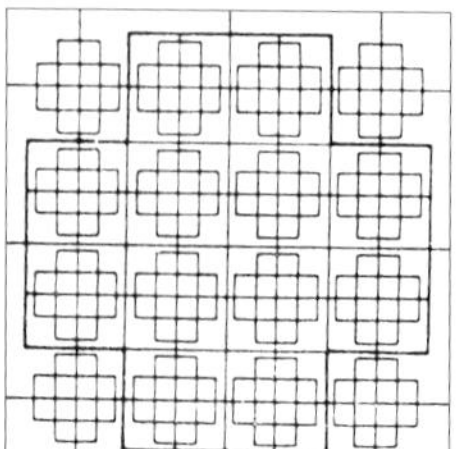

ヴィクトル・ヴァザルリのパターン。(『円+正方形——その発見と展開』ブルーノ・ムナーリ著、上松正直訳、美術出版社、1971より)

レオナルド・キッツのパターン。円が次々と位置を変えて現れる。(『イメージの博物誌7 螺旋の神秘——人類の夢と怖れ』ジル・パース著、高橋巌訳、平凡社、1978より)

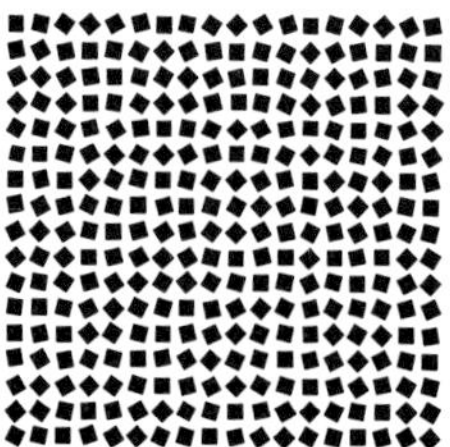

「お下げ髪」に見えるという表現など「似ている」もの好きにとってうれしい限りだ。

もうひとつ新しい眺望も登場した。空から見た地上である。一七八二年にフランスのモンゴルフィエ兄弟が気球を発明して以来、空から地上を眺望できるようになっていた。一八五八年、写真家フェリックス・ナダールがパリ上空から世界初の空中撮影をして、人々に都市を俯瞰した映像を与えた。人々は、眼下に拡がる奥行きのないフラットな都市をはじめて見た。遠近法が無効になった瞬間である。

ヨーロッパの中世では、キリスト教文化が人間よりも神を志向し、上ばかり見て地上に眼を向けていなかった。人間の知覚に対しても神のフィルターが必要だった。それが、ルネッサンス運動によって、神のくびきから逃れ始め、自由な表現を模索するようになり、それから四〇〇年かけてやっと知覚が完全に解放されたのである。

こうして空中からの俯瞰と鉄道の速度による風景感の変貌は絵画表現に多くの影響を与え、モンドリアンに繋がっていく。

ベルギーのパウル・ド・ヴレーのコンクリート・ポエトリー。
《wie straft wie?》1969
(”Concrete Poetry ?”The Catalogue of the exhibition, Amsterdam Stedelijk Museum, 1970より)

フランシス・ピカビア
「おもしろい男」チラシ、1921

ル・コルビュジエのグリッド構成案。
(“The Modulor/Modulor 2”
Le Corbusier, Birkhauser, 1950より)

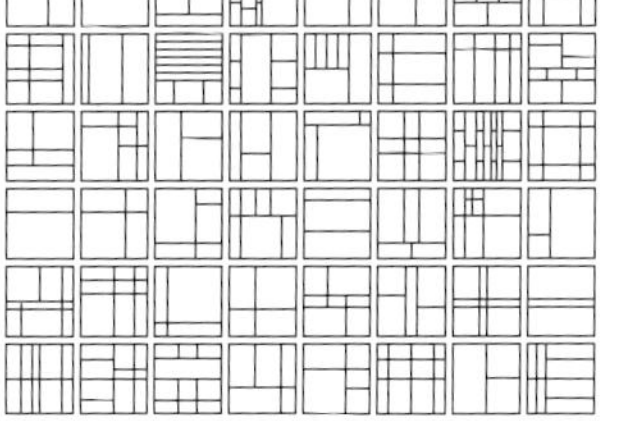

印象派こそ「速度」の影響を受けた第一世代だろう。抽象絵画の始まりは、まさに見たまま、感じたままを形にすることだったのだ。そして、これこそが、「似ている」かどうかを同定する最良のマニエラの誕生でもある。

本書に列挙したさまざまな小話群も「似ている」を駆動輪として選択している。見た目はもちろん、考え方が似ているケースもある。全体は、線や面や文字などいわばユングのアーキタイプ的考え方で五部に分け、各々にそれよりももっと焦点をしぼった、けれどもそれほど具体的ではない表題が並んでいる。表題だけでは何の話かわからないが、「似ている」ということを念頭に置いて読めば、脈絡に輪郭がついてくると思う。

例えば、「反重力」の項では、ターナーのぼかすことで足場が不安定になった舟の絵、ドガのバレエの絵、印象派の基点となったモネの積み藁の絵（カンディンスキーはこの絵に触発されて宙に浮いているような抽象絵画を多く残した）、向日性という天をめざす植物から想を得た、アール・ヌーヴォー期のウィリアム・モリスの花が浮いているテキスタイル・デザイン、トーネットの椅子、十九世紀末に初めて登場したポスターの浮遊感、ガウディ

中国『三才圖會《ずえ》』にある河図《かと》。
黄河から現れた神亀の背中に
書かれていた図を
写し取ったものと言われている

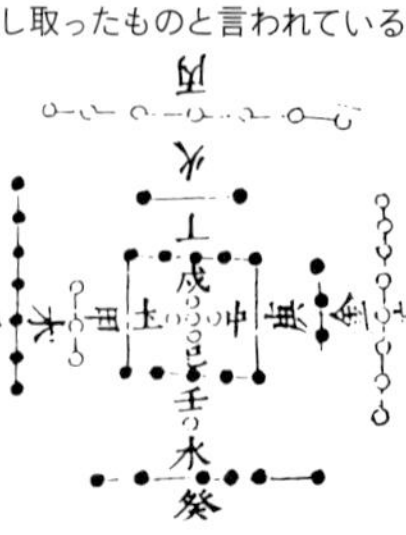

パウル・クレーが画いた正方形。
線の間隔を変えたりアクセントを加えて
運動をつくり出す実験。
（『造形思考』1925より）

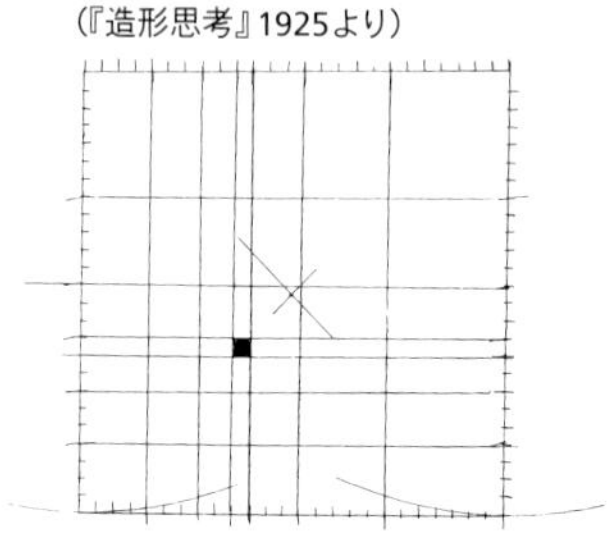

カール・セイガンとウィリアム・ドレイクが、1974年に異星人に向けた2進法のメッセージを、かってに正方形に組み直したもの。
（詳細は4部「メッセージ」参照）

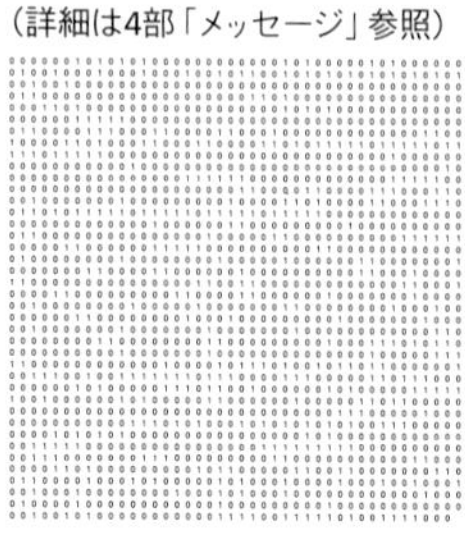

郵便はがき

料金受取人払

渋谷局承認

796

差出有効期間
平成19年2月
28日まで

150-8790

206

（受取人）
東京都渋谷区
東3丁目十三番十一号

株式会社
紀伊國屋書店
出版部 行

ご購入ありがとうございます。小社への要望事項、ならびにこの本のご感想をご記入下さい。今後の出版に活かしていきたいと存じます。また、裏面の「書籍注文書」を小社刊行物のご注文にご活用下さい。より早く確実にご指定の書店で購入できます。　紀伊國屋書店出版部

●通信欄●（小社への要望、出版を希望される分野など）

●図書目録の送付●　（希望する　希望しない）

# 愛読者カード

お買い求めになった本の書名

ご感想

＊ご記入の個人情報は小社刊行物のご案内のために利用致します。

ご氏名　　　　　　　　　　　　　　　　　　　年齢
（　　　）歳

ご住所（〒　　　）

TEL.　　　（　　　）

e-メールアドレス：

下記注文書をご利用の際は、必ず電話番号をご記入下さい。

ご職業または在校名

◆書籍注文書◆

（小社刊行物のご注文にご利用下さい。その際は、必ず書店名をご記入下さい。）

| | | |
|---|---|---|
| 書　名 | 〔本体価〕　円 | 〔部数〕　冊 |
| 書　名 | 〔本体価〕　円 | 〔部数〕　冊 |

| | | |
|---|---|---|
| ご指定書店名 | 取次 | この欄は書店または小社で記入します |
| 所在地（市区町村名） | | |

の糸を逆さに吊ることでイメージしたコロニア・グエル教会、二十世紀初めにつくられたギマールのパリ地下鉄入り口の曲線、カンティレバー（片持ち）・タイプの椅子、ライトの天をめざす千五百メートルの高層ビル案、マレーヴィチの白い空間に斜めに浮かぶ正方形、リシツキーの水平垂直にこだわらないレイアウト、そして浮遊感に溢れたブックデザインなど広範囲に渡って「反重力」らしきものを集めている。

「似ている」を基点にした「かたち」と「視線」探索の旅に終わりはない。そこで、愛読書の、草森紳一著『円の冒険』（晶文社、一九七七年）と、多木浩二著『眼の隠喩――視線の現象学』（青土社、一九八二年）にあやかって本書の書名を『眼の冒険』とした。どこかで目にしたデジャ・ビュ体験のような書名だ。

そして、本書の判型タテ二〇〇ミリ×ヨコ一五〇ミリにもオマージュがある。単にテレビサイズの四：三とはいえ、気分は、マルセル・デュシャンの「各階水道ガス完備（EAU & GAZ A TOUS LES ÉTAGES）」と書かれたプレートが箱の表紙に貼られた特装本のサイズと同じである。この表紙は、デュシャンの覗き穴のある遺作のテーマ、つまり「水」と「ガス」を示唆した作品として有名だ。

福や壽、徳などの吉祥文字をすきまなく押し込めた版画の型紙。台湾でおめでたい文字の護符として柱や壁に貼られる

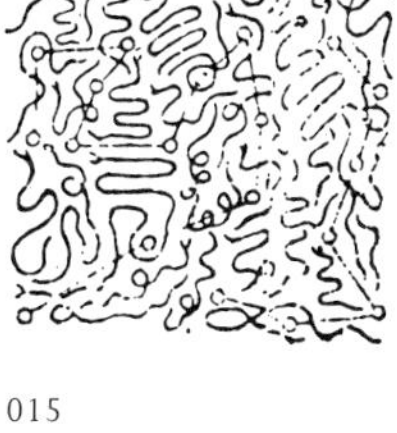

福祿壽の3文字を組み合わせた円相文字。左側が最初の2文字の示偏が共通で中央上が福の旁、下が祿の旁、右が壽の変形

九畳体と呼ばれる篆書を使った、長命を願う明代の印章。右上から縦組みで「御府圖書」と書かれている

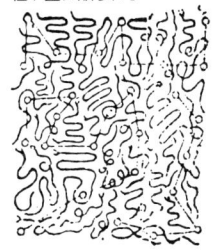

# 1

# 直線の夢

# 線の乱舞

ドイツの気象学者アルフレート・ウェゲナーは、世界地図を眺めていて、アメリカ大陸とアフリカ大陸の輪郭線がジグソーパズルのピースのようにうまくはまりそうなことに気がついた。調べていくうちにアメリカと南アフリカ、インドで植生や化石が、同時代に同種のものが存在することを発見し、一九一二年、大陸漂移説を発表する。一つの大きい大陸（ウェゲナーはそれをパンゲアと名付けた）が分裂して海洋を移動し、現在の大陸の位置に落ちついたというものだった。

この説は、初め学界の生理的な拒否にあったが、後にプレート・テクニクス理論（地球表面の地殻は基本的に動く板＝プレートで地球表面は絶えず変化する動体である）に吸収された。現在の地質学の根幹である。ここには動く輪郭線のドラマがあった。

哲学者のモーリス・メルロ＝ポンティは、パウル・クレーの「線」について、「線はもはや見えるものを模倣するのではなく、〈見えるようにする〉のであり、線は物の発生の青写真だ。かつて、おそらくクレー以前には誰も〈線に夢見させ〉たりはしなかった。線の歩みが始まるということは、線状のものの或る水準、或

パウル・クレー《教会と城》1927

レイモンド・ローウィがデザインしたバス（上）とペンシルヴェニア鉄道のS1機関車（下）。
どちらも1938。流線型の外皮もたしかに速そうだが、
なんといっても数本の横ストライプが速度感に与えた功績は大きい。
（“Raymond Loewy, Pioneer of American Industrial Design”,
Angela Schönberger, International Design Center Berlin
e.V. and Prestel Verlag Munich, 1990より）

る様式、線としての或る在り方、線になり、〈線として進む〉或る仕方を樹立し、設定することである」（『眼と精神』滝浦静雄＋木田元訳）と語る。

線は外界を模倣するのではなく、見えないものを眼に見えるようにする、というのである。クレーは、点や線を根本にたちかえって考え「線を散歩につれていく」とまで言う。「教会と城」（一九二七）では、水平に引かれた線群によって、あたかもエーテルのような大気の流れが生まれ、煙る市街が出現している。まさに情緒的な線だ。

「マシンエイジ」と称された一九三〇年代、インダストリアルデザイナーの草分け、レイモンド・ローウィは、機関車のサイドに数本の横ストライプをデザインした。たかだか数本のストライプなのに、もたらした効果は絶大だった。つまり「速そうにみえる」のである。

マシンエイジでは「流線型」というコンセプトのもとに、「速そうにみえること」が至上命題。「速度」という時代の価値観は乗りものばかりではなく、サイフォンや鉛筆削りなど、動かないものにまで流麗な外皮をまとわせ、何事にも速そうにみせることにこだわり続けた。線が線であることを主張した時代でもあった。

絵画における運動（時間）表現の歴史は、意外と古く、洞窟絵画では、現代のコミックでお馴染みの表現と同様の、走っている動物の足を何本も余分に描いたり、

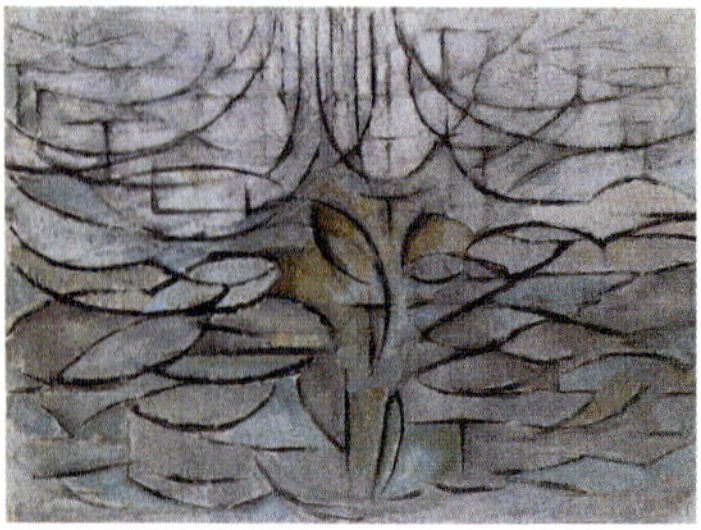

右／歌川広重《名所江戸百景・大はし　あたけの夕立》1830年代。雨の線がもたらすリアリティはジャポニスムとしてゴッホらに大きな影響を与えた。部分
左／ピート・モンドリアン《ツリー》1911-12。木の枝ぶりを抽象化する過程で蠢くような木の表情が得られたようだ

尾を二本描いたりしている。見たままを素直に描くという基本の萌芽がすでにあったということなのだろう。

しかし、十九世紀までは日本美術が運動表現の中心的役割を果たしてきたことはあまり知られていない。日本と西洋の美学を図式的にいうと、西洋は石造建築が中心なので基本がスタティック。運動表現としてはぼかし技（レオナルドの開発したスフマートや背景をぼかすことによって前景を際立たせ、躍動感をもたらす方法）などいわば「面の美学」である。

一方日本では、木材を組み合わせてつくる日本建築からして線的だが、格子をはさんで前後の空間が浸透しあう動き、屏風絵や絵巻物の点景と点景をつなぐ水平移動の動き、あるいは波など同じフォルムの繰り返し…、「動き」は日本美術にとって欠かせない要素だった。つまり「線の美学」である。

十九世紀末、フランスのジャポニスム・ブームのとき、ゴッホらに影響を与えた歌川広重の雨を描いた浮世絵は、まさに線が乱舞し、雨足の激しい様が見事に描かれていた。

しかし、こうした日本美術の「線」と運動（時間）表現優位の手法はジュール・マレーのクロノフォトグラフィの登場により、未来派の速度至上主義や、モンドリアンの中期の蠢く樹木などを生み出して西洋に移っていく。

ロバート・ロンゴ監督の映画「JM」（一九九五）は、未来のない廃墟に満ちた

右／ヴォルベード《車と道路》1904。道路を線で覆い尽くすことによって、走る車の疾走感の演出に成功している。部分
左／里見宗次《ジャパン》1937。かつてパリで活躍したモダニストが描く鉄道線路。背景のみで猛スピードを表現してしまった。部分

「ブレードランナー」以来のお定まりの未来社会を描いていて、キアヌ・リーブスの能面サイボーグ的な顔にも充分白けさせられる凡作だったが、その原作であるウィリアム・ギブソンの短編『記憶屋ジョニイ』（『クローム襲撃』所収）では、極端に説明が排除されていたせいか文脈に緊張感が満ちていた。

　この記憶屋ジョニイなる人物は、データを保存しておく記憶端末人間、一種のCD-R人間である。いったん脳の中にデータを記憶したら自分ではこのデータを自由に取り出せないし、データの内容もわからないという結構やっかいな、ともすれば役立たずである。

　ところで、十九世紀後半にもジョルジョ・ドゥメニーという、記憶屋ジョニイに負けないほど装置と化してしまった人物が現実にいた。

　ジョルジョ・ドゥメニーは、フランスの生理学者エティエンヌ＝ジュール・マレーの助手。のべ十四年間にわたって仕えた、マレーのクロノフォトグラフィに点と線だけで出演している人物だ。頭には黒い頭巾を被り、黒い手袋をして、黒いタイツに身を包み、足と腕と頭にのみ白い点と線のテープをつけて黒い背景の前に立つ。人体は完全に背景に溶け込んでしまう。黒いスクリーンに白い点と線

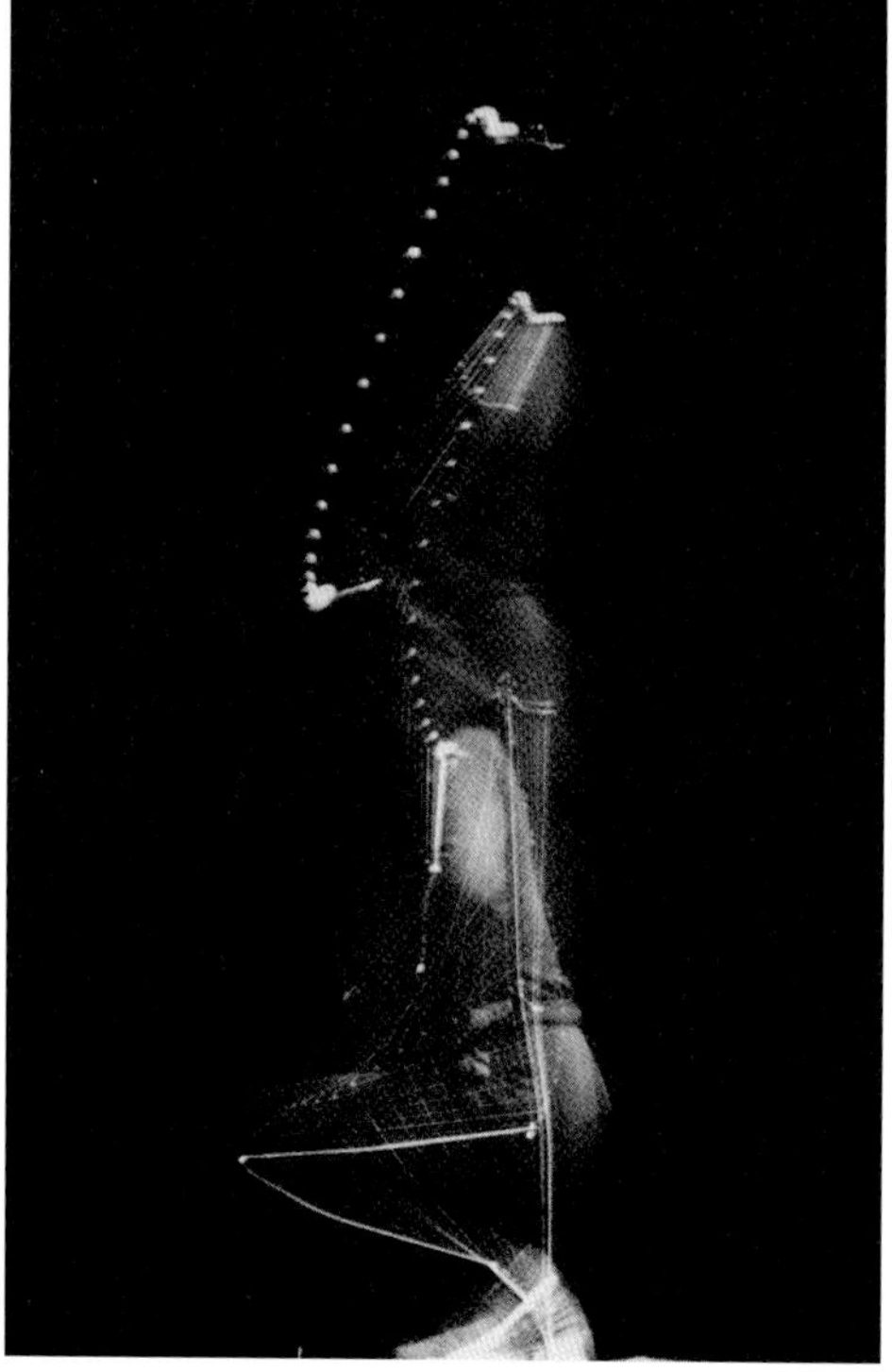

右／マレーの助手ジョルジョ・ドゥメニーの屈伸運動、1886
左／ドゥメニーの完全武装の姿、1883

のみが浮かび上がるようにさせられた、いわば人格を排除された線的人物である。現在、ＣＧシーンのためにブルー・スクリーンの前で演技させられる俳優達もドゥメニーの血脈だろう。

マレーはドゥメニーに走らせたりジャンプさせたりして、その運動の連続重ね焼き写真から筋肉の動きなどの生理的役割を導きだそうとしたのである。この黒い背景の中で黒い衣裳を着てなんらかの演技をすることは「ブラック・アート・プリンシプル」と呼ばれ、古くから手品興業などで知られていたが、マレーは、これをより深化させて点と線しか残らない幾何学的空間へと変貌させたのだった。

マレーのすごさは、彼の多くの努力にもかかわらず自己の専門領域ではなんの学問的業績もなしえなかったかわりに、他分野にはてしない影響を与えた、ということだろう。ただひたすら踊る人形と化したドゥメニーの連続した姿態を収めたクロノフォトグラフィを膨大に残したということがすべてだったようである。

マレーがクロノフォトグラフィを分析し、データを併記した多くの運動生理学に関する書物は当時も現在も、運動生理学的にはなんの有効性ももっていなかったといわれている。それは表層の線の動きのすばらしさにとらわれすぎて、より深化させることを怠った結果といえるかもしれないが、洞窟絵画以来の見たままを記述することの究極の姿がここにはあり、マレーの意図とは別に圧倒的でクールな線の乱舞に満ちた画像のラッシュが、その後の美術に与えたビジュアル・ショックは計り知れない。

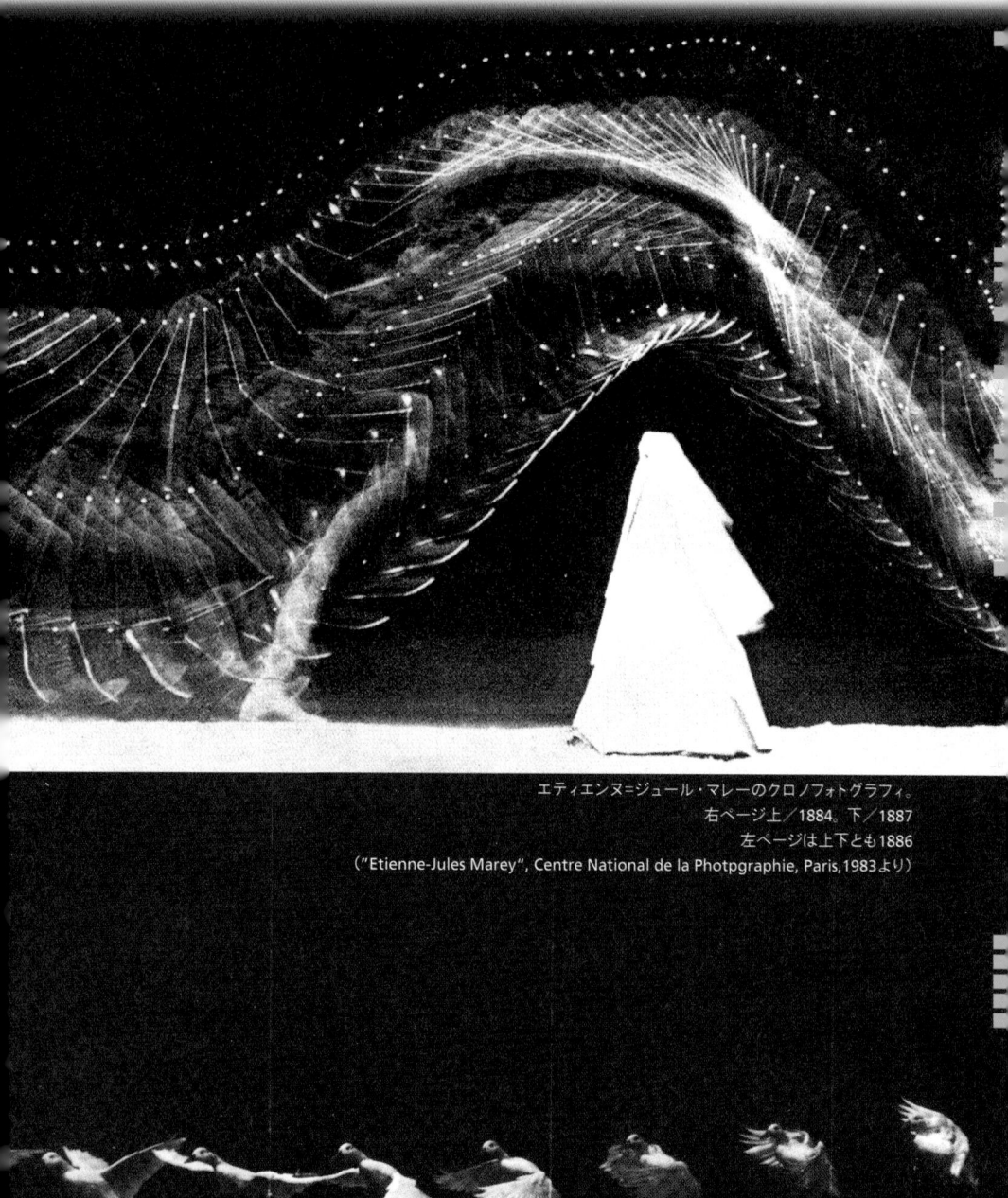

エティエンヌ=ジュール・マレーのクロノフォトグラフィ。
右ページ上／1884。下／1887
左ページは上下とも1886
（"Etienne-Jules Marey", Centre National de la Photpgraphie, Paris,1983より）

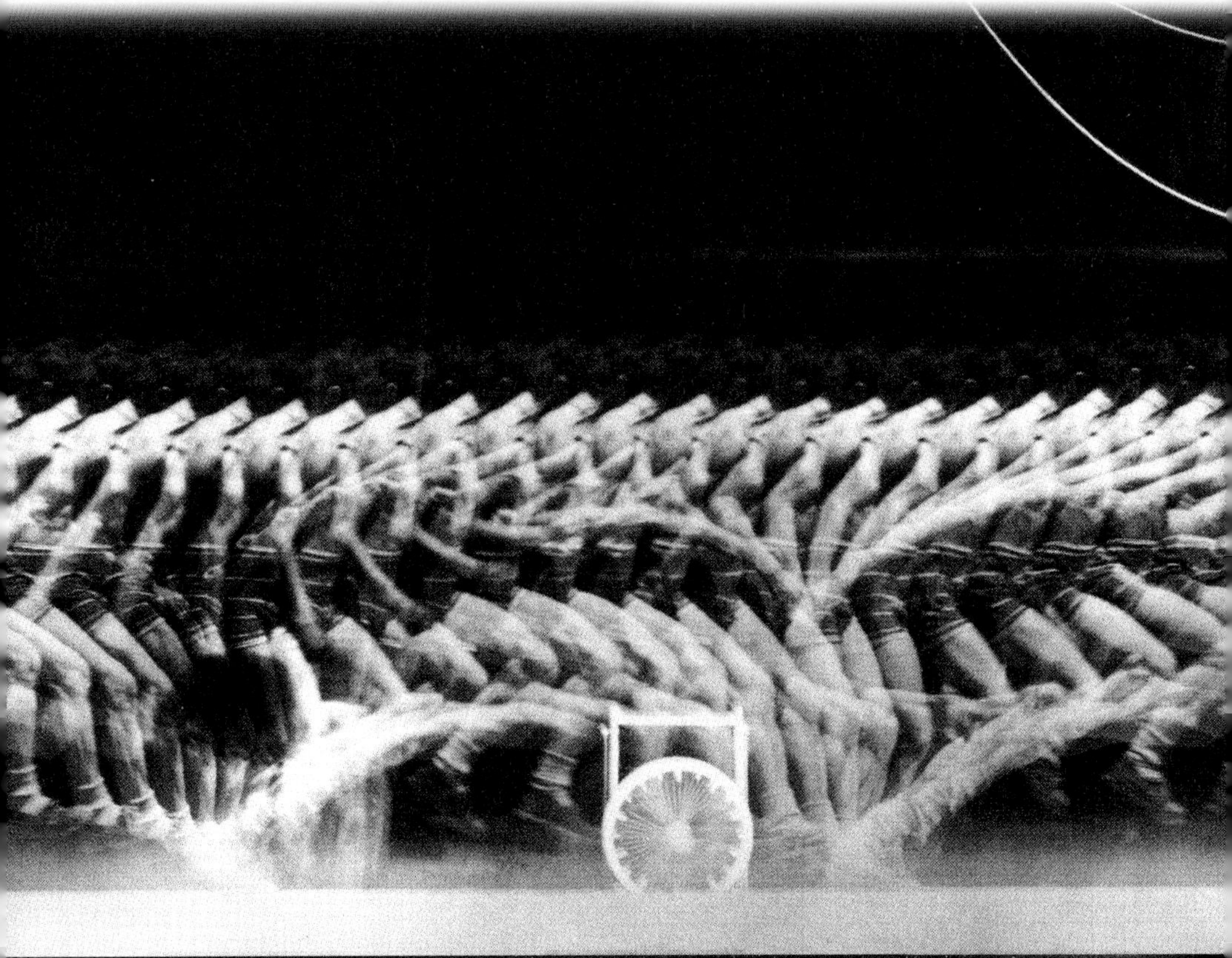

# 縦と横

パソコンで仕事をするようになって最高に感動したことのひとつは、水平・垂直が完全に正確にとれる、ということだった。それまでは、三角定規を二枚使って、ずれないようにしっかり押さえて線を引いたものだった。ちょっと長めの線となると、線を引くときのペンの角度も問題になってくるので、息を止め、一気に引いた。この緊張感も版下という印刷用原稿で最終入稿形態に入るための儀式のようなもので悪くはなかったが、今では版下はすっかり過去の遺物になってしまった。しかし、パソコンの持つ座標というシステムはもっぱら性に合っているせいか、緊張感こそ薄れたが、縦と横の数値ばかり追う楽しみが増えた。

この座標は、地球規模でいうと経度（タテ）緯度（ヨコ）に相当する。小野瀬順一著『日本のかたち縁起』に、経緯を「いきさつ」と訓読みすることによってプロセスという意味が生じ、織り成されるタテ糸とヨコ糸は、時間と空間のことだった、という卓見が示されていた。

「縦」という字は「糸」と「従」に分けられ、「糸」は糸たばが二つ縦に並んだ

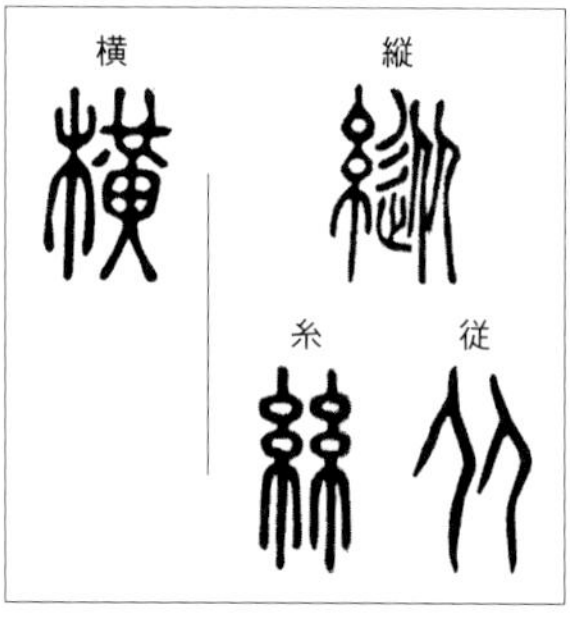


右／『説文解字』に書かれている漢字の「横」と「縦」。縦を扁と旁に分けた「糸」と「従」はどちらももともとツインの文字だった
左／黄庭堅《こうていけん》の書「一」。黄庭堅は中国宋代の詩人で政治家。波打つタッチにスタンスの軽さが感じられて抽象画の趣がある

形から派生し、「従」は人が二人寄り添っている姿が字源である。「縦」とは、糸と人がふたつずつ並んだ、いわば縦ストライプのような文字である。

一方、「横」は「木」と「黄」に分けられる。この「木」は門を閉ざす横置きのかんぬきや、牛馬の首に横にわたす木を指している。「黄」は中国宇宙観である陰陽五行説の中心に位置する「地」の色を表している。『易経』で語られる「天地玄黄《てんちげんこう》」ということばには、天の玄（黒）と地の黄の相和すところにこそ天下の安定がある、という理念が含まれている。

「黄」の語源には、田と光の意味があり、四方に拡がる光となって、総じて、水平に拡がる地上のことを指し、中国特有の黄土、黄河がこの宇宙観をもたらしたと思える。

書家、石川九楊氏によると、漢字が縦書きになるのは紀元前一四〇〇年頃、亀の甲羅に刻まれた甲骨文かららしい。これは亀甲面に宇宙を投影し、亀甲の上の方を天と見立て、天から地に向かって書くという、中国の北斗信仰による垂直志向の原形の現れである。今でも本などの上の方を天、下の方を地と呼ぶのと同じである。

一方、垂直志向への最大の抵抗を示すのはやはり、水平線。この水平線（横画）が斜め右上がりとなる書体、草書体の誕生こそ、「書くこと」が意識化された出来事、「書かれた文字」が主体性を獲得した事件だ、と言う。縦に対する横の反

右／良寛の書「月」。細くてはかなげな感じながら月がおぼろに立ち上がってくる姿がほうふつとされる。これも縦横で描かれている
左／副島種臣の書「心」、1880年代前半。副島は明治維新期の政治家。水平・垂直のみで描かれた今もって斬新な書

乱である。

前述したように流線形デザインがはやった一九三〇年代、角張ったエンジンなどに、流麗な外皮・ボディを纏わせて、実際の実力はともかく、いかにも速そうにみせようとする工夫が、あらゆるデザイン領域を席巻していた。これは二十世紀初め、機械技術の進歩がもたらした新しい概念「速度」の視覚化をめざした結果だった。

そのムーヴメントの立役者でもあるインダストリアルデザイナーの草分けレイモンド・ローウィは、列車のサイドに数本の横ストライプを描き込むことで、「速度」感の獲得に成功した。いわば十九世紀までのキリスト教を中心とした縦社会に対する、「横」によるアンチテーゼ、モダニズム的攻撃のようにも思える。

日本文化の特徴は、垂直より水平、縦より横を好むとはよく言われている。小野瀬順一氏の語る日本の縦縞模様史では、横はノーマルであり、縦にはアブノーマルな感じがあるという。

それは箸の置き方、使い方ひとつをとってみても明らかだろう。かつて日本には横のストライプはあったが、縦のストライプはなかった。このことは、縦に対するタブー視が深かったということよりも、思いつかなかった、という方が（そんなばかなという気もするが）実際に近いらしい。もともと横（水平）感覚が異常に強

フラウンホーファー線スペクトル（右）とその拡大図（下）。1814年、バイエルンの楽器職人ヨーゼフ・フラウンホーファーは太陽光のスペクトル中に不規則に連なる暗い線のストライプを発見した。これが星の組成を明らかにするフラウンホーファー線。あたかも星の指紋かDNAのようである。意味合いからしてもバーコードに近い。しかし、宇宙には縦も横もないので、これは方向性を喪失したストライプとしか形容しようがない

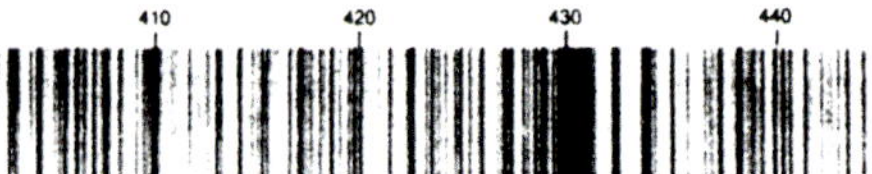

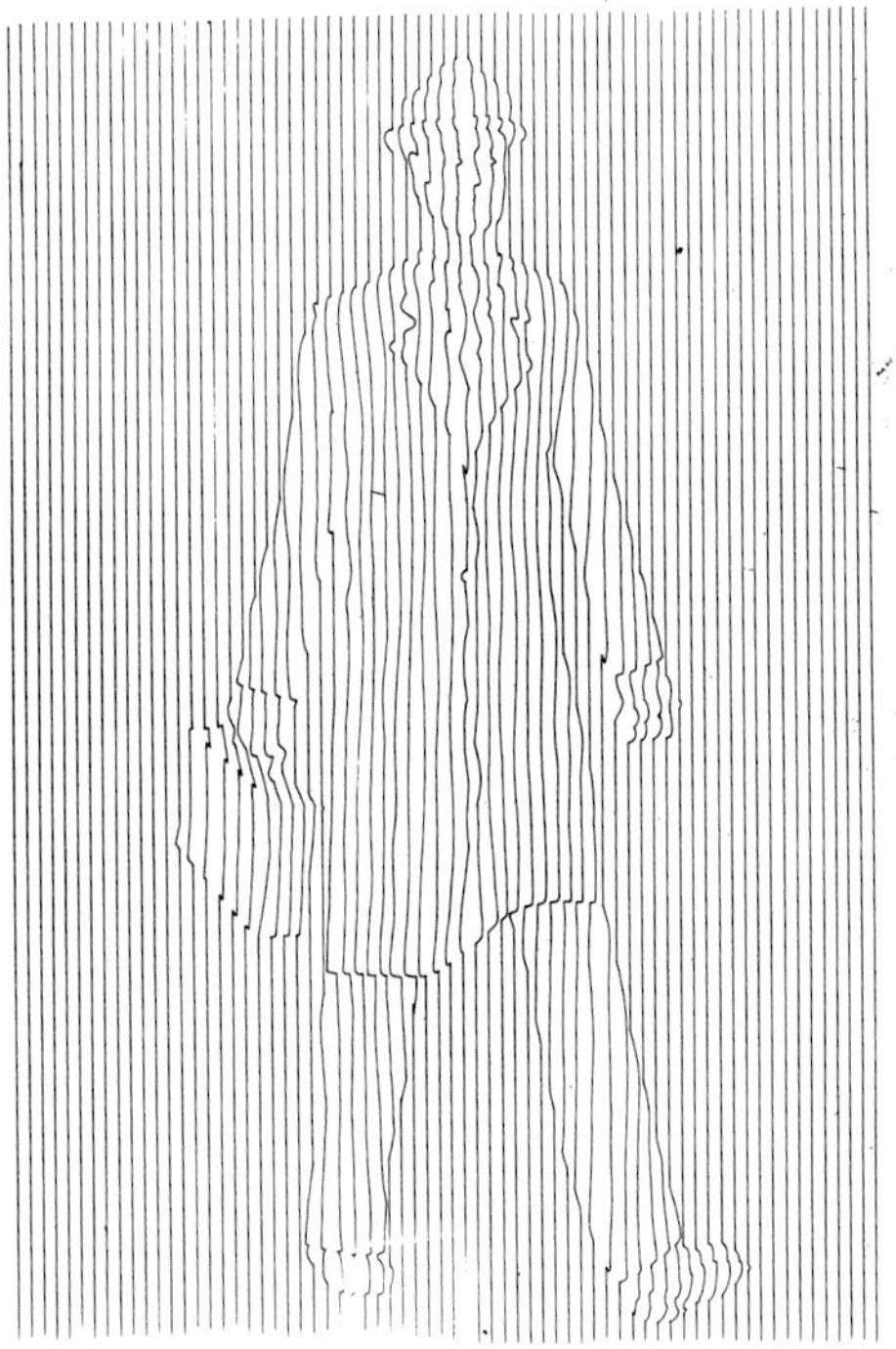

トマス・バイルレ。縦線、横線の歪みによって画像が現れる。
パウル・クレーの《教会と城》にも通じる、空間にただようあやしい気配がうまく表現されている

かったのかもしれない。

縦ストライプは室町時代中期、海外貿易によってもたらされた。これらの輸入品を「島物」と呼び、そのなかに縦ストライプがあった。ここから「縞《しま》」ということばが生まれた。「縞」はもともと縦ストライプのことだったのである。

この新鮮な模様は一気にはやったが、外国産のものは許せない、との室町幕府のお達しによって、身分の低い人しか身につけられないようになっていった。このあたりの事情は、理由は違うが、ヨーロッパでストライプがアウトサイダーや使用人たちをマーキングするための服の模様として採用されていたことと似ている。中世ヨーロッパでは、異人を排斥するためのわかりやすくて目立つ模様ということでストライプが、差別や階級認識のために使われたからだ。

十八世紀になって、徳川幕府が享保の改革で推し進めた奢侈禁止令（一七二四）は、江戸町人たちの反発を招き、縦ストライプが「粋《いき》」という名のもとに大流行した。

そして、とうとう寛政の改革（一七八九～九三）ではストライプの使用を認め、身分の低い人しか身につけてはいけなかったストライプが、武士の袴の模様にまで浸透していった。この経緯《いきさつ》は、ヨーロッパでストライプが革新的で斬新な模様としてブームをまきおこした事情と完全に一致する。

博物学者ビュフォンがシマウマの魅力を語り、独立を果たしたアメリカはイギリスへの反抗の証しとして国旗にストライプを採用し、寛政の改革と同じ年のフランス革命では、ストライプが革命のシンボルとして爆発的に流行した。ちょうど、「ある地域でいったん獲得された文化は一挙に全世界的な文化となる」という、ルパート・シェルドレイクの「形態形成場」（いわゆる百一匹目のサル）理論の見事な証明例のようでもある。

縦と横の力が拮抗しているのは格子だ。格子はこちら側とあちら側をつなぐメディウム。日本では軒や縁側、海のむこうのユートピアとこちらの現世をつなぐ浜辺であり、ヨーロッパではベンヤミンが語ったパサージュ（通路でもあり広場でもある空間）に代表される、一種のグレーゾーンである。

「グラフィック」の語源はギリシア語の「書く」からきているが、縦軸と横軸でつくられた図表は「グラフ」と呼ばれ、あたかもこれから書き込まれることを待っているかのようだ。

グラフィックデザインの見えないルールとして君臨するグリッドも、そしてこのグラフも次のステップへの懸け橋であるのは格子と同じである。どうやら、縦と横の均衡状態には造形のための創発力が潜んでいそうだ。

1937年、ナチス・ニュルンベルク党大会で演出された「光のカテドラル」。130台のサーチライトが夜空にいっせいに放たれた。党員はちらちらする縦ストライプのフリッカー効果で幻惑され、トランス状態になったと言われている。ナチ御用建築家アルベルト・シュペーアの企画。
（『終末的建築症候群』飯島洋一著、PARCO出版、1994より）

# 水平線に浮かぶ風景

圧倒的な風景、絶対的な風景、完璧な風景、至高の風景、究極の風景……。一本の直線と化したかのような水平線や水面に映り込んだ風景がもたらす、甘美ながら意志の力を感じる風景がある。

マイケル・ケンナ写真集『ル・ノートルの庭園』には、幻想的なフランス庭園風景が、モノクロームで静謐に並べられている。池に風景が映りこんだシーンなどは、庭園としてつくられた景観に、さらに時の重みも加味された、「人工風景」（アーティフィシャル・ランドスケープ）と呼ぶにふさわしい人工性を、一層強めている。つまり、「ありえない風景」として。

もうかれこれ三十年も前の映画、スタンリー・キューブリック監督の文芸大作「バリー・リンドン」（一九七五）は、ジオラマをつくるように十八世紀を再現しようとして、多くの時間と金を費やしてつくられた映画だ。

今のハイスピードの映画を見慣れたわれわれの眼には、そのゆったりとした時

Joel Meyerowitz "BAY / SKY" Bulfinch Press. Little, Brown and Company, 1993の表紙。
書名が水平線を境に海面に鏡像で映り込んでいるなど、
全編水平線による直線のラッシュがうれしい

マイケル・ケンナ写真集『ル・ノートルの庭園』(発行／トレヴィル、発売／リブロポート、1999)表紙とその中の1ページ。17世紀のルイ14世のフランスでアンドレ・ル・ノートルが手掛けた完全に環境を改変してつくり上げた庭園の写真集。18世紀、イギリスの風景を一変させたと言われたケイパビリティ・ブラウンの英国式風景庭園も、環境を完璧につくり替え人工の風景を生み出したが、ル・ノートルの場合はフランス伝統の幾何学庭園がその中心をなしていた。しかし、霞みにけむり、人けのない風景を見ていると廃墟っぽいムードがあるせいか、アウシュヴィッツなどの強制収容所の写真集『死の沈黙』(大月書店、1995)を不謹慎にも思い出した。
(REFLECTION, STUDY 2, Vaux-le-Vicomte, France.1996,Michael Kenna)

の流れや、大事件も淡々と語るナレーションに、映画を見続ける努力を己に課さなければならず、その三時間余の悠久の時間に感動すら覚えてしまうだろう。

　しかし、キューブリックの意図が、「完全なるジオラマ」を目指したとすれば、ニューヨークの自然史博物館で、ジオラマに遭遇して眼が離せなくなるのと大差がないことになる。映画「バリー・リンドン」では、十八世紀以来、いまだ文明に汚されていないロケ地を探した。今なら自然破壊と言われそうな、自然大改造の英国式風景庭園をはじめ、アイルランド、ドイツにも昔ながらの広大な風景がまだあるというからすごい。そして、出演者の厖大な衣装は、時代考証に従い、一年半かけて糸を染めることから始めた。ロウソクでも室内が撮影できる、NASA開発の高感度のレンズを改造して使い、当時の夜の室内の様子を再現した。など、かくして十八世紀の泰西名画が出来上がった。

　注目すべきシーンは半ばから、フラッシュバックのように時々挿入される、リンドン卿の屋敷の情景である。池に映り込む邸宅は比類ない美しさで、一幅の幻

水面に映りこむ風景。上左から
アルベルト・カイプ《川の風景》部分、1655-60頃
ジョン・カンスタブル《マルヴァーン・ホール，ウォーリックシャー》部分、1809
ルイ・カバ《秋の夕暮れ》部分、1852
ジャン=バティスト・カミーユ・コロー《マント大聖堂》部分、1860年代
ジョセフ・マロード・ウィリアム・ターナー《サマーヒル、タンブリッジ近郊》部分、1811

想絵画となっていた。

グラフィック・デザイナーの戸田ツトム氏が、シミュレーション・グラフィックスと名付けた、コラージュによるCG画のルーツのひとつも、おそらくこの辺りにありそうだ。そこには、完全な水平と水面に映り込んだ風景、繊細なグラデーションによるターナーか、あるいは水墨画風しつらい。建造物が現れたら、最高の異化効果を発揮できるステージとなる。

こうして創出された「ありえない風景」は、いみじくもプソイド・ゾーン（偽景）と命名されている。しかも、ここには人の気配もなく廃墟のムードも漂っているゆえ「棄景」でもある。

これらの風景はドイツ・ロマン派の絵画を思わせる。十八世紀までに、あらゆる様式（ロマネスク、ゴシック、ルネッサンス、バロック、ロココ）が出尽くし、十九世紀初め、美術は「歴史」にもう一度眼を向けざるを得なくなった。そこが十九世紀美術をして、過去の様式の収奪美術と揶揄された所以だが、そんな状況のな

直線が際立つ風景。下左から
フィリップス・コニンク《廃墟のかたわらの街道から広がる風景》部分、1655
ジョン・カンスタブル《ハムステッド付近、小高いところにたつ建物》部分、1821
ヤン・ファン・ホイヘン《ハールレムの内海》部分、1656
アルバート・ムーア《夏の夜》部分、1890
カスパー・ダヴィッド・フリードリヒ《海辺の僧》部分、1809-10
リドリー・スコット監督のナポレオン治下のヨーロッパを舞台にした映画「デュエリスト」（1977）の風景や色彩はフリードリヒそのもの。一見の価値あり

戸田ツトム氏が主宰した『トワイライト・レヴュー誌No.1』（発行GEGRAF、1991.7-1992.7、計6号発行）の表紙のタイトル部分。サブタイトルの「電子風景新世紀」に値する先駆的雑誌。右側がCGによる見事な圧倒的風景画

かで生まれたドイツ・ロマン派は、オランダにルーツを持つリアリズムの風景画を、ドイツ風に消化していった。

霧や霞に包まれた風景画が得意なカスパー・ダヴィッド・フリードリヒは、写生をもととしながらも、それらをコラージュして緻密に描き込み、死、あるいは神の訪れをも予感させるような、夢幻的な、「魂の風景画」と呼ばれた「ありえない風景」を生み出した。

この崇高さを求めるロマン主義的エネルギーは、二十世紀に、よりモニュメンタルな装いを伴ってナチズムに取り込まれていく。風景のもたらす権力意志は、圧倒的な風景、絶対的な風景、完璧な風景、至高の風景、究極の風景としてスーザン・ソンタグの語るファシズム美学のひとつになる。

ナチの代表的な建築家のひとり、アルベルト・シュペーアは、壮大な新古典主義建築を数多く残しているが、そのなかでも、永遠に続くかと思われるような水平線が際立つ「ツェッペリン広場」は、広場というにしては巨大すぎる空間に、天地を分かつように横に横にと列柱が連なっている。やはりここでも水平線がポイントだ。

水面や海面は、重力によって常に完全な水平面を見せ、海や湖の水平線は自然界にはありえない完全0度の直線をつくり出す（うんと引くと円弧になるが…）。大自然のなかの壮大な幾何学である。

アルベルト・シュペーア設計「ツェッペリン広場」。1934年、レニ・リーフェンシュタールが監督したプロパガンダ映画「意志の勝利」のハイライトで、130本のサーチライトが列柱のように天に聳えたことで有名なナチス党大会は、ここで行なわれた。高さ約9mの列柱が144本ひたすら横に連なる。（『未完の帝国——ナチス・ドイツの建築と都市』八束はじめ＋小山明著、福武書店、1991より）

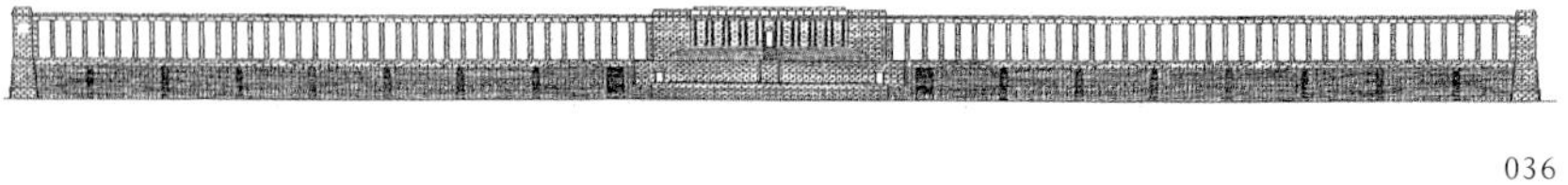

天地を完全に分ける、あまりにも凛とした直線は、権力志向についてはともかく、心が洗われるようだ。水平線があるだけで、なにやら人工的な匂いがしてくるのも、あまりにも幾何学的だからかもしれない。

水面に映る風景の鏡像も上下逆となって、浮遊感が生じ、奥行きを廃した、水平線に支配された平面は、幻想的で人工的な風景へと生まれ変わる。

厳密な水平と垂直にこだわったピート・モンドリアンは、土地を海から守るための堤防や干拓など、人為的につくり替えられた風景が多いオランダという国に育ち、水平線を軸とした、直線への偏愛は必然的だったようである。

モンドリアン風の作風で知られるバーネット・ニューマンは、「直線とは有機的なもので、内に感情を含んでいる」と語る。この「直線」は、ここでは「水平線」と言い換えられなくてはならない。

水平線はあらゆる地球史、人類史のドラマを見続けてきた。水中生物から地上生物への移行、海からの侵略による多くの殺戮、あるいは無何有の郷などの彼岸を求め、新天地を求めての船出。一本の水平線が語る様々なドラマは語り尽くせない。

……こんなことを考えていると、あだやおろそかに、水平線を引けなくなること請け合いである。

直線が物語る抽象風景。
左から
パウル・クレー
《光とその他のもの》部分、1931
ピート・モンドリアン
《2本線のコンポジション》1931
モホリ=ナギ《K VII》1922

# 反重力

神と人間を隔てる最大の障壁だった重力は、十九世紀になって初めて、自然科学の研究の進展とともに、戦うことができる相手としてみえてくるようになった。気球・飛行機など空飛ぶ機械の発明はこの戦いをより加速させた。そこで、アール・ヌーヴォーと超高層建築のなかの反重力の動きを追ってみた。

二〇〇一年宇宙の旅の受け付け開始の記事が、二〇〇〇年の新聞に出たことがあった。訓練や講義も含めてツアーは一週間、海抜一〇〇キロメートル上空の宇宙空間で、無重力を体験できるのは二分半、費用が約一三〇〇万円で、これが高いかリーズナブルかは人さまざまだと思うが、反重力を求め続けたこのほぼ一〇〇年の集大成としてたいへん象徴的だった。

このツアーは、結局延期されたが、二〇〇四年に、最初に宇宙旅行を果たした民間のチームに、一千万ドル（約十一億円）が与えられる〈アンサリX賞〉が、アメリカで設立された。これには、七カ国、二十チームが参加し、ボイジャーを設計した会社が、民間資本初の有人宇宙飛行を九月と十月に成功させ、賞金を手に

右／抽象表現はターナーに始まる。ターナー《日の出、岬の間をゆく舟》1935-40
中／浮遊感の漂うドガ《エトワール》1876-77
左／カンディンスキーに画家として立つことを決意させたモネ《積み藁》1891

した。

イギリスのヴァージン・アトランティック航空を率いるリチャード・ブランソン氏は二〇〇七年までに五機の宇宙船をつくって商用宇宙飛行の方針を発表した。無重力体験もある高度十万メートル以上の三時間の宇宙旅行の運賃は十一万ポンド（二二〇〇万円）。一般人のための宇宙旅行にも王手がかかった。

ヒトの一生は、比喩的に言えば、成長にしたがって重力を獲得し、老いとともにボケたり枯れたり重力から自由になっていくように思える。このときは、ボケへの憧れというより反重力への憧れは十九世紀末に始まる。

も神秘体験に対する憧れのようだった。

十九世紀の自然科学の発達、技術革新の波は、得られる情報の量を根本から変え、ネットワークが広がって、人々の視野も広げた。中世以来、重くのしかかっていた宗教のくびきは必然的に弱まり、それとともに美術の世界にも余波が及んだ。遠近法もその呪縛から解き放たれ、軽みを得て、印象派・新印象派が登場した。その後の抽象表現のルーツでもある。モネの《積み藁》に最初の非対象絵画を認めたというカンディンスキーの感動秘話はあまりにも有名だが、確かに浮遊感の漂う画面だ。フロイトが、とらえどころのない無意識の存在を明らかにしたのもこの頃である。

右／ウィーンの曲線と呼ばれたトーネットの曲木による、最初のロッキング・チェア、1860
左／機械で大量生産されたものに対し、人間は自然と対話するべきだとして、モリスはラスキンの思想を踏まえアーツ&クラフツ運動を始め、装飾と自然との密接な関係を唱えた。アール・ヌーヴォーは、モリスの提唱した植物の形態とその成長する曲線運動という装飾原理を根本に据えた。ウィリアム・モリス《庭園のチューリップ》1885

そうした時代の気運の中で、世紀末に登場した「アール・ヌーヴォー」と呼ばれた装飾様式は、「反重力」を照準に置いた最初のムーヴメントだったように思う。アール・ヌーヴォーとはフランスでの呼び名。ドイツではユーゲント様式《シュテール》、オーストリアではゼツェッション様式《シュテール》など、国によっていくつも名前を持っていたが、表現形式は共通していた。

アール・ヌーヴォーは、技術革新の急速なテンポに対して、ハンドクラフトの重要性を唱える、イギリスのジョン・ラスキンや、ウィリアム・モリスらの思想から始まった。モリスは、機械で引いたような直線を嫌い、軽やかな曲線をもとにした装飾に、精根を傾けた。ここでは、遠近法の奥行きから解放された、平面の復権も意図されていた。そして曲線はつるのような植物の形状を模倣するようになり、はからずも「向日性をもつ植物」という、反重力コンセプトを隠喩として持つこととなった。

上下を問わない優美な曲線の乱舞は「踊る女」というアール・ヌーヴォーのもう一方の定番イメージを生み出し、後に、空中に滞空したと称賛されたダンサー、ニジンスキーを輩出する。サーカスが一世を風靡したのも世紀末の頃で、空中ブランコで描かれる曲線は、まさしくアール・ヌーヴォーだった。

これら過剰な曲線の洪水は、その反発から始まる二十世紀のモダニズムを招来することとなったが、いみじくもそれから一世紀たった現在、コンピュータにより曲線がきわめて容易に表現できるようになったせいか、またまた曲線的なるも

右／アルフォンス・ミュシャの「第20回サロン・デ・サン（芸術家100人展）」ポスター、1896。手描きの不規則な描線の多いアール・ヌーヴォーの作家のなかで、ミュシャは規則的な円や直線を多用し、浮世絵に影響を受けた太い線を駆使した。ミュシャの描く女性の髪の毛もまたアール・ヌーヴォーの代表的表現である。髪に巻いたベールが星にまで繋がっているというアレゴリーが描かれている

左／踊るテニスプレイヤーのポスター、ダッドリー・ハーディー《月の光で踊ろうよ》1900。世紀末から世紀初のベル・エポックを飾るポスター全盛期の作品

（どちらも『The Poster 1865-1969　隆盛期の世界ポスター展』大島清次監修、日本テレビ放送網、1985より）

上／フライ・オットー・グループによるガウディの
コロニア・グエル教会の逆吊り実験の復元模型。松倉保夫氏提供
左／エクトール・ギマール設計、パリの地下鉄入り口、1900。
ガウディとともにカースト・アイアン（鋳鉄）による
優美な鉄の曲線を生み出した

カシミール・マレーヴィチ《White on white》1917-18。
マレーヴィチの四角形は伝統的なロシア・イコンに対する反論として構想され、
ロシア・イコンの定位置である部屋の上部の四隅に配置されることを意図していたが、
この作品は天井では飽きたらず、より上空に昇華していくさまを表したようにも見えるのに覆われている。

機械生産を嫌い、手工業を唱えたモリスらに触発されたアール・ヌーヴォーは、皮肉にも鉄という最新の工業素材を得て、ギマールの地下鉄入り口の装飾など、自由な曲線を展開して鉄の有効性を証明し、コンクリートと結び付いて、上へ上へと伸びる建築物に繋がっていった。

アントニオ・ガウディは理想的なアーチ、つまり、限りなく天をめざす架け橋を得るために、糸の両端を固定し、垂らしてできた下向きのアーチをもとに、放物線などを決めていた。これはガウディによって「フニクラ」と名付けられ、サグラダ・ファミリア聖堂など、彼のほとんどの設計に応用された。この逆吊り実験がもたらした形こそ、反重力建築だろう。

アーサー・C・クラークの『三〇〇一年終局への旅』では、高さ三万六千キロの摩天楼が登場する。地球の直径の約三倍である。こうなると完全に建造物というよりも宇宙空間に伸びた地球の触覚だ。

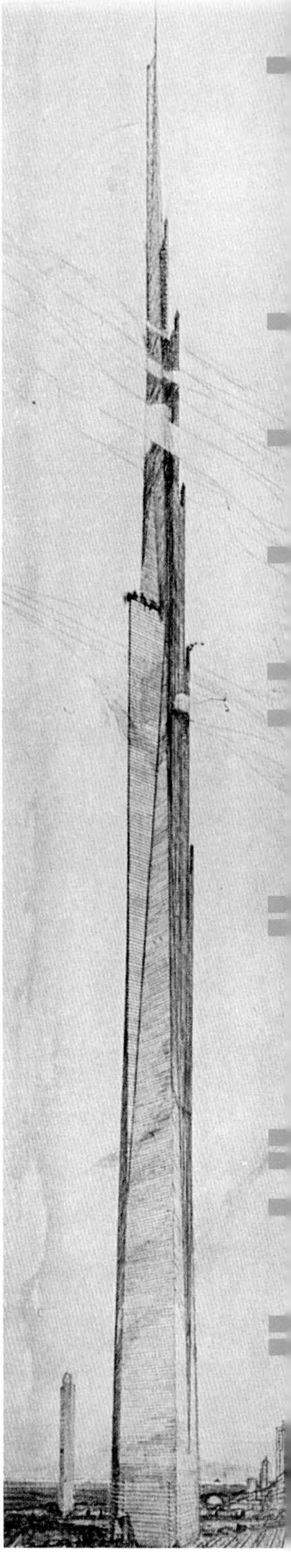

右／フランク・ロイド・ライト「マイル・ハイタワー案」1956。
("Frank Lloyd Wright: Three Quarters of a Century of Drawings"Alberto Izzo and Camillo Gubitosi, Centro Di, 1976より)
左／ライト「落水荘」1936。近代建築の最大の特徴である片持ち梁構造を用いたライトの代表作。カーテン・ウォールが可能にした片持ち梁はコンクリートを使いながらも、圧倒的荷重から解放され、重力からの離脱がメタファーとして潜んでいる。
(『世界建築全集9　近代ヨーロッパ・アメリカ・日本』浜口隆一他編、平凡社、1961より)

エル・リシツキーの片持ち梁的デザイン、1920

エッフェル塔から始まった高層建築の歴史は、アメリカで一気に開花し、今はアジアが世界一を競っている。現在は四五〇メートル前後が最高層として記録され、近い将来九・一一の跡地に建てられるフリーダム・タワーがそれを軽く超えるという。しかし、今の技術だとその三倍は高くできると言われ、官民あわせたさまざまなコンセンサスさえそろえば決して無謀な企画ではないようである。

低層建築物が多かったフランク・ロイド・ライトもマイル・ハイタワー案を出していた。高さ一五〇〇メートルを超える超々高層だった。こうした超高層都市の計画は、生涯を高層ビルから一歩も出なくても快適にすごせる、「職・住・遊」を供えたビルづくりを提案している。そして、都市のような高層ビルに人口が集中すれば、ビルの回りに自然を取り戻せるという具合だ。こんな味気なさそうな生活はご免蒙りたいが、それよりもなによりもバベルの塔以来、重力を克服しようとしてきた人類の執念を見る想いがする。

宗教、特に東洋の宗教では肉体をも含めたあらゆる状態から自由になった至高の存在として、魂についていつも語られてきた。この重力どころか時間も空間も

椅子のカンティレバー（片持ち）デザインの系譜
右列上から／カンティレバー構造の最初の椅子、
マルト・スタム、1926
ミース・ファン・デル・ローエ、1927
マルセル・ブロイアー「チェスカ・チェア」、1928
アルヴァ・アールト、1935-39
左列上から／リートフェルト「ジグザク」、1934
ジュゼッペ・テラーニ「ラリアーナ」、1936
ヴァーナー・パントン、1967
ステファン・ヴェヴェルカ、1982
（『20世紀の家具のデザイン』ゼンバッハ他編、
タッシェン出版、1992などより）

超越した、神としか呼びようもない存在のもつ苦悩についての話がここにある。

スティーブン・スピルバーグ原案のゲームソフトのノベライゼーション『THE DIG』（アラン・ディーン・フォスター著）は、肉体どころかあらゆる感覚、生も死も過去の記憶として残っているだけで、完全に魂となってしまったエイリアンたちが、その無感動、無刺激の状態に耐えられなくなり、限りある生をもつ肉体に憧れ、それを再び取り戻すまでの物語だ。

重力をも制御しそうな現状に対して、十九世紀のモリスらの運動を思い起こさせるような、制約の多い有限の存在への回帰（猫も杓子もデジタル連呼のなかでのアナログ復権？）がここでは語られていてうれしい。

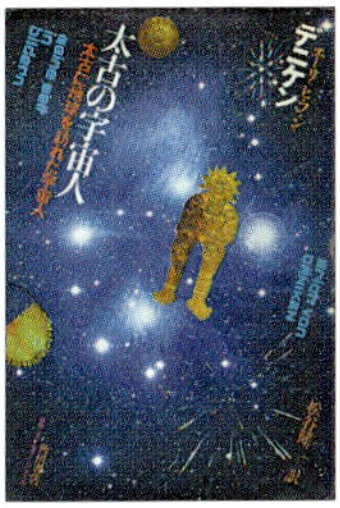


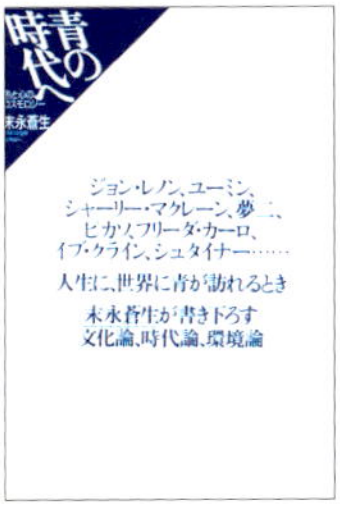

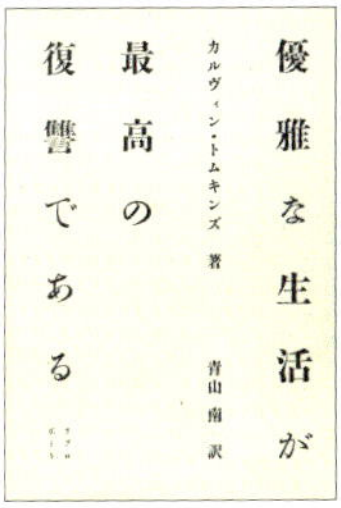


無重力·反重力の表現がこめられた本の装幀。上から、

杉浦康平氏デザイン『太古の宇宙人——太古に地球を訪れた宇宙人』(エーリッヒ·フォン·デニケン著、松谷健二訳、角川書店、1976)。黄道面と地軸のなす角度23.5度にこだわって文字を配置し、ノイズのような星宇宙を背景に上下を無視した図版が散らばることによって無重力感が増幅される。

菊地信義氏デザイン『青の時代へ——色と心のコスモロジー』(末永蒼生著、ブロンズ新社、1991)。カバーの左上が切り取られ、そこから見える本表紙の上部ぎりぎりにタイトルがレイアウトされて、天上志向が強調されている。

戸田ツトム氏デザイン『ルナティックス——月を遊学する』(松岡正剛著、作品社、1993)。字間のあいた文字達が中空に配置され、画像も水墨画から想を得たような漂う画面なので無重力感に誘われる。

同じく戸田ツトム氏デザイン『優雅な生活が最高の復讐である』(カルヴィン·トムキンズ著、青山南訳、リブロポート、1984)。本文用紙にコミック紙を使うことにより、ハードカバーというみかけを裏切るほど本を軽くするのに成功している。カバーの字間のあいたタイトルとともに造本全体が反重力コンセプトに溢れている

# オモテケイの舞い

可視、不可視の間をいきつもどりつする限りなく細い直線、このあやうい存在の魅力の一端にせまってみたい。

はじめから細い直線にこだわってきた。印刷用語でいうオモテケイだ。かつて（他人にとって）意味不明な文字やら図形のようなものを好きでつくっていた頃、だんだん線を細くし始め、細い直線が中心を占めるようになった。ここで言う「直線」とは、二点間を結んだもので、座標と言い換えてもいい。「極端に幅のせまい面」という面の特殊な例ではない。

仕事で使うオモテケイはＪＩＳの細罫基準の細いほうである。今や完全に過去のものとなってしまった写植機で言うと、トンボなどに使ういちばん細いケイ、〇・〇八ミリだ。もちろん状態さえ無視すれば、コンピュータで限りなく細くできる。今のところ、あやうさに満ちた存在感と緊張感を併せ持ったぎりぎりの細さとして、私の事務所では定着している（ちなみに本書で使っている一番細いケイは、細かくて恐縮だが、〇・〇七ミリ）。

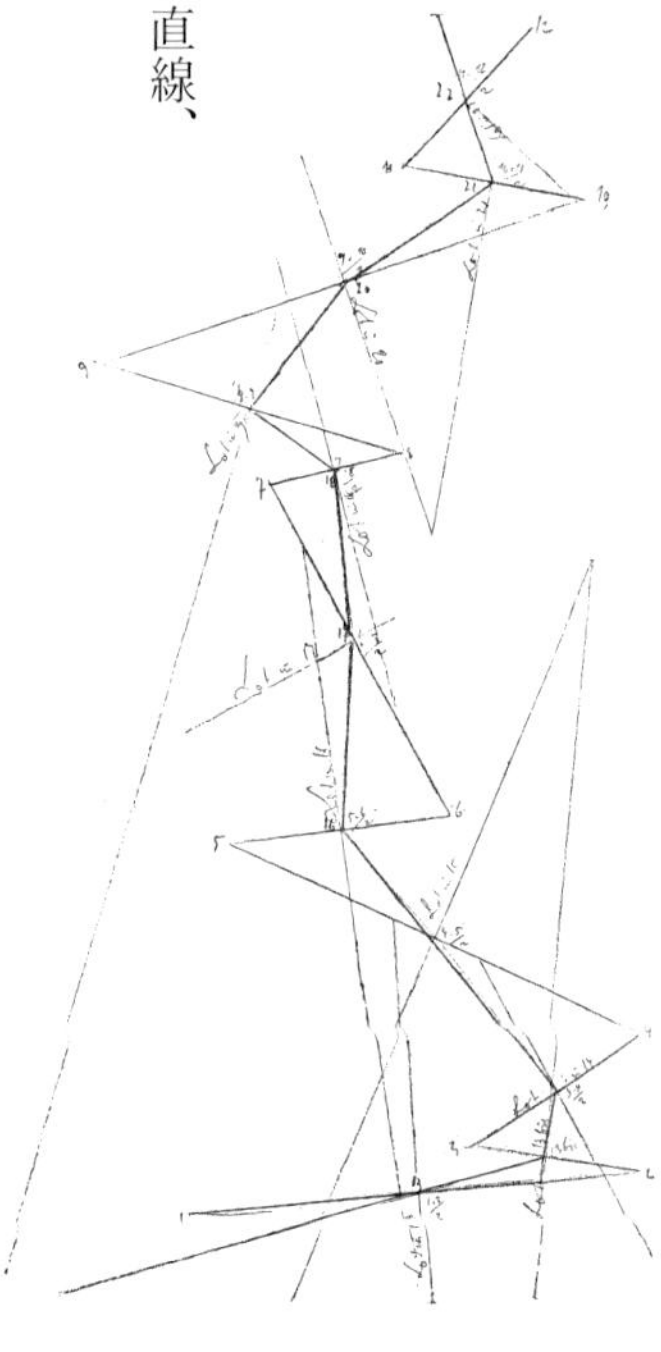

パウル・クレーのジグザグ。
（"Paul Klee : Notebooks Volume1 The thinking eye" Lund Humphries , 1961より）

昔は烏口やロットリング、烏口タイプのペンなどを使って細線を引いていた。しかし、これらの道具で一定の太さの線を保ち続けるのは至難である。慣れれば烏口と墨汁がいちばんきれいでしっかりした線を生みだすのだが。

デザイナーになる前に少し関わっていた土地の区画図を書く仕事では、マイラーベースというフィルムの上に細い線で区画図を引いた。○・一ミリのロットリングをそのまま使うとインクが少し広がり、線が太くなってしまうため、ペン先をオイルストーンで研いで、より細くしたものを使ったりした。

今やそれらの道具で線を引くことなど全くなくなって久しい。たまに使う線引き道具は○・○五ミリのサインペンだったが、直に線を引くこと自体がなくなってしまった。

松本清張の『点と線』は、汚職にまつわる殺人を描いたことなどで、社会派推理小説の草分けである。なかでも、絶妙な時刻表トリックは、トラベル・ミステリーの流行を生んだ。

松本清張は、もともと九州の朝日新聞支社の、グ

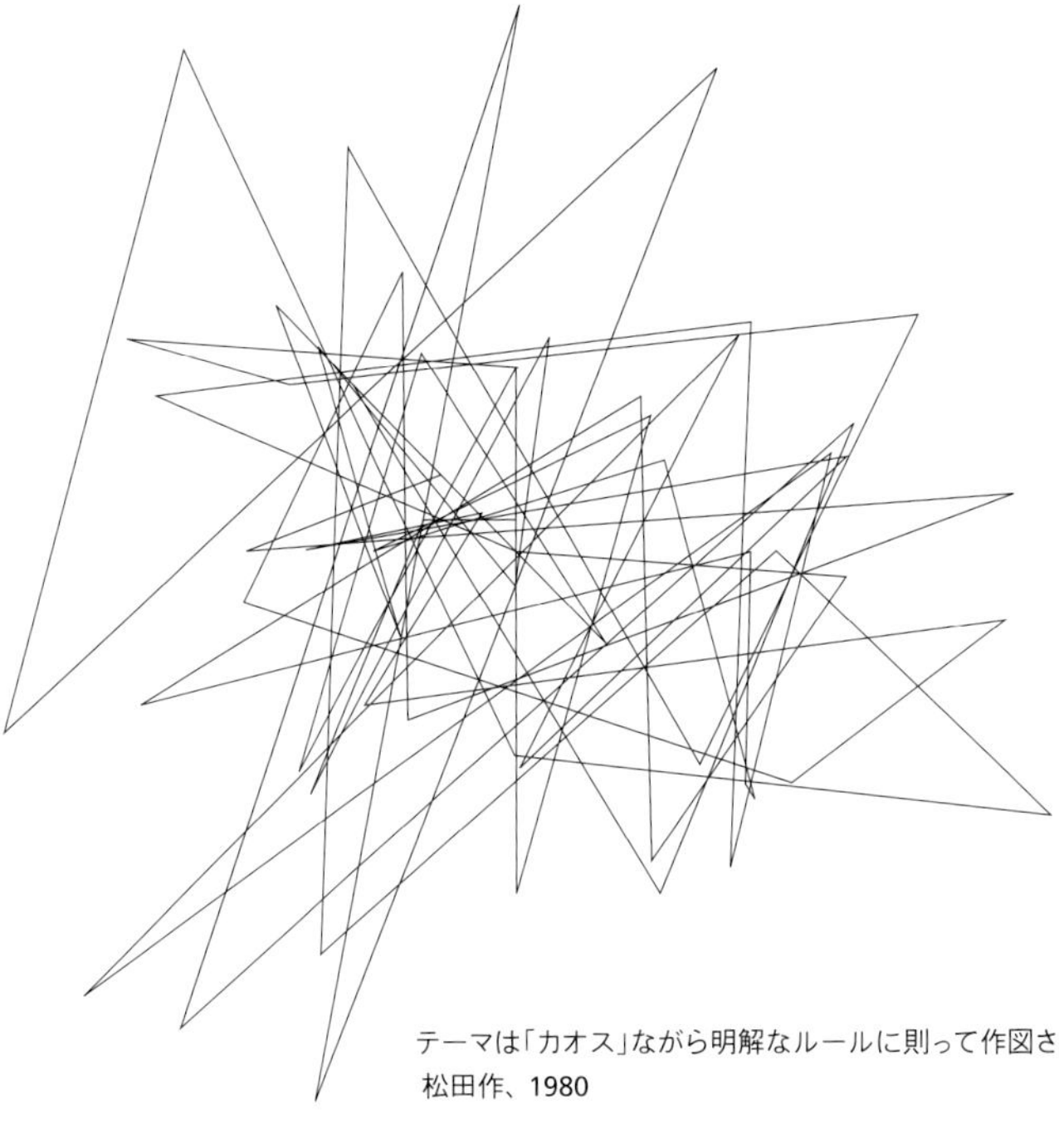

テーマは「カオス」ながら明解なルールに則って作図されたダイアグラム。
松田作、1980

ラフィックデザイナー兼イラストレーターだったため、「形から入る作家」とよく言われたらしい。書名にも、『黒地の絵』、『歪んだ複写』、『黒の様式』、『虚線の下絵』、『白と黒の革命』、『状況曲線』など、印刷・美術・デザイン用語が巧みに使われている。

この『点と線』のイメージは、もちろん列車のオペレーション・ダイアグラム。線が複雑に交差し、思わず線の行く末を追いたくなるような構図がベースになっている。

しかし、この作品が東京へ赴任したのちに書かれたことを考えると、魅力的な符号がひとつ見えてくる。それは東京タワーだ。東京タワーの完成は、『点と線』が雑誌に発表された翌年一九五八年（昭和三十三年、余談ながらタワーの高さは三三三メートル）であり、松本は、雑誌連載中に建設途上のタワーを、よく眼にしていたに違いない。当時の朝日新聞社があった有楽町と、東京タワーのある芝とは、目と鼻の先である。日々骨組みだらけ、「線だらけ」の構造を目にすることは「形から入る」作家にとって、その当時まだ誰も使っていなかった列車ダイアグラムのトリックに、確信に似たものを感じたに違いない。

「線」をはじめて意識したアーティストは、ロシア・アヴァンギャルドディスト、アレキサンドル・ロドチェンコ。当時、完全にアートの先頭を走っていたカシミール・マレーヴィチは、究極の表現をめざして、シュプレマティズム（絶対主義）

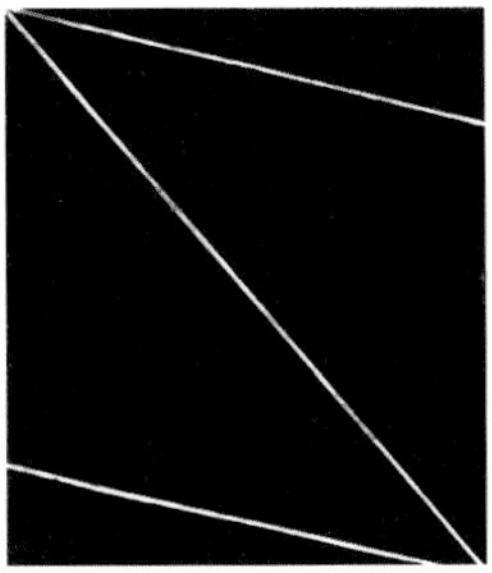

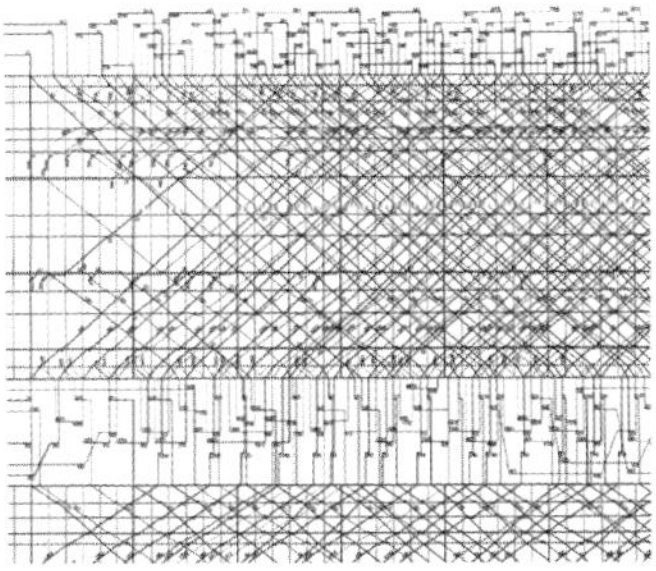

右／東海道と山陽新幹線の列車のオペレーション・ダイアグラム、1985
左／アレキサンドル・ロドチェンコ《線》1920。こののち〈線〉シリーズが始まる。

右ページ／東京タワーのイメージのもととなったエッフェル塔を下から見上げた写真。アンドレ・マルタン、1964。

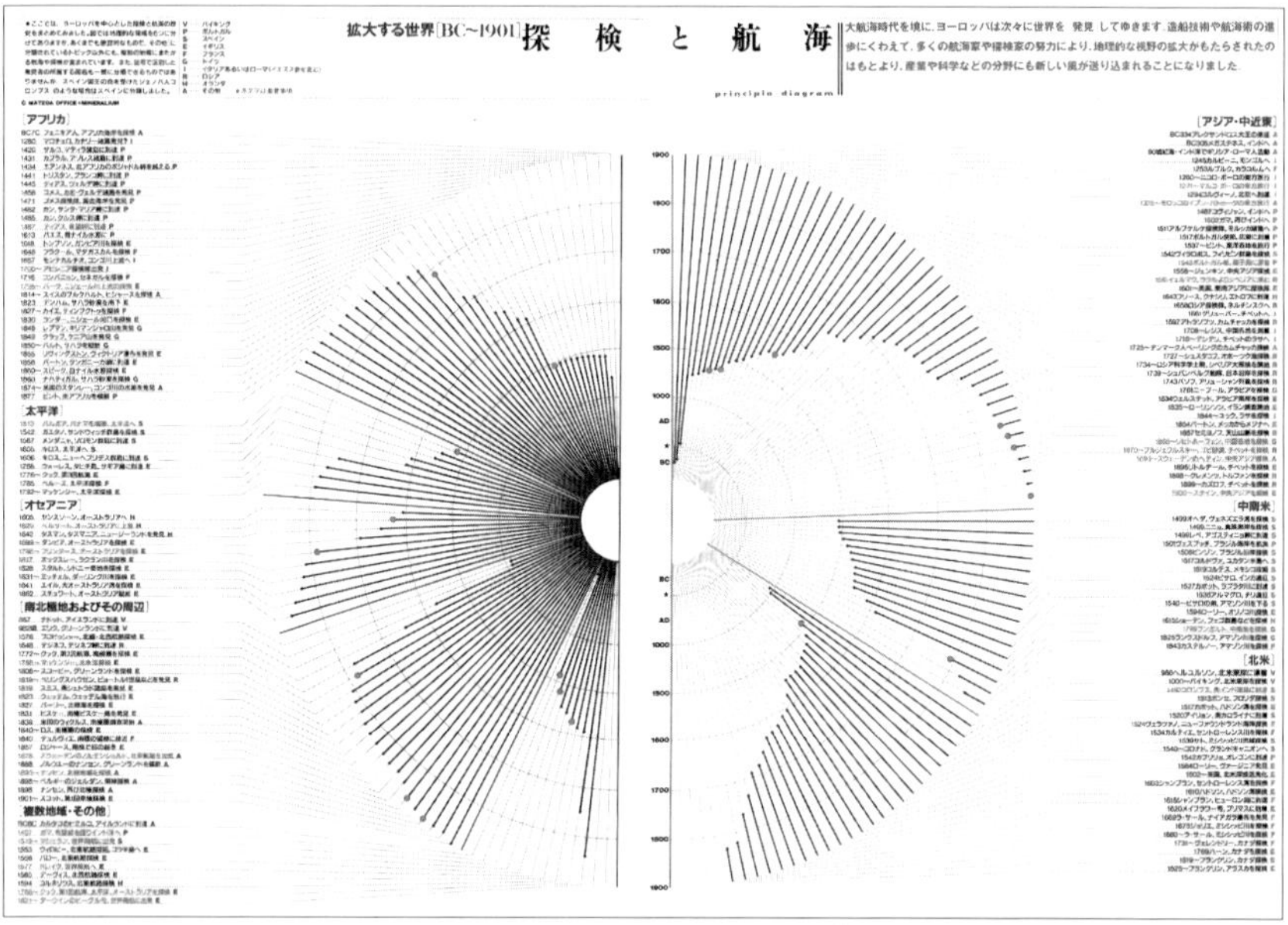


上／20世紀はじめまでの2000年間で行なわれた
世界の探検と航海の記録。作成：米澤敬＋松田＋河原田智、1993
下／アラブ人の同族婚と異族婚を表す家系図。
（『図表・地図ハンドブック』視覚デザイン研究所編、
視覚デザイン研究所、1985より）

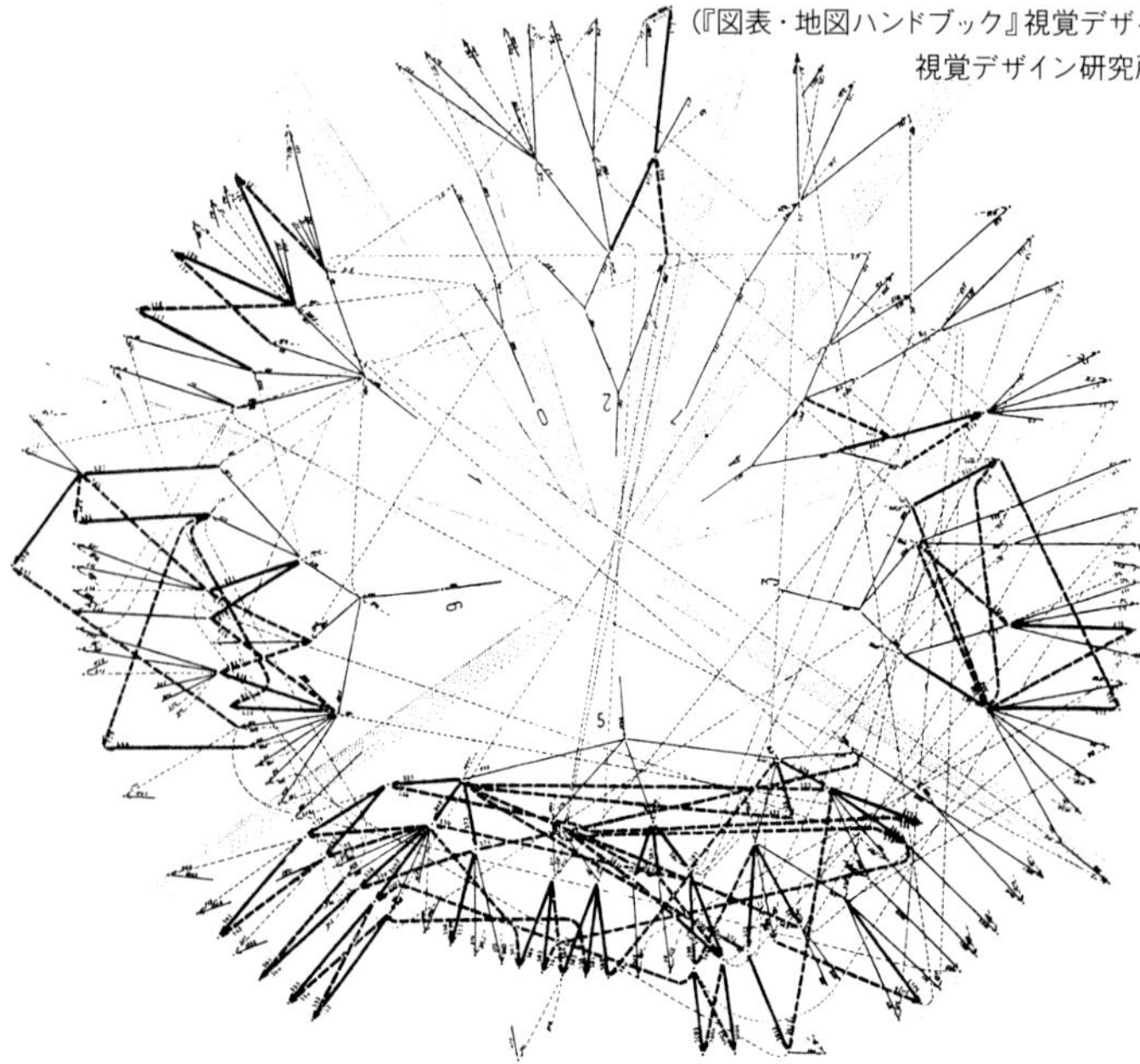

上／建設中の当時のドイツを代表する飛行船LZ129ヒンデンブルグ号。

1936年にアメリカで大爆発を起こし、36人の犠牲者とともに灰燼に帰す。

（"Zeppelin: Die Geschichte eines unwahrscheinlichen Erfolges" Karl Clausberg, Schirmer / Mosel, 1979より）

下右／アグネス・ディーン。《Isometric Systems in Isotropic Space――

Map Projections:Entropy I--Amorphous Continents, 1979》

（"Agnes Denes" Herbert F. Johnson, Museum of Art, Cornell University / Ithaca, 1992より）

下左／オスカー・シュレンマー《人と線のある空間》1924

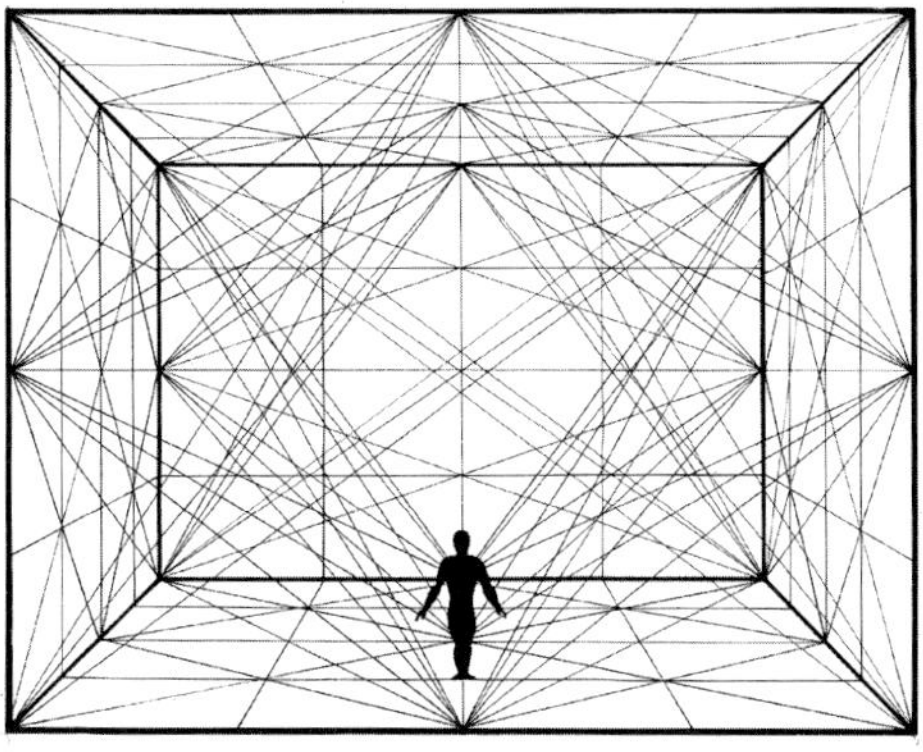

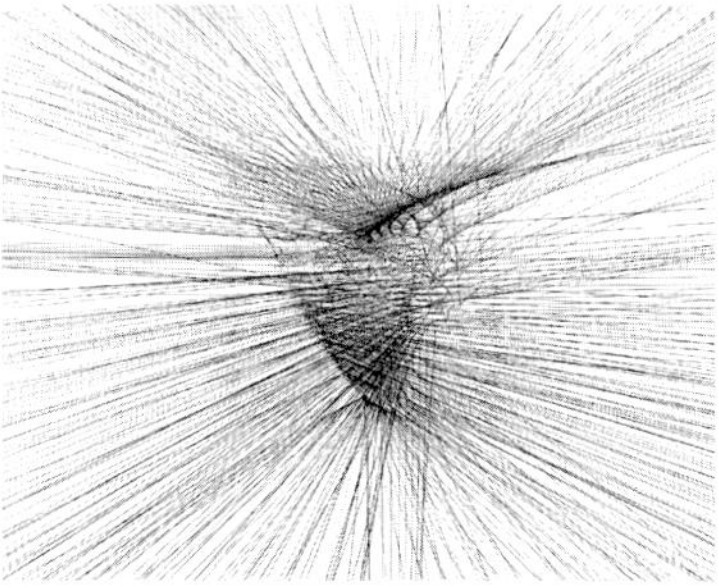

を起こしていたが、その黒や赤、白の色のついた四角形にはまだ色彩があり、究極とは言えないとして、ロドチェンコは、色彩とか階調という絵画の最後の砦も「線」によって打ちまかせられると考えた。線は細すぎて色を乗せることができない、ということなのだろうか。

が、いまやコンピュータのおかげで、印刷所のネガティヴな忠告を無視して、オモテケイに色をつけることなど、結果はともかく簡単である（もちろん極小文字に四色掛け合わせるのも簡単。版ズレなどのリスクは残るが……）。

グッゲンハイム美術館で行われたソト展より、1974。
J.R.ソト《浸透できる》。
（"Jesus Rafael Soto"galerie nationale Jeu de Paume, Paris, 1997より）

ロドチェンコに続いて、ヴァシリー・カンディンスキーは、『点・線・面』をバウハウス叢書第九巻として発表。点の動いた軌跡が線になるという、線を運動として見る新しい視点を示した。とりわけ、「永久不変の方向性と、無限に前に進む運動性をみせる〈直線〉には、〈運動〉という概念のかわりに、〈緊張〉という言葉が似合う」（西田秀穂訳）ということばは至言である。しかし、カンディンスキーならずとも直線の神秘性にはやはり魅かれてしまう。

ビッグバンからの背景放射と言われるニュートリノ、銀河系からの重力波、最近とみに増えた身近な電磁波、放送などの電波、まわりで崩壊していく放射性物質の中性子など、さまざまな見えない線がわれわれを取り巻き、体を貫いている。なかには地球も貫いて、無限遠点の彼方へと向かって行く線も多い。まさにカンディンスキーの「緊張」が似合う直線だ。

これだけ多くの宇宙線に接触していると、もし当たりどころが悪かったら大発見をしたり、おかしくなったり、生死もあやうくなったりするのではないかとも思いたくなるが、宇宙線と大発見の因果関係ははっきりしていない。なにせ四六時中降り注いでいるのだから。瞬間瞬間で影響を受けているとしたら、影響をまったく受けていないというのと同じことである。しかし、その綾なす直線群は点と線によるさまざまな関係を結びつけた、ちょうど列車のオペレーション図のように見えなくもない。

ルチオ・フォンタナがかまいたちのようにキャンヴァスを切り裂いて生じさせたカタストロフィの裂け目は、見えない線で縦横に張り巡らされた結界を切断しようとする、あたかもドン・キホーテのはかない一閃のようだ。

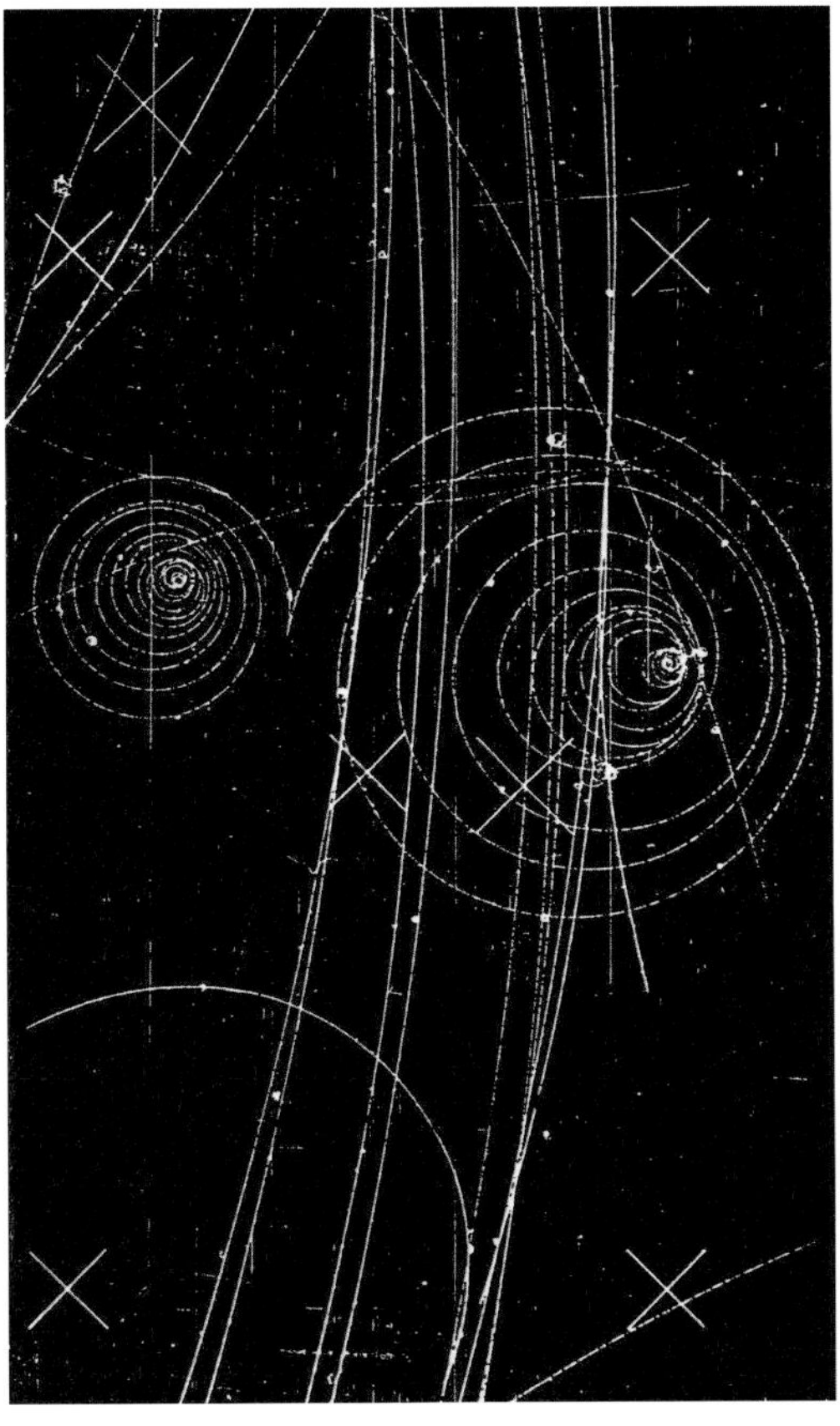

泡箱内で瞬間定着された素粒子の軌跡。
(『芸術新潮　特集：20世紀を決定した「眼」』1995年1月号、新潮社より)

## ルート

数年前に狂牛病が初めて日本に流入したときの感染ルートは、はっきりしていない。イギリスでの感染ルートは、ほぼ次に示すコースが濃厚らしい。羊のスクレイピー（震え病）の原因となるプリオン蛋白質（蛋白性感染粒子）が、スクレイピーで殺処分された羊の肉骨粉に混じって牛の餌となり、牛にうつって発病し、狂牛病へというコースだ。

プリオンは羊から人へはうつらない。羊→牛→人の経路のようだ。従って、肉骨粉には牛ばかりでなく、羊が入っているかどうかも重要である。プリオンの潜伏期間は長いので十年くらい遡った調査が必要らしく、めまいがしてくる。

羊のスクレイピーは昔からあった病気で、肉骨粉も以前からつくり続けてきたが、なぜここにきて狂牛病かというと、石油ショックにより石油の値段が上がる→肉骨粉の製造過程で石油の使用量を抑えるため、加熱温度と時間を今までより低く、短くする→病原体プリオンが消滅せずに残る、というような図式らしい。

それと草食動物である牛に、羊の肉ばかりでなく牛の肉も入った肉骨粉を与えて共食いをさせた、ということも牛のストレスにつながり、発病を促したのではないかとも言われている。

しかし、汚染しているかもしれない牛肉を食べちゃったわれわれとしてはもういたし方がない。病原体プリオンの低い発病率がせめてもの救いだ。それにしても、性（エイズ）といい食（牛肉）といい快楽と死の病いが同列に語られる状況は、エロスと死について語ったジョルジュ・バタイユが、理念の語り手ではなく予言者に思えてくる。

一方、狂牛病と同じ症状になるクロイツフェルト・ヤコブ病の日本（世界）感染ルートは明らかに犯罪だった。脳腫瘍等の手術のとき、頭

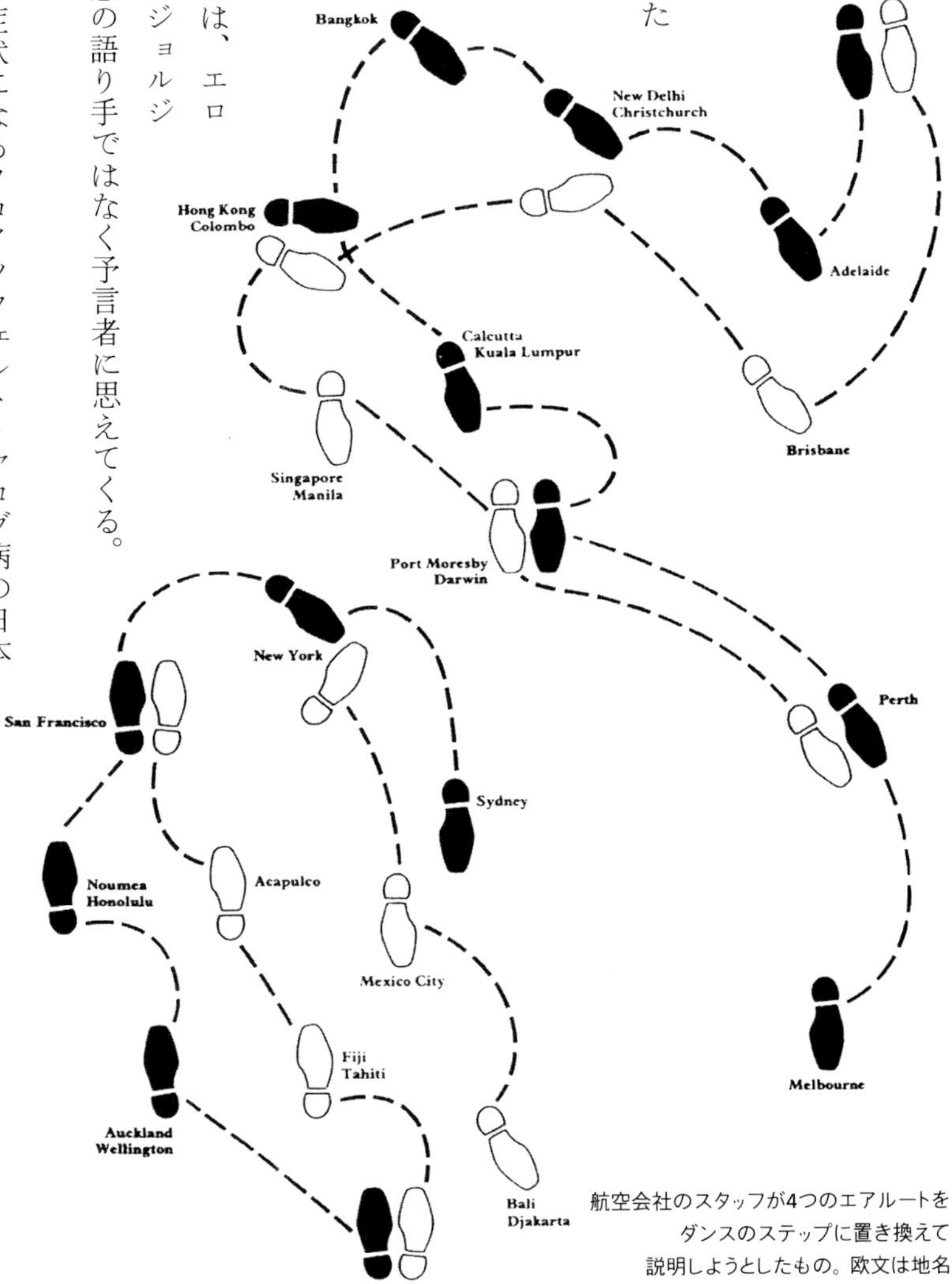


航空会社のスタッフが4つのエアルートをダンスのステップに置き換えて説明しようとしたもの。欧文は地名

蓋骨を覆っている硬膜を一部取り去るので、かわりに輸入している乾燥硬膜で代替する。乾燥硬膜は、もともと人間の遺体からとってつくるもので、乾燥硬膜がなかった頃は自分の体の一部を移植して補っていたが、いまでは移植技術が発達して、ほかの人間から供給できるようになったが、それが災いを生んだ。

問題の乾燥硬膜「ライオデュラ」（問題のない乾燥硬膜ももちろんある）は、ドイツの会社から輸入していた。ドイツでは病死した人の八〇％は解剖にふされる。そのとき不正な臓器摘出などが行われたりするらしい。このドイツの会社も、解剖助手が、アルバイトで不正に取り出した硬膜を買って、ライオデュラをつくった。つまり、密売の硬膜である。そして、解剖助手が横流しした品に、クロイツフェルト・ヤコブ病死者のものが含まれていたことから、話はややこしくなった。

もともと病死者のものだから何があってもおかしくないし、それが密売ときてるからドナーのルート

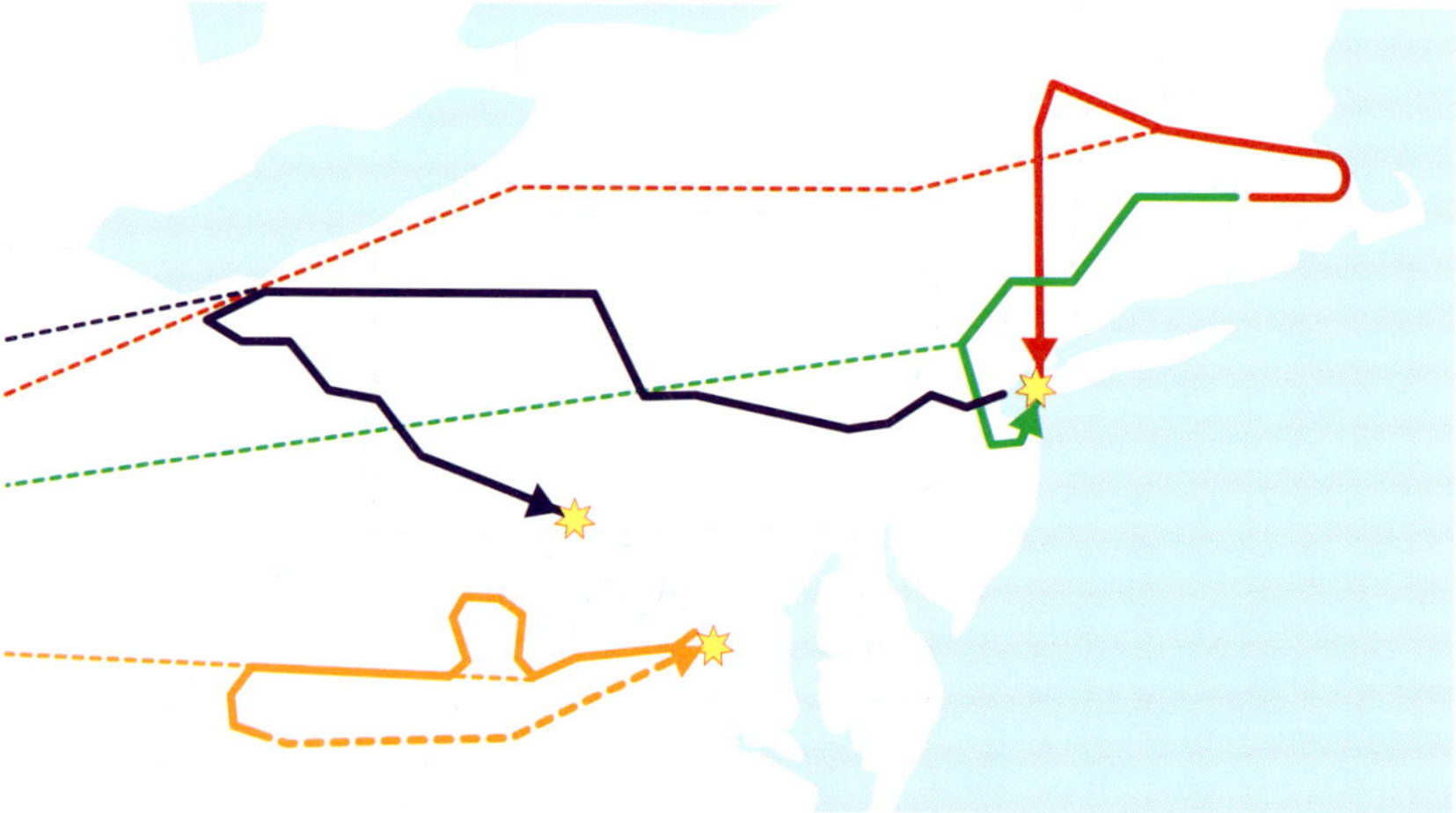

2001年9月11日にハイジャックされた航空機4機のルート。（澤地真由美作、2002）
—アメリカン航空11便→7時59分ボストン発ロサンゼルス行き／8時45分WTC北棟に激突／テロ犯5人
—ユナイテッド航空93便→8時01分ニューアーク発サンフランシスコ行き／
10時10分ペンシルヴェニア州南部に墜落／テロ犯5人
—アメリカン航空77便→8時10分ワシントン発ロサンゼルス行き／9時39分ペンタゴンに激突／テロ犯5人
—ユナイテッド航空175便→8時14分ボストン発ロサンゼルス行き／9時05分WTC南棟に激突／テロ犯4人
……推定されるルート
………予定されていたルート

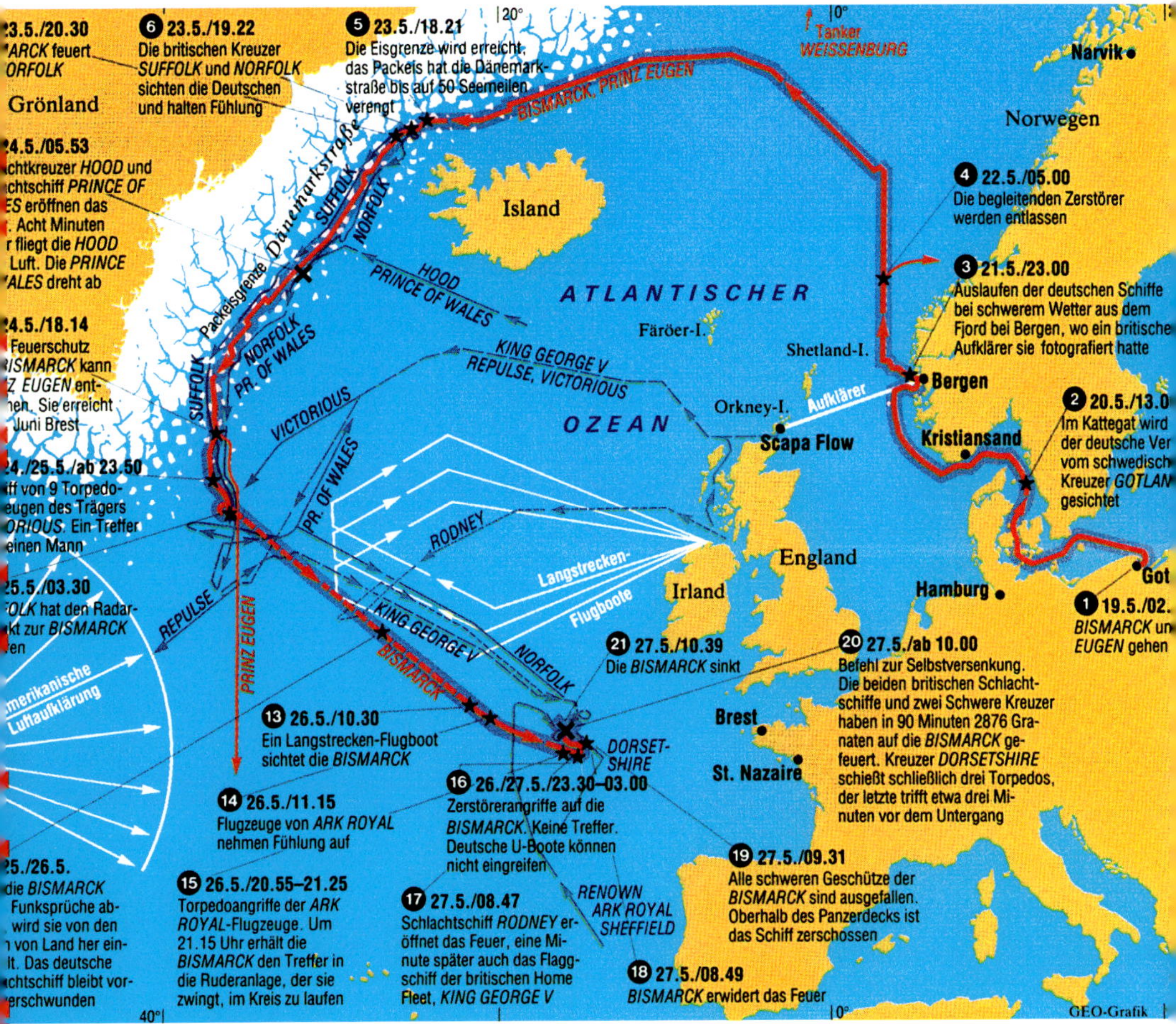


ドイツの戦艦ビスマルクが初出陣でイギリスの軍艦に追われ撃沈されるまでの182.5時間のルート図。ビスマルクは、ドイツが海軍国イギリスに対抗するべく威信をかけて製造した、日本の大和にも匹敵する巨大戦艦。初めての出撃が最後の出撃になってしまった。第2次大戦の初期、大西洋の制海権を得るべく、ドイツのゴーテンハーフェンを出航したビスマルクはイギリス側に発見され、イギリスの巡洋艦1隻沈没と戦艦1隻を大破させながらもイギリス艦船の猛攻に遭い沈没。ドイツの威信は丸つぶれだった。真珠湾攻撃より半年以上前にドイツでは戦争にすでに暗い影がさしていたことになる。世界情勢は日本の開戦は無謀であることを告げていた。
(『GEO』1989年12月号ドイツ語版より)

をたどるのは闇の中。一九八七年以降は、こういった危険を回避するために、乾燥硬膜はアルカリ処理後に使用することが義務づけられたが、もうすでにライオデュラは世界中に輸出され使われた。汚染されたライオデュラでヤコブ病にかかり、死の旅に向かわざるをえなくなった人も多い。

ＷＴＣテロのニュースで、二機目がＷＴＣ南棟に激突した瞬間を下から偶然撮った映像の、右下のほうに、移動するＵＦＯが映っていた、とネットでは大騒ぎをしていたことがあった。これも例のごとくあいまいで、さしものＵＦＯ好きでも感動とはほど遠かったが、いわゆるＵＦＯの軌跡と言われているルートをみると、現代の物理学では解釈不可能な飛び方をしているのが目立つ。それは重力を自在に操っているからだ、と説く研究者もいる。

地球にわれわれを繋ぎ止めている引力（重力）から自由だということは、現代物理学からも自由ということである。地球は時速千六百七十キロメートル（マッハ一・三六）で自転し、時速十・七万キロメートル（マッハ八七・六）で太陽の回りを公転、太陽系は銀河系の中心を時速九十万キロメートル（マッハ七三五・三）で公転、銀河系も時速二億千七百六十万キロメートル（マッハ一七七七七・八）でほかの銀河系から遠ざかっている。

もし、重力を遮断、つまりこの自転・公転運動に乗っかることをやめたとき、宇宙船は九秒くらい（光速の十五％）で月のあたりに取り残されることになる。

この力が自由に制御できたら、あのアクロバット飛行もなんとなく納得がいく。いや納得がいかないのは、アクロバット飛行の目的・モチベーションが不明のせいだ。研究者もなぜかこの点は不問である。おそらく、宇宙の円盤暴走族かとばし屋なのだろう、爽快この上ないのはよくわかる。こんな気まぐれ走行のルートがつかめないのは当然だ。

重力遮断や時空ワープがこの先もSFかどうかはわからないが、空飛ぶ円盤は「コンセプチュアル」であり、かなりアバンギャルドな存在である。

クリストファー・ノーラン監督の「メメント」(二〇〇一)では、前向性健忘症の主人公が、妻をレイプして殺した男を復讐のために探す。が、なにしろ十分前の記憶は忘れ、頭をケガする以前の記憶に戻ってしまい、十分ごとに捜査は振り出しである。そのためポラを撮ってメモし、大事なことは入れ墨をして残すようにする。

しかし、このメモや入れ墨にはいつの、どの段階でのメモかが記されていないので、あらゆるメモが十分ごとに同時に押し寄せ、コラージュされ、さまざまなストーリーが生まれる。ここではルートは永遠に辿れず、常に出発点のつらい記憶に立ち戻る。カミュ『シーシュポスの神話』の現代版である。たしか、シーシュポスはその責め苦のなかにも悦びを見い出していた気がする。

1966年、アメリカのカメラマンが撮った流星群の写真のなかに混じっていた怪光の軌跡。
円盤の軌跡説からトリック説までさまざま語られたが謎は解明されず、
writing lights（筆跡光）と呼ばれるようになった。
（『UFO事典』南山宏著、徳間書店、1975より）

# モジュール

何かを制作するときには、常に基本のルール、モジュール（尺度）が必要である。かつては、黄金率などの比例を駆使して作業に臨むことが多かった。今ではそれとは違った価値観で、ルールづくりが行われている。

ハレー彗星のイメージをかたどった、日本初の五角形切手が二〇〇〇年に発売されたが、正五角形は、古来から、黄金率でつくられている図形として知られている。星形のペンタグラムは六芒星《ろくぼうせい》と並んで、形の美しさから、神秘的な図形として人気だった。

レオナルド・ダ・ヴィンチの頃まで、黄金率などの比率をもとに建築の設計を起こしたり、黄金率などの比例を絵画のガイドラインに使うのは常識だったようだ。活版印刷術の発明者、ヨハネス・グーテンベルクの『四十二行詩編』（一四五五）の版面が黄金率になっているのは有名だ。

黄金比（ヨコタテ比が一：一・六一八）以外によく使われた比例は、√2の矩形（ヨコタテ比が一：一・四一四）や、ペンタグラム構図法、近似値だと使いづらいとして、

√2の矩形

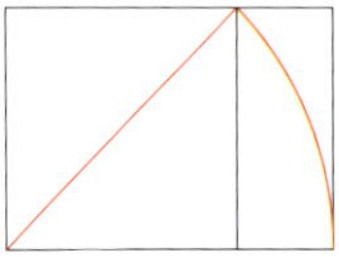

＋印の太い線がタテヨコにおける黄金率を表している

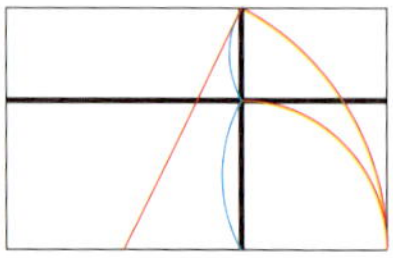

ペンタグラムと六芒星

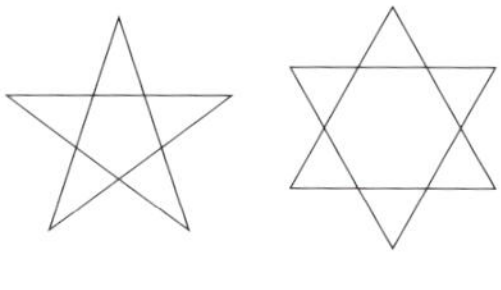

レオン・バッティスタ・アルベルティが開発した、整数比例法「アルベルチズム」（十五世紀）などがある。アルベルチズムは二十世紀のグリッド・デザインのさきがけかもしれない。これらが透視図法と併用されて使われていた。

近現代になると、反透視図法的立場からことさら比例法を無視してきた。モダニズムの到達点であるモンドリアンにも黄金率的配置がみられるとしばしば指摘されるが、たまたま数値的に黄金率の近似値に合致したものがあったとしても、なじめる配置という観点からしたら誰しも似たり寄ったりのところに落ち着くだろう。

当時は方形を中心理念とした絵画・デザインも主流となってきていたし、グリッド・デザインの勃興をふり返ってみても、黄金率に比例のアイデンティティをおくのはル・コルビュジエの例は別として、モダニストとしては考えられない。ヨコタテ比が一：√2の紙のA判・B判や一：一・四七の四六判なども比例としてはきれいだ。コルビュジエの正方形二つを合わせたタテ長の比率も魅力的である。

コルビュジエは、一九四二〜四五年頃、黄金率と√2を足して総合した「モデュロール」なる、正方形二つを合わせた比例を発表した。「モデュロール」は

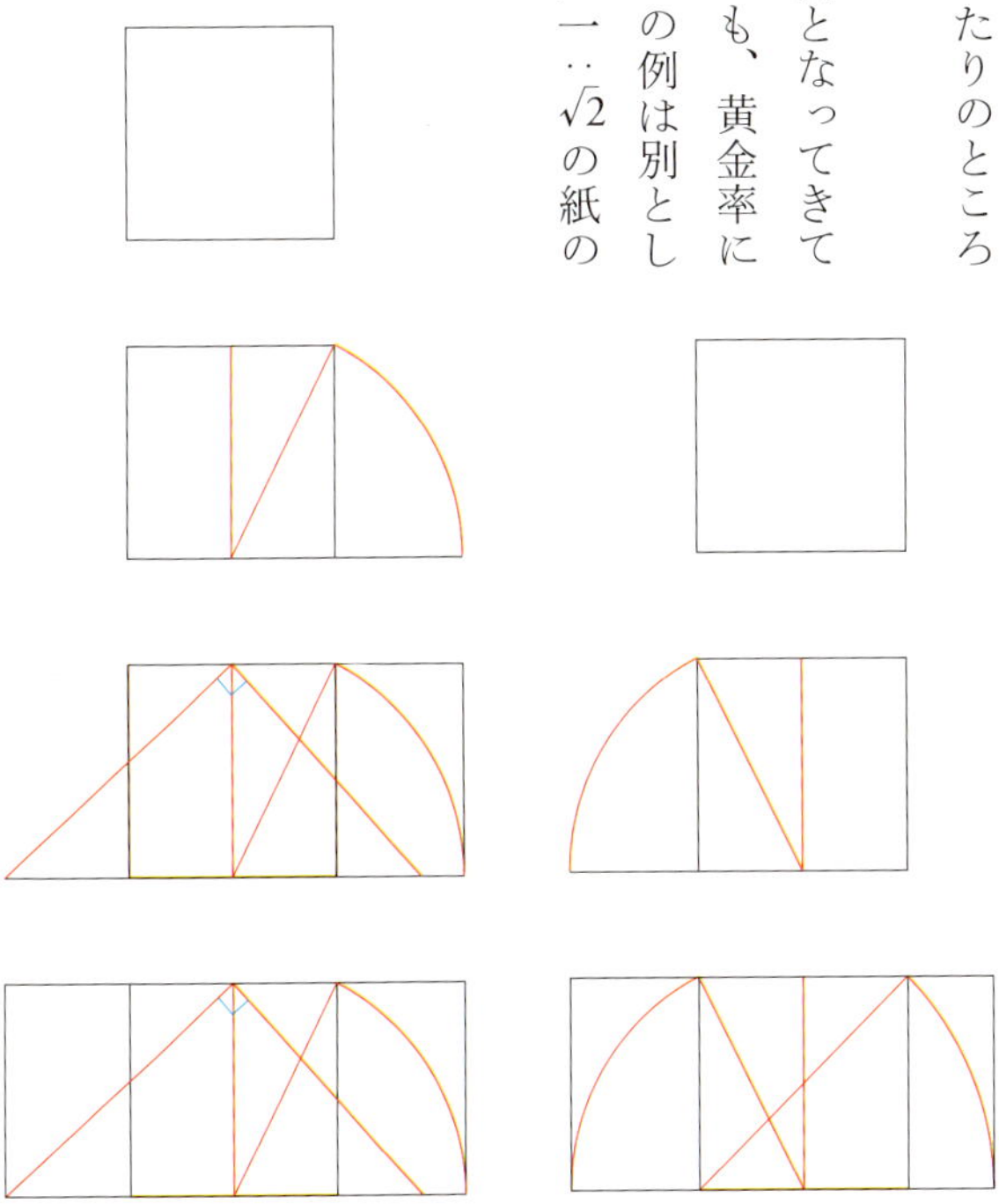

コルビュジエのモデュロールの二つの作図法

尺度（モジュール）と黄金率（セクション・ドール）の合成語である。この比例に基づいて設計した丸ごとモデュロール建築も存在する（フランス、マルセーユの「ユニテ・ダビタシオンUnite d'Habitation＝住居単位」、一九五三年）。

コルビュジエのモデュロールの特徴は、その比例に人間を当てはめたというところにあるらしいが、人の平均身長がいやに高い（約一・八メートル）ことや、人体比例図は、レオナルドをはじめとしてかなり多く発表されてきたので新鮮味に欠ける。特徴的なのはフィボナッチ数列を反映している点である。フィボナッチ数列とは次に続く数字がその前二つを足した数字、という数列。1、2、1＋2、2＋3、3＋5、5＋8、8＋13、13＋21、21＋34、34＋55、55＋89、89＋144……。十三世紀のイタリアの数学者レオナルド・ダ・ピザの通称から名付けられたこの数列は、数が増えれば増えるほど連続する二項の比が黄金率一：一・六一八に限りなく近づく。モデュロールは黄金率づくしでもある。

コルビュジエはモデュロールのバリエーションを合間合間に山ほどつくって遊んでいたらしい。ここには（私にも覚えがあるが）結果はともかく、この比例（あるいはルール）に従って作図している、というアイデンティティの方にモチベーションと心地よさがあるのだろう。

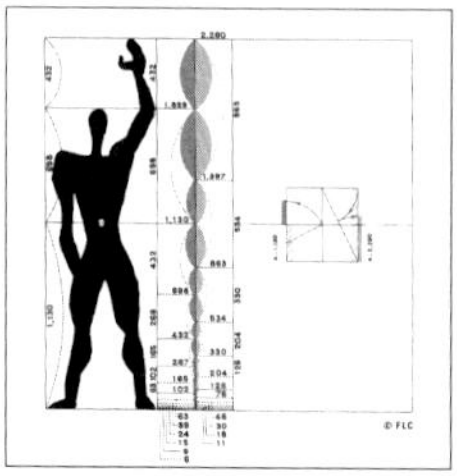

右／コルビュジエ設計の「ユニテ」アパート。
写真：吉阪隆正
（『世界建築全集14　現代V 住宅とアパート』浜口隆一他編、平凡社、1959より）
左／コルビュジエ『The Modulor / Modulor 2』（ Paris & Orion Press, 1954）のケースの表紙

多角形の作図法はいろいろ伝えられている。日本古来より使われてきた規矩術では、たとえば八角形をつくりたいとき、円の半径の八分の六が八角形の一辺の長さとなり、二十角形のときは二十分の六、五角形のときは五分の六、というように六を基準として作図する方法である。これは六角形の一辺の長さが円の半径にあたるということから証明できそうだ。

正五角形を定規とコンパス（今では定規とコンパスで作図する人などごくまれだろう）で描こうとすると、意外に難しい。正五角形の黄金比に則した構造がわかっていないと、まず作図は無理だ。しかし、作図の書き出しをどういうふうにはじめるか、どう展開していくかなど、謎解きのようなおもしろさが潜んでいて、かつて、幾何図形の作図に異常に凝っていた頃のことを思い出した。

当時の基本の作図法は、ある造形的イメージが先にあり、それをめざして作図のルールを決めていくという帰納法的なものだった。簡単なフラクタル図形の動きの発想にも似ていたように思う。

この純粋な作図遊びはかなり楽しい。今では作図法を忘れてしまったものもあり、再現できない図も多いが、基本ルールは、魔方陣に埋められた数字を順番に追っていくことで生じる線の軌跡である。

魔方陣とは、マス目すべてに一から順に数字が打たれている方陣で、タテ・ヨ

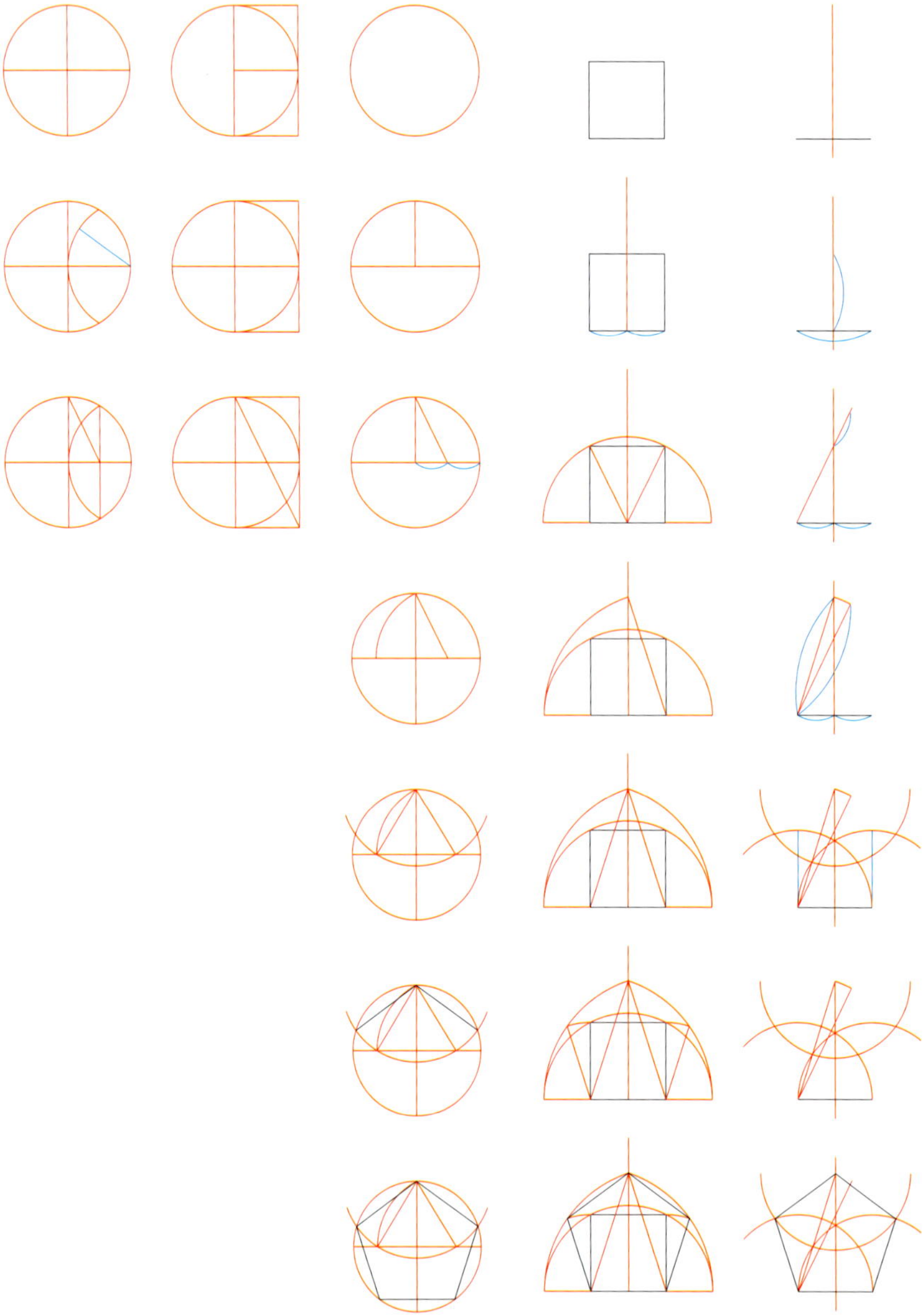

正五角形の作図法。上から順に作図していく。
左から1、2列目は円の半径の中点を
正方形と半円を使って出す方法。
その後の作図は3列目と同じ

コ・斜めのどの数字の列を足しても、その総和がすべて同じ数になる、というもの。九つのマス目をもち一辺に数字が三つ並ぶ三次方陣から始まり、マス目が六百二十五ある二十五次方陣まで知られている（今ではもっと上があるかもしれない）。数字の並べ方は、三次方陣は一種類で、それに天地左右の鏡像反転を加えれば、計四種類のバリエーションを得られる。四次以降は大量に存在する。そのなかで魅力的な数字列の軌跡を作図法として変形を加えたりしてさまざまな図をつくった。作図のためのメインの方陣は三次・五次である。

三次の魔方陣が最初に現れたのは、中国の有名な古典『三才圖會《ずえ》』。道教の宇宙論である、陰陽五行説に従った「洛書《らくしょ》」と呼ばれる方位図であり、後に日本神道にも応用されることとなった図だ。

「洛書」は古代中国「夏」の始祖禹《う》王の時代、洛水から現れた神亀の背に一から九の数字が三の魔方陣になっていたという伝説を図示したと言われている。道教の魔除けのための方術で「禹歩《うほ》」と呼ばれる、禹王の歩く足取りをなぞった足跡の軌跡図にも同じ動きのものがある。この三の魔方陣をどこまで変形して違う図がつくれるかが当時の最大のテーマだった。

もう一つ気に入っていたルールは、正三角形の外接円に内接するように正方形を、三角形の頂点が四角形の一辺の中点にくるように、そして、その頂点の軌跡

洛書図

3次方陣と5次方陣の数字の動きを順番に追った軌跡と、それをもとにつくった図。松田作、1979

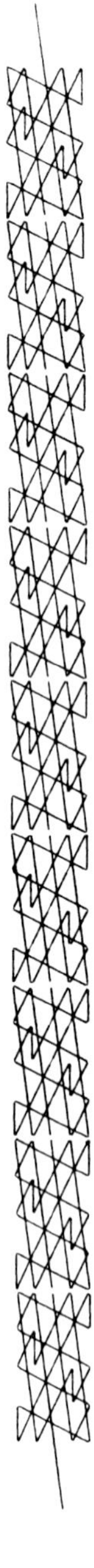

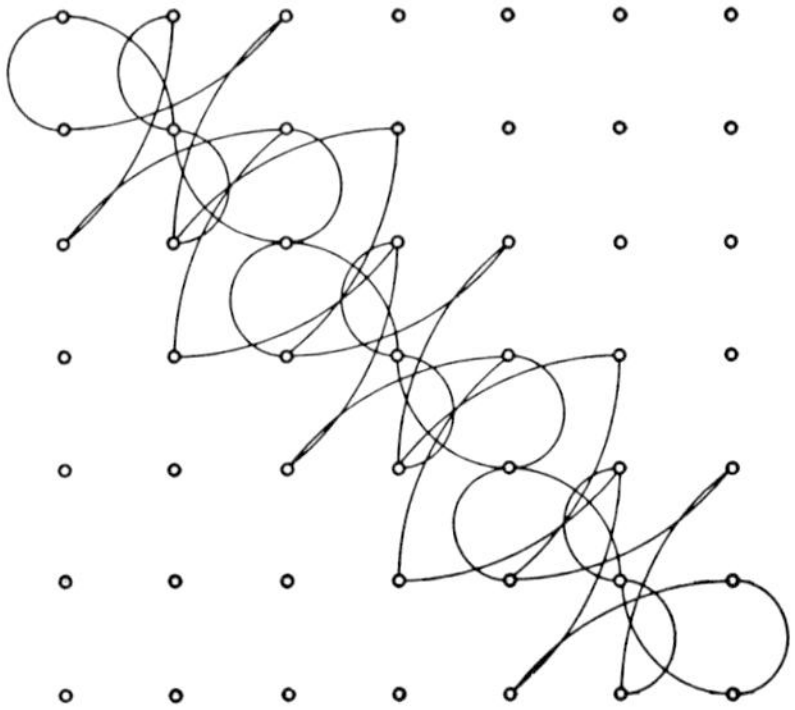

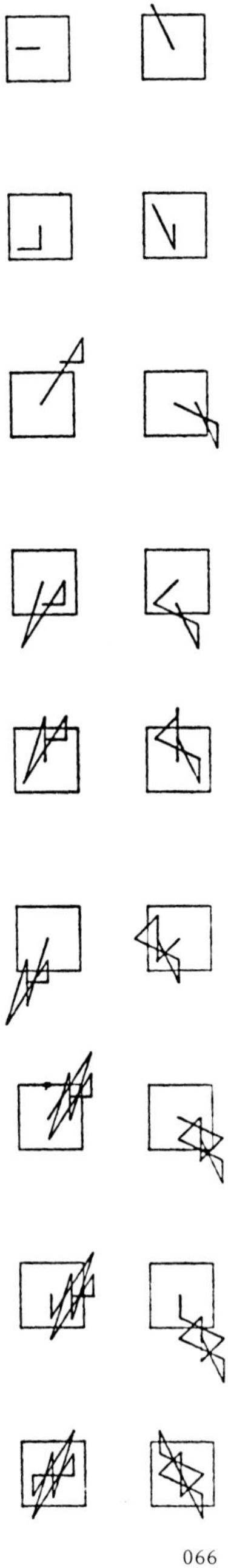

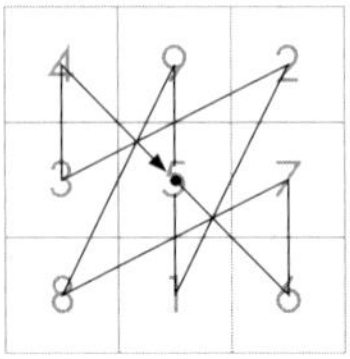


3次方陣。上と右が作例

5次方陣。左が作例

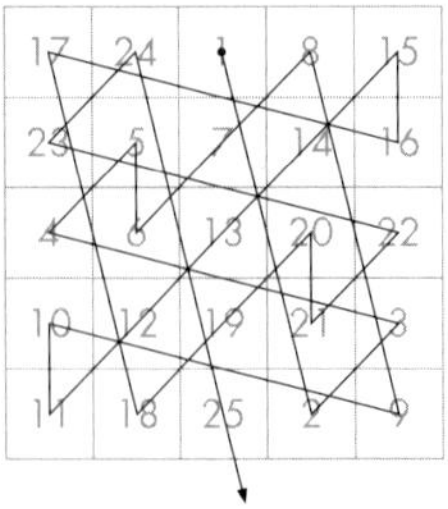


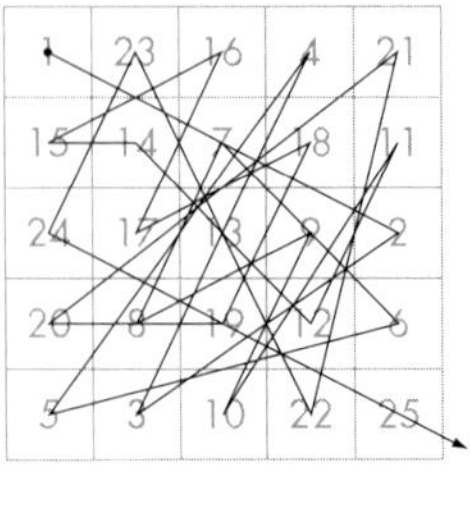

は右回りになるように据え、正五角形、正六角形、正七角形という具合にどんどん角数を増やし、最終的には六十六角形までつくった。ここでは多角形を六十四回変形したかったからである。

ブルーノ・ムナーリの『円＋正方形』によると、角数が増えていっても、外接円の半径は無限に大きくなっていくわけではなく、出発点の正三角形の内接円の約十二倍に限りなく近づいていく。この逆のコース、正三角形の内接円に外接する正方形、正方形の内接円に外接する正五角形の円の半径は正三角形の外接円の約一／十二に近づいていくそうである。

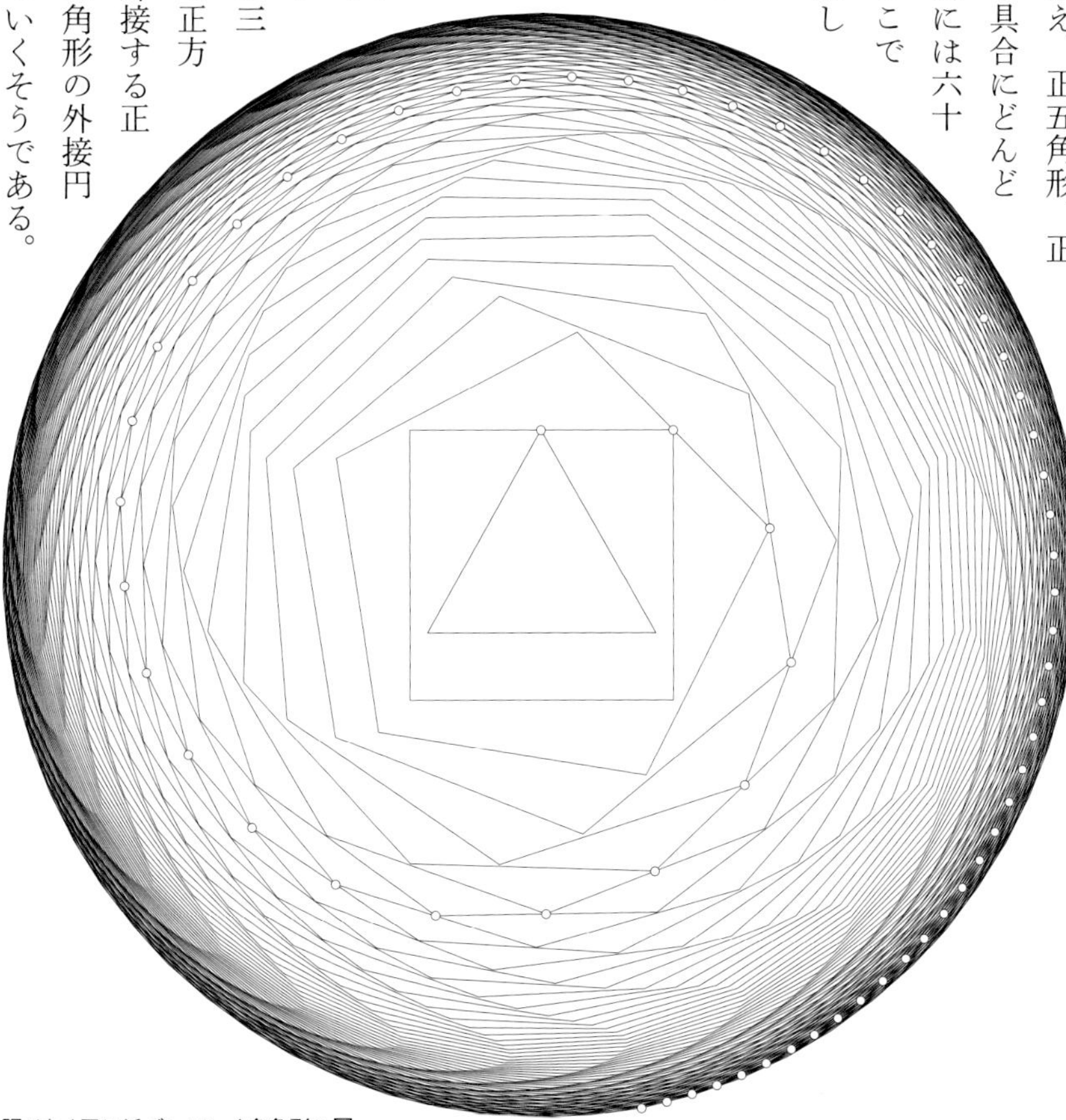

限りなく円に近づいていく多角形の図。
三角形を起点に66角形まで64回の変身をテーマに同心円状にしたもの。
まず、三角形の外接円に正方形が内接するようにして、
三角形の頂点が正方形の一辺の二等分点になるように配置。
二等分点を求めて時計回りに回転させて66角形まで続けたもの。
松田作、1976（2002に斉藤千恵子が再制作）

# 直線の夢

水平線写真マニアである。海と空を分かつ一本の厳粛な直線を見るたびに、この直線は、はたして人工なのか、それとも自然なのか、いや人工自然と形容するのがふさわしい、などと思いめぐらすが、結局謎である。

人の眼にはもともと、近接した点を線として認識してしまう特性がある。あいまいな形に輪郭を認めてしまうのも、この特性によるところが大きい。

イギリス人のジョン・ミッチェルや、フランスの音響技師でUFO研究家エメ・ミシェルは「直線理論《オルトテニー》」を提唱している。UFOの出現ポイントを結ぶと直線になる、という単純なものだが、その理論の根拠のひとつとなったものが、アルフレッド・ワトキンズが命名した、イギリスの〈レイ・ライン〉である。

ワトキンズは、一九三一年、旅行中に、聖地（不思議なことがおこる場所＝古い教会やストーンサークルなどの先史時代の巨石群、古墳や塚のあるところ）を結ぶと直線上に並ぶことに気がついた。

このレイ・ラインはキンバーレイ、アーベスレイという風になんとかレイという地名でいまも残っていて、イギリス中に無数に走っているらしい。大地が発する力の表出した場所と考えられているが、中国風水のドラゴン・パス（竜脈）にも関係がありそうだ。どれも「直線」であることが重要な鍵となっている。これは単なる偶然か、こじつけか。あたかも地球の敏感な神経ラインのようである。

映画監督のジョージ・ミラーは、はじめてつくった長編の「マッドマックス」（一九七九）が、オーストラリア映画界最大のヒットを記録した後、ロスで演技と映画製作テクニックを学んだという。普通とは逆のコースをたどった変わり種だ。つづく「マッドマックスII」（一九八二）、「マッドマックス　サンダードーム」（一九八三）ではチェイス・シーンがヒートアップしていく。三作に共通していることは、いまやオーストラリアあたりでしか見ることができないような、一種人工的な荒涼たる風景の中でのカー・チェイスである。オーストラリアといえば、二十世紀最大の幻想だった核戦争が起きても、地球で最後まで残りそうな感じがする場所だ（スタンリー・クレーマー監督の映画「渚にて」（一九五九）参照）。そんな風景の中の一本道で繰り広げられるジョン・フォード監督の「駅馬車」（一九三九）的カー・チェイスは、初めはそれなりに回りに原野を従えて蛇行した一本道だったが、二作目は砂漠のような荒野のなかの直線の一本道、そして三作目はとうとう完全に荒廃しきった、山や丘ひとつない平原に敷かれた、直線の線路でのチェイスである。三作目に使われた平原は、地元の人々に、いみじくもルナ・プレイン（月の平原）

映画「マッドマックス サンダードーム」の3本の直線（地平線と2本のレール）にトラックトレインのバーがからんだ直線満載シーン。
Photo : Allstar / Orion Press

と呼ばれ、昼と夜の温度差が八〇度（六〇度からマイナス二〇度）もある。まさに「荒涼」ということばがぴったりの土地らしい。ここで、激しいバトルが繰り広げられたが、このシーンの主役はなんといっても直線である。

三作目にいたっては、すべてのコンセプト（直線マニア）を極限まで推し進めようとしたかのように、「直線」が全面にでてくる。完全に何もない、三六〇度どこを見渡しても直線しか見られない地平線。それに平行に走る線路とトラック・トレイン。追うほうも追われるほうも、カタストロフィに向かってスピードを上げていく。画面は何度も左から右へ、上から下へと走る直線で上下が、左右が分断される。こんな映画がかつてあっただろうか。

シュタイナー邸やトリスタン・ツァラ邸で有名な建築家のアドルフ・ロースは、一九〇八年、『装飾と罪悪』という、後の前衛建築家のバイブルとなる本を刊行した。アール・ヌーヴォーやユーゲント・シュティールなどの装飾重視のデザインは、目的、用途から離れて装飾のための装飾になっている。つまり、これからの文化をになう〈尊厳〉に欠けている、という批判の書である。

そのなかで、重要なのはプロポーションであり、ルールに従って考え抜かれた

アドルフ・ロース設計シュタイナー邸（1910）。ロースの発言を表現した建築として有名。「最初の〈近代〉住宅」としてその後の建築スタイルの先取りとも言われたが，内部には装飾も用いられている。ロースの発言の真意は虚飾にたいする批判ということなのだろう

空間構成であり、素材である、と語る。そして、ロースは、直線性に溢れたデザインを基本においた、シンプル&コンプレックス（複雑＝コンポジションによって生みだされる豊かな情感）を実践し、多くのアヴァンギャルディストに影響を与えた。

こうして、ロースの「ルール（コード）」という考え方は、二十世紀を代表する方法論に昇華していく。アレキサンドル・ロドチェンコの「線条主義宣言」（一九二〇）も、ワシリー・カンディンスキーの『点・線・面』（一九二六）も、ロースの問題提起の延長上で生まれたと言える。

ロースの〈直線〉では、水平・垂直という厳格なルールが基準となっていて、ピート・モンドリアンに受け継がれていく。一方、ロドチェンコとカンディンスキーは完全に重力の影響に左右されない直線を描き、デ・ステイルのファン・ドゥースブルフも水平・垂直から始めて、後に対角線という反重力を手に入れ、モンドリアンと袂を分かつこととなる。

しかし、この直線主義の暗部は、欧州の大戦のなかで、機能重視という兵器に皮肉にも生かされていく。

一九六八年、ユーゲント・シュティールに自己のルーツを見い出している、有機的渦巻き好きのフンデルトワッサーは、〈ロースからの解放〉をスローガンに、「機能主義こそ罪である、

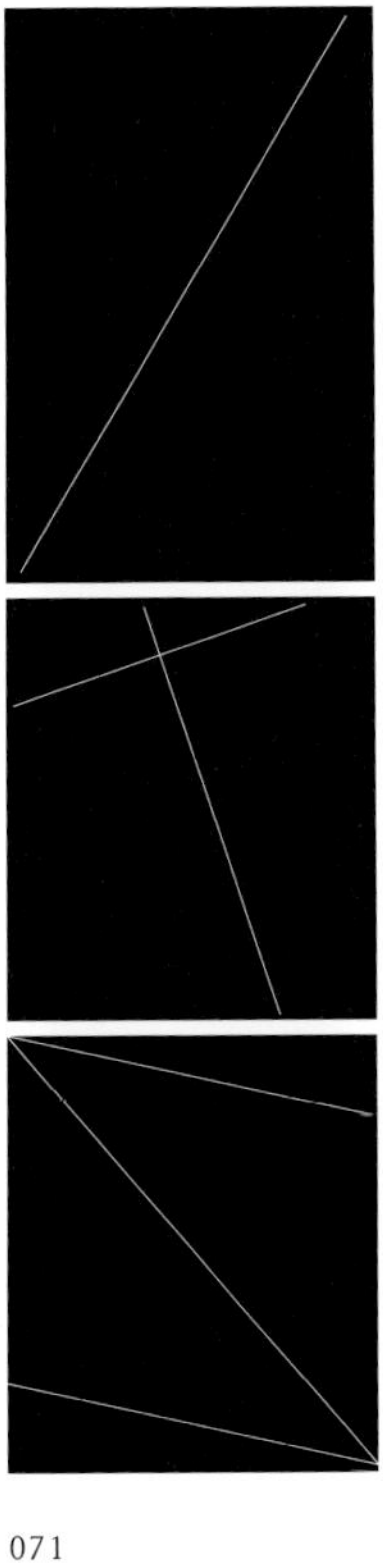

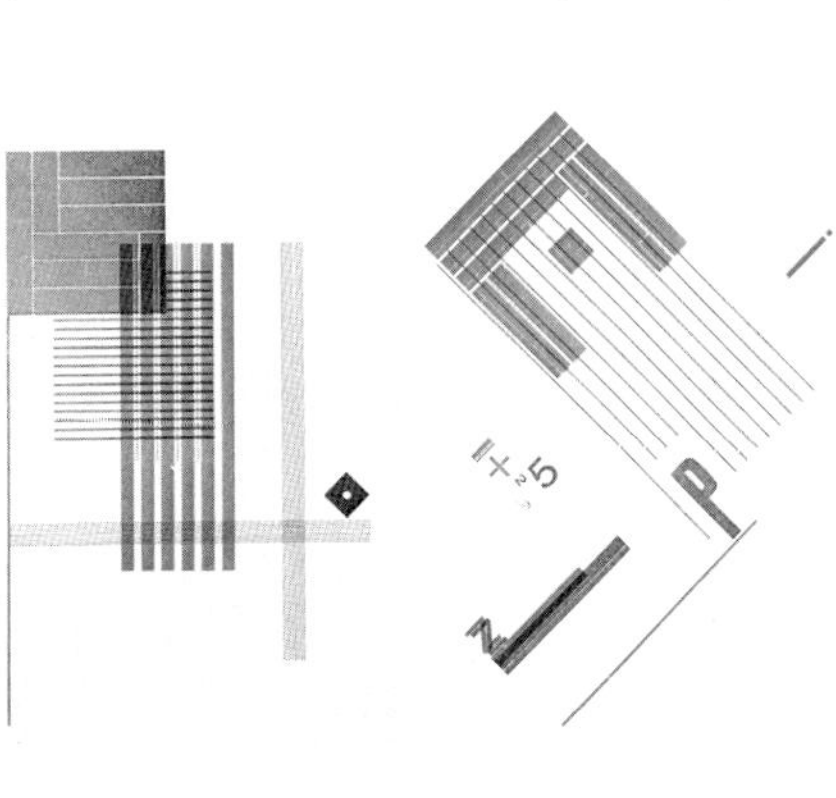

右2点／デ・ステイルのピート・ズワルトの直線を中心にしたコンポジション2態（1925）。どちらも活版印刷2色刷りというのがうれしい。
（『デ・ステイル1917-1932』セゾン美術館編、セゾン美術館＋東京新聞発行、1997より）
左3点／アレキサンドル・ロドチェンコの《線》の作品3態（1919-20）をトレースしたもの

直線は神と道徳の否定である」と攻撃した。装飾側からの六十年後の反撃である。ロースの宣言も、フンデルトワッサーの宣言も、どちらもウィーンで発表されたが、ウィーンにはロース・デザインの建物とフンデルトワッサー・デザインの建物が同居し、観光名所となっている。都市としての鷹揚さのみならず、おそらく、ヨーロッパには、「記憶を残すための装置としての都市」という考え方があるからなのだろう。

『装飾と罪悪』には、どこから装飾で、どこからレイアウトとなるのかの境界は不明だ（もちろん、プロポーション、コンポジションで勝負しろ、といっているのだから、わかりやすいが…）。装飾面から徐々に輪郭であるエッジに近づいていく様は、比喩的に言えば、海が無限遠点で完全水平の水平線に昇華していく様子に似ていると言えなくもない。

手前の大波小波、さざ波から、〈ひと波〉を画素とするフラクタル図形のように、直線に収斂していくシンボリックなドラマは、ロースの合理主義的幾何学から生みだされた直線と、海の水平線が相似であるという夢想に誘われる。直線とは人工的なものでなく究極の自然ではないか、という夢想でもある。オランダの風景画家だったモンドリアンが抽象のはてに水平・垂直線にいたったというのも象徴的である。

右ページ／完全な直線を見せる水平線、1999。写真：佐々木光ロース的美学に対するもうひとつの反乱が、現在進行している。タイポグラフィ研究家、小泉均氏は、現状を「読むためのタイポグラフィの減退」と「視覚的な効果としてのタイポグラフィの隆盛」という形で表現している。

十九世紀まで装飾文字は盛んにつくられてきた。それに対して、二十世紀前半の多くのタイポグラファーたち、ヤン・チヒョルト、パウル・レナーのフーツラ、エリック・ギルのギル・サン、ハーバート・バイヤーの万能書体などが、モダニズム側からの批判として現れた。彼らは、一切の装飾部分をそぎ落としたサンセリフの書体こそ、シンプルで読みやすく機能性にあふれていると考えた。

これらのタイポグラフィは、二十世紀の多くのアヴァンギャルディストたち、バウハウスのデザイナー、スイス・タイポグラファーの実験によってさまざまなコンポジションを生んだ。あわせて、見えない柔軟なルールも生みだした。音楽に楽譜があるように、デザインにも造形譜なるもの（いわば設計図）があって当然である。

そのなかで熟成されてきたタイポグラフィは、二十世紀末に、オーバーラップ、オーバーレイの無秩序なレイアウトによって、地の一部として溶け込み、皮肉にも、ロースがあれほど嫌った装飾以外のなにものでもない使われ方が（反乱という意識なしに）世界的に蔓延した。一九七〇〜八〇年代にかけての日本のエディトリアル・シーンでは、本の表紙に細かい文字を飾りとして使ったりしてきたことも、これらの前兆だったといえる。

二十世紀は、ノイズ的デザインが、突出したデザインとしてもてはやされた時代でもあったが、ここにきて、皆が皆ルール不在（ルールという考え方の不在）のカオス的デザインを目指しているため、突出感がなくなり、視覚的には世の中全体がフラットになりつつある。

私自身はノイジーなデザインも、見えないルール（コード）論も、そして見やすい文字はもちろんのこと、読めるか読めないかぎりぎりの文字もどれも好きだ。ただし、そこには、アヴァンギャルド性を求めた、工夫の歴史があったことも記憶に留めておきたい。

直線性に溢れたCDジャケットデザイン5態
左上／ロスコー・ミッチェル『Nine To Get Ready』
左中／オアシス『whatever』デビューアルバム未収録の日本企画盤
左下／舘野泉のピアノ曲『HEINO KASKI:Night by the Sea』
右上／『ライヒ・リミックス』現代音楽作曲家スティーブ・ライヒの曲を
DJ,アーティストたちがライヒ監修のもとにリミックスしたもの。実際は左側が天。
右下／ギドン・クレーメル『OUT OF RUSSIA』

# 面の愉しみ

2

# デシメトリ　反対称Dissymmétrie

まずマルティン・ガードナー風な設問から始めたい。なぜ鏡は、左右を逆にするだけで、上下は逆にしないのだろうか？　鏡を逆さにしようとなにしようと鏡は頑強に左右を逆にするのみだ。神によって鏡に与えられた強力な意志は左右にしか興味がないようだ……。というのは些かおおげさだが、実は鏡は左右逆転にしか興味がないように見えているだけで、実際は前後が逆転しているだけである。鏡を下に置いて重力のくびきを解かれた状態で立ってみるとよくわかる。鏡は鏡面に直角な軸に沿って各点を逆転する。

この勘違いは、人間や動物が見かけ上、対称面がからだの真ん中を通る（鉛直に走る）左右に分ける面のみだということと無縁ではない。鏡にうつる家具・道具類も当然人間に合わせてあるので左右相称になりがちである。それに、地に固定しようとする重力の影響も重なって、視点はつい水平に移動しがちだ。左右対称のことを鏡像対称ともいうのはこのあたりの事情があるからだ。

ホンジャマカの名作コントに「シンメトリー男」というのがあった。あらゆる状態がシンメトリーになっていないと落ち着かない男を石塚英彦が演じていた。男は、家具がシンメトリーに配置された（もちろんそれを確認できる場所はカメラ位置である一か所しかない）自宅に彼女を招待したが、シンメトリーを当然無視した彼女のしぐさを、なんとかシンメトリーになるようにあたふた努力する。そして、ムードが高まり、後ろから思わず両乳房に抱きつくが、左右の大きさの違いに愕然とする。

左右対称は、あまりにも完璧な調和とモニュメンタルな性格ゆえに、ファシズム的美学として語られる時もある。スーザン・ソンタグは「ファシズムの魅力」（『土星の徴しの下に』所収）のなかで、忍耐の魅惑、支配と隷属、人間集団のマッス化、人間のモノ化、モノの増大と複製、強力な権力と制服、陶酔と絶対者をファシスト美学として語ったあと、それは「たえざる運動と凝固した〈男性的な〉静止の姿勢とのあいだを揺れ動く舞踏である」と言う。この「凝固した〈男性的な〉静止の姿勢」には、おそらくシンメトリカルなポーズも含まれているだろう。

シンメトリーに奥行き感（廊下構図＝コリドー・コンポジション）が加わると、美しさと崇高な畏敬の念が醸し出され、ファシズム的美学が完成する。

ソンタグはレニ・リーフェンシュタールがナチス時代に撮った映画「意志の勝利」（一九三四）、「オリンピア」（一九三八）と並んで、ウォルト・ディズニーの映画「ファンタジア」（一九四〇）、そしてスタンリー・キューブリック監督の映画

映画「2001年宇宙の旅」より、シンメトリー・シーンの抜粋。
映画には、冒頭のタイトル表示の前に、
月、地球、太陽が一直線に並ぶシーンがあったが、DVDではなぜかカットされていた。
Photo : The Kobal Collection / Orion Press

「二〇〇一年宇宙の旅」（一九六八）を、ファシズム称賛というよりもファシズム的歓喜をもたらすという意味で、ファシズム芸術作品と呼ぶ。

これらの映画の中で、特に印象深いところといえば、遠近法に基づいた求心的構図と、まさにそのセンターに人、或いはモニュメンタルなオブジェが据えられるシーンである。キューブリックの場合「博士の異常な愛情」（一九六四）でめざめ、「二〇〇一年宇宙の旅」で宇宙という無限空間のなかで試され、「シャイニング」（一九八〇）のコリドー・コンポジションそのままの長い廊下において、完成の域に達したと言えそうだ（気になる方はビデオで確認してください）。

飯島洋一著『王の身体都市』によると、故丹下健三氏が設計した広島平和記念公園の建築配置と建造物にも、ファシズム的美学が見てとれる、と言う。

原爆ドームを中心に広島平和記念資料館西館がシンメトリカルに配置され、加えて、その建物がかつての絶対君主時代、或いはナチス建築家シュペーアによるファシズム建築に多くみられた、ことさらモニュメンタルな意匠をまとった手法に通じている、と。ここまできっちり左右対称にこだわることによって平和とは別の（或いは対立する）ある種の理念が浮上してきはしないか、と。

いままで数学者も物理学者も完全なる調和・均衡を求めて理論を構築しようとしてきたが、自然界の対称性の破れや右優位などによって、いまやそれが得られ

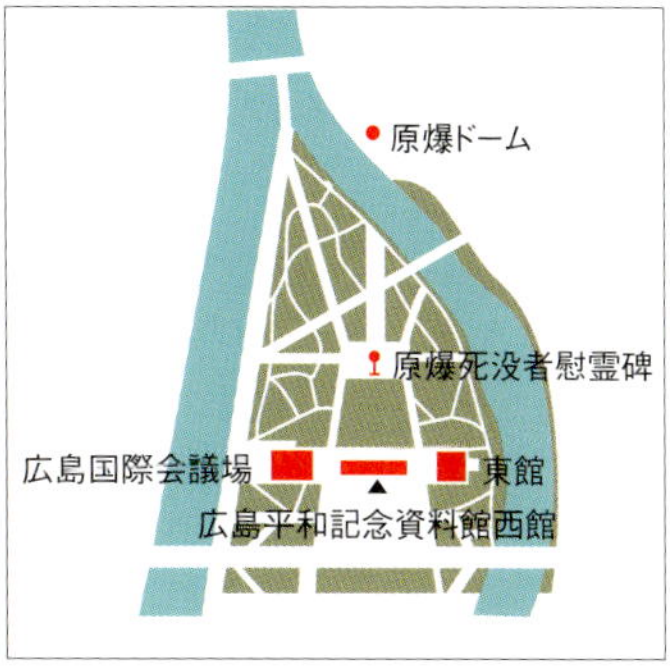


丹下健三氏設計による広島平和記念公園のシンメトリカルな建築配置図。
飯島洋一氏によると、ナチの軍需相で建築家シュペーアと並び称されることの多い丹下健三氏の、このシンメトリーと軸線を強調した、遥拝を促す視線のデザインは彼のデビュー作品の頃から伺えたという。そこには近代天皇制のトラウマが戦後もずっと生き続けていた、と見事な分析をしている。詳しくは飯島洋一著『王の身体都市』（青土社、1996）参照

ないこともはっきりしている。そんな事情を知ってか知らずか、西洋ではシンメトリーが特に尊ばれている。

ところが、我々自身、利き腕があったり、顔が左右で少し違っていたり、男の場合、ふぐりの左側が右に比べて少し下がっていたり、ペニスが少し左向きだったり、内臓が非対称だったり、ホンジャマカのケースもあるなど、疑似左右対称である。美学の最高峰としての完全なるシンメトリーに憧れるのも致し方ない。

もちろん人工的な左右対称がすべてファシズムにつながるというわけではない。その均衡による緊張感がたまらなく理念的になりやすいということである。宗教的表現にはいきおいシンメトリーが中心となる。

ナチス・ドイツの空軍に、あえて形を非対称にしてしまった試作飛行機がある。結局、実践には使われなかったが、あらゆるデザイン（円盤型もある）を試みた姿勢は、アウシュヴィッツなどで（今日から見て非有効的なものも含めて）あらゆる人体実験を繰り返したことと同根の発想があったのかもしれない。しかし、非対称機には、えもいわれぬ奇妙な魅力がある。

機体が非対称だからといって、飛行に支障をきたしたわけではない。それどころか、それなりに性能のよかったものもあったらしいが、軍関係者の無理解で実用化されなかった。もし実用化されていれば、その後の航空機デザインに、なんらかのくさびが打たれたかもしれない。

図は上から／BvP.194のベースとなった単発で、双発機並の視界を持つことが特長とされた偵察機ブローム・ウント・フォスBv141。開発したのは、1924年に川崎造船所飛行機部で技術指導をしたこともある、リヒャルト・フォークト博士。ナチ当局から「全方位視界が確保できる単発機」の要求に応えたもの。ブローム・ウント・フォス社は後発メーカーだったゆえに斬新なデザインを追及したが，飛行艇以外は大半が試作機に終わった

中左／主翼下にターボジェット1基を搭載した単発単座ジェット戦闘爆撃機ブローム・ウント・フォスBvP.178

中右／ターボジェット1基を搭載した全翼式単座ジェット戦闘機ブローム・ウント・フォスBvAe.607

下右／空冷エンジンとターボジェットの混合動力による戦闘爆撃機ブローム・ウント・フォスBvP.194

下左／ターボジェット1基搭載の双機首無尾翼単座ジェット戦闘機ハインケルHeP.1078B

ハインケル社は天才エルンスト・ハインケルを擁してドイツ空軍を担った主力メーカーである。しかし、名機を数多く生みだしながらもハインケルの容貌がみるからにユダヤ系だったため、メッサーシュミットと政治的な差が生じてしまったと言われている

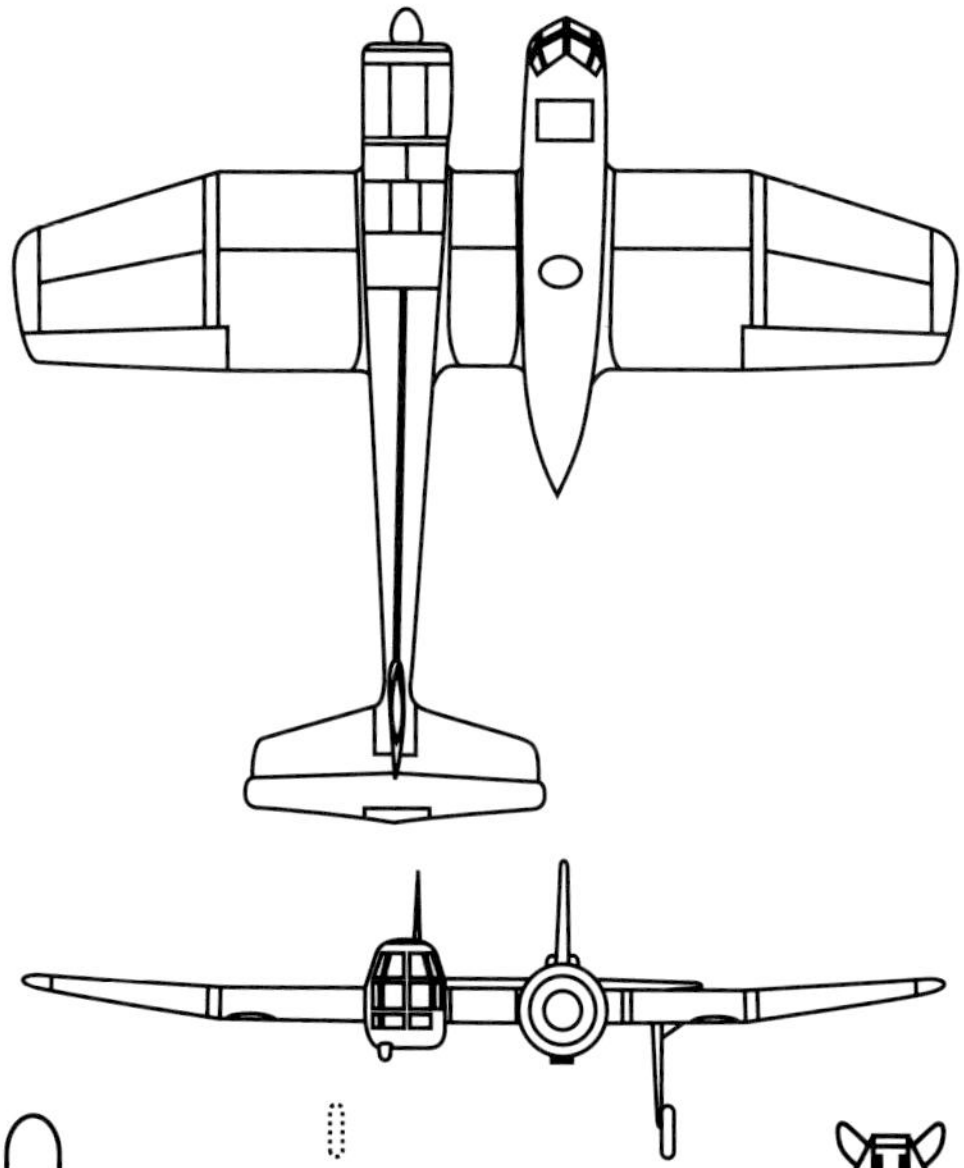

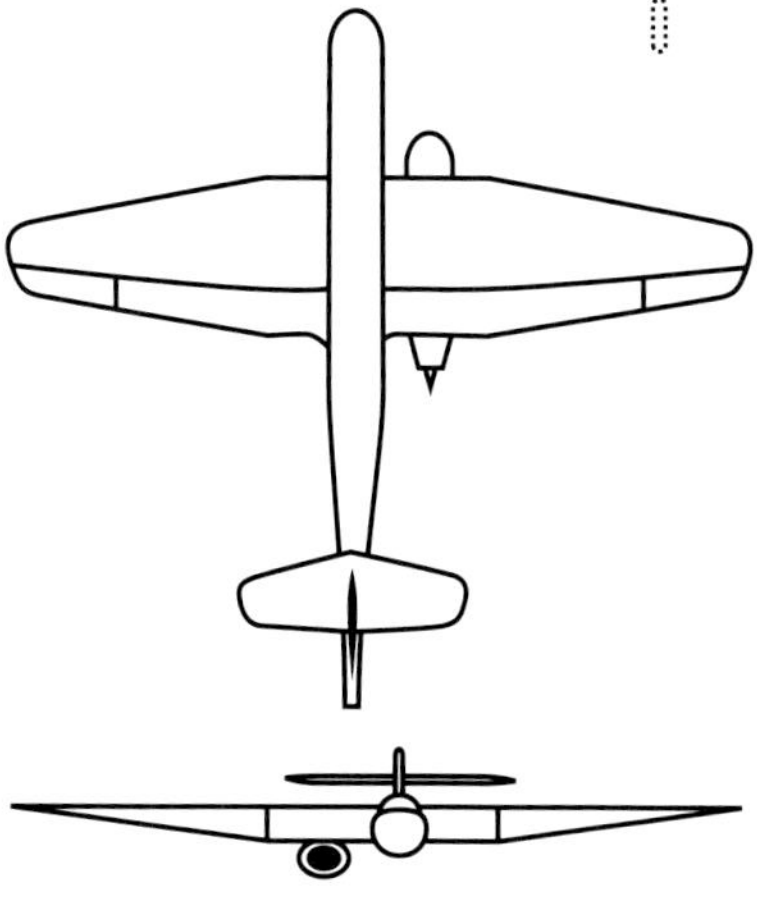

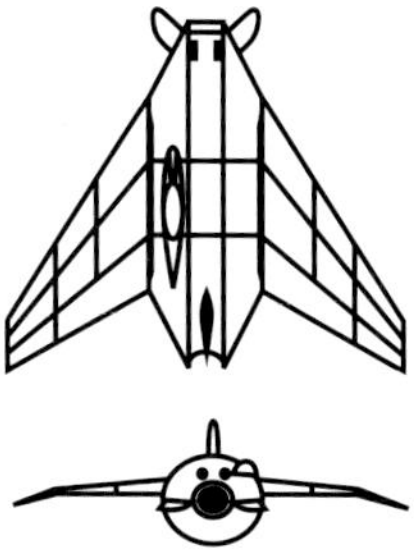

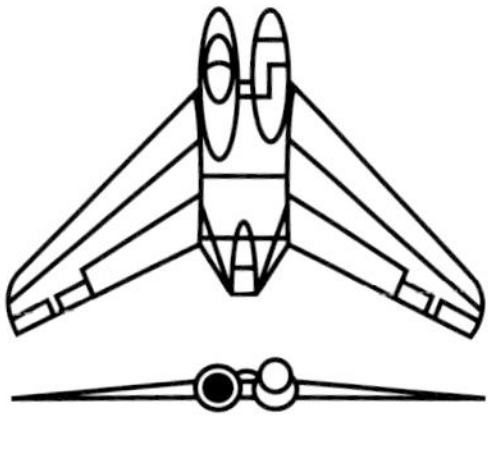

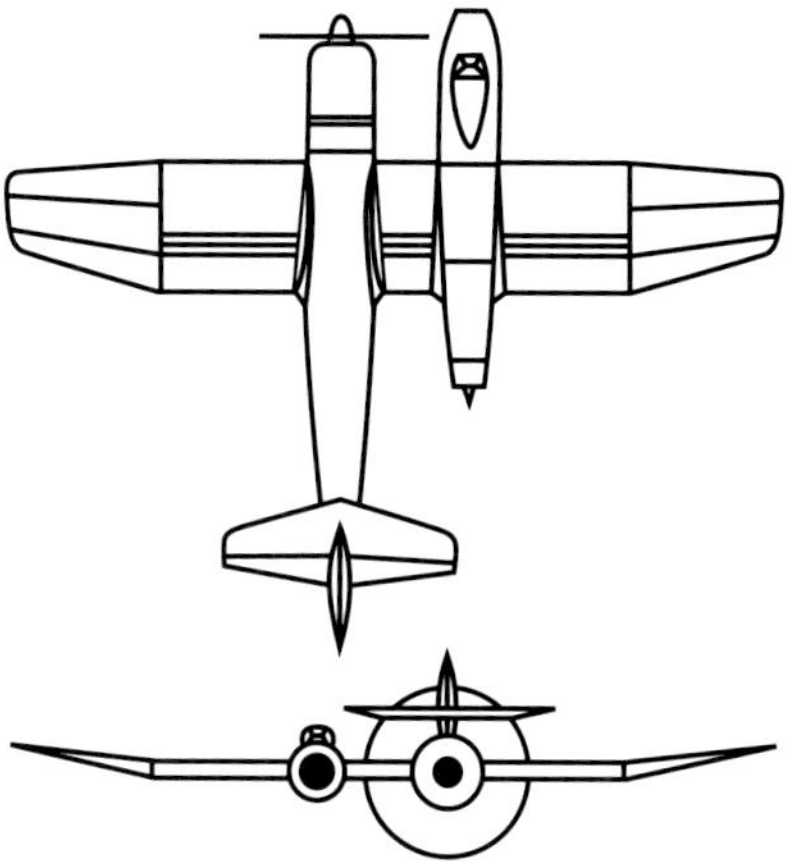

そこで大事なのは、完全に非対称にするのではなく、均衡を一部崩すところにある。これがロジェ・カイヨワの言う「反対称」であり、日本文化の、一部バランスを崩すところに美を見いだす考え方でもある。全面的でなく一部破壊ということが、状態の活性化に繫がるというわけだ。

最初から非対称ではなく対称にできるのにあえてちょっと崩す。絶対的静寂の

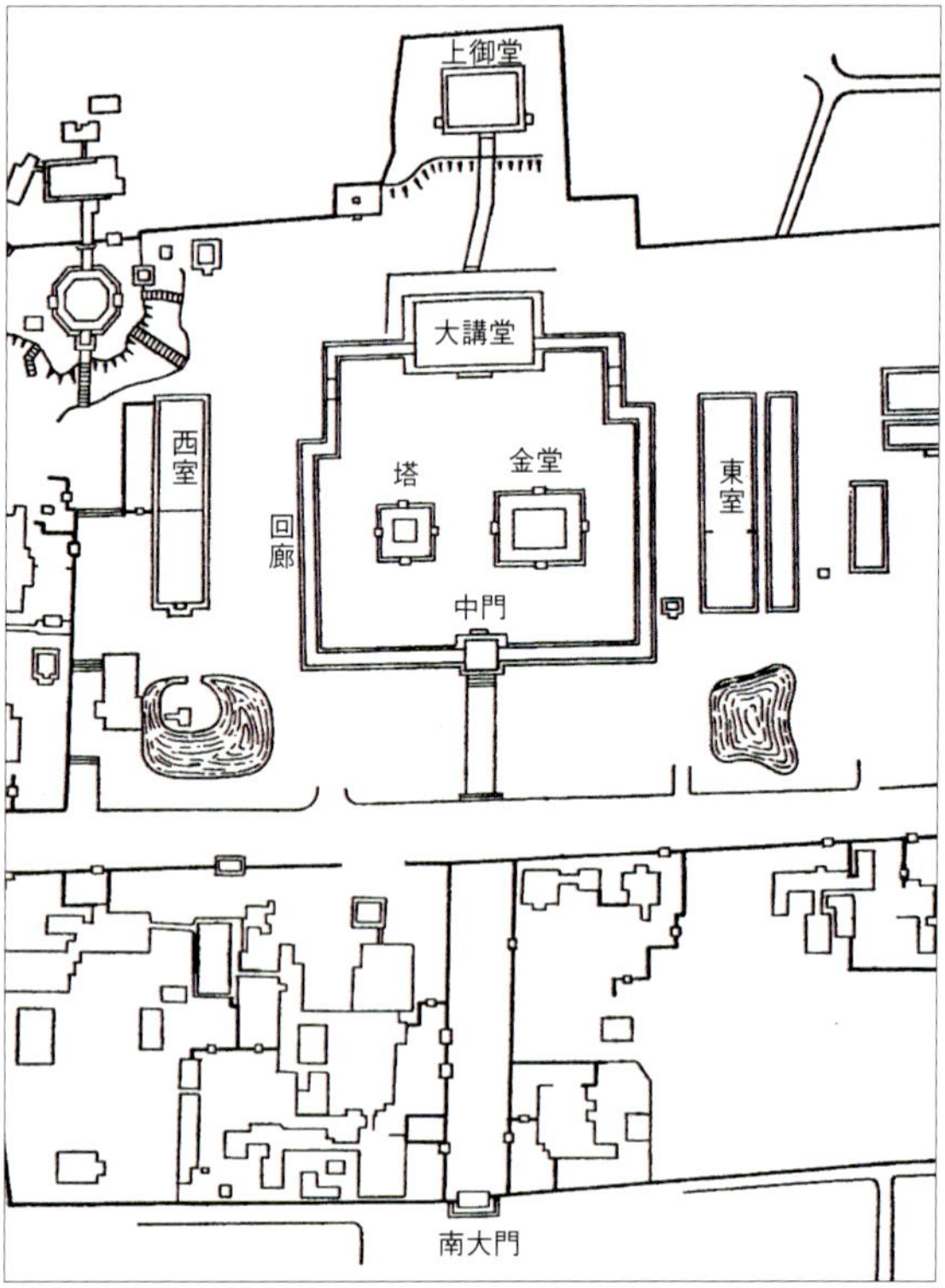


法隆寺の伽藍配置図（部分）。
梅原猛著『隠された十字架』（新潮社、1972）では、法隆寺は聖徳太子一家の鎮魂のために建てられたと説く。金堂と塔の大きさが違うように、シンメトリーをちょっと崩す建築配置が魂鎮めにいかに効あったかについては直接言及されていない。が、思い巡らすことができて、緊張感のある展開が楽しめる

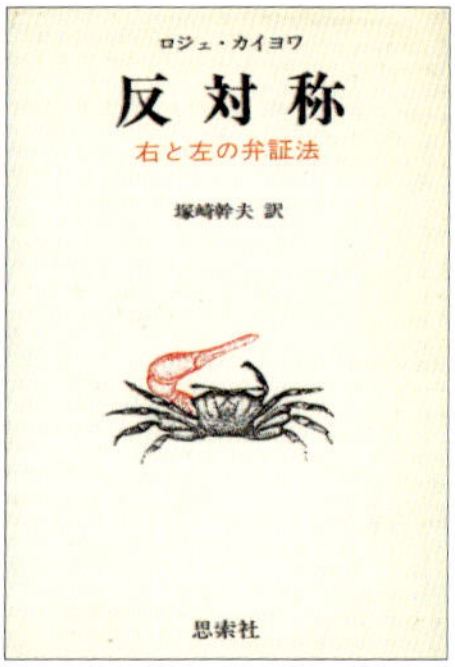


ロジェ・カイヨワ『反対称』（塚崎幹夫訳、思索社、1976）カバー。
カバーに描かれたイラストは左右不対称のハサミを持つカニ、シオマネキ。シオマネキの大きいほうのハサミは脅しと戦いと求愛のときに使われる。戦いで負けたときは体を地面にこすりつけ、大きいハサミは折り曲げ、小さいハサミを突き出して降服の意志表示をする。求愛のときは大きいハサミでおいでおいでをするのでマネキ（招き）の名前がつけられた。この大きいハサミが左右どちらに現れるかはさまざまなので、右きき左ききは生まれつき。何らかのことでハサミを失って再生するときも大きいハサミ側は大きくなる

世界から精神は運動の方向に向く。画竜点睛、描かれた竜に眼を入れることによって竜は静謐からやおら天に飛び去った。一休禅師は掃き清められた庭に、わざわざ数枚の落葉を散らしたという。

シンメトリーの配置が多い仏教寺院の中で、法隆寺の伽藍は、大きさの違う金堂と塔を左右に配置する。化粧回しに締められた横綱結びなどフォルムはシンメトリーながら、螺旋状に太さを変えながら綯られているため、運動感を生じた注《し》連《め》縄。七：五：三のバランスを持つ門松の竹。

特に興味深いのは漢字である。現在では合理性（一文字一文字の個性よりもマッスとしての文字群に照準をあてた方針）に基づいた様々な書体が生み出され、本源の意図がスポイルされがちだが、「明朝体」という書体は止めとしてのうろこ、右払い・左払い、撥ねなどでシンメトリカルな文字（生・平・土・中・本・山・天・宇・日・非・水・太・青・赤・黄…）に微妙な綾をつけている。これらのささやかな試みが、味わい深い文化を形作ってきた。

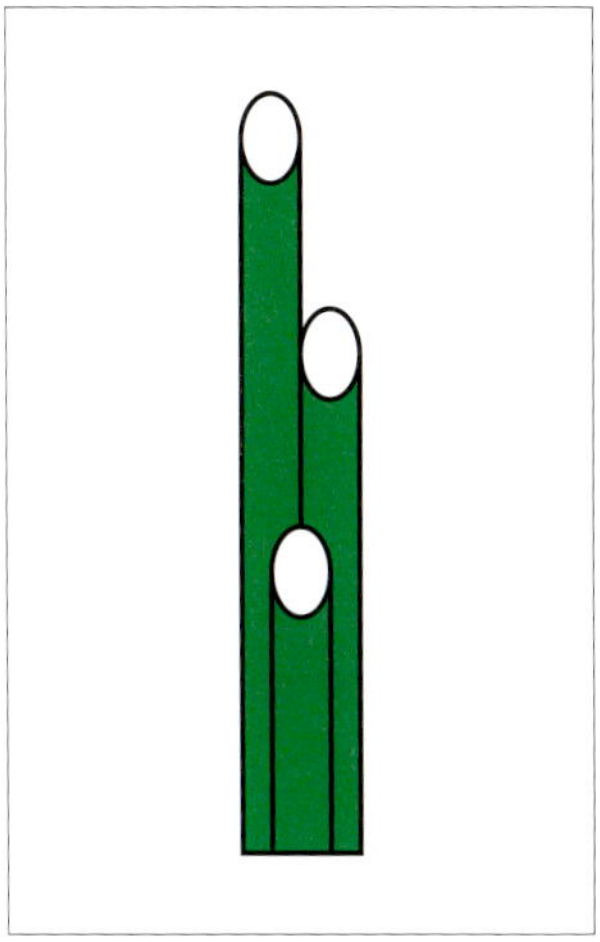

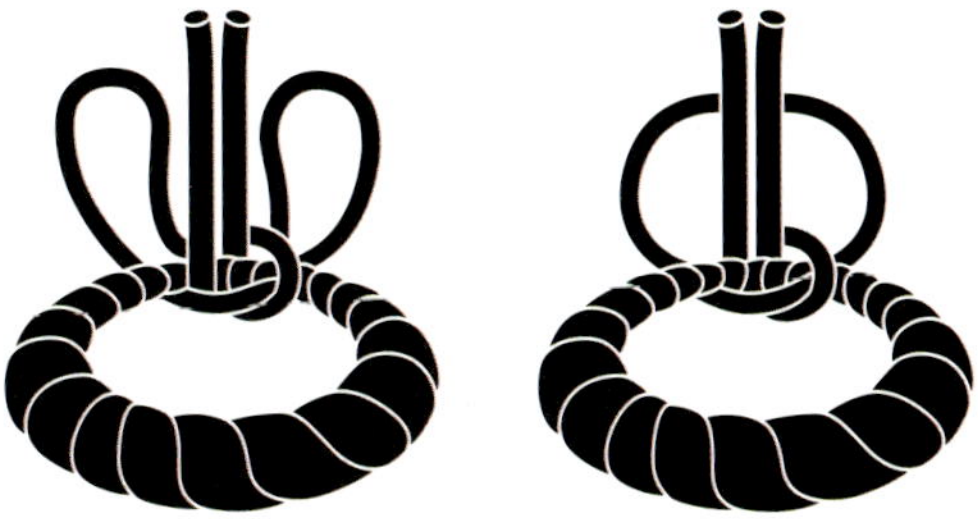

上／門松の竹。
門松はもともと歳神（としがみ：正月に家に迎え祭る神）の依代（よりしろ：神と人間界を結ぶきっかけとなる媒介物・者）として入口に飾られた。シンメトリーを少し崩すことによって入りやすくしたと思われる。詳しくは柳田国男『民間傳承論』（伝統と現代社、1980）参照
右／大相撲横綱の注連縄（しめなわ）。
右の一つ輪が雲龍型、左の二つ輪が不知火型。一は陽、二は陰、陰陽が天地を表す土俵上で相まみえて豊饒をもたらす舞を舞うのが土俵入り。詳しくは杉浦康平著『かたち誕生――図像のコスモロジー』（日本放送出版協会、1997）参照

# 周辺重視

何もないホワイト・スペース、いわゆるタブラ・ラサ（白い板）は無限の可能性を持つゆえに、一種の強迫神経症に誘いこまれる。グラフィックデザインをするとき、ホワイト・スペースに何かしらディレクションさえあれば、ことは割合スムースに運ぶ。とりあえず、四辺に細い罫を引いてから考える人もいるだろう。中心から試みはじめる人もいるだろう。四辺のひとつの角から中心に向かって考えていく人もいるだろう。一か所に情報を集めたり、逆に全面にまんべんなく広げる場合もあるだろう。天上志向と名づけられた、紙面の天寄りのレイアウトを基調にする場合もあるだろう。版面の設計をするとき、地より天のほうを少し狭くしたりするのも天上志向系である。

五世紀頃から、キリスト教教会では窓を上へ上へともっていってステンドグラスなどで覆うなど、神を限りなく見つめようとした時期があった。それも天上志向で、その究極の到達点がゴシック建築だ。デザインにおける天上志向は、正確な天地二等分線は少し下に見える、という視覚の特性から出来《しゅったい》したものである。もちろん、紙面にキリスト教的宇宙を反映する、という観点もあるが…。

グラフィック・デザイナーの杉浦康平氏は、垂直線から二三・五度という傾きの角度にこだわって、レイアウトは必ず斜めという時期があった。この角度は、黄道《こうどう》面（地球から見た、みかけの太陽の軌道）と地球の地軸のなす角度。本は宇宙を反映した小宇宙であるという考えに基づいたルールづくりのひとつであり、水平・垂直という重力支配から逃れようとする試みでもあった。

今世紀前半にスイス、ドイツで発達したグリッドシステムも有効な方法論である。遠近法の擁立期に登場したグリッドは、見えないしくみという見地からいったら、黄金律などよりはるかにわかりやすく実用的で、ストイックな緊張感に満ちている。こういったルール、ディレクションは多ければ多いほど楽しい。

モンドリアンは、絵画とデザインの境界を無効にしたことと、「産業化された美」とも呼ばれる「モンドリアン様式」を確立したことで後世に果てしない刺激を与えた。モンドリアン自身は、西欧美術を何百年も支配した「絵画は常に完結していなければいけない」という常識にはじめは捕らわれて

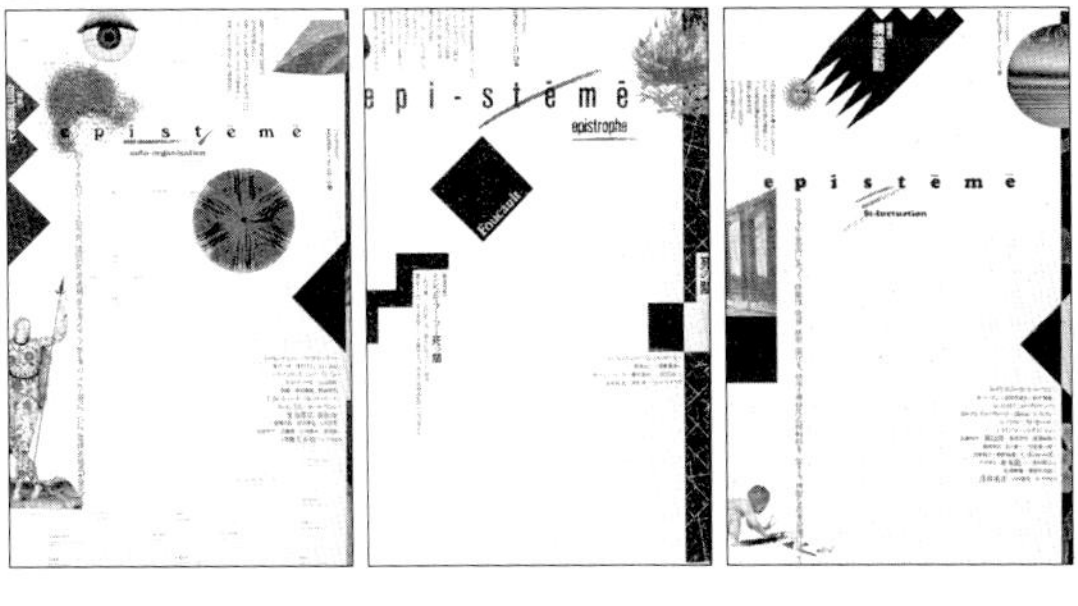


杉浦康平氏デザイン
上／周辺重視のニュアンスもある23.5度にこだわったものと、周辺重視の『銀花』の表紙デザイン。斜めのものは1983，周辺重視は1984、文化出版局。どれもダイナミック
左／3冊『エピステーメーII』（朝日出版社、1984～86）。円熟期なのに若さに溢れたデザイン。
デザイン協力：谷村彰彦＋佐藤篤司

いたが、水平・垂直を表現の支柱に据えてから、徐々にその呪縛から自由になっていった。

モンドリアンの水平・垂直は単なる見えないしくみの顕在化されたグリッドではなく、「広がり・深さ」を持つ遠近法の抽象化から生じたもののようだ。

一九二〇年代はじめになって、モンドリアンは、多種多様なコンポジションを試みたあげく、中心は大きく白をとり、周囲にわずかな色面を配置する構図を用いるようになった。まさに周辺に比重が移行していく瞬間だった。はたしてこのモンドリアンの周辺重視の発想はどこから来たのだろうか。

十九世紀後半、「ジャポネズリー」とか「ジャポヌリー」と呼ばれたジャポニスムが西欧美術を席巻した。いわゆる日本趣味である。この流行は徳川幕府の開国がもたらした最高の輸出品だった。

日本の美の底流には断片にたいする偏愛が潜んでいる。その断片が点景というかたちをとって、「間」という何もないことに意味をもたされた空間に配置される。「大胆なトリミング」という視点の凝縮もそこに含まれる。これらをモンドリアンは敬愛するゴッホから学んだのではないかと思っている。東洋、特に日本の美学が、モンドリアンに与えた影響は大きい。

それと忘れてならないのは日本建築の境界のあいまいな建て方、つまり環境をとりこめるような建て方……薄い壁・格子・簾・襖・障子などなど、も重要な素

右／モンドリアン《コンポジション2》1922。中心の白い面のインパクトは1921年以来の中心テーマ
左／ロイ・リキテンシュタイン《非対象I》1964。モンドリアンへのオマージュで制作されたが周辺重視をはずさないところが鋭い。

因ということである。

すさまじい白兵戦が話題となったメル・ギブソン監督の映画「ブレイブハート」（一九九六）で、ギブスン扮するウォーレスが処刑され、切断された四肢は、ウォーレスの復活を恐れた王により、中心からできるだけ遠くへ、東西南北の四方に送られ、処分された。十三世紀後半のことである。

こんなところにも、西洋の中心重視の考え方が見られて感心したが、一方、東洋の中国では、四方の方位への偏愛の歴史は長い。陰陽五行説は、東西南北と中心という方位に基づいた世界観だし、漢字には四角号碼《ま》と呼ばれる検字法がある。

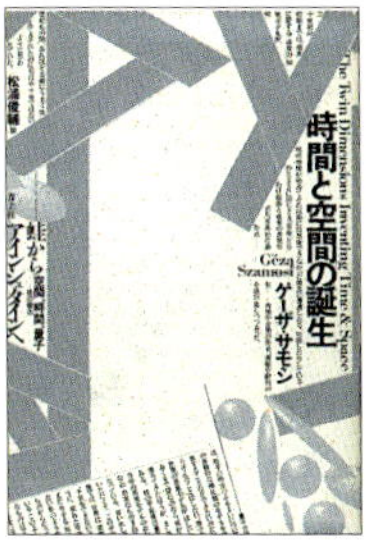


戸田ツトム氏の表紙デザイン
上左／戸田ツトム氏＋鈴木一誌氏デザインの『GS 2 1/2号』（冬樹社、1985）表紙。クレジットは2人になっていたが，どちらがメインでデザインしたか知りたいところ
上右／『時間と空間の誕生』（青土社、1987）表紙
下／『テクノロジカルなシーン』（INAX出版、1991）表紙と『都市の書物』本文レイアウト。十八番の周辺重視にノイジーなムードが加味された、独特の世界だ

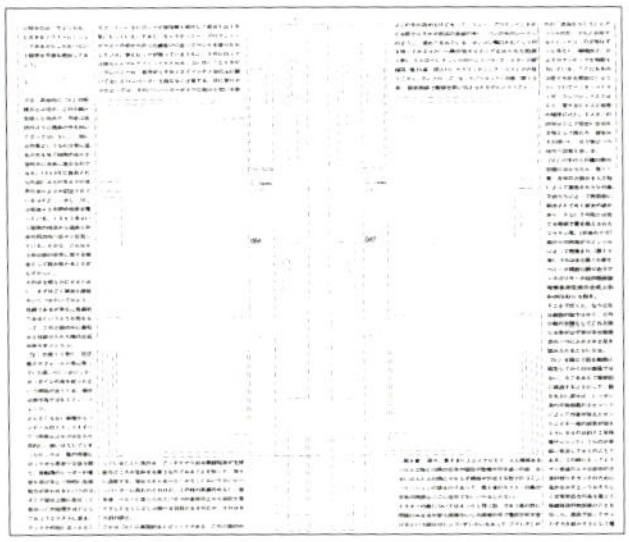

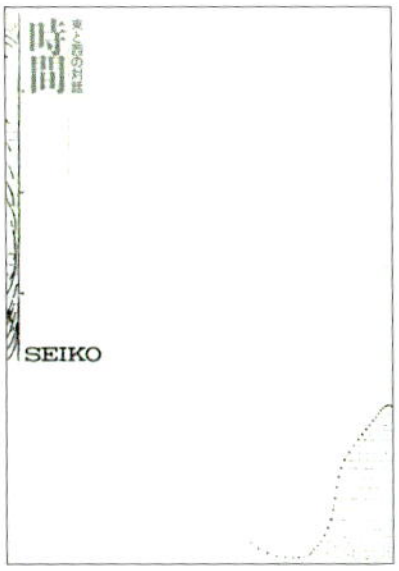


右／松田行正の表紙デザイン『時間』（服部セイコー、1986）。大胆トリミングでほんの少ししか見えていない図版はジュール・マレーのクロノフォトグラフィを図化したもの

四角号碼《ま》は漢字の四隅に、その形状にしたがって〇～九の数字を配し、漢字をパターン認識しようとするもので、考え方の骨子には、中心よりも周囲の重視がみられる。

文字の冗長度の研究によると、アルファベットの識別優位部は右上半分、つまり最低右上が書かれていれば判読できるとされている。漢字も四方の要素が表記されていれば、真ん中がある程度スポイルされていても、文脈を考えれば判読可能なようだ。逆に真ん中だけ表記されていても四角のワクを加えなければ識別は難しい。周辺重視にいたる道筋には四角を基本とした漢字文化の存在は重要だ。

しかし、周辺重視の魅力はやはり、本なら本の、「形からはみでそうな」ボーダーラインの緊張感にあるだろう。

チャーリー・チャップリン監督の映画「モダンタイムス」（一九三六）で、チャ

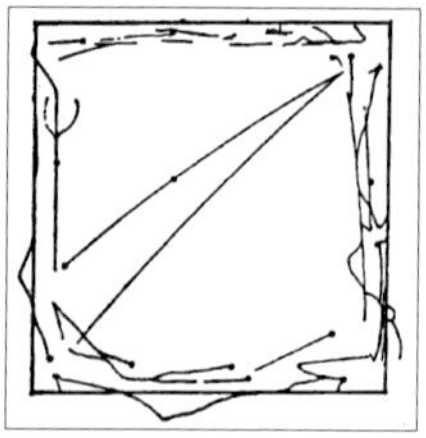

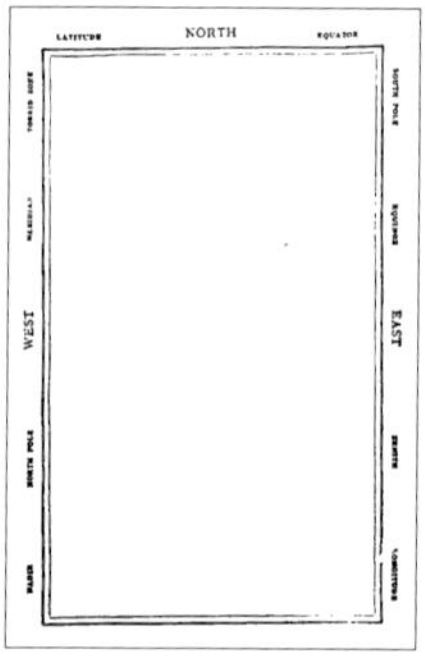


上／正方形を視認するときの視点の跳躍運動
中上／ヘルベルト・バイヤーの「バウハウス展」案内、1923。
（“bauhaus 1919-1933” Magdalena Droste, Benedikt Taschen, 1992より）
中下／ダダのクルト・シュヴィッタースによる
「メルツNo.7（1924.1）」の裏表紙デザイン
下／ルイス・キャロルの『スナーク狩り』（1876）にでてくる、
船長ベルマンが買ってきた何ひとつ書かれていない海図

ップリンが目隠ししながら、デパートのフロアでローラースケートをする。このフロアは、工事中でフロアの途中が切れている。が、チャップリンは知らずにスイスイ縁ぎりぎりを走りまわる。観客は、決して落ちないとわかっていながらもなお、はらはらする本当にすばらしいシーンだった。

このぎりぎりにたいする緊張感を越えて、本の内容が本のワクからはみで、まわりを撹乱し、環境をも取り込みそうな勢いには魅力があるし、比喩的にいえば、事件の現場に立ち会ったような衝撃も発生するかもしれない。そしておそらく、中心のウツロは、風鈴のように何ものかの到来を待ち受ける何もない空間、「間」に変貌するだろう。

周辺重視のデザインはモンドリアン以後ダダ、バウハウス、ロシア・アヴァンギャルドなどで一部みられる程度で、意識的な表現は現れなかった。ところが、逆輸入というか、七〇年代、杉浦康平氏が先鞭をつけ、八〇年代前半から中頃にかけて、ロシア・アヴァンギャルドの何回目かの影響を受けつつ、日本の一部のエディトリアルデザイナー達によって「周辺重視」は様式化された。盆栽や能や石庭などばかりでなく、周辺重視も汎日本主義的ワザのひとつとして、まだまだ考察の余地がありそうだ。

府川充男氏デザインの『情況』(情況出版、1992)の表紙。文字の圧迫感をベースに周辺重視にやみくもにこだわった印象がある

# 透明

透明ガラスが一般の家の窓に使われだしたのは十七世紀のオランダからである。窓は大きくなり、光が家の奥まで届くようになって、魔物が潜む暗闇は光に照らされ、精神は完全に啓かれた。透明物語はここからはじまる。

二〇世紀末以来、「透明」ということばが目立ってきた。透明が目立つということは、少しも透明でないことの逆説的な証しでもある。情報が複雑になってくると、あらゆるものがブラック・ボックスと化してくるからだ。

携帯電話サービス用の周回衛星が何十も地球を回っていて、地球を携帯電話の電波がくまなく覆っている。今はまだ電波が低周波数域内で収まっているらしいが、金もうけが絡んでいるので、いずれ高周波数域に触手を伸ばすことは時間の問題だろう。

この何が問題かというと、宇宙からやってくるさまざまな電波は高周波数域に集中している。そこに我々の無駄話・ほら話・いたずら、そしてわずかの重要な話が覆いかぶさり、宇宙からの貴重なメッセージがさえぎられることとなる。紫

右／マン・レイ《エレーヌの旅》1936。
（”Man Ray : Inventionen und Interpretationen” Frankfurter Kunstverein, 1979より）
左／マックス・エルンスト《女、老人と花》1923-24。
©ADAGP, Paris & SPDA, Tokyo, 2005

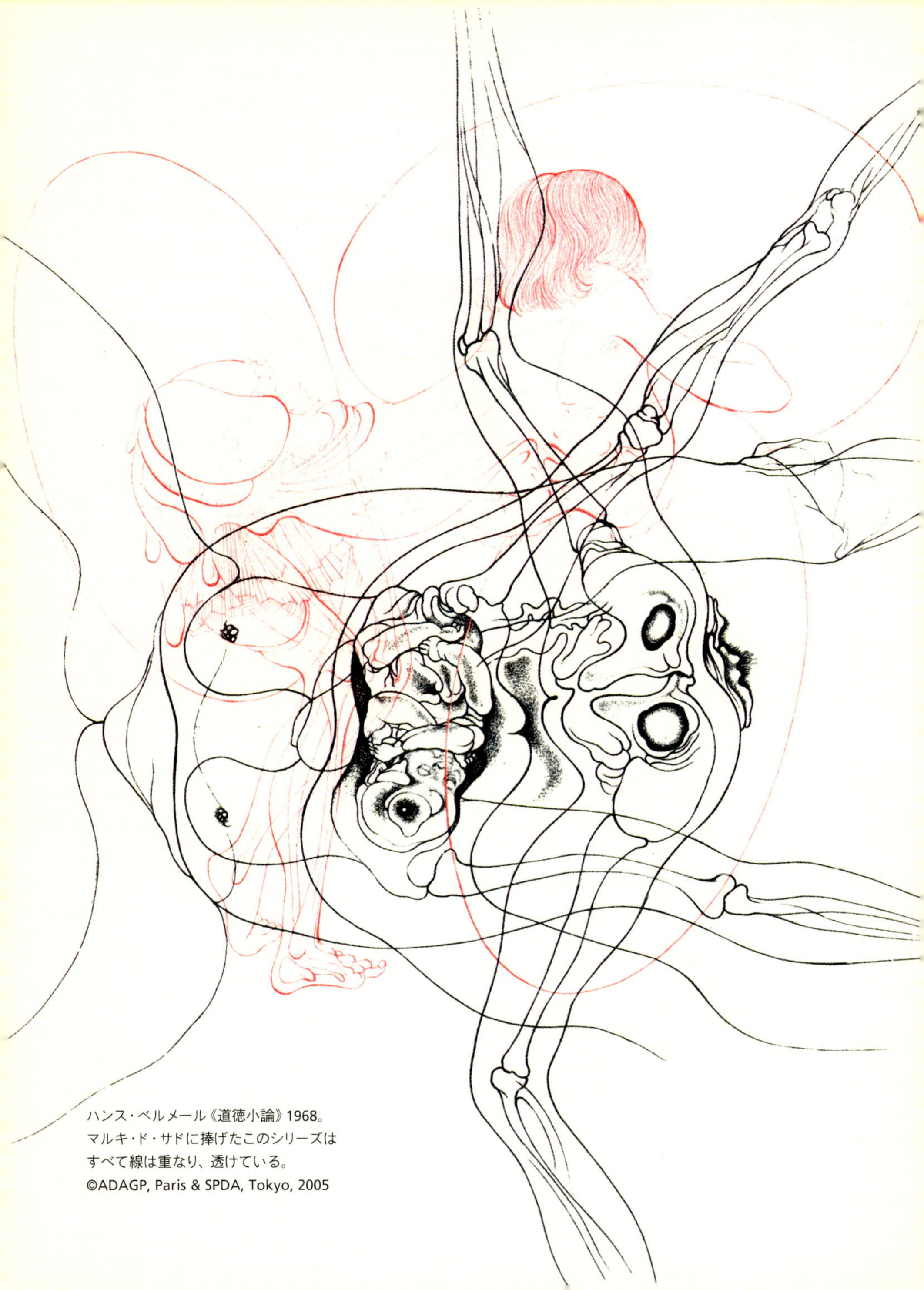

ハンス・ベルメール《道徳小論》1968。
マルキ・ド・サドに捧げたこのシリーズは
すべて線は重なり、透けている。

外線に対しては無防備になりながらも、二酸化炭素のシールドと格好悪い電波の透明なシールドを張り巡らせた惑星もないだろう。

透明人間になることはそれほど大変なことではない。個性を隠せばいいだけである。たとえば、制服に身を包んだり（チェスタトンの小説にある）、大きい組織に入ったり、群衆にまぎれるなど。

以前、テレビ番組の「電波少年」での話。猿岩石やドロンズのヒッチハイク旅行を撮り続けるカメラマン氏は、完全に透明人間と化していて、ドロンズたちも決して話しかけたりはしない。テレビの前の我々もまったく存在しない人として見ていた。しかし、共に旅をし、現地で起きたドラマを逐一撮影する報道カメラマン的存在である。もちろんここには神戸児童殺傷事件の「透明な存在としてのボク」の悲哀はかけらもない。その奇妙な光景に、現地で出会った外国人たちは

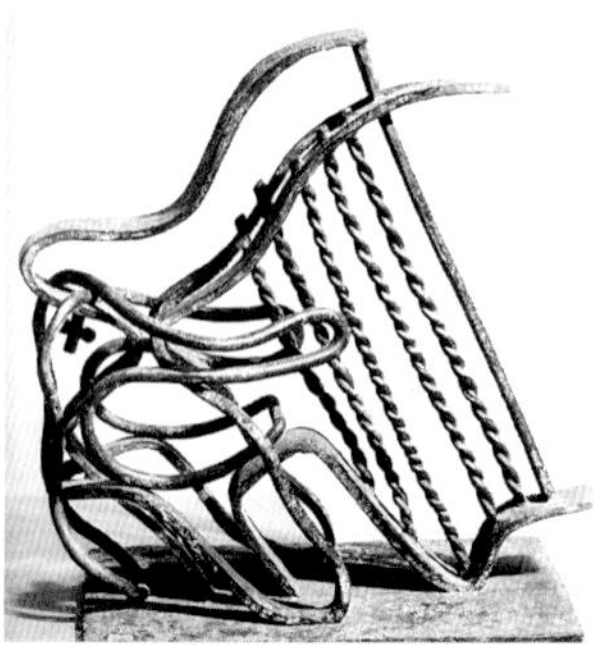

上／ルネ・マグリット《極上の美術館》。H・F・セイントの『透明人間の告白』のカバーに使われている装画。
まさに直球の透明人間ながら、透明人間のウイークポイントの眼が強烈に主張している。
（『〈現代美術の巨匠〉マグリット』ペル・ジムフェレール著、横倉れい訳、美術出版社、1987より）
中／リプシッツ《ハーピスト》1928。時代の思潮に即した表現が中心を占めていた彫刻家だが、
シュールレアリスムの影響を受けてダイナミックな光の変化と運動を表した
「透明彫刻」なるものにこだわった時期があった。
（"The Sculpture of Jacques Lipchitz: A Catalogue Raisonné. Volume One: The Paris Years 1910-1940"
Alan G. Wilkinson, Thames & Hudson, 1996より）
下／タート《完璧なるブルジョア》1930。未来派のタートによる透明人間写真。
（『未来派1909-1944』エンリコ・クリスポルティ＋井関正昭構成・監修、東京新聞。1992より）

おそらくとまどったことだろう。

一八九五年十月、ドイツのウィルヘルム・K・レントゲンは陰極線の研究中、いつもと様子の違うビームを発見した。線の性質を調べていくうちに、ビームを手に当てると手が透けて骨がスクリーンに写ることがわかった。たいていの発見は、初めに仮説ありきのケースが多いが、この場合は全く予測していなかった偶然の産物だったので、得体の知れないもの、という意味で「X線」と名付けた。

レントゲンによってX線が発表されると、我々がもし透けて中身が見えたらいいなと思うあらゆることが人々の口の端にのぼった。アメリカのニュージャージー州議会では、「X線をオペラグラスに使用することを禁止する法案」が上程され、ロンドンではX線でも透けない下着が発売されたりしたらしい。

一八九七年にH・G・ウエルズが『透明人間』を発表したのも、こういった民衆の、透けて見えるという、一種超能力的な夢の体現にほかならなかった。それと、十九世紀末は、人間の感覚ではとらえられない化学・物理学の、さまざまな発見が目白押しだったことも見逃せない。

レントゲンがX線を発見した奇しくも同じ年に、ルイ・ジャン・リュミエールはシネマトグラフ、つまり撮影機と映写機を兼ねた装置を発明し、最初の映画を公開した。熱い時代だった。しかし、「透明」が斬新なコンセプトという衣をまとうのはデュシャンの登場まで待つことになる。

サルヴァドール・ダリ《最後の晩餐》1955。レオナルドの「最後の晩餐」と比べてみると、ダリの思いがいろいろ伝わってくる。まず背景の方形が六角形に、食卓の貧しさ、ユダの特定の不明、はりつけを予感させるような両手を広げた透明な人。
(『アート・ギャラリー　現代世界の美術18　ダリ』岡田隆彦ほか編、集英社、1986より)

生涯「透明」にこだわったのはなんといってもマルセル・デュシャンだろう。透明テーマで有名なのは、二枚の透明ガラスにはさまれ、上下に分けられた《大ガラス》だが、もうひとつ重要な作品がある。

それは、透明なガラス製のアンプル状のボトルに、《パリの空気》とタイトルをつけたもの。デュシャンのした仕事は、薬局で薬剤入りのアンプルを探してきて、中身を捨て、薬局の人にもう一度封をしてもらい、それにふさわしいタイトルをつけるところまでである。まさに編集者。しかし、この透明なボトルがもたらした効果は、その仕事量をはるかに越えたものがあった。それは、眼に見えな

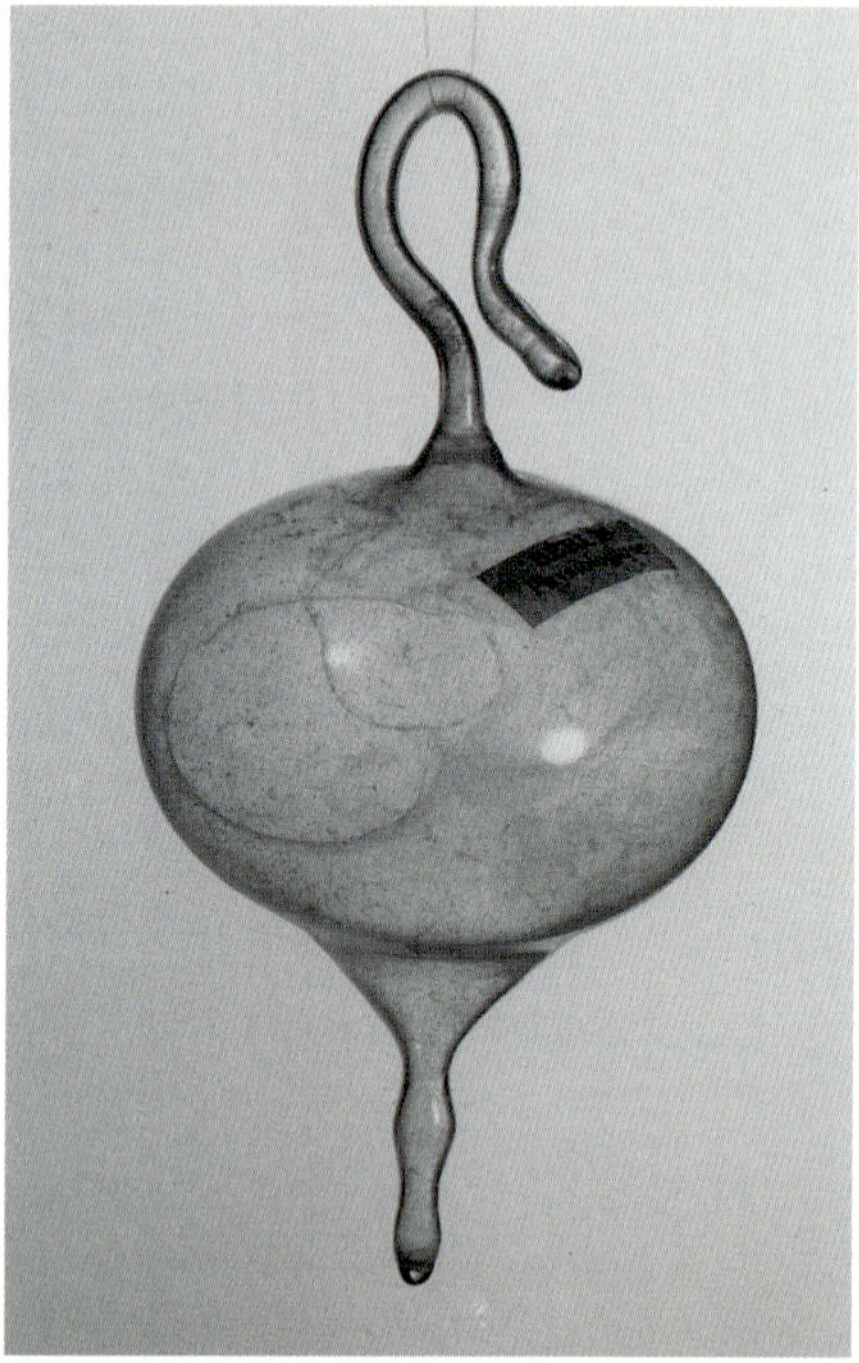

上／マルセル・デュシャン《パリの空気50cc》1919。現在パリで《パリの空気》と名付けられた缶詰が売られているらしいが、もちろんルーツはデュシャン。
（"Marcel Duchamp : Work and Life" Gruppo Editoriale Fabbri, The MIT Press, 1993より）
下／フランシス・ピカビア《Catax》1929。
〈透明の時代〉は1927年からほぼ5年続いた。この時期のテーマは過去の美術作品からとられるケースが多かったが、それらが重なって重層的に展開されることになる

いはずの空気（しかもパリの）を、あたかもそこにあるかのように見せたことである。存在の気配をいとも簡単に目の前に提示してくれたこの事件は、レントゲンが手の骨を見せてくれた実験とさほど遠くない。ことさら超能力に拘泥しなくても神秘は見せられるという素敵な例でもある。

デュシャンの友人のフランシス・ピカビアもX線には初めから着目していた。「透明の時代」と呼ばれる、線が何層にもダブった作品が頻出した時期もあった。このとき眼だけはくっきり描かれ，透明人間の最大のウイークポイントである眼を象徴するかのようでもある。

実際、透明人間が透明であるためには、屈折率は一に限りなく近くなければならず、一ということは空気と同じで屈折しないので、眼のレンズはその役目を果たせない。網膜も透明なので眼に入った光線は像を結ぶことができない、つまり、眼が見えない。しかも瞳孔も虹彩も透明なので、明るい光線が眼に直接入ることとなり、眼が間違いなくやられてしまう。あげくは眼病を患い、素敵なのぞきも夢の夢……。てな具合で、透明人間の苦難の歴史を象徴するかのようなピカビアの描く眼は、それでいて魅惑的だ。

透明であるためには裸でなくてはならず、人や車は誰もいないと思って突進してくる。寒いわ、生傷は絶えないわで、命がいくつあっても足りない。男の場合は局部が右に左にと落ち着かず、無防備にさらされて、自転車などと衝突した暁には、運が悪ければ局部が引き千切られることも覚悟しなくてはならない。もちろん、透明になるなんてよっぽど運が悪いことは確かだが……。

H・F・セイントの『透明人間の告白』（一九九一年，ジョン・カーペンター監督によって映画化された）では、ある実験の事故で服ごと透明になってしまい、その部屋にあった透明になったカーテンなどを持ち出すことによって、透明な服用の生地のストックをつくり、裸問題はなんとか解決している。

ともあれ、透明人間はハードだし、また、透明な家もプライバシー・ゼロで住めない。透明な服もファッショナブルとはいい難い。透明な食べ物も味気ない。透明が、皮肉にも、実際は放射能やウイルスや紫外線など、多くの眼に見えない透明の恐怖で囲まれている。なんともいやはや「透明」恐るべし。

ミース・ファン・デル・ローエ《ガラスのスカイスクレーパー案》1922。
ガラスをクリスタルに見立てた表現主義的建築案。
当時の手法としたら建物の基部や頂部をせり出したり
なんらかの目立つ表現が一般的だったが、
すべてを均質な空間にしつらえた最初の試みだった。
（『光と影のドラマトゥルギー——20世紀における電気照明の登場』
ヴォルフガング・シヴェルブシュ著、小川さくえ訳、法政大学出版局、1997より）

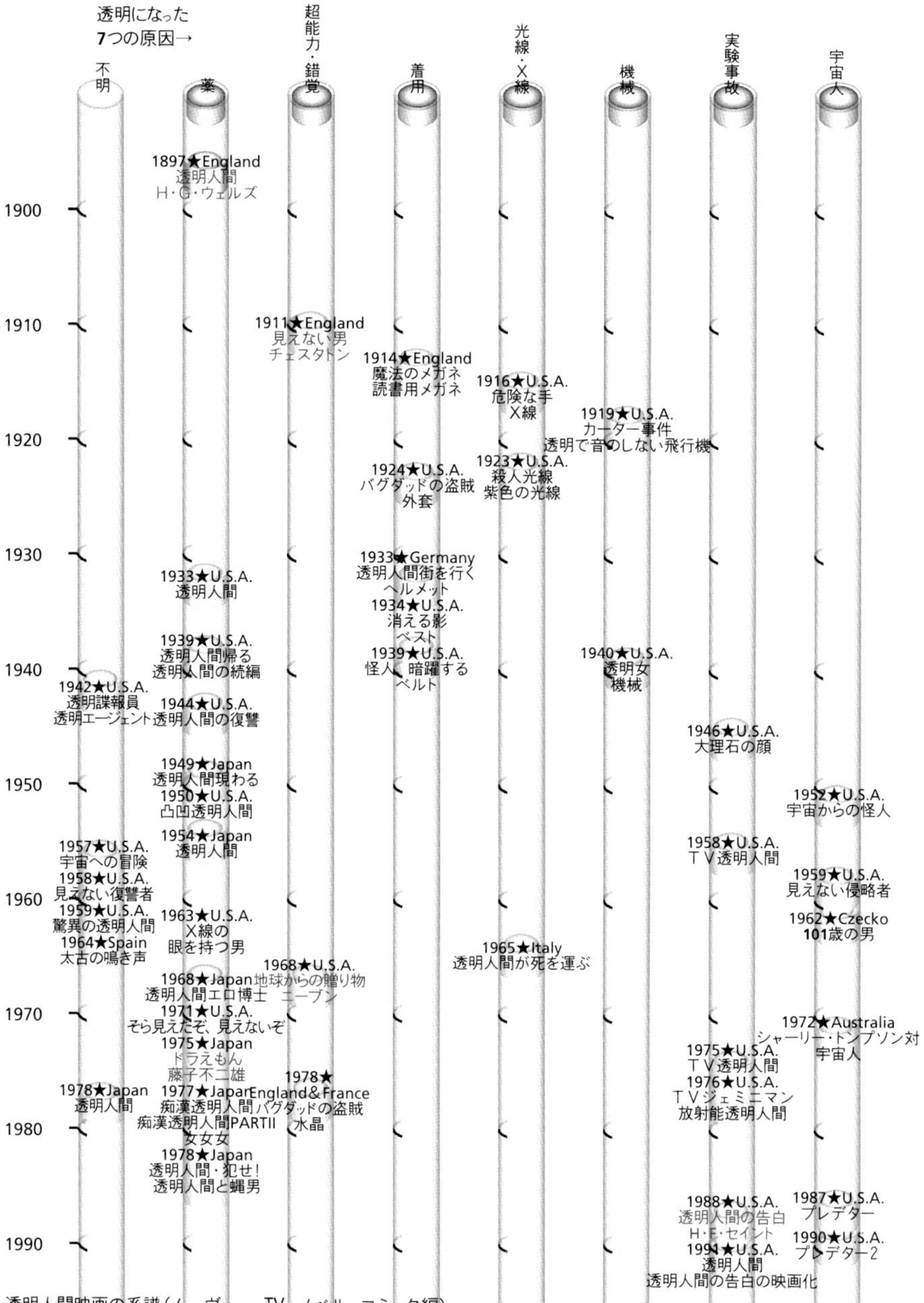
透明になった
7つの原因→
不明
薬
超能力・錯覚
着用
光線・X線
機械
実験事故
宇宙人
1900
1910
1920
1930
1940
1950
1960
1970
1980
1990
1897★England
透明人間
H・G・ウェルズ
1933★U.S.A.
透明人間
1939★U.S.A.
透明人間帰る
透明人間の続編
1944★U.S.A.
透明人間の復讐
1949★Japan
透明人間現わる
1950★U.S.A.
凸凹透明人間
1954★Japan
透明人間
1963★U.S.A.
X線の
眼を持つ男
1968★Japan
透明人間エロ博士
1971★U.S.A.
そら見えたぞ、見えないぞ
1975★Japan
ドラえもん
藤子不二雄
1977★Japan
痴漢透明人間
痴漢透明人間PARTII
女女女
1978★Japan
透明人間・犯せ！
透明人間と蝿男
1942★U.S.A.
透明諜報員
透明エージェント
1957★U.S.A.
宇宙への冒険
1958★U.S.A.
見えない復讐者
1959★U.S.A.
驚異の透明人間
1964★Spain
太古の鳴き声
1978★Japan
透明人間
1911★England
見えない男
チェスタトン
1968★U.S.A.
地球からの贈り物
ニーブン
1978★
England&France
バグダッドの盗賊
水晶
1914★England
魔法のメガネ
読書用メガネ
1924★U.S.A.
バグダッドの盗賊
外套
1933★Germany
透明人間街を行く
ヘルメット
1934★U.S.A.
消える影
ベスト
1939★U.S.A.
怪人、暗躍する
ベルト
1916★U.S.A.
危険な手
X線
1923★U.S.A.
殺人光線
紫色の光線
1965★Italy
透明人間が死を運ぶ
1919★U.S.A.
カーター事件
透明で音のしない飛行機
1940★U.S.A.
透明女
機械
1946★U.S.A.
大理石の顔
1958★U.S.A.
TV透明人間
1975★U.S.A.
TV透明人間
1976★U.S.A.
TVジェミニマン
放射能透明人間
1988★U.S.A.
透明人間の告白
H・F・セイント
1991★U.S.A.
透明人間
透明人間の告白の映画化
1952★U.S.A.
宇宙からの怪人
1959★U.S.A.
見えない侵略者
1962★Czecko
101歳の男
1972★Australia
シャーリー・トンプソン対
宇宙人
1987★U.S.A.
プレデター
1990★U.S.A.
プレデター2

透明人間映画の系譜（ムーヴィー・TV・ノベル・コミック編）
透明になった原因・方法を7つに分類、年代順に並べたもの。
グレー文字はノベル・コミック、ほかはムーヴィー・TV（監督名省略）。松田作、1992

# プロセシズム 過程の美学について

リチャード・レスター監督の映画「スーパーマンIII電子の要塞」（一九八三）の見事なオープニングを覚えておられるだろうか。美人にみとれた男が柱に当たってよろけ、おもちゃをひっくりかえす。そこにローラースケート女が飛び込んできて、バランスをくずしてホットドッグの屋台にぶつかる。屋台が電話ボックスに当たって倒れ、花屋をつぶす。花屋に繋がれていた子犬が逃げて……というぐあいに原因が結果をもたらし、結果が原因となる。因果関係は延々と続き、はじめに登場した美人に戻る。まさにサイレント期のバスター・キートンやチャーリー・チャップリンのスラップスティックである。

事態は事態を呼び、また新たなる事態が展開される。ロバート・ゼメキス監督の映画「フォレスト・ガンプ」（一九九四）のオープニングも、一枚の鳥の羽根が空を漂い、屋根から地上に降りてきて、車の屋根をすべるように走り、フォレストの足元に落ちる。

フォレストの人生には、現代アメリカ史四〇年の証言者という狂言回しの役割

『スーパーマンIII 電子の要塞』(1985) オープニング・スラップスティックのフローチャート。
駅の階段からさっそうと降りてきた美人にみとれた男が
A 柱にぶつかりよろけて
B 歩くペンギンのおもちゃ売りにぶつかりおもちゃが歩きだす。そこに
C ローラースケート女が走ってきて動いているおもちゃにぶつかりそうになってよろけホットドッグの屋台にぶつかりそのまま屋台とともに滑って
D 電話ボックスに当たって横倒しにし
E 花屋に向かって倒れ
F 繋いであった子犬が逃げる。走り去る子犬に驚いて
G 盲導犬が走りだす。2匹の犬に驚いて
H 買い物袋の女性が袋の中身をぶちまける。
I それを見た工事人夫が助けにはいる。盲導犬を失った盲人は
J 道路の線引き車を盲導犬と間違えて押し、迷走する。集めそこなったペンギンのおもちゃが通りを越えて変身前のクラーク・ケント（S印）に当たり

りが与えられていた。次から次へと語られる小話の集合はイタロ・カルヴィーノの『レ・コスミコミケ』を彷彿とさせるものだった。

広瀬隆著『赤い楯』『腐食の連鎖』は悪意のネットワークに貫かれている。欧

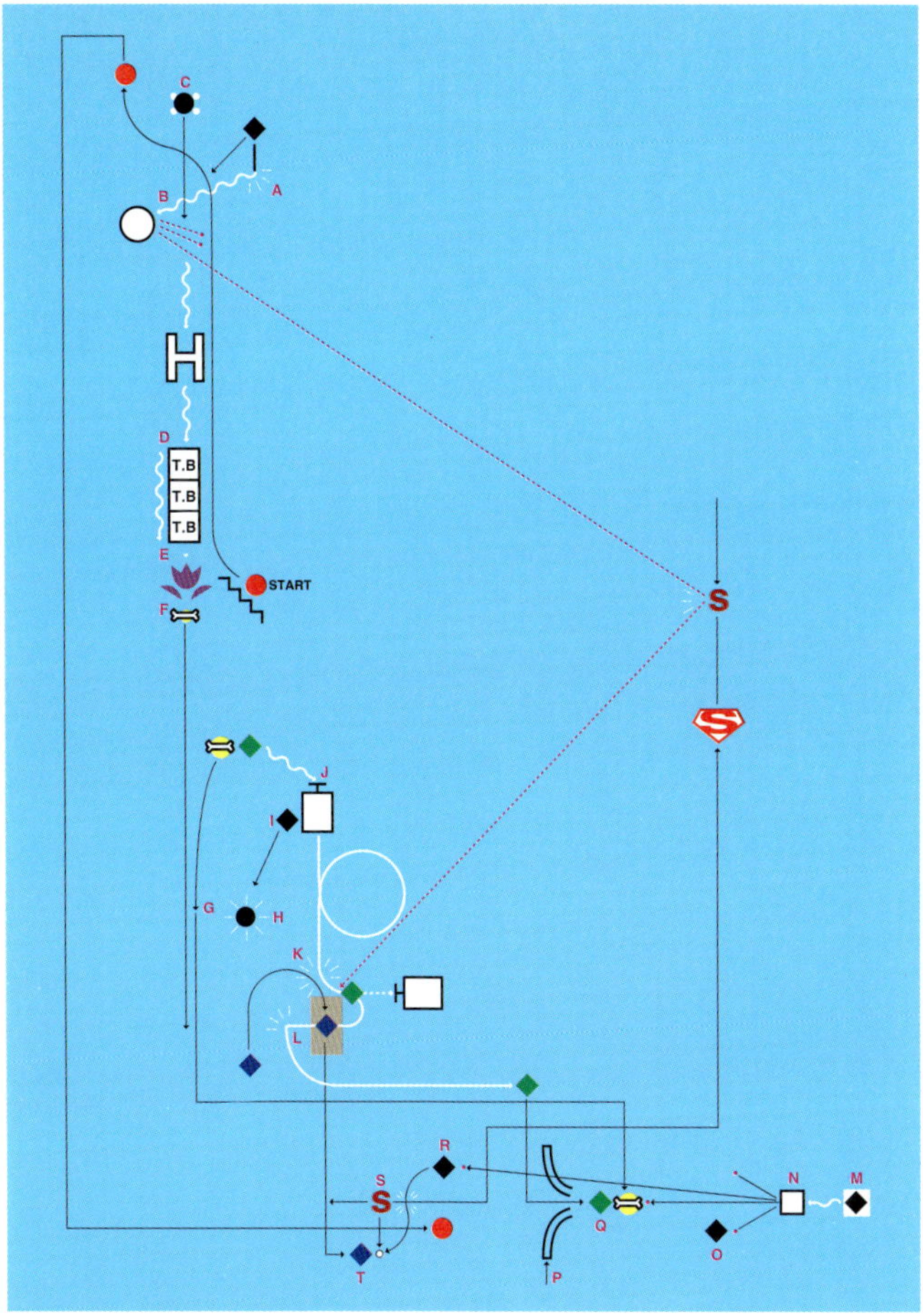


「スーパーマンIII電子の要塞」オープニング・スラップスティックのフローチャート。
松田十澤地真由美作、1997

戻される。戻ってきたペンギンが工事の穴に落ちそうになり通行人が拾おうとして迷走してきた線引き車に押されて

**K** 穴に落ちる。線引き車を離した盲人は方角を失って

**L** 穴に落ちた通行人の頭を踏んでどこかに当たる。

話変わって、

**M** 道路に立っている紳士の頭に上で絵を描いていたペンキ屋のペンキ入りのバケツが被さり、ふらふらして

**N** 丸い玉の入ったいれものを引っ繰り返し

**O** パントマイムを路上で演じていたアーティストをこけさせる。転がった玉を食べようとする先程の盲導犬の後ろを

**P** 額付きの大作の絵が横切る。その絵の裏から盲人が絵を突き破って登場、

**Q** やっと盲導犬と再会。破れた絵の裏では転がってきた玉に

**R** パイ屋がこける。そこにはじめの美人がやってきてあわや顔にパイがというときスーパーマンに変身して一仕事終わって（スーパーマン・マーク）もとに戻ったケントが

**S** パイを手で払う。払われたパイは先程穴に落ちてはい上がり

**T** ふらふら歩いていた通行人の顔にまともに当たる。以上

州のある金融財閥が利権という神に従う様子や、政界から産業界にわたる黒い関係を、閨閥に重点を置いて系図としてみせたものだった。これだけ徹底して結んでいけばどこかで必ず繋がってしまうのではないかしらと思うほど、リンクの魅力は十二分に表現されていた。

このプロセスを重視する「プロセシズム」（もちろん筆者の造語、「過程主義」）という考え方は、はたしていつ頃から注目されだしたのだろう。

人の一生は様々なプロセスの連鎖だと言ってしまえば見も蓋もないが、十三世紀末のマルコ・ポーロの『東方見聞録』も、チャールズ・ダーウィンの『コンティキ号航海記』も、ジュール・ヴェルヌの『八十日間世界一周』や『海底二万海里』などの旅行記、旅行文学、いや双六ですらプロセスの魅力に満ち溢れていた。ロード・ムーヴィーも忘れてはいけない。

十九世紀末、エティエンヌ・ジュール・マレーのクロノフォトグラフィ（時間写真→p.24—25参照）やエドワード・マイブリッジの連続写真が現れ、「運動の視覚化」がテーマとして浮上してきた。プロセスに対する意識は高まり、もうそこまできていた映画誕生の起爆剤と、そして二十世紀前半の美術運動の引き金となった。「映画＝movie」には、文字通り「運動＝move」が封じ込められていた。

加えて二十世紀初頭は、「機械化」が新しい理念として登場した時代である。チャップリンが映画「モダン・タイムス」（一九三六）で皮肉ったオートメーショ

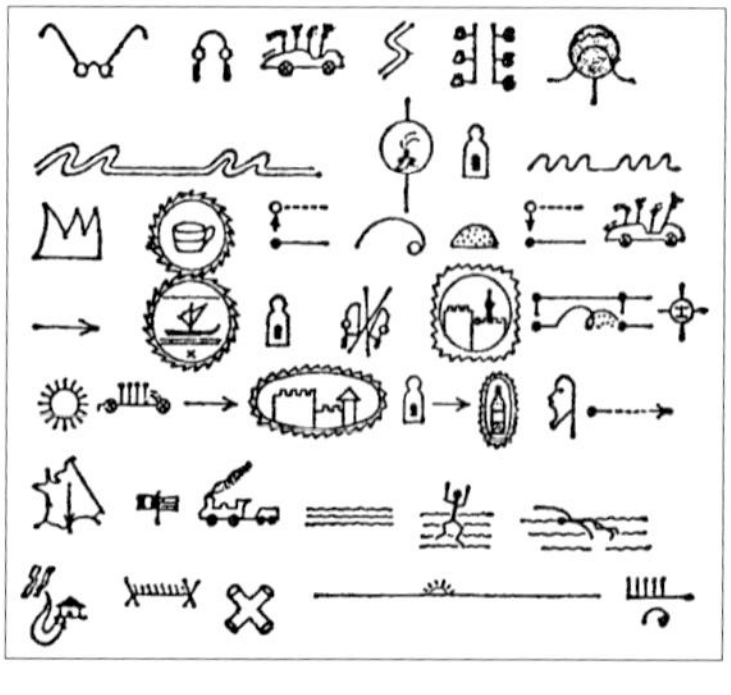

シュールレアリストの詩人レーモン・クノーの「絵文字」（1928）。アメリカ・インディアンの絵文字作図法にならってパリから南仏海岸を経てスペイン国境の海水浴場までの旅を日記風に描いたもの。最初の一行は「書斎の生活に疲れたわたしは、天気予報を聞き、車に4人で乗り込み、登り道を通ってパリから出、並木道を抜けたところで雷雨に会った。」と翻訳できる。（『形象と文明』篠田浩一郎著、白水社、1992より）

ンという方式は意識を変えた。第一次大戦では効率よく死体が大量生産され、かつてないほどの大量殺戮が行われた。大量殺戮時代の始まりである。

こうした状況に触発された、本書でも何度も登場するボヘミアン、マルセル・デュシャンこそ、「プロセスに惑溺」した作家のひとりだ。彼はまず、思考のプロセスを丁寧にたどる。断続的に発表した個々の作品を、通称《大ガラス》（一九一五〜一九二三）と名付けられた作品にそのまま集約してしまい、大作にいたるプロセスのための作品と化してしまった。

《大ガラス》とは、永久運動をテーマに、そのプロセスをマシナリー・イメージで表わしたもの。デュシャンの制作メモには、もっと色々なパーツが加わる予定だったように書かれていたため未完成とか、製作放棄などと言われてきたが、これで完成と言っても通用する作品だ。もちろん、デュシャンは興味の続く限り作品に手を加えるし、完成しているかどうかにはもともと関心がなかったようだ。結局、自分の作品の複製を生涯つくり続けるなど、興味がオリジナルからレプリカに移った、ということもあった。

《大ガラス》は、展覧会搬出時の事故で、表面をカバーしていたガラスが割れてしまう。破損事故から十年後、デュシャンはガラスの破片を丹念に貼り合わせ、それによって出来上がったひびの模様もそのまま作品の重大な一部としてしまうなど、あくまでプロセスが作品の軸をなしていた。

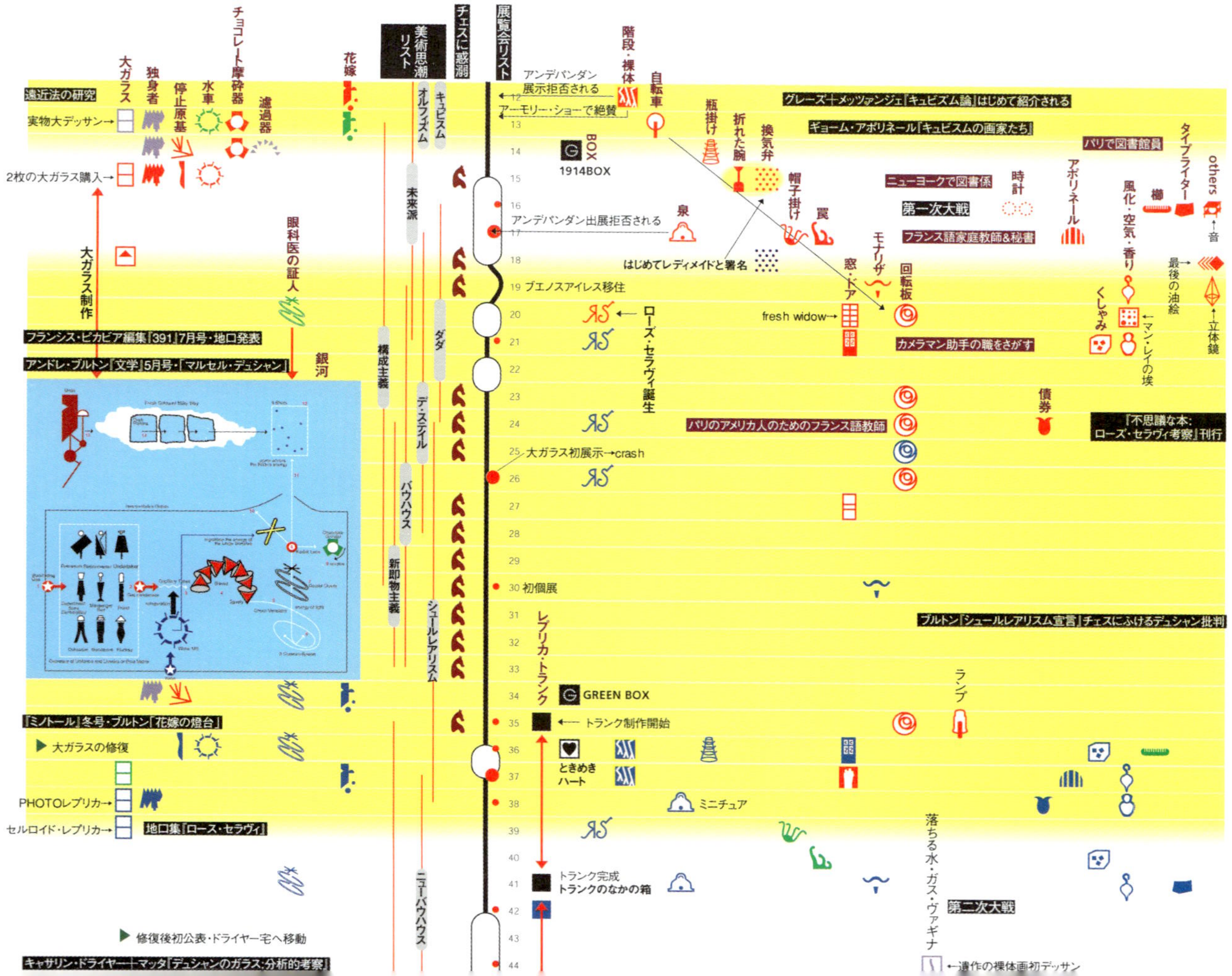

展覧会リスト
チェスに惑溺
美術思潮リスト
遠近法の研究
実物大デッサン→
2枚の大ガラス購入→
大ガラス
独身者
停止原基
水車
チョコレート摩砕器
濾過器
花嫁
眼科医の証人
大ガラス制作
フランシス・ピカビア編集『391』7月号・地口発表
アンドレ・ブルトン『文学』5月号・「マルセル・デュシャン」
銀河
『ミノトール』冬号・ブルトン「花嫁の燈台」
大ガラスの修復
PHOTOレプリカ→
セルロイド・レプリカ→
地口集『ロース・セラヴィ』
修復後初公表・ドライヤー宅へ移動
キャサリン・ドライヤー＋マッタ『デュシャンのガラス：分析的考察』
キュビスム
オルフィズム
未来派
ダダ
デ・ステイル
構成主義
バウハウス
新即物主義
シュールレアリスム
ニューバウハウス
12 アンデパンダン展示拒否される
13 アーモリー・ショーで絶賛
14
15
16
17 アンデパンダン出展拒否される
18
19 ブエノスアイレス移住
20
21
22
23
24
25 大ガラス初展示→crash
26
27
28
29
30 初個展
31
32
33
34
35
36
37
38
39
40
41
42
43
44
BOX
1914BOX
GREEN BOX
レプリカ・トランク
←トランク制作開始
ときめきハート
トランク完成
トランクのなかの箱
階段・裸体
自転車
泉
ローズ・セラヴィ誕生
瓶掛け
折れた腕
換気弁
帽子掛け
罠
はじめてレディメイドと署名
ミニチュア
窓・ドア
fresh widow→
モナリザ
回転板
ランプ
落ちる水・ガス・ヴァギナ
←遺作の裸体画初デッサン
グレーズ＋メッツァンジェ『キュビズム論』はじめて紹介される
ギョーム・アポリネール『キュビスムの画家たち』
パリで図書館員
ニューヨークで図書係
第一次大戦
フランス語家庭教師&秘書
カメラマン助手の職をさがす
パリのアメリカ人のためのフランス語教師
ブルトン『シュールレアリスム宣言』チェスにふけるデュシャン批判
第二次大戦
時計
アポリネール
債券
風化・空気・香り
くしゃみ
←マン・レイの埃
櫛
タイプライター
others
←音
最後の油絵
←立体鏡
『不思議な本：ローズ・セラヴィ考察』刊行

デュシャンのイメージ分布図。

マルセル・デュシャンのつくりだしたイメージが、どのように変化し、どのように変化しなかったかを一望するための図。まずデュシャンにとって（ニューヨークの展覧会で脚光を浴びた）画期的な年（デュシャン26歳）の前年から、死去（81歳）するまでの57年間の大半の作品を51個の記号にして並べた。それらの作品は繰り返しイメージを変え、あるいは全くそのままレプリカとして何度も発表され、同じ作品の連鎖が果てしなく続く。やはり最大の作品は《大ガラス》。《大ガラス》を未完成のまま「完成」として制作をやめ（36歳）、後に何度もレプリカをつくったり、図面のエッチングをつくったりしたことを考えると、あたかも、稲垣足穂が23歳のときに『一千一秒物語』を発表し、後年、自分が書き連ねていることは『一千一秒物語』の注釈みたいなものだ、と言ったことを思い出す。晩年の《遺作》以外は、ほとんどこの《大ガラス》の注釈と、古い作品の再制作に血道をあげていた。しかし、そこから浮かび上がってくるデュシャン像は地口（だじゃれ）、ウィット、しゃれ好きなボヘミアン（ろくに働かず、友人の部屋に平気で長期滞在するし、戦争が起きればニューヨークに移るなど見事なHand to mouth=その日暮らしの根無し草）といったところか。1913年に、拾ってきた自転車（当時の最新文化でもあった）の車輪を暇つぶしに台所用の椅子に逆さに取りつけ、《自転車の車輪》というそのままのタイトルをつけ、それが後に「レディメイド」と名づけられる一連の作品の発端となったことを考えあわせると、「しゃれ」で功なり名とげた最初（で最後？）の人物ではないかと思われる。松田＋澤地真由美作、1999

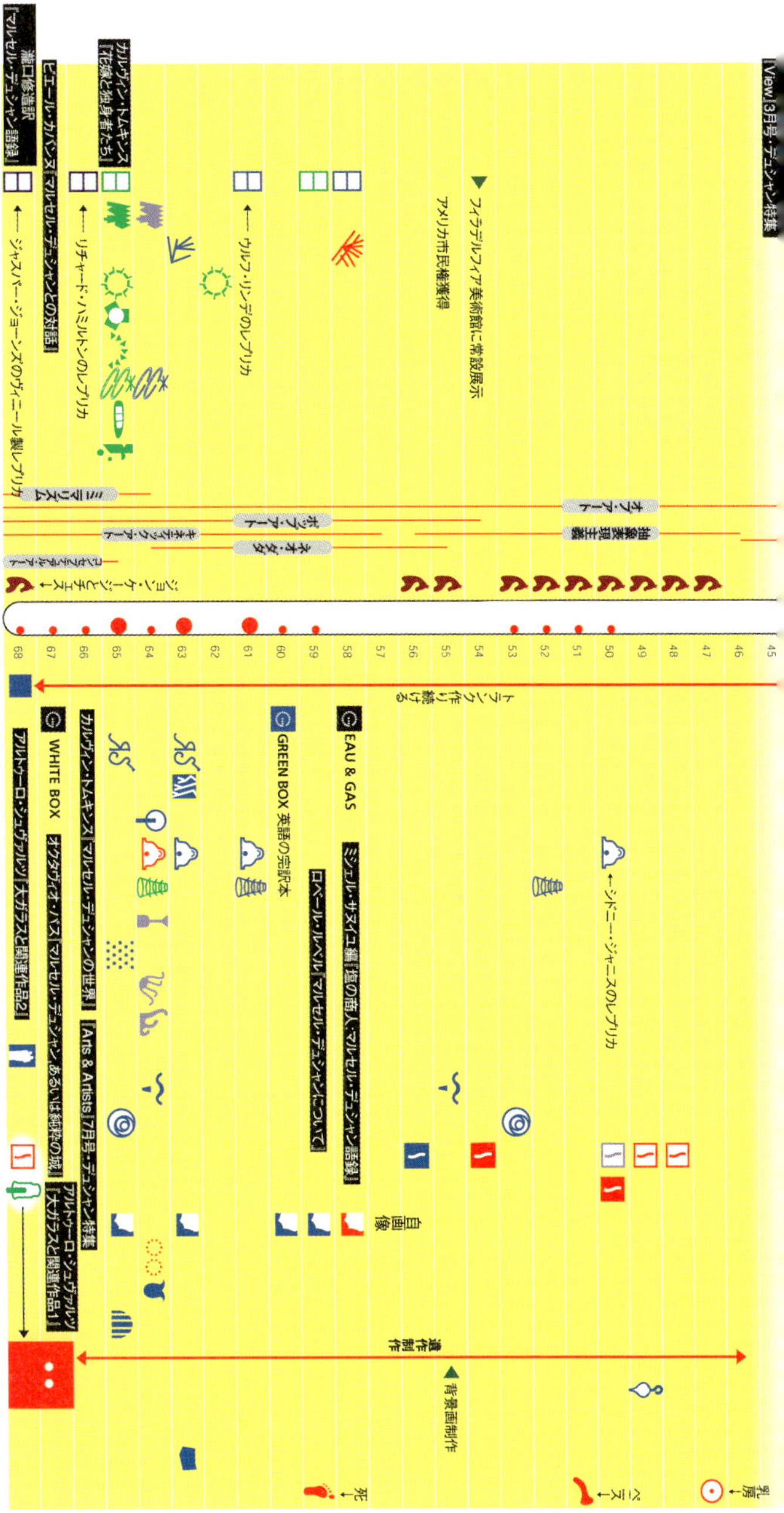

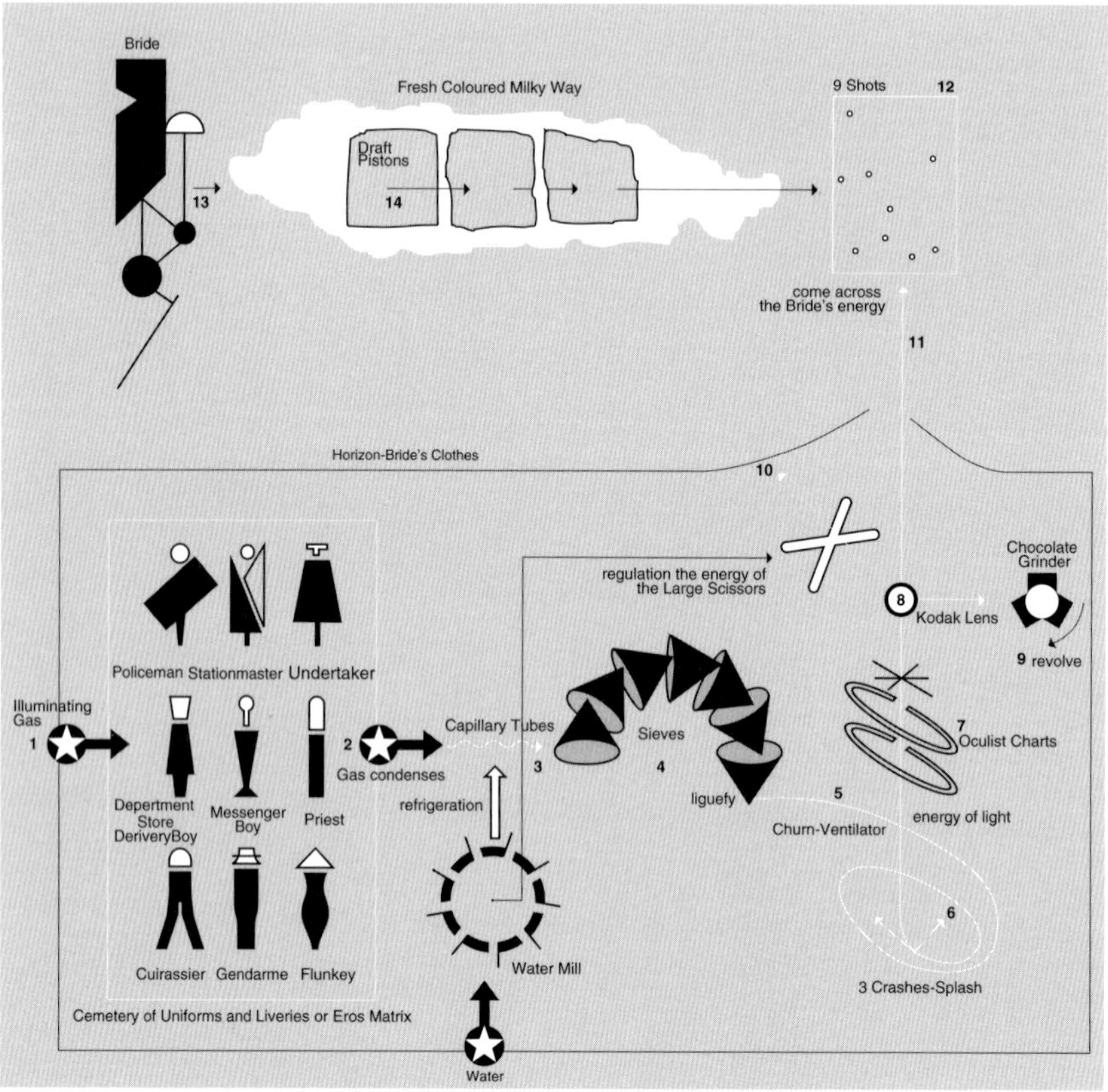


マルセル・デュシャンの《大ガラス＝彼女の独身者たちによって裸にされた花嫁，さえも——1.落ちる水。2.照明用ガスが与えられれば》（1915-1923）のフローチャート。松田十澤地真由美作、1997。

「九つの雄の鋳型」と呼ばれるガスの詰まった独身者たちに

**1**　照明用ガスが与えられて鋳型から

**2**　ガスが放出され、「水車」の水によって冷却されながら

**3**　「毛細管」を通って

**4**　7つの「濾過器」を経て液化し

**5**　「滑走路」を通って落下、その衝撃で

**6**　飛沫となって飛び散る。飛沫は重力に反して上昇し、光のエネルギーに転化する。これらいっさいは

**7**　「眼科医の証人」によってすべて目撃されている。このエネルギーは

**8**　「レンズ」に集められ、一部は水車の回転で動くハサミによって調節されながら

**10**「花嫁の衣装」を持ち上げ、一部は

**9**　「チョコレート磨砕器」の回転エネルギーとなる。残りのエネルギーは花嫁の衣装を突き抜けてなお

**11** 上昇する。また「花嫁」の羞恥のエネルギー（**13**）は「銀河」の「換気弁」（**14**）を通過して「九つの射撃の穴」（**12**）に至り、上昇してきた独身者のエネルギーとやっと逢着する。花嫁が脱衣してない限り独身者のエネルギーは「九つの射撃の穴」に至り得ない。以上は性的欲望が比喩的に語られている

この作品完成後、デュシャンは、次の作品もつくらず、チェストーナメントに参加したりして、死ぬまで悠々自適の生活を送っていたとされていた。ところが、死後（一九六八）に発表するようにという遺言で、一九六九年六月に一般公開された通称《遺作》と呼ばれる、覗き穴付きの謎めいた作品に世間は衝撃を受けた。

生きているうちに発表されても充分衝撃的なものなのに死後に公開せよということは、作品が世間に与えるインパクトを、自ら目にし、耳にすることはできない。墓の下でしてやったりと思っているに違いない、という風評が一般的だったが、デュシャンにとっては、チェスをしながらこっそり作品を作り続けていくという行為（プロセス）自体に興味があったということなのだろう。プロセシズムの作家デュシャンならではである。

プロセス重視の考え方は映画のモンタージュ、物事の運動の軌跡や歴史をたどったダイアグラムやフローチャート、そしてネットワークという考え方へと収れんしていく。

北京で羽ばたいた蝶による僅かな大気の乱れが、ニューヨークに大嵐をもたらすという比喩からその名がある、生理学者エドワード・ローレンツが提唱した、〈バタフライ効果〉にもやんちゃなプロセスの魅力が息づいている。そこには「部分は全体である」というディテール主義も加わって、「過程にこそ真理は潜んでいる」と言い直すことも可能だ。

# 同化と反転

ハッブル宇宙望遠鏡が撮影した宇宙の写真をみると、漆黒のバックに膨大な量の光の点が、あたかも脈動しているかのように散らばっている。この動きだしそうな感じはバックが黒いせいでもある。この写真を反転してバックを白くすると、これらの星群は星という性質を失って単なる黒い点として、ノイズと化してしまう。白い点も黒い点もどちらもノイジーな点には違いはないが、宇宙は暗いというイメージをわれわれが持っているせいで印象が違ってくるようだ。

同じ単語を繰り返し発音してみると、そのうちその単語の意味や構造（漢字の扁《へん》や旁《つくり》、欧文のスペルなど）があやふやになってくることがある。これは反復に

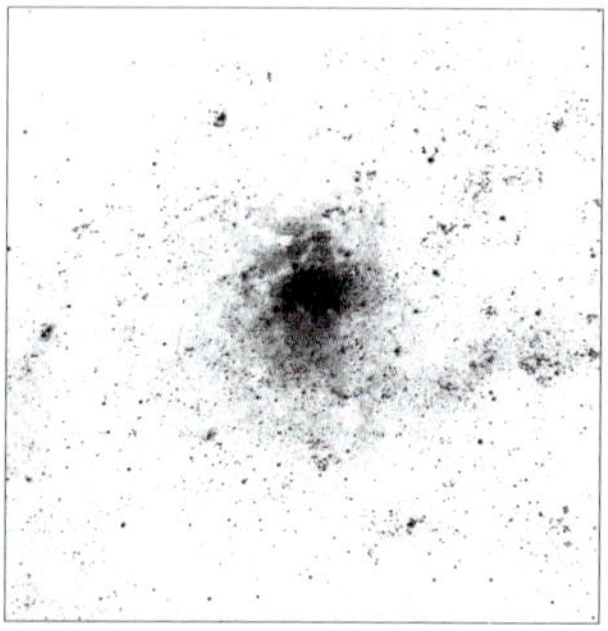

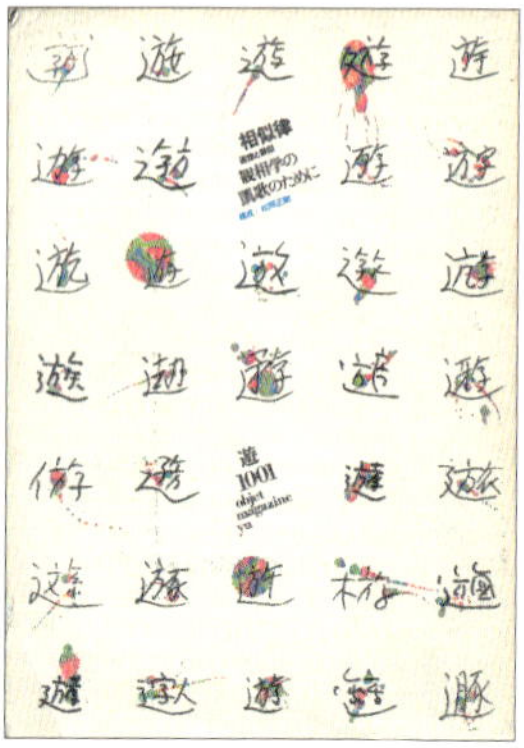


上右／パロマ天文台によるさんかく座写真。

（『パロマ天体写真集・下　100億光年のかなた』大澤清輝編、地人書館、1974より）

上左／その写真をモノクロにして反転したもの。星座らしさが消えて、なにやらノイズが散らばっているように見える
左／『遊1001相似律』表紙、工作舎、1978。

同じ語を繰り返し書くとだんだんその語の構造があやふやになって、あってるかどうかわからなくなることがあるが、それを逆手にとって「遊」らしき手書きの漢字を並べたもの。実際に存在する漢字はひとつもなく、正しく「遊」と書かれたものもないが、どれもなんとなく「遊」に見えてくる。

デザイン：杉浦康平

同じ絵柄を繰り返し並べていくことによって、絵柄が持っていた個性は薄まり、地紋のように模様性だけが見えてくる。いったん模様と認識してしまったら、絵柄を反転して使っても模様性は揺るがない。メッセージを無用にするのはポップアートたるゆえんである。2点ともアンディ・ウォーホル作

上／《キャンベル・スープ缶200個》1962。

下／《15の小さな色つきの毛沢東》1980。

よって、単語自体が意味・構造を喪失して、ノイズ化してしまったからである。
アンディ・ウォーホルは、マリリン・モンローや毛沢東、キャンベル・スープ、コカコーラなどの図を反復し、並列している。あたかも複写機で繰り返しコピーすると画像がどんどん劣化し、ノイズが増えてくるように、「図」がはじめに持っていた情報は、反復によって薄れ、無化され、「地」になってしまう。かつて「図」だったものは、いまや「地」に同化してしまったのである。そして、いったん「地」になってしまった「図」は反転してもしなくても、「地」のままである。

ミケランジェロ・アントニオーニ監督の映画「欲望（原題Blow Up）」（一九六七）では、「図」と「地」のテーマを不条理にからめて表現していた。たまたま撮影した木陰のコントラストのはっきりした写真を、どんどん拡大（Blow Up）していくうちに、葉の影と明るいところの対比がピストルに見えたり、死体に見えてくる。瞬間瞬間で図と地が入れ替わり、さまざまな妄想を引き起こす。現実と妄想のはざまで揺れ動く心理を描いた映画だった。

アーノルド・シュワルツェネッガー主演、ロジャー・スポティスウッド監督の映画「シックス・デイ」（二〇〇〇）では、自分のクローンに家族を奪われた主人公が、クローンから家族を取り戻そうと、クローン製造会社の幹部たちと戦う話。が、実はクローン（「地」）は自分（「主人公＝図」）のほうだったことがわかり、結局、

クローンである自分と本物が協力して敵にむかう。

ポジだと思っていた自分が、実はネガだったことを知ったときのクローンの胸中はさぞつらかったことだろう。意識は本物と同じなのに実体はクローンなのだから。「図」と「地」のせめぎあう緊張感はしかしここまでで、いったんことの真相を知ってしまったわれわれは、どっちが本物でも別に気にならなくなり、戦いの結末にしか興味が持てなくなる。つまり、「図」と「地」が同化してしまったからである。

地球を宇宙空間を飛ぶ宇宙船に見立てたのはバックミンスター・フラーだったが、地球もひとつの生命体であり、人類も地球に住むバクテリアの一種だといったのはジェームズ・ラブロック。ギリシア神話の大地の女神の名をとってつけられた「ガイア説」である。今では、ロマンティックな説として企業PRなどに使われる例も増えたが、「地」だったはずの地球が、「図」として名乗りをあげたということなのだろう。

ギリシア神話の水の女神を「テティス」というが、なんとフランスが南太平洋で繰り広げた核実験の名に使われてしまった。地球を汚染しかねない実験が、ガイアと対の名を持つというのも悪い冗談である。

一方、自然現象は地球による人類へのサービス・奉仕としてとらえ、それを値段に置き換えてみたとしたら…、という「自然の値段」なる論文が一九九七年、

内容がガラッと変わるダブル・ミーニングの絵。
ネガとポジで意味が変わってくる反転イラスト。
右ページ右／階段を降りてくる人々と左右に向かう矢印。テーマはラッシュアワー。R.N.シェパード作
右ページ中／サクソフォンを吹く人と女性の顔。R.N.シェパード作
右ページ左／S字とスペード。シュツットガルト見本市のポスターより
左／犬と鳥。白石和也作
（右ページ右と中は『視覚トリック——ダマシ絵が語る〈見る〉しくみ』R・N・シェパード著、鈴木光太郎＋芳賀康朗訳、新曜社、1993より）
（右ページ左とこのページは『錯視の造形　メノトリックス』白石和也著、ダヴィッド社、1978より）

イギリスの科学専門誌『ネイチャー』に発表された。これは生態系など地球による新陳代謝を人間が代替して行った場合いくらかかるか試算したものである。

もともと生息する動物や土壌・土地、空気や水の値段などは含まれていないが、算出された金額は当然ばく大になる。しかし、地球は人間によって、すでに見過ごしできないほど汚されてきている。水質汚染などの浄化に国が関与したりする現況をみると、まったくふざけた計算とも言えない。それにしても資本主義的発想も極まっているが、「ガイア」、「テティス」、「自然の値段」、どれも目立つのは人間の身勝手な想像力だ。

歴史にとって真実とは錯綜を意味している。大東亜戦争（これは日本側の呼び名でアメリカ側では太平洋戦争と呼んだ）に敗れた日本は連合国（アメリカ、イギリス、ソ連、そして中国）の山分けとなった。連合国軍最高司令官として任命されたダグラス・マッカーサーは、ＧＨＱ（General Headquarters＝総司令部）を率いて、日本を敗戦に追い込んだ圧倒的貢献を楯に、他の連合国の意見をいっさい無視し、アメリカ的（マッカーサー的＝キリスト教的）民主主義を根付かせるための一大実験を、日本を舞台に試みることとなった。

が、いつも不思議に思っていたことがある。「アジアのシーザー」ともいわれ、絶対的権力を握っていたマッカーサーをはじめとして、アメリカ合衆国は、日本

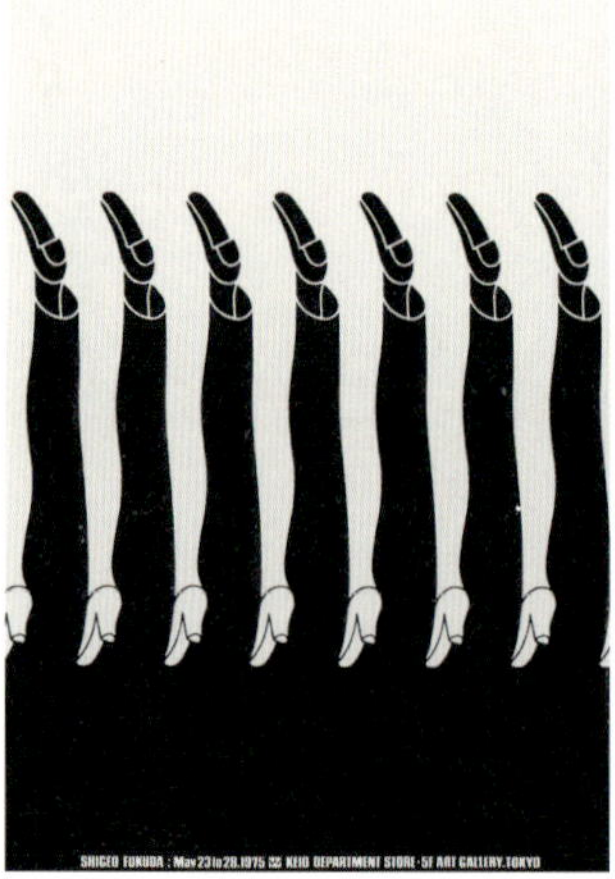

内容が反転するダブル・ミーニングの絵。
右／格闘している2人、あるいは愛し合っている2人。ヴィクトル・ヴァザルリ《Catch》1945。©ADAGP, Paris & SPDA, Tokyo, 2005
左／ハイヒールもしくは、男性の靴。福田繁雄の展覧会ポスター、1975。
（『世界のグラフィックデザイン8　福田繁雄』トランスアート、1993より）

をまず植民地として合併し、次にアメリカの第五十一番目（あるいは四十九番目――アラスカとハワイが州に昇格したのは一九五九年）の州になぜしなかったのだろうか？　ネガティブな見方をしてみると……。

アメリカ合衆国は、ＷＡＳＰ《ワスプ》（白人＝White、アングロ-サクソン系＝Anglo-Saxon、新教徒＝Protestant）の国である。当時は、有色人種が今ほど多くなく、ここに日本人がアメリカ人として吸収されると、アメリカの人口の約三分の一が元日本人ということになってしまう。熱烈なキリスト教信者で、日本人の精神年齢は、アメリカ人の四十五歳に対して十二歳だといったマッカーサーも、人種差別主義者として有名なトルーマン大統領も、これには納得いかないかもしれない。

実際、優生思想（不良な子孫の出生を防止しようとする考え方）で、アメリカが歴史のなかで果たした役割は大きい。十九世紀後半、チャールズ・ダーウィンのいとこフランシス・ゴルトンが名付けた「優生学」は、ヨーロッパよりも自由（といっても宗教的自由のこと）の国アメリカで学問として発展し、断種法を採用する州も現れた。第一次大戦後のアメリカ移民はＩＱテストを受けさせられていたし、カリフォルニア州の断種実績が、ナチの断種政策のモデルになったとも言われている。十二歳の劣等人種を自国民にするなどどうしても許容できなかったのだろう。

日本を軍国主義から解放し、民主主義をもたらしたアメリカのすばらしい方針が、実は差別意識に根ざした実験だったとしたら……、歴史に反転はつきものである。

意味内容はそれほど変わらない図地反転模様。黒い犬と、白い犬。久保道夫《図地変換》1968。（『装飾芸術論』エルンスト・ハンス・ヨセフ・ゴンブリッチ著、白石和也訳、岩崎美術社、1989より）

# 奥行き反転

図と地が反転して意味が変わる〈多義図形〉や、エッシャーが得意とした〈ありえない立体〉など、錯視を利用して脳の働きにまでせまろうとした美術の潮流が二十世紀に起きた。中でも、瞬時に奥行きが変わり、二次元と三次元を行きつ戻りつする図形には、「意表を突く」、「どんでん返し」など、一種文学的表現が似合う。

どんな物語にもドラマツルギーのためのルール的なものが大なり小なりある。こと推理小説に至っては、いささかうるさい御仁が多い。『陸橋殺人事件』などの著作のあるイギリスの作家ロナルド・A・ノックスの〈ノックスの十戒〉(★)や、マザーグースの歌詞に従って殺人が起こる〈見立て〉殺人テーマの傑作『僧正殺人事件』など、本格推理小説で知られるアメリカの、S・S・ヴァン・ダインの〈ヴァン・ダインの二十則〉(★)は、そのうるさ型の典型である。

彼らは、推理小説のおもしろさは謎解きにあるとした上で、フェアプレイ精神を書き手に要求している。どちらのルールも骨子は読者に対してズルしてはいけ

★〈ノックスの十戒〉の大意

1 犯人は物語の初期から登場していること。
2 超自然的な魔力の禁止。
3 秘密の部屋や通路はあってもひとつ。
4 未だ発見されていない毒物の使用不可。
5 中国人を主要な登場人物にしない。
6 探偵が偶然に助けられるとか、根拠不明の直感が正しかったなどというのは反則。
7 探偵が犯人、というのは不可。
8 探偵が得た手掛かりはすぐ読者に告知。
9 ワトスン役の心の動きはすぐに読者に知らせる。ワトスンの知能は想定される読者よりやや下が望ましい。
10 双生児など瓜ふたつ関係の登場は読者に予知可能な範囲に限る。

★〈ヴァン・ダインの二十則〉の大意

1 探偵と読者は平等。手掛かりは明白に記述。
2 犯人が探偵に対してするペテンやごまかしを読者に対しては行使不可。
3 物語に恋愛は不可。
4 探偵・捜査当局の一員が犯人、は反則。
5 犯人は論理的な推理によって決定すべし。偶然・暗合、無動機は不可。
6 探偵は必ず登場し、手掛かりを分析して犯人を突き止めること。
7 推理小説に死体は必需品。
8 犯罪の謎は占いなどではなく自然な方法で解決すべし。
9 探偵は集団でなくひとりだけである。
10 犯人は物語のなかで重要な役回りの人物である。

ないということに尽きている。推理小説は論理につぐ論理の知的ゲームであってほしい、という思いからである。

ラストのどんでん返しが得意なM・ナイト・シャマラン監督の映画「シックス・センス」（一九九九）ほどラストの衝撃を語りたくなる映画はそうはない。ラストを知ってなおもう一度観たくなる映画である。この映画以後、同根の発想の映画が増えた。デヴィッド・フィンチャー監督の「ファイト・クラブ」（一九九九）も、アレハンドロ・アメナバール監督の「アザーズ」（二〇〇一）も、サスペンスでいう倒叙形式で成り立っているのが特徴だ。

倒叙形式というのは、探偵が事件を解決していくプロセスをモノローグで語っていく叙述形式のミステリーに対して、犯人（自分が犯人であることに気づいていないケースもある）が、モノローグでストーリーを引っ張っていくミステリーのことをいう。この場合ワザと肝心な点に触れないかボカして語るときもあり、読者は出発点から著者によってワナにはめられていたことになる。

〈ノックスの十戒〉や〈ヴァン・ダインの二十則〉では、アンフェアと断定されている。犯人を推理する役の探偵や刑事が犯人であってはならない、それは読者に対する「厚顔な詐術」である、と言うのである。

しかし、「シックス・センス」や「ファイト・クラブ」の場合、ラストでだまされた後に爽快感が残り、もう一度はじめからディテールを観察したい気にさせ

11 使用人が犯人であってはならない。高尚な知的ゲームが白ける。
12 いかに多くの殺人が行なわれても全責任を持つ犯人はひとりである。
13 秘密結社は不可。
14 探偵法は合理的・科学的であること。未知の毒物などは使用不可。
15 真相は終始一貫明白である。
16 文学的饒舌、細かい性格分析、〈雰囲気〉の過重視は別ジャンルにまかせる。
17 犯罪のプロが犯人であってはならない。
18 犯罪の終わりが事故死や自殺は安易。
19 犯罪の動機は国際的陰謀や戦争政策ではなくあくまで個人的なものであること。
20 使用不可の手法リスト。
イ 犯罪現場に残っていたたばこの銘柄と容疑者の吸うたばこの銘柄が同じだったことで犯人と決めつける。
ロ えせ降霊術で犯人をおどして自供を得る。
ハ 偽の指紋。
ニ 替え玉によるアリバイ。
ホ 犬が吠えないので、侵入者が馴染みと知れる。
ヘ 双生児など、無実の人物と瓜ふたつの人間が犯人。
ト 即死をもたらす毒素。
チ 警官が現場に踏み込んだ後の殺人。
リ 言葉の連鎖反応実験による犯人の指摘。
ヌ 最後で探偵が解読する文字・数字の暗合。
（創元推理文庫『ウィンター殺人事件』巻末より）

られるから、アンフェアというわけでもなさそうだ。

一八三〇年頃、ドイツの鉱物学者L・A・ネッカーは、結晶の形を描いた線画が、見るたびに奥行きが変わることに気がついた。今では、これは「ネッカーの立方体」と呼ばれているが、立方体のフレームは見るたびに反転し、出たり引っ込んだり、立体の向きが瞬時に変わって、二つの顔を持ったような図形である。この図形は、二つの面を持つことから、多義図形とも呼ばれ、視覚システム解明へ一石を投じた。

アルマン・ティエリーも錯視図形として一八九五年、立方体が二つ絡み合ったような図を発表した。今では「ティエリーの図形」として知られているが、X線が発見された年に発表というのも象徴的だ。

右側に立体を認めたら左側は引っ込み、左側に立体が生じたら、右側は背景に追いやられる、リズミカルに前後運動をするこの図形は、一九六〇年頃から始まった、錯視によるフリッカー効果を中心とした視覚実験的なオプ（オプティカル）・アートの先駆ともみなされている。

このような、見方を変えることによって、物体自体も変化するような状態は、脳の思い込みが瞬時に変化することから起こる。脳は眼からきた情報を、過去の経験に照らし合わせて仮定をたて、いわば思い込みで判断する。

ティエリーの図形、1895

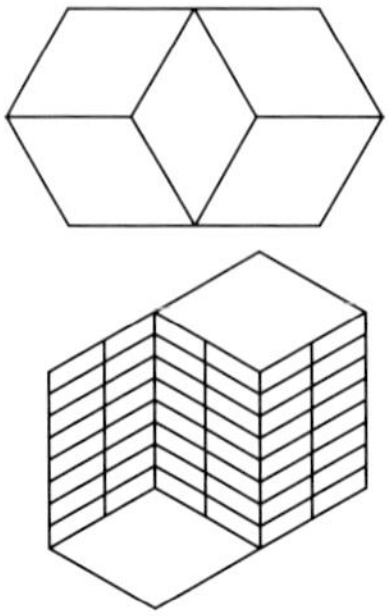

ネッカーにヒントを与えた鉱物の結晶図形

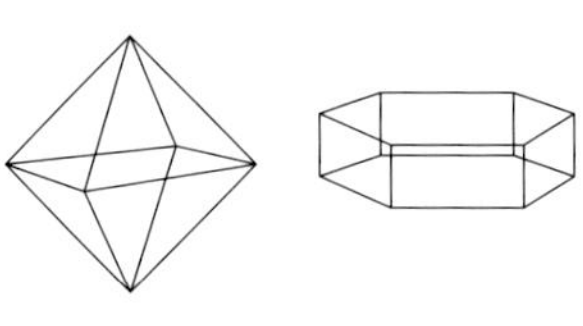

ネッカーの立方体、1830

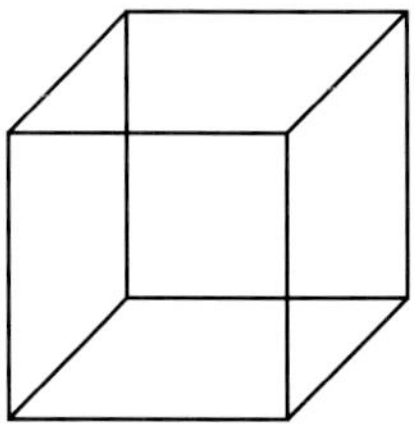

〈思い込み〉というとずいぶん保守的に聞こえるが、眼を媒介とした脳による識別の基本的メソッドがエッジ検出能力や水平・垂直であることを考えると、保守性も致し方なさそうだ。

この場合、〈思い込み〉の答えは常にひとつだ、ということがポイントで、そのために交互に二つの奥行きの違う図形を知覚させることになる。それは同時に二つは知覚できないことも意味している。

バウハウスで学び、後にバウハウスのマイスターとなった、ヨゼフ・アルベルス（英語読みアルバース）に、「ストラクチュアル・コンステレーション（構造の星座）」という連作がある。コンステレーション（星座）というのは、ステファヌ・マラルメの詩集『骰子一擲』（一八九七）のなかで、詩が、星々のように散らばってあたかも星座を形づくっているようにレイアウトされ、ページが展開していたところからきている。

「それぞれの語は背景に広がる余白の空間と響き合いながら、語のさまざまな知覚的結合を喚起し、形象と音と意味との多様な波動を生み出し、それはまさに不在の世界を現出させる一巻の宇宙生成のパノラマであった」（向井周太郎『円と四角』）。

アルベルスの作品は、線で構成された幾何図形が、見ているうちにでたり引っ込んだり、星が脈動してちかちかする様を彷彿とさせ、コンクリート・ポエトリ

ソルソのひし形と正方形。
どちらも同じ図形だが、正方形の方が厚みがあるように見える、1991

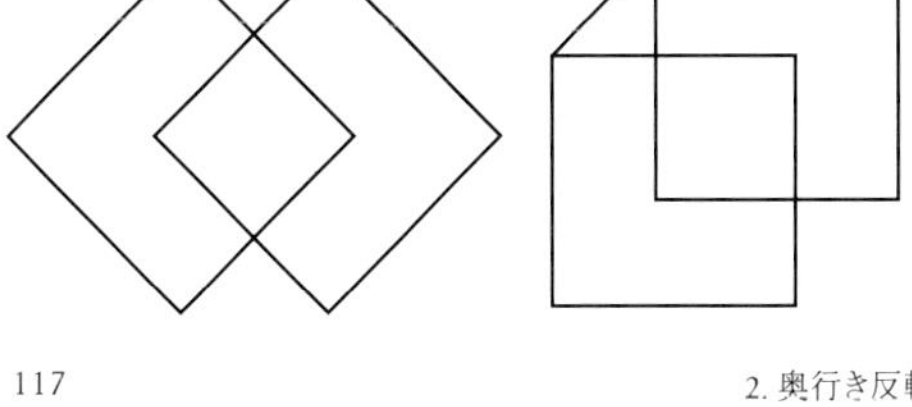

ヴントのプリズム

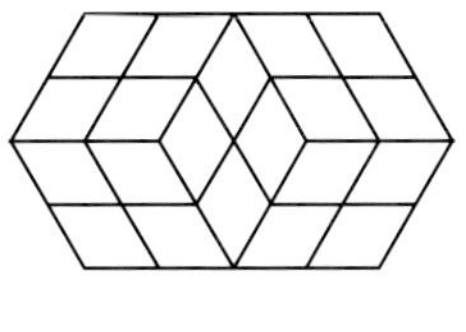

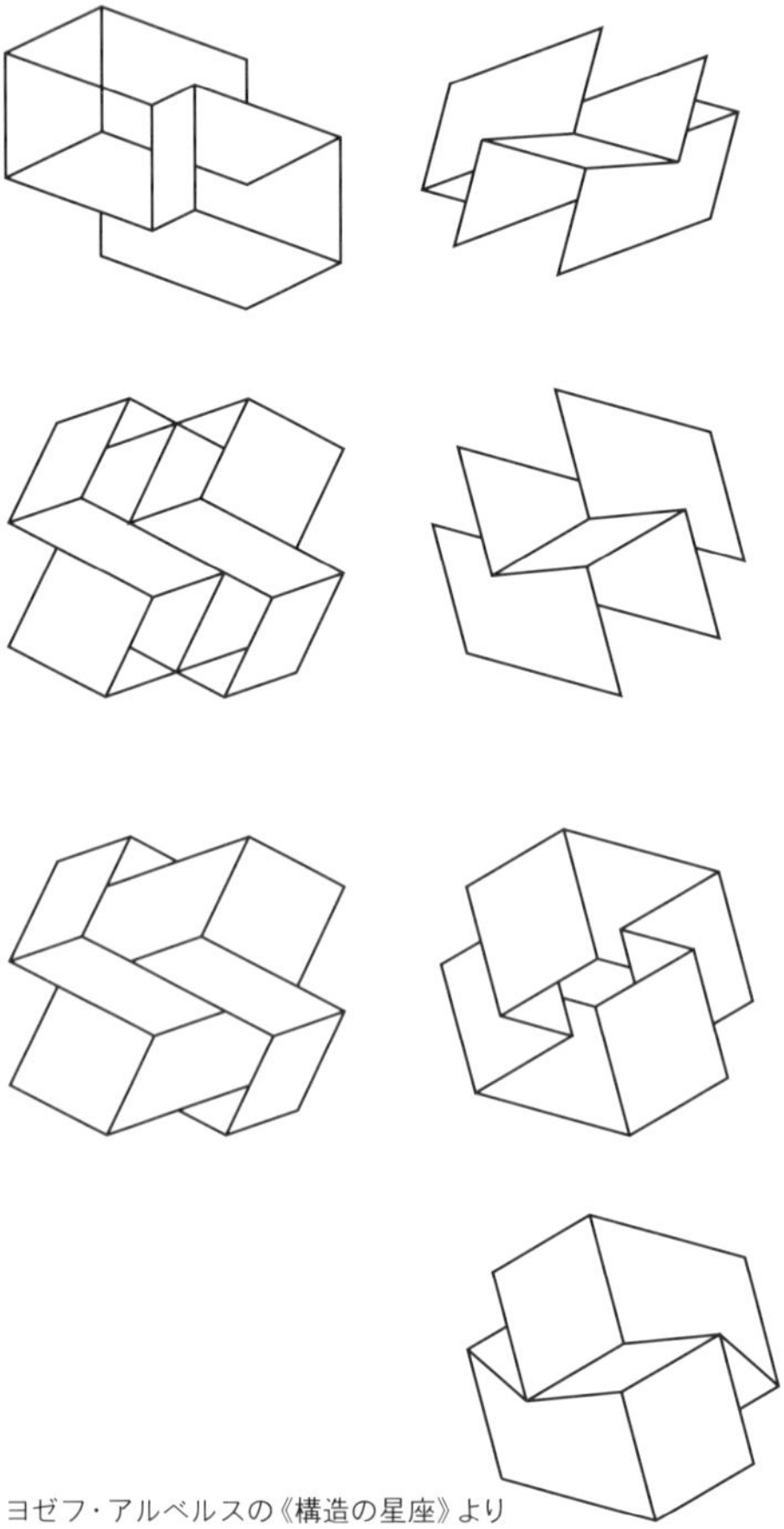

ヨゼフ・アルベルスの《構造の星座》より

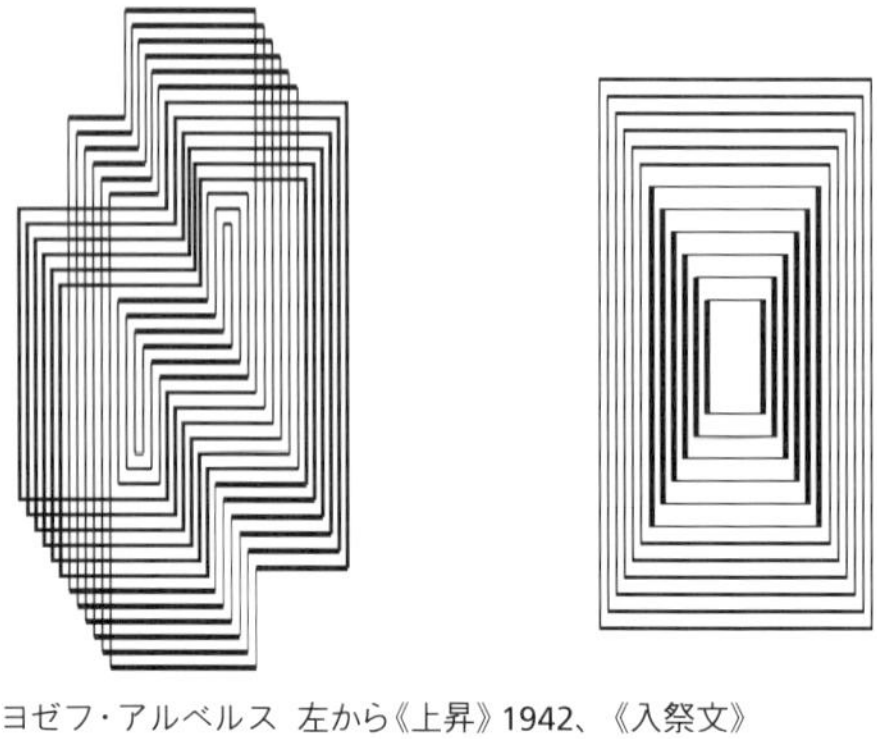

ヨゼフ・アルベルス　左から《上昇》1942、《入祭文》

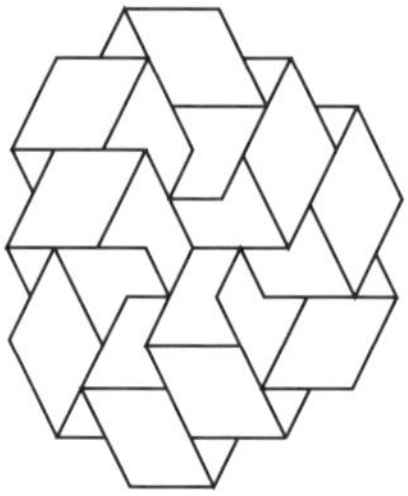

タマス・ファルカス《結晶》1980

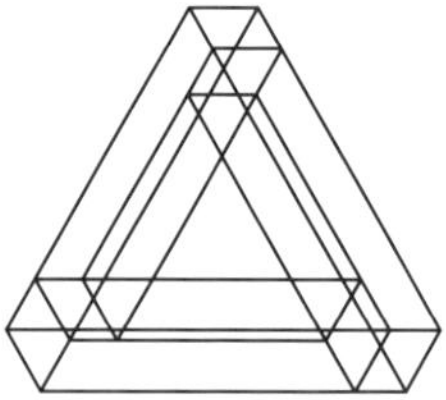

ブルーノ・エルンストによる
ありえない3柱構造の図解、1985

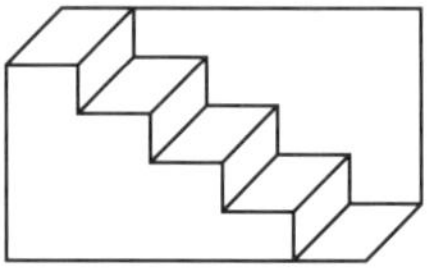

エッシャー《凹面と凸面》にヒントを与えた
シュレーダーの階段

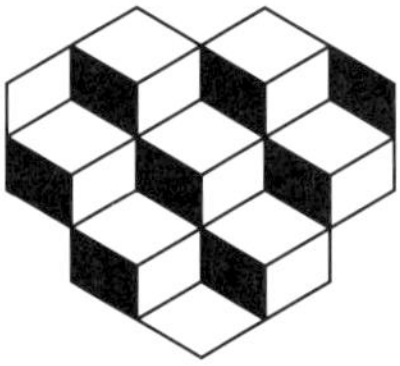

シュレーダーの階段のヴァリエーション

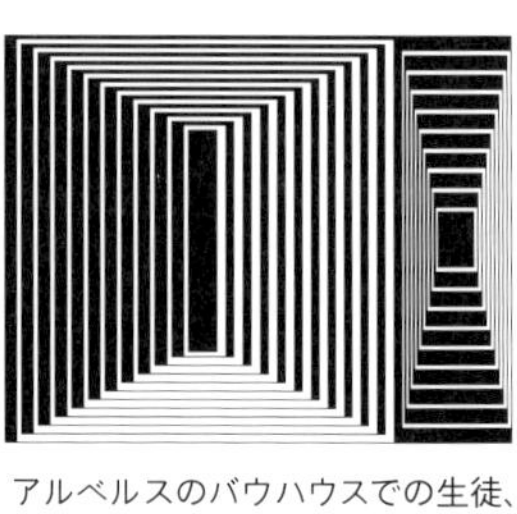

アルベルスのバウハウスでの生徒、
ゲオルク・ナイデンベルガーの作品

ー運動の図形版の先駆けとなる。

この方法論を色彩と図形で表現したのがヴィクトル・ヴァザルリであり、絵画表現がM・C・エッシャーである。

こうした視覚に瞬間的置換を起こさせる図形をプソイドスペース（擬空間）とも呼び、空間であって空間でないことを意味している。そこでは線の構成に既にワナが用意されている。とはいっても「シックス・センス」の反転の衝撃力とは比すべくもないが、オプティミスティックな図形の脈打つような反転・置換のリズムは、ガストン・バシュラール風な詩的表現をしてみたくなる。

たとえば、島田荘司の〈本格ミステリー〉作家について語った文章を置き換えて、〈反転図形〉は、「二重人格者でなくてはならない。初段階では、非日常的な狂気の詩人のセンスで、美しくも奇怪な城を築き、次の瞬間にはこれをいっさい忘却した日常人にと舞い戻り、つくった城をある種の諧謔性とともに、芝居がかって崩していかなくてはならない」（『本格ミステリー宣言』）。

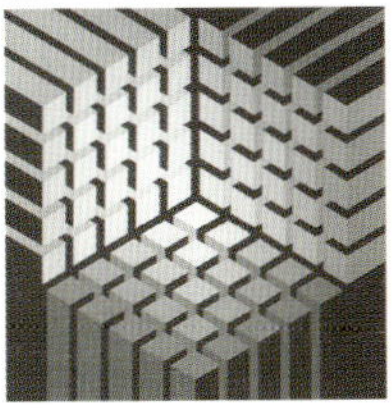

上／モニカ・ブーフ　上から
《青の立方体》1976
《見かけの立方体》1983
《ティエリーの図形II》1983
（『グラフィックの魔術』ブルーノ・エルンスト著、ベネディクト・タッシェン出版、1993より）

左／ヴィクトル・ヴァザルリ。上から
《TRONY》1970
《12-20》1973
©ADAGP, Paris & SPDA, Tokyo, 2005

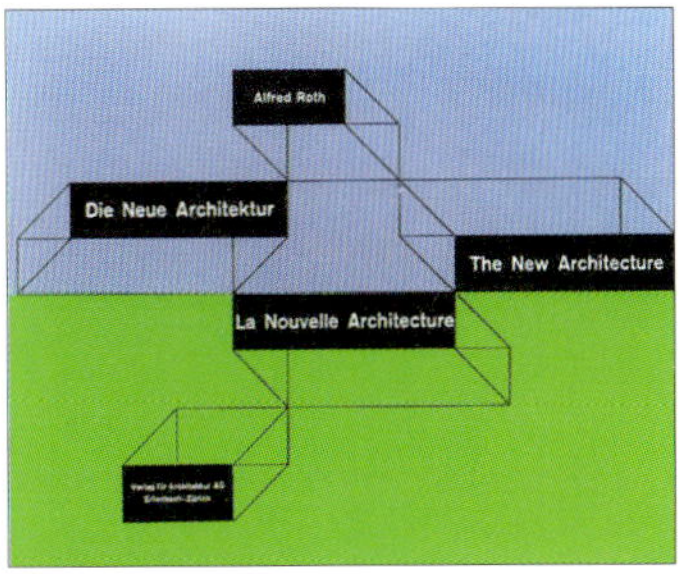


右／マックス・ビルがデザインした
アルフレッド・ロース著『新建築』表紙

# 正面と側面

　オートバイは正面から見た姿より横から見た姿のほうが造形の魅力が際立つ。飛行機は上からか、横から見た姿が美しく、正面は表情が乏しくなる……など、正面と側面にまつわる魅力にせまってみたいと思う。

　江戸川乱歩の『D坂の殺人事件』では、相矛盾する二人の目撃証言が登場する。犯行のあった時間、その部屋の格子戸越しに、犯人は白い着物を着ていた、いや黒い着物を着ていたと言うのである。

　犯人は白と黒のだんだらの縦縞模様の着物を着ていて、縞が格子にちょうど重なったとき白に見え、また黒に見えた、と推理され、たまたまその場にいてその様な着物を着ていた明智小五郎が疑われた。が、結局犯人は別にいて白黒の着物も着ていなかった、人の視覚情報はあてにならない、というオチがつく。

　しかし、正面の、決まったきわめて狭い角度からしか視認できない、こんな特殊な情景もありえそうに思わせるところがミステリーの真骨頂なのだろう。

左ページ左／マルセル・デュシャンの遺作《（1）落ちる水、（2）照明用ガスがあたえられたとせよ》1946-66。
覗き穴から見える怪しい光景
右／その遺作の内部シーン。床が市松模様になっているが、覗き穴からは見えない
（MARCEL DUCHAMP “Manual of Instructions for ÉTANT DONNÉS:
1° LA CHUTE D'EAU 2° LE GAZ D'ÉCLAIRAGE…”Philadelphia Museum of Art, 1987より）

マルセル・デュシャンの《遺作》と呼ばれる作品では、覗き穴によって眼の位置は固定されている。二つの覗き穴から覗くと、ランプをかざした女性の淫猥な光景を目にすることができるが、実はこのジオラマの床には、結婚式の夜もチェスをしていて、怒った花嫁がチェス盤を糊付けしてしまったという逸話があるほどのチェス好きのデュシャンらしく、市松模様が敷き詰められている。正面の覗き穴からは見えない。

同じ部屋なのに右側に立つと巨大になり、左側に立つと小さくなる不思議な部屋がある。これはアメリカの心理学者A・エイムズ二世が考案した「歪んだ部屋」。

この部屋は、部屋自体が右側と左側で奥行きが違い、天井の高さも左側のほうが圧倒的に高くつくられているが、壁の桟や窓が遠近法を使って自然に見えるように巧妙に描かれているため、不自然なのは人の大きさだけのように見えてくる。部屋は長方形だ、という我々の思い込みもこの錯覚を完璧なものにしている。

この歪んだ部屋の錯覚が成功するのも正面の計算され尽くした一点からのみである。

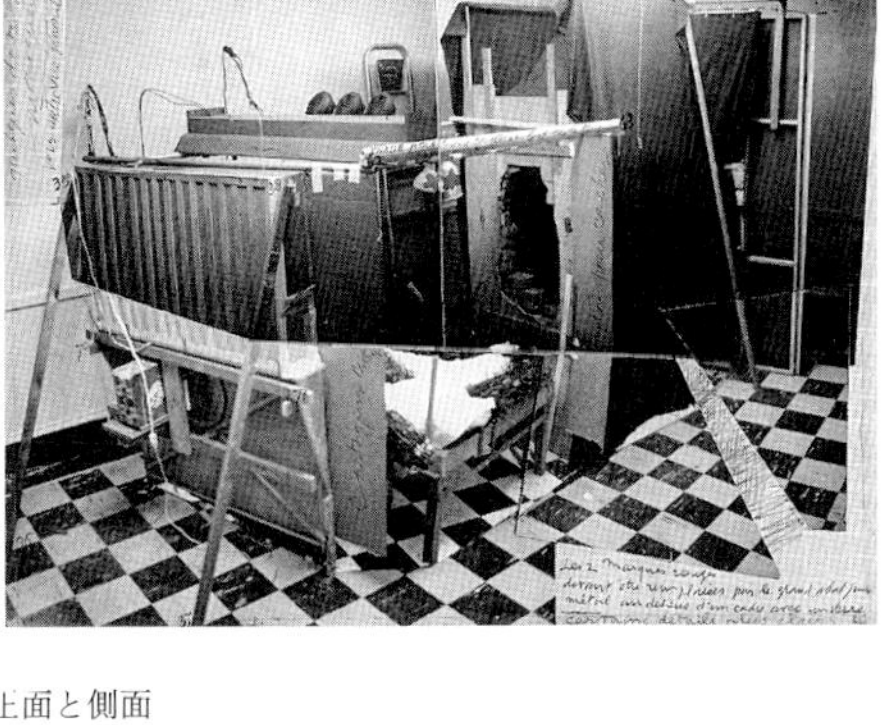

脳は、顔に対する記憶容量がほかの身体の部位に比べて特別多いようだ。コナン・ドイルの『バスカヴィル家の犬』で、ホームズに相談にきた客が、科学的批評眼ではヨーロッパで二番目ですねと皮肉を述べホームズをムッとさせた、という記述があった。このときのヨーロッパで第一の人物こそ十九世紀末のフランス警視庁で科学捜査の中枢にいた、アルフォンス・ベルティヨンだ。ベルティヨンは、犯罪者の記録と照合のために写真術を導入し、人体測定法と個人識別法を確立した人物である。

十九世紀、写真術の勃興に従って、権力側、支配側は支配・管理・監視するための格好の道具として、すぐさま写真に注目したようである。当時のヨーロッパでは交通網が整備され、旅行や探検がブームとなり、人類学的探査も頻繁に行なわれた。測量のための写真も現れ、ヨーロッパ人にとってはもの珍しいアフリカ人やアジア人の、正面と横顔という二枚一組の、いわば標本のような写真も登場し始め、人物の特徴を何とかわかりやすくファイリングしたい、という欲望がきざしはじめてきた。

この人物特定が緊急要件として必要とされたのは警察である。写真が犯罪捜査に使われたのはダゲレオタイプの頃からららしく、かなり目の付け所が早いが、それだけ未解明事件が多かったということでもあり、十九世紀半ばには既に手配書に写真が使われていたという。

パリ警察に在籍していた人体計測学者のアルフォンス・ベルティヨンは、司法

エイムズの歪んだ部屋。情報が一切与えられずに覗き穴から部屋の中を見ると、子どもと大人の身長差は説明できない。これも視覚の保守性、部屋は四角いという思い込みによる。(『イリュージョン』エディ・ラナーズ著、高山宏訳、河出書房新社、1989より)

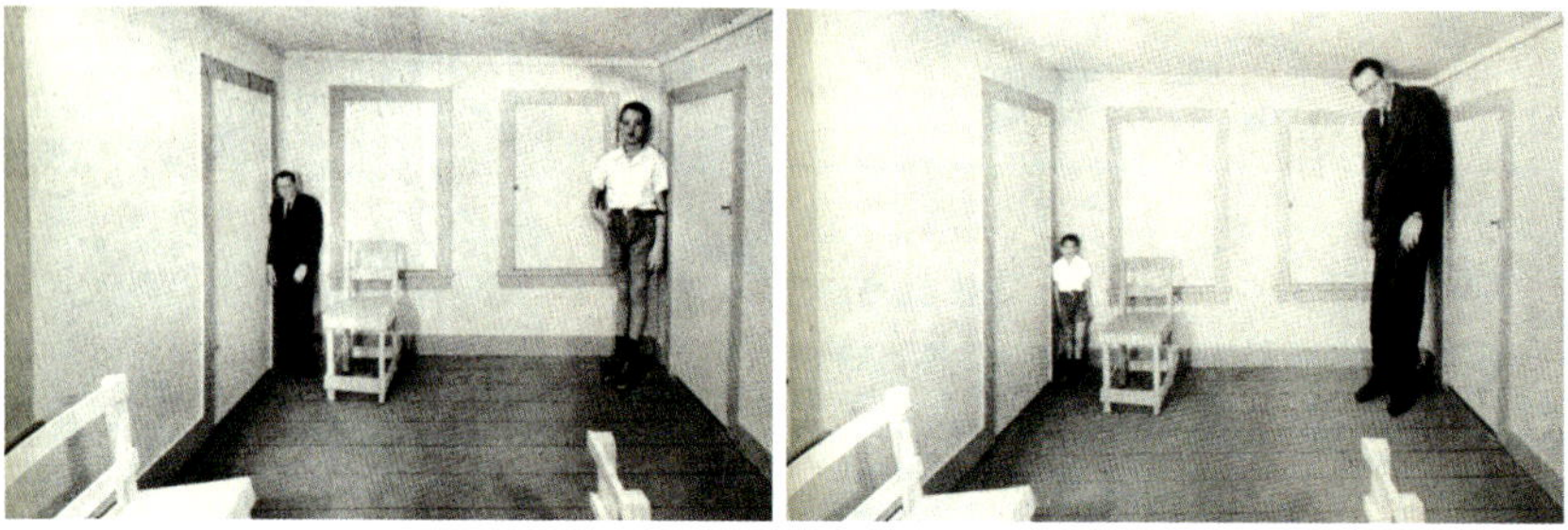

ベルティヨンが人体測定法で集めた人の顔のパーツ集。
これが効力を発揮したのは、アーリア人の骨格の特徴を前面に押し出したヒトラーの時代だった。
(『殺す・集める・読む』高山宏著、創元ライブラリ、2002より)

写真の確立と徹底的な個人情報の収集を始めた草分けであり、そして犯人の顔を特定するためのモンタージュ写真の考え方の基礎をつくった人物でもある。彼は犯罪者を記録するために、顔の正面側面二枚の写真を採用するとともに、より個人的な特徴抽出のために、顔の輪郭、目のかたち、鼻のかたち、耳のかたちなど計十一カ所を測り、身体の視覚的特徴にまで範囲を広げて収集し、人体パーツカタログづくりに励んだ。つまるところ人体の記号化である。この中には死者も含まれていたところをみると、まさに現在世界中の警察組織が当たり前のように収集し、検索できるようにしている個人情報リストのはしりだ。

この被疑者の正面顔と横顔を厳密な縮尺（一／七）と撮影方法でファイルするという個人識別法の方は、顔写真と指紋（指紋識別法の基礎はダーウィンのいとこ、イギリスの人類学者フランシス・ゴールトンがつくった）を組み合わせた個人識別ファイル、ベルティヨナージュとして現在も世界の警察で採用されている。写真がもたらす情報はすべて真実だ、という神話もこのときからはじまった。ともあれ、データとしかみなされない肖像写真はなぜか物哀しいが、彼の徹底的な収集の仕方は、間違いなくパーツ・フェチのものである。

漢字の造形のルーツをたどると、正面から見た形と、横から見た形がよく登場

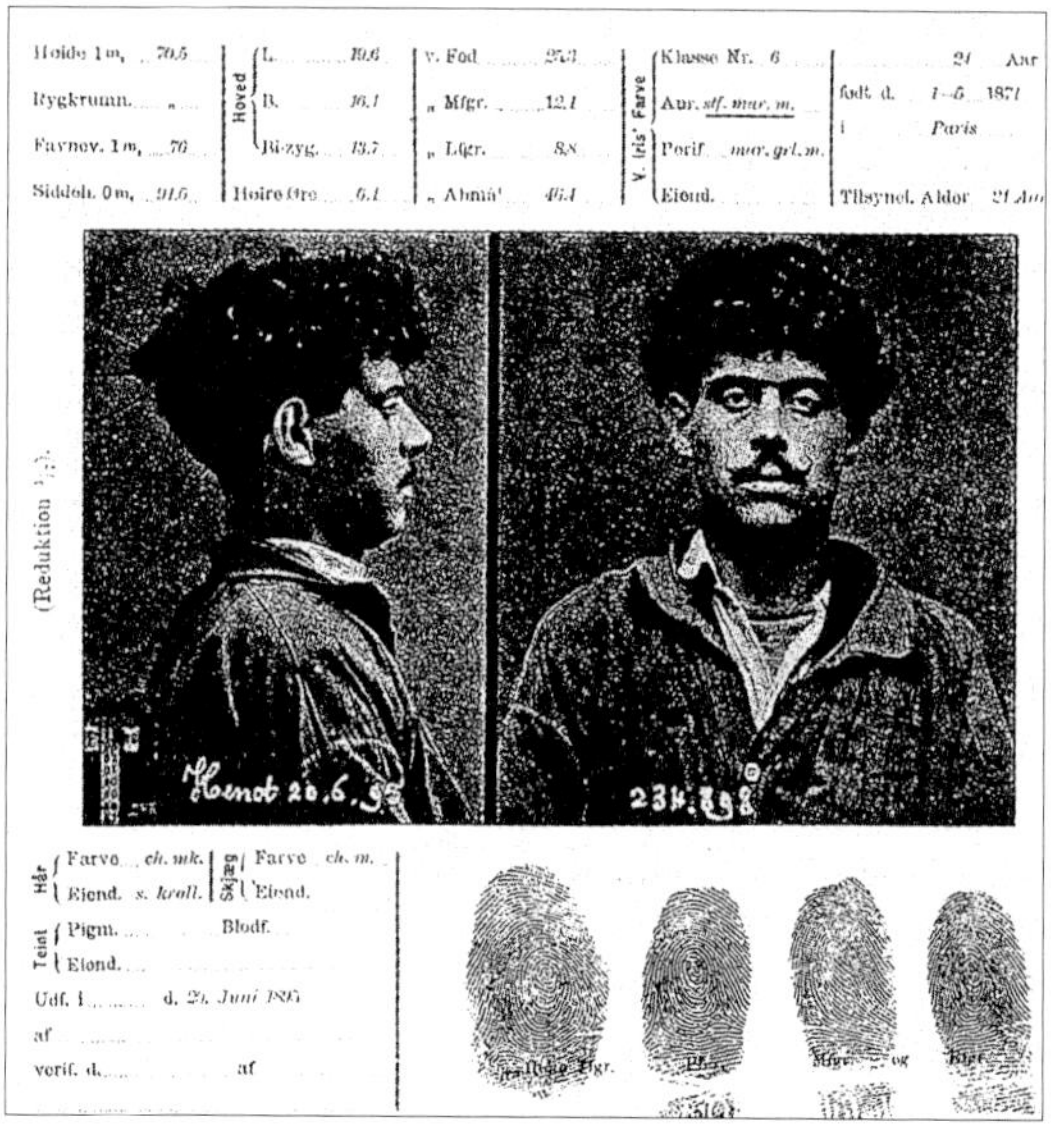

指紋を加えたベルティヨン式人体測定法「ベルティヨナージュ」。
（『科学捜査の事件簿——証拠物件が語る犯罪の真相』瀬田季茂著、中公新書、2001より）

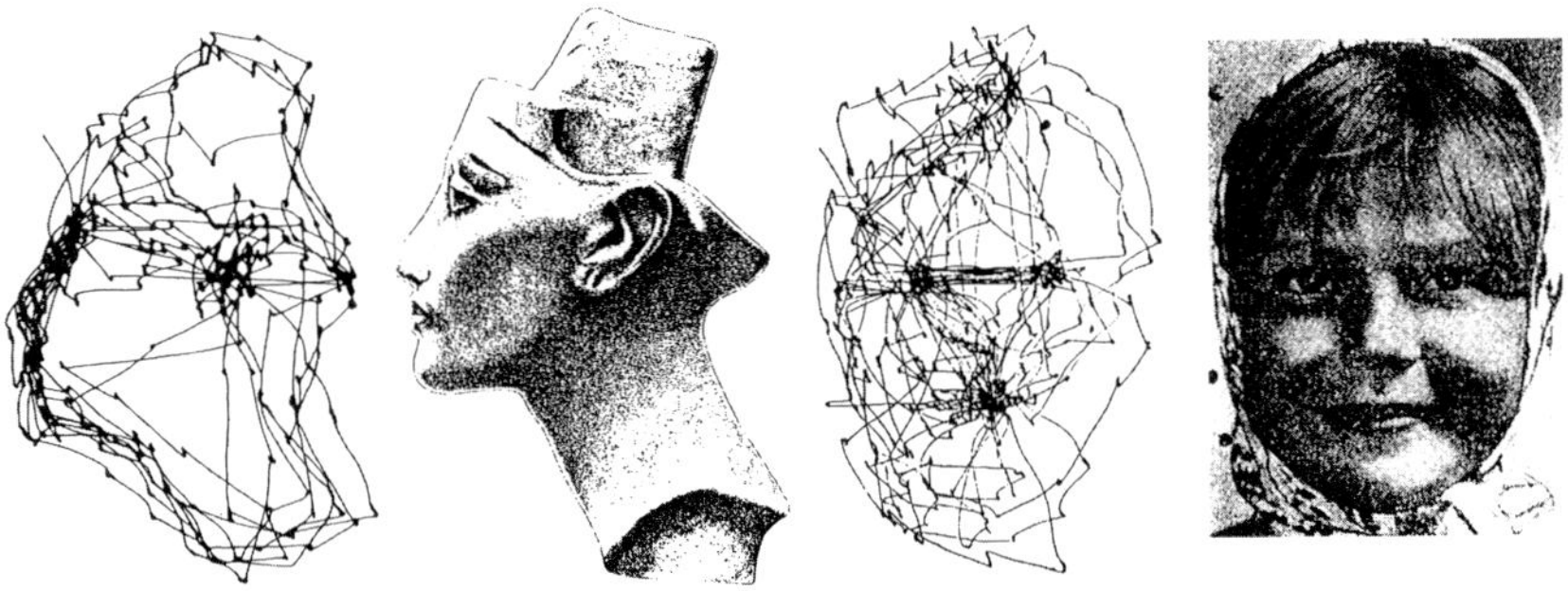

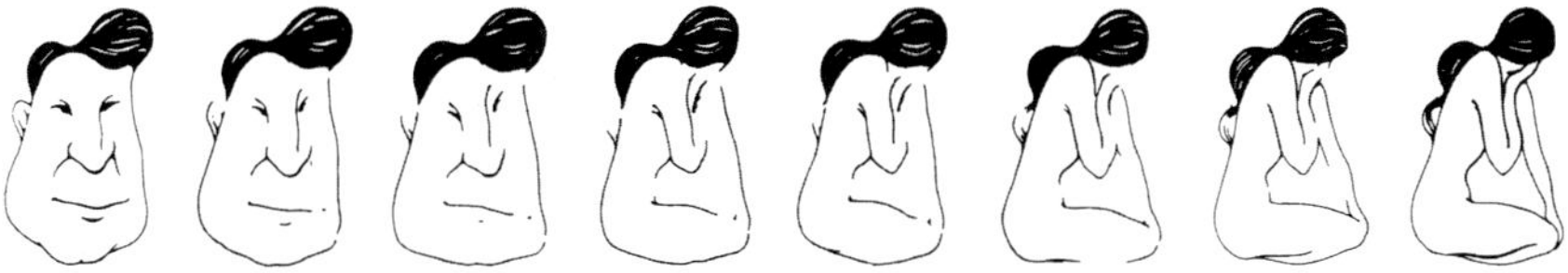

上／ヤーブスのアイカメラによる正面と横顔の写真を見た眼球運動の軌跡。視線は輪郭線が好きだ。

（『かたち誕生――図像のコスモロジー』杉浦康平著、日本放送出版協会、1997より）

下／フィッシャー《男と少女》1967。男の正面顔が徐々に横向きの少女に変貌していく。

男の顔から見ていくと5、6枚目くらいまで男の顔に見え、また少女から見ると左から3枚目くらいまで少女に見える。

眼は基本的に保守的で先入観でものを見るようだ。

（『知覚の心理学』M・D・ヴァーノン著、上昭二訳、ダヴィッド社、1975より）

「設文解字」「甲骨文」「金文」の中の文字。右から鬼、畏、異。鬼と畏が鬼を横かた見た形。異が鬼を正面から見た形

する。「鬼」の字は、「丿」が角《つの》で「田」が鬼の頭、「儿」が横向きの人、「厶」は陰の気で人を損なうものの意があり、全体が鬼を横から見た形になっている。「畏」も、呪術に使う杖を持った鬼の形で、これも横から見た形である。「鬼」と「畏」の正面形は異人・異形・怪異の「異」で、鬼が両手を上げて挑むような形だ。普通じゃないものはすべて「異」として鬼の領分だったようである。

日本の中世では、天皇権力に従わないものはすべて鬼と呼ばれた。異人（中国・朝鮮から来た移民も含まれる）・異端者・差別される者、つまりアウトサイダー、アウトローなどのアンチヒーローたち、そして死霊（中国で言う鬼は死霊）である。征伐する側も鬼と恐れられた。最高権力者の天皇こそ最大の鬼、というのは民俗学者大和岩雄氏の言。

毒をもって毒を制す式の、鬼による鬼退治も行われた。大江山の鬼、酒呑童子《しゅてんどうじ》を征伐した源頼光の四天王の一人、坂田金時の幼名、足柄山の金太郎もまさに鬼である。

初めは、鬼と書いてモノと読んだ。モノには人以下という蔑視的表現が含まれ、成人した男性を人とみなす社会では、そうでないもの、小さい童子、女性も鬼になりうる存在だった。つまり、神と人の境界に住む存在である。

江戸時代は女性が鬼であるのは当たり前だった。嫁入りの習俗がはじまったのは平安時代からだが、結婚の「婚」の字の、昏《くら》くなってから女が来る、という意味でもわかるように、女性に対して一種不可解で恐れを含んだ畏敬の念を抱いて

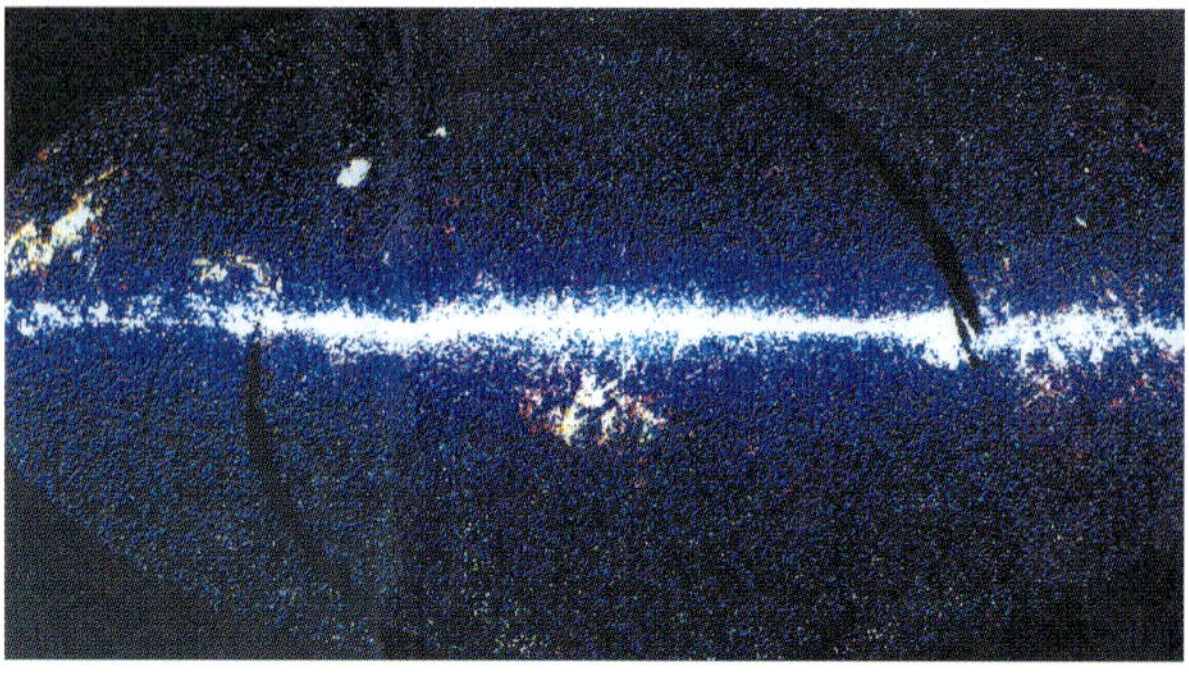

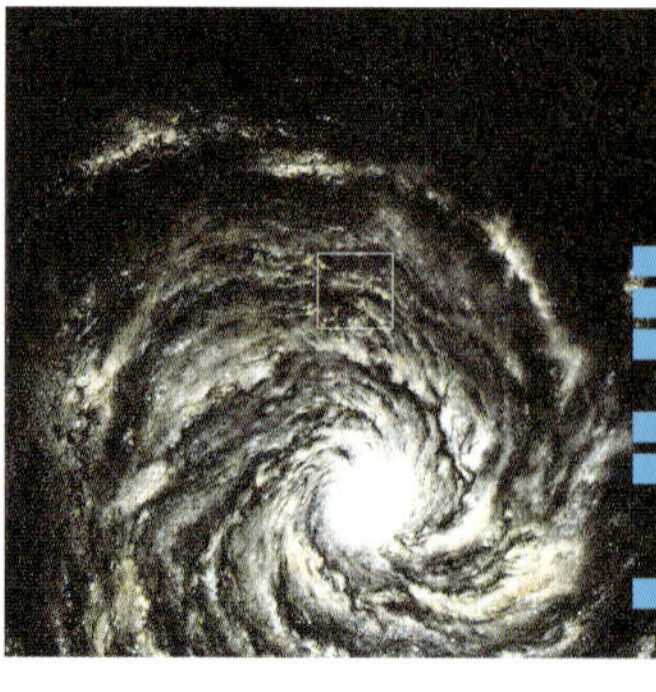

いたようだ。夜、家に入る存在は妖怪か鬼だけである。戦国時代には一種シャーマン的役割を担って戦場に同行したので、まさに鬼でなくては生き残れなかったのだろう。

荒俣宏氏によると、江戸時代の嫁入りは完全に妖怪受け入れの儀式だったそうで、「角《つの》かくし」はまさしく鬼の角かくしである。

ともかく人生をはすに構えざるをえなかった鬼という存在は横向き・斜めが基本なのだろう。正統に対する異端というように正面形である「異」は堂々と存在を主張しているが、陰陽師などの使い走りをやらされるなど、地位は低くなる一方の横から見た「鬼」には悲哀がしみこんでいる。

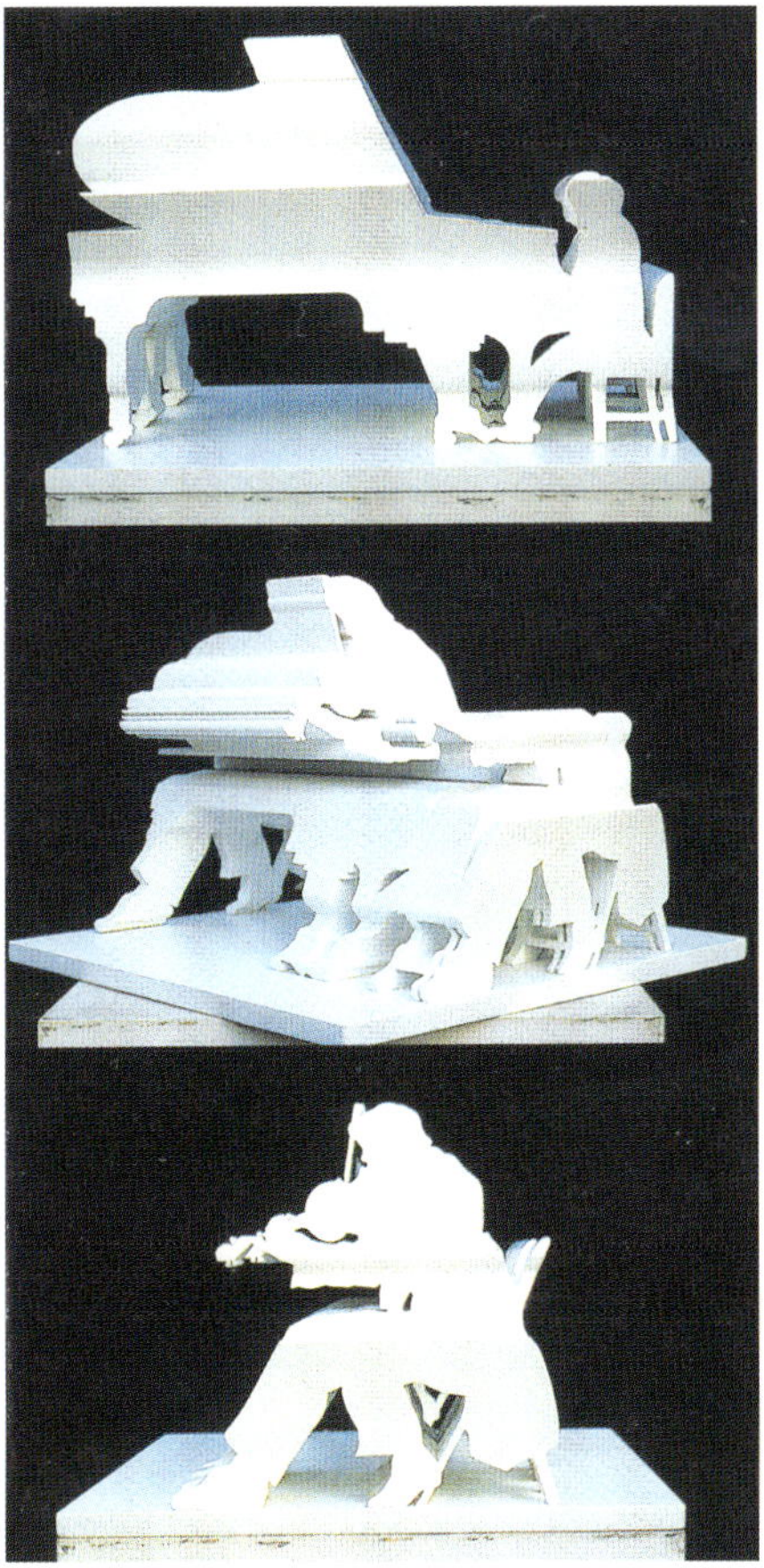

上／だまし絵的視覚の実験を繰り返す福田繁雄の《アンコール》1976。どちらが正面とも言えないが、上はピアノを弾いている姿が、回転して横を見せるとバイオリンを弾いている姿に変貌。
(『世界のグラフィックデザイン8　福田繁雄』トランスアート、1993より)

右ページ
右／銀河系も上から見るとこのようになる。白い正方形のカコミ近辺が太陽系。
(『パワーズ オブ テン』フィリップおよびフィリス・モリソン、チャールズおよびレイ・イームズ事務所共編、村上陽一郎＋村上公子訳、日経サイエンス社、1983より)
左／赤外線天文衛星アイラスが撮影した銀河系360度写真。つまり、地球から水平に眺めた銀河系。
(『ムー・サイエンス・シリーズVol.2 最新宇宙論——われわれはビッグバンの瞬間に到達できるか』矢沢潔構成、学習研究社、1988より)

# 組み替える

落語「時そば」では、客がそばの代金を一文一文払いながら途中で現在の時刻をきく。屋台のおやじは、そばの代金の数と時刻の数（そばの代金の数よりも一つ数が多い）が混乱してしまい、まんまと一文ごまかされてしまう。それをそばで見ていた主人公は、自分も真似して得をしようとするが、時刻をたずねるタイミングを間違えて一文余計に払ってしまう、という話。つまり、数字を組み替えてズルする話だ。

このトリックのポイントは数字を数え上げるリズムである。ミスター・マリックの超魔術に我々が感動するのも、その気持ちよいリズムに乗せられるからなのだろう。先史学者のルロワ＝グーランは、人間の図示表現のはじまりはリズムをカタチにすることで生まれ変わることだった、と言っていた。

最近は手品や超魔術のタネを明かすテレビ番組が多くなってきた。明かされたタネはしばしば悲しいくらいに単純で、真剣に見続けていた我が身を恨みたくなることもある。もちろんトリックが単純であればあるほど見破られにくい、というのもひとつの真理だ。

　密室に死体がひとつ、犯人の隠れる場所はもちろんない。さて？というミステリーがあった。残念ながら唯一隠れるところがあった。死体の下である。被害者はかなり背が高く背中が広い、そのくせ厚みのない体型に、ゆったりとしたガウンか着物など体型が目立たない服を着ている。

　一方、犯人ははてしなく小柄でこちらもまたうすべったい体型が望ましい。これが、このトリックが成功するための成立要件だ。そして、死体の発見者が被害

A

B

C

D

E

Mr.マリックのパズル。
A　箱から取り出した時の状態
B　それをいったんばらして再び組み直したもの。その時巧妙に黒いピースを隠す。長方形の上の薄いグレーのところが隠された黒いピースと同面積部分
C　そこにポケットから取り出した正方形の黒いピースをまん中の上段に加える
D　Cの左側を丸ごと右に移動して組んだもの。上部の薄いグレーはピースが加わっただけ減っている
E　再び、取り出したグレーの正方形ふたつ分のピースを長方形の右上に加え、黄色のピースを右下に移動して完成。Aと同面積の長方形がAとほとんど同じ構成で並ぶ

者の体型をあまり知らなければなおよい。ここまでくると大方予測が立とうというもの。

犯人はお察しのとおり子供である。密室ものにまさかそんな隠し技がまだあったのかと誰しも一瞬本を閉じたくなるに違いない。

ミスター・マリックの、タングラムを使った超魔術をテレビで見た。タングラム（Tangram）とは正方形を大小五つの三角形と各々一つの正方形、平行四辺形で区切って七つの小片（タンという）に分けたものを使って、接しながら組み替えてさまざまな形をつくるコラージュ遊びだ。積み木の平面版である。

中国で十九世紀初めに生まれたという説や、日本では十八世紀半ばには「清少納言知恵の板」という名ですでにつくられていたなど、起源は定かではない。ナポレオンやエドガー・アラン・ポー、ルイス・キャロルも大ファンだったようだ。

マリックのタングラム・トリックは、ナポレオンが愛した異なった形をつくり出すタングラム・ゲームとは逆の、小片を組み替えても形が変わらないというアプローチである。

まず、箱のなかから取り出した厚みのある長方形のタングラムをいったんばらしてから、簡単に元通りになる、と言って長方形に組み直す。そこにポケットから正方形のピースを出し、組まれている長方形に加えて組み直すが、不思議にも見た目のカタチは最初の長方形と変わらない。そこに正方形ふたつ分の大きさのピースを加えて組み直してみても、変化は感じられない。計正方形三個分のピースが加わったにもかかわらず、形はもとの箱から出した長方形と同じ形に見える。

この圧倒的謎に感動したので、抜かりなく録画しておいたビデオを子細にチェックした。

まず、この超魔術の最大の重要なポイントはしょっぱなの箱から出してばらばらにしたときである。このときひとつのピースを巧妙に隠してしまう。あとから追加するふたつのピース分の大きさのものだ。そして、組み直したときは元の長方形とは微妙にタテの辺が短いが、微妙すぎて観客は気付かない。次に正方形のピースがひとつ加えられてタテ辺もやや増えるが、もちろん観客ははじめの長方形と同じ面積だと思いこんで感動する。そして、正方形ふたつ分のピースが加わってやっとはじめの、箱から出したばかりの長方形に、組み方は違うが戻る。観客は大拍手。もちろん、ピースを組み上げるマリックならではのリズムも感動を招いたはずだ。

組み替えるだけで面積が変わったようにみせる手品は百五十年くらい前から知られている。タングラムでも、組み替えることで、同じピースを使っているのに足があるのとない人型をつくることができる。

このマリックの、ピースを加えても面積が変わらないように見える技は、どうやらニューヨークの数学者でアマチュア手品師ポール・カリーが、百五十年のパ

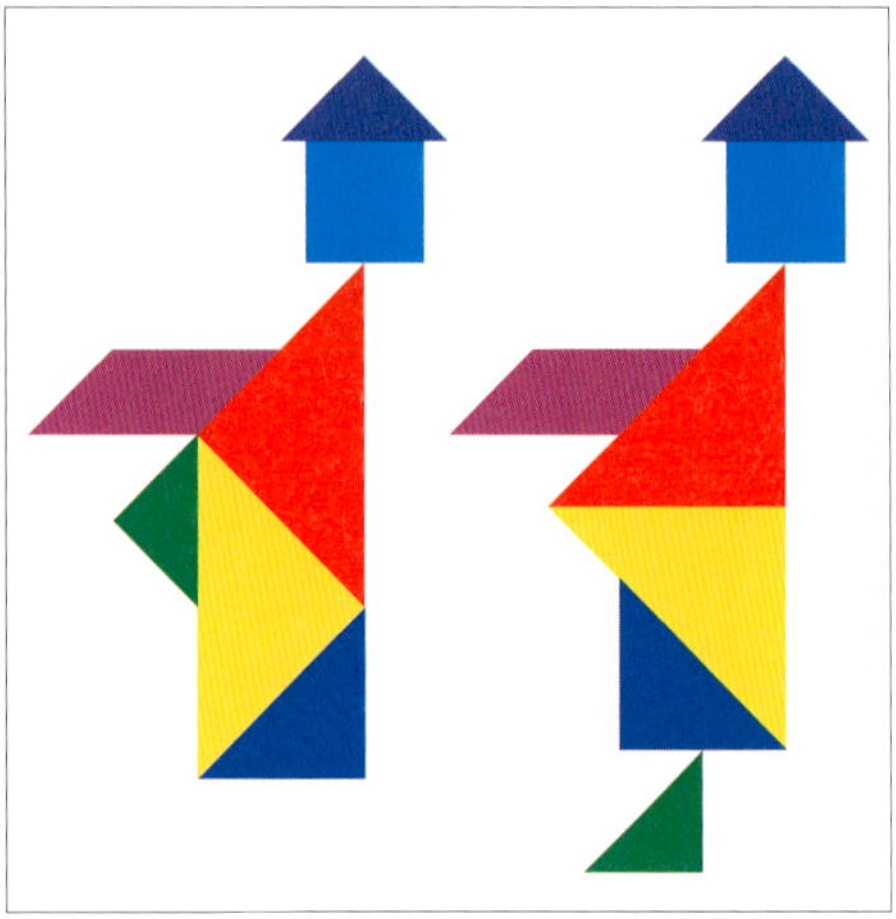

上の正方形がタングラム。
左／人間らしき赤いものがそれを組み替えたもの。それをまた組み替えると下のようになるが、なんと足の三角形が増えている。これはわかりずらいようにワザとタテに置いたからだが、タングラムのパーツの色分けをして左右に並べてみると（上のカコミ）一目瞭然、胴体の部分は、右側のほうが三角形の足がついただけ短くなっている

ズルの歴史を踏まえて、一九五三年に発表した「穴のパラドックス」をベースにアレンジしているようだ。

「穴のパラドックス」とは正方形をグリッドにそって、線でいくつかのブロックに分け、それを並び変えると同じ正方形で面積も同じはずなのになぜか穴が開いてしまう、というもの。実は、これには対角線の引き方にトリックがあって、正確に作図するとマリックの長方形と同じように、微妙にタテ辺が長くなり、開いた穴も微妙に正方形ではなくなる。もちろん視認は無理。

数学者のマルティン・ガードナーは、こうした面積が同じはずなのに少なくなったり、面積が変わったはずなのに同じ面積に見える現象を「かくれ分配の原理」と名付けた。「消える妖精」という有名なパズルでは妖精一人一人に妖精一人分が少しずつ分配されて一人が消えてしまう（このパズルについては本書3部「消す」参照）。面積パズルも対角線に沿って少しずつ面積が分配され、何も変化が生じなかったように見せる。

とはいえ、タネがわかってもこの解体と再構築のドラマは見事だ。誰しもつくれそうな気にさせてくれるのもいい。

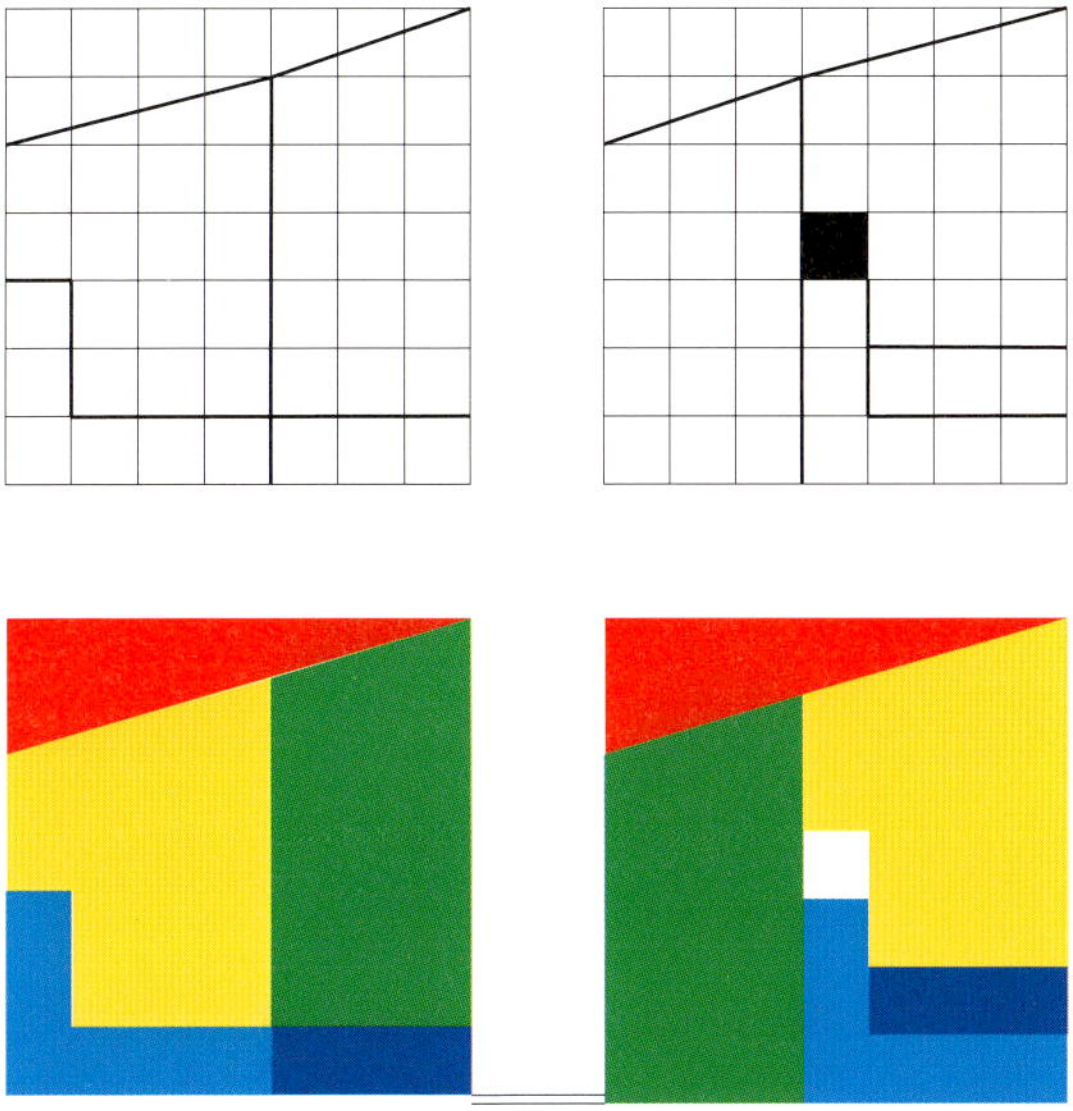

ポール・カリーのパズル。正方形を上図の左のように太線で切って、右のように組み替えると、まん中の黒い部分が埋まらなくなる。このトリックはナナメの太線がちゃんと直線に引かれていないからで、ちゃんと引くと下図の左のようになり、組み替えると下の部分がやや伸びて純然たる正方形ではなくなる。下図の線は増えた分を示している

# 形のコラージュ

# 3

# 〈フトンタタキ〉の謎

　昔は一家にひとつは必ずあった〈フトンタタキ〉という奇妙な形の、その名のとおり、ふとんをたたいて、ホコリをはらう掃除道具は今も健在なのだろうか。神聖な道具というものが少なくなった昨今、この〈フトンタタキ〉こそ未知の存在と交流する聖なるメディアだったのではないか、という壮大な仮説を展開してみたい。これを読んだら「フトンをたたく道具」なんぞという一面的な接し方はできなくなること請け合いだ。

　わが家では二十年来、籐と竹ひも製を使っているが、〈フトンタタキ〉のステキな形に誘われてそれでは千七百年ほど時を遡ってみることにしよう。

　ハク（掃く）とかハタクという行為は昔から霊魂《たま》との関係を抜きには考えられない、お祓いの延長上にあった、ということを念頭に、このマジカル・ミステリー・（ミニ）ツアーに少々おつきあい願いたい。

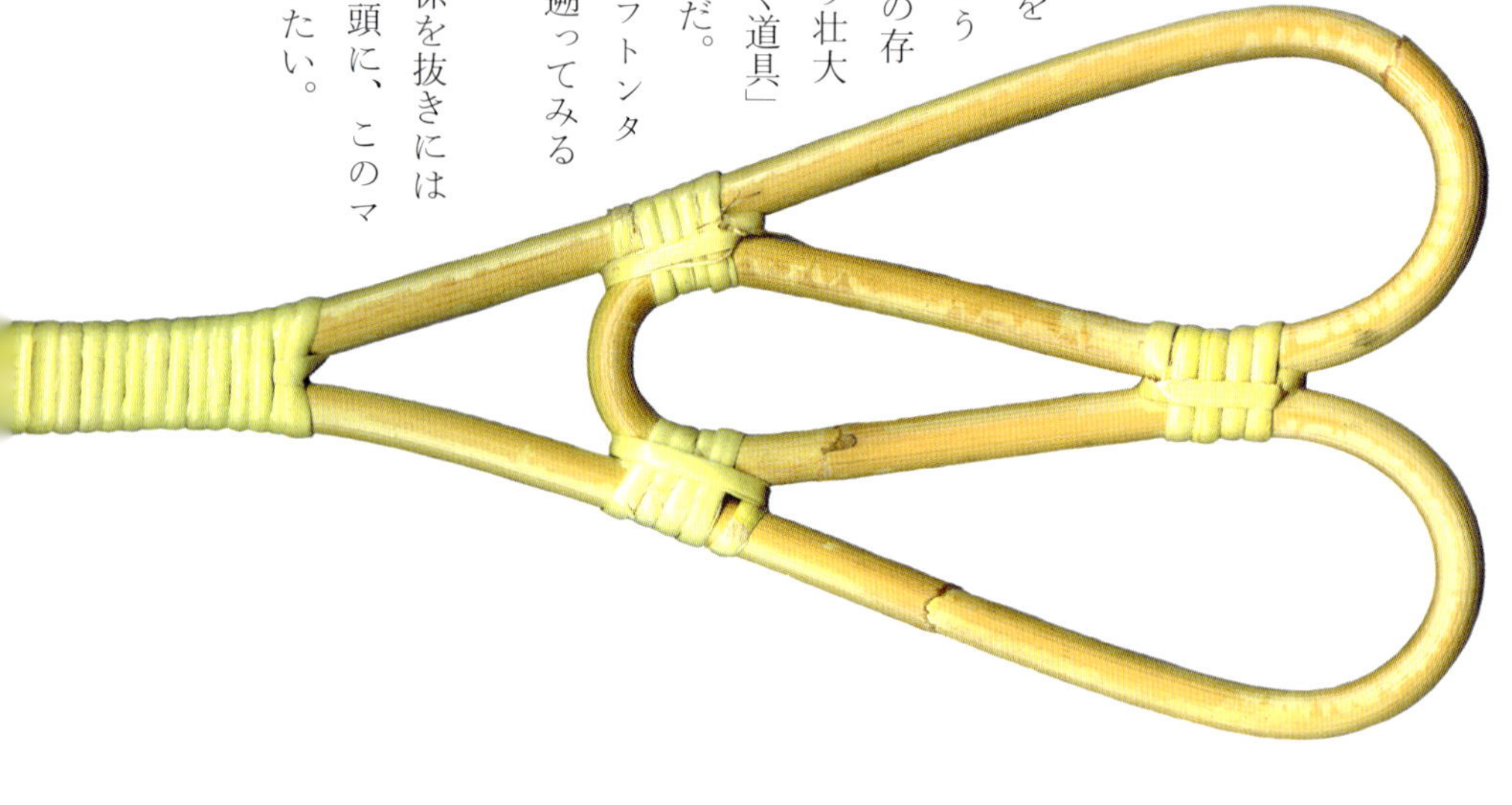

何の因果か、実の形から悲しくもイヌノフグリと呼ばれている、ゴマノハグサ科の二年草などもあるが、〈フトンタタキ〉のハート型の形状も他人事ではなく、逆さにすればふぐり付き、屹立したファルス状という、怪しいイメージが立ち上がってくる。先っぽを持ってフトンをたたく図はこの後の展開を危うくしそうだが、ともあれ、ふたつの〈形の特徴〉に気がつく。蛇行する〈つる〉と蛇行によって生じた〈間〉である。

邪馬台国や大和朝廷が日本を統一した頃、三世紀以降の日本の古代信仰では、蛇は聖なる存在だった。古代以前の縄文時代でも、「縄文」というように、縄様の蛇は信仰の中心に位置していた。今でもダーティな政治家が、簡単に「ミソギは終わった」などというが、このミソギは、蛇が脱皮して再生する「身《み》殺《そ》ぎ」に由来している。

結び目がテーマの
日本の家紋の中から

昔ながらの〈フトンタタキ〉。
今は手に持つところ以外はプラスティック製になったり、
ハート型のところも変わったりしているらしいが、
本稿を読めばそれらが邪道だということがわかるはず

信仰の対象としての蛇は、いわば極端に長い男根状（それは毒を持っている場合もあり、イメージが膨らんで、また寄り道しそうだ）で、「生み出す」という〈豊饒〉に繋がり、ミソギによる不死性など、永遠の豊かな生のシンボルとして崇められていた。この崇拝はその後スーパーパワーに対する〈畏れ〉に変わり、様々に形を変えて後世に伝えられていく。

日本文化は、物ごとを何かになぞらえ、連想して発想する〈見立《みた》て〉が得意である。ミステリー小説でも、〈見立て〉殺人をテーマにしたものは、海外に比べて圧倒的に多い。海外には、マザーグースに見立てたヴァン・ダイン『僧正殺人事件』などもあるが、それも例外で、「シンデレラ」など、見立てを海外ものに求める技も駆使して、日本のミステリーでは、見立て花盛りだ。

その見立てとして、蛇もどきとして考えられたのがビロウ、棕櫚《しゅろ》、竹、松、杉、そして籐などのつる科植物、縄、蛇の頭に似たホオズキは珍重された。フトンタキの蛇行した〈つる〉はなんと蛇に見立てられていたのだった。「禍福はあざなえる縄のごとし」。

吉野裕子氏によると、三種の神器のひとつ、鏡は、従来の〈影見《かげみ》〉説に対して、鏡は蛇の目を模したもの——蛇の古語「カカ」＋「目」——だと言う。かつての鏡は円形で光り輝くものが、二重に縁取られていて、蛇の目そのものだったことも留意しておきたい。印刷における約物の蛇の目マーク◉は、蛇の目でもあり鏡のミニチュアでもある。

折口信夫は、神は常に遠方から、外からやってくるもの、海の彼方、常世の国からのお客さま、マレビト＝神だと言う。彼の地からやってきた神や、衰弱して外にさまよいでた魂を活性化させたり、荒れ狂う魂を押さえるための呪法が、魂《たま》フリ、魂《たま》シズメと呼ばれる鎮魂の呪術である。

「祭《まつ》り」も、そもそも自らを奉《たてまつ》ると同時に、神の来訪を待《ま》つ、鎮魂の儀式だった。はち巻きも、身体から魂が逃げださないように、要所要所をしばっておく魂《たま》結びの呪法に由来している。

この鎮魂のための重要な概念に〈サナギ〉がある。「サ」は真空とかがらんど

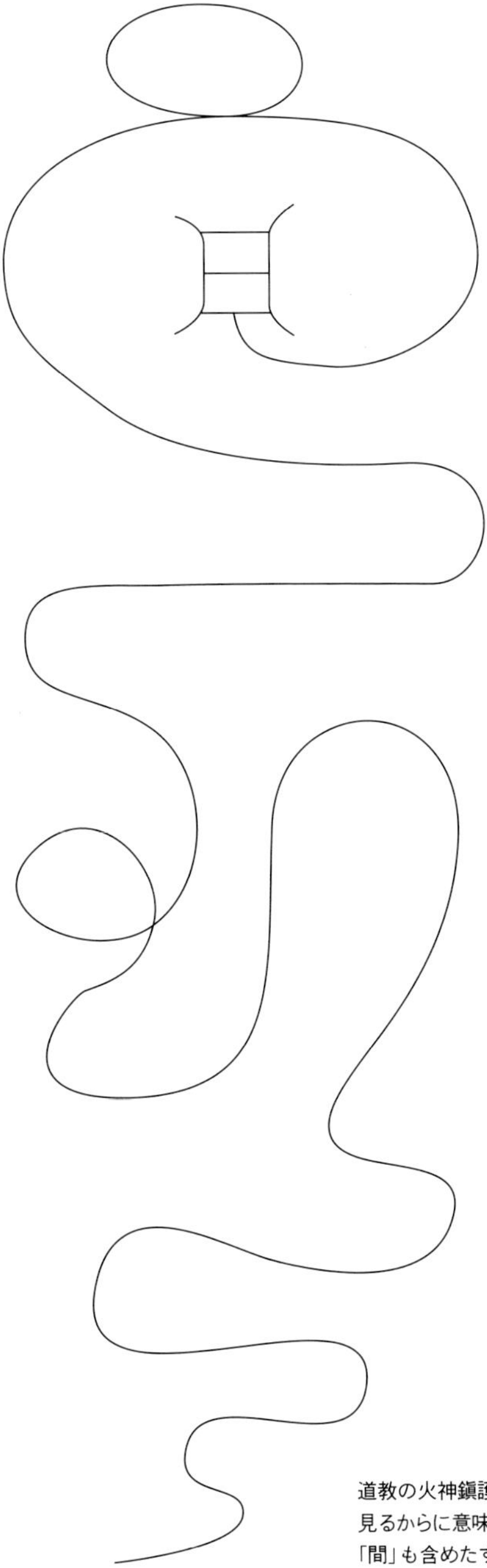

道教の火神鎮護のための護符。
見るからに意味ありげだが、
「間」も含めたすみずみにまで意味が染み渡っている

う、空《ウツ》を意味し、「ナ」は「名」であり、形を成したもののこと、「ナギ（凪ぎ）」となって、じっと静止した、蛹が蝶になるように、何事かが生じる嵐の前の静け さ状態、カタストロフィ寸前のスレッシュホールド（閾値＝反応が起こるのに必要最小のエネルギーの値）を表している。

サナギは中に何も入っていない風鈴や鈴の形をしていて、ぶらさげられ、人々はその風鈴に〈なにもの〉（神意のような精神を高揚させる魂的なもの）かがやって来るのを待った。漢字の「言」などの「口」にあたるところは、もとが神との交歓のための装置（箱）で、場合によっては祝詞《のりと》を入れて、木に吊るしたり、神の言葉がやって来るのを待ったりしたという、まさに風鈴と同根である。

風鈴のなかで音を発するのは〈なにもの〉かである。風鈴や鈴の中にベラが入れられるのは訪れを聞きとる能力が衰えた後世のこと。

真空はなにもない空間ではなく、充たされるための空間である。日本の〈間〉という概念にはこの「真空」感がみなぎっている。何かが生じる力をもった空間、サルトルと同時代のフランスで活躍した女性思想家、シモーヌ・ヴェイユは、恩寵は真空の中にしか入ってこない、真空も恩寵によってしか生じない、と言った（『重力と恩寵』）が、その恩寵の空間でもある。

この恩寵の空間が、〈フトンタタキ〉でいえば、籐の蛇行によって生じた、結び目にも見えるティアドロップ型の空間、いわゆる〈間〉である。結びは、「身為《ムス》」に、魂を表す「霊《ヒ》」がついたもので、もの生み神話に端を発する、あらゆるもの

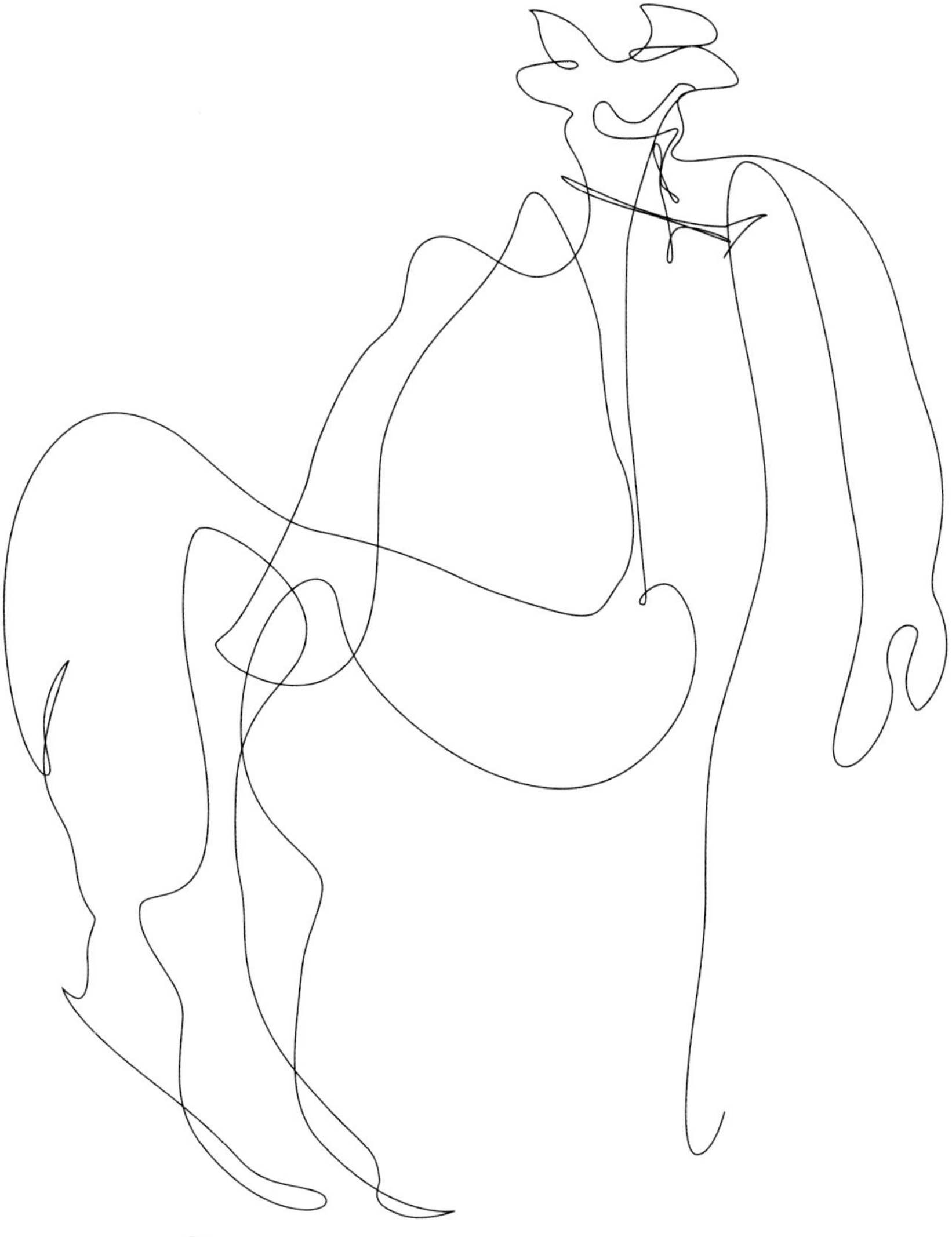

上／ひと筆書きならぬひとペンライト書きによるピカソのケンタウルス。1949年に『ライフ』に載った写真からトレースしたもの。ピカソのひと筆書きイラストは数多く残されているが、これほど見事に描かれた例は見当たらない。まるで空間がキャンヴァスであるかのようだ。象徴的に言えば、「間」の援護によってラインは一気に能弁になったようである

左／パウル・クレーのひと筆書きの《カオス》。メチャクチャに書いているようでも見ているうちに意味ありげに見えてくるのがうれしい

の生産現場でもある。結び目によってできた空間は、何もなかったところから何ものかがやどる空間に変貌する。

〈間〉をつくり出すループには、結界概念も潜んでいる。なわばり概念である。当然、この結界なくして〈間〉は生まれない。しきりがあってこその〈間〉である。この〈間〉は「真」とも言って古代では時間のことを指し、「真似」はこの結び目に似せること、天地の国生み神話を反復してなぞらえることを意味していた。真似ですら古代では大事《おおごと》である。真似は、心して行なわなければならない。

形から推理してきた〈フトンタタキ〉は、ようやく、結び目に魂をとりこむ、呪具としての聖なるメディアだったのではないかという説にたどりついた。

フトンをたたくというのは、夜、寝ている間にとりついた悪霊を、朝叩きだすとともに、善霊を招き寄せる、一種のお祓いの儀式だった。鬼ももともとは一年を新しく取り替え、魂を活性化させる神だった。しかし、蛇のときと同様に、福をもたらすものは災いをもたらす力も併せ持つと考えられ、畏敬が畏れだけに変わった例だ。

いずれにせよ、これからは男根状の〈フトンタタキ〉を粗雑に扱えないこと必定だろう。

このミステリーの結末には、まだ尾ヒレがつく。箒は室町時代には一般の掃除用具としてすでに定着していたが、はたきは江戸時代になってから使われたようである。〈フトンタタキ〉は、はたきよりもっと後、おそらく明治以降かもしれない。となると、〈フトンタタキ〉＝呪具説は、最初の考案者による壮大な古代信仰の〈見立て〉という構図が浮かんでくる。しかし、見立ては誰かがわかってくれないと意味がない、という側面もあってなぜか、またきりのない妄想が始まってしまう。

ちなみに掃除という観念が生じたのは、建築様式が平安時代の寝殿造り（唐風建築）から、室町時代の書院造り（和風建築のもと）に変わってからだと言われている。おそらく障子や長押《なげし》が登場して、全体に部屋が明るくなり、ほこりが目立つようになったからだろう。

中世アイルランドのケルト美術のひと筆書き組みひも模様。模様は複雑ながらひと筆というシンプルさ、複雑と単純の共存が美しい

# 円盤物語 Tales of Flat Discs

「円環状の構造は、構造それ自体が静止しているにもかかわらず、その内側に運動を孕むことで運動そのものの無限の連鎖、たえずおのれ自身の上に裏返って永劫に回帰する運動につながっている。」（石崎浩一郎『光・運動・空間』）

太陽をあらわす「日」という漢字は、円のなかに小点が打たれているかたちがもとである。この小点は、周囲の空圏と区別して、円のなかが詰まっている、実体があることを示し、光っている様も含まれている。漢字もアルファベットも、もとは古代人の世界観や神話的世界が反映された象形文字から始まった。そして、他民族に侵略されたり、権力者が変わるごとに、表音化していき、アルファベット化していったとされている。

中国の古代（紀元前十三世紀頃）では、このような外部からの他民族の侵略がなかったため、象形文字は純粋培養され、抽象化されて漢字になっていった。従って、小点ひとつにも呪術的な思いが込められたまま発達したといえる。これらの漢字が日本に輸入されると、点のあるところとないところが、マーキング的意味

円のなかの小点が実体のあることを示す象形文字。
左から日・月・晶（星の光）・皇（王の頭につける玉飾りの光）・
申（電光の走る様）・目・明（窓から月光が入り込む形で窓があることを示す）・
或（国を戈で守るところから城壁で囲まれた国を示す）

日　月　晶　皇　申　目　明　或

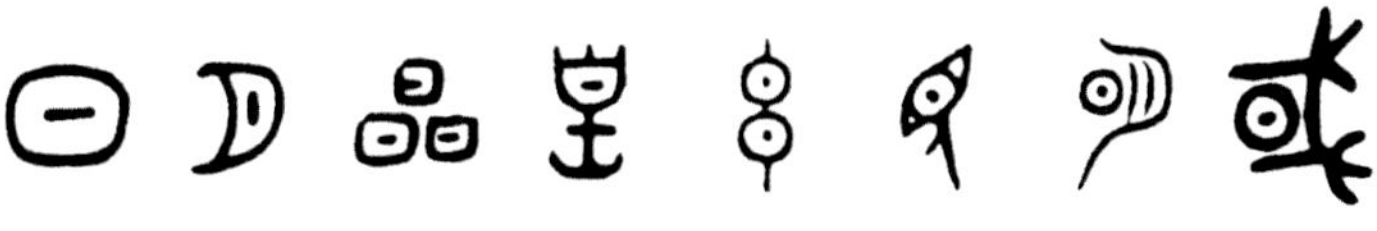

合いを越えて、空圏と実体圏を同レベルで視野に収めようとする傾向が生じてきた。これが「間」という考え方ではないかと思える。

西洋ではこの何もない空間をエーテルと名付けて科学の範疇に引き寄せようとした。東洋では逆に抽象度を高め、「間（英語ではimaginary space）」という思考法として結実させた。そこで円がからむ「間」にまつわる話を拾ってみたい。

花田清輝著『復興期の精神』の中に、海鞘《ほや》の一種でクラヴェリナと呼ばれる小生物の話がでてくる。クラヴェリナという生物が実在のものか、韜晦《とうかい》術に長けた花田お得意の創造物かは知らないが、この生物を水のなかに入れて数日間水をかえずにおくと、器官がどんどんちぢんで小さくなり、最後には生命の徴候もみられない不透明な球状の物体になってしまう。ところが、水をかえると徐々に器官などが復活し、元通りになる。発端から結末へ、結末から発端へと、おのが尾を咬むウロボロスのような循環を繰り返すクラヴェリナは、死んだとしか思えない不透明の球状態のとき、沸々と生のためのエネルギーを蓄えていたのではないか、と花田は言う。

陰暦二十八日周期の月イメージにも、同じエネルギー蓄積論を当てはめることができる（注：陰暦の月といった場合、ここでは球体ではなく、平面的なみかけの形のみに照準

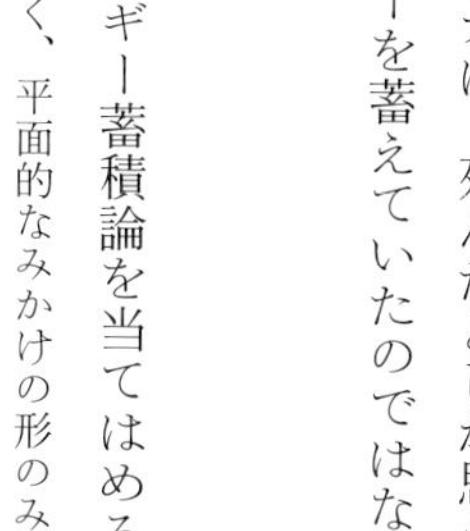

おのが尾を咬むヘビ、ウロボロスは
錬金術的シンボルのひとつで、
循環・輪廻をあらわすとともに
ヘビは大地の象徴でもある

を置いている)。

月がでていない三日の闇には、新月を生みだすエネルギーが蓄積される、と宗教学者ミルチア・エリアーデは言う。しかし、月を幾何図形的に分析すると、満ち欠けという重要な駆動輪があるため、そのパワーは倍加するようにも思える。三日月のように欠けた月の内側の円弧をそのままのばして大きい円にしたとき磁界のような図形を生じる。これは〈空画〉に見立てることも可能だ。

〈空画〉とは、紙に筆で書く前に、空中で予行練習のように文字を書いてみたりするときに空中にできた見えない文字のことを言う。このとき、筆先はカリグラフィのように連続していて、紙と筆が接したところが書となり、空中に描いたストロークの軌跡が〈空画〉、つまり見えない画となる(P.141のピカソの空画参照)。

空画は「書」を書くときに欠かせないものであるが、空画にも先述したエネルギー論が滞空し、イマジナリー・ストロークと呼ばれている。月の満ち欠けによってできた磁界のようなライン(アポロニウスの円とも呼ばれる)もイマジナリー・ストロークである。

ジョージ・ガモフ著『一、二、三…無限大』のなかに「梵天の塔」と呼ばれる、インドの僧侶の一種のパズル・ゲームみたいな勤行の話が出てくる。

この勤行は、直立している三本の棒の一本に、小さいものから大きいものまで六十四枚の円盤がピラミッド状に重ねられ、「小さい円盤の上に大きい円盤を乗

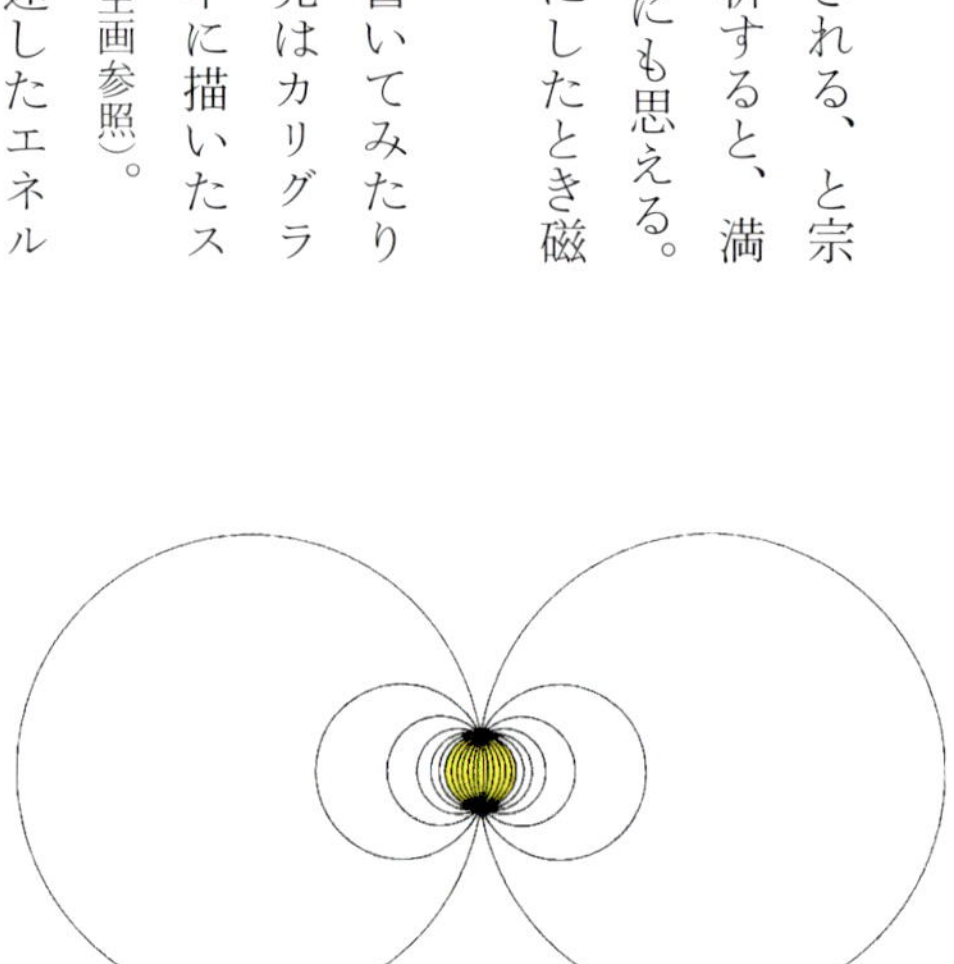

月の満ち欠けの円弧を伸ばした図。
まんなかの黄色い円の部分が満月にあたる円。
その円内を13分割し、
各々の円弧が満ち欠けの稜線を示す

せてはいけない」というルールに従って、一枚ずつ移していくというもの。これを一秒に一回移したとして、六十四枚の円盤すべてを動かすためには二の六十四乗マイナス一秒、なんとほとんど無限の時間に近い五千八百五〇億年かかることになる。この計算は、幾何級数（$2^n-1$）で簡単に表せられるが、宇宙年齢や太陽の寿命を考えるまでもなく、とんでもない数だ。

結局、ゲームのような大事業が完成した暁に、世界は消滅するというブッダの言い伝えがあるが、消滅時期はあまりにも先で、宇宙は何度か生まれ変わりをしてもおかしくない。が、ここで大事な点は、円盤が宙を動いて別の棒に移動するときの空中に描かれた円盤とそれを動かす人の手の厖大な軌跡＝イマジナリー・ストロークがエネルギーとして暫時蓄積され、消滅に向けてのパワー源となるのではないかと、いささか象徴的だが、思えることである。

この緊張感の欠けた退屈極まりない勤行が完成した瞬間、見ためは円盤群の位置が別の

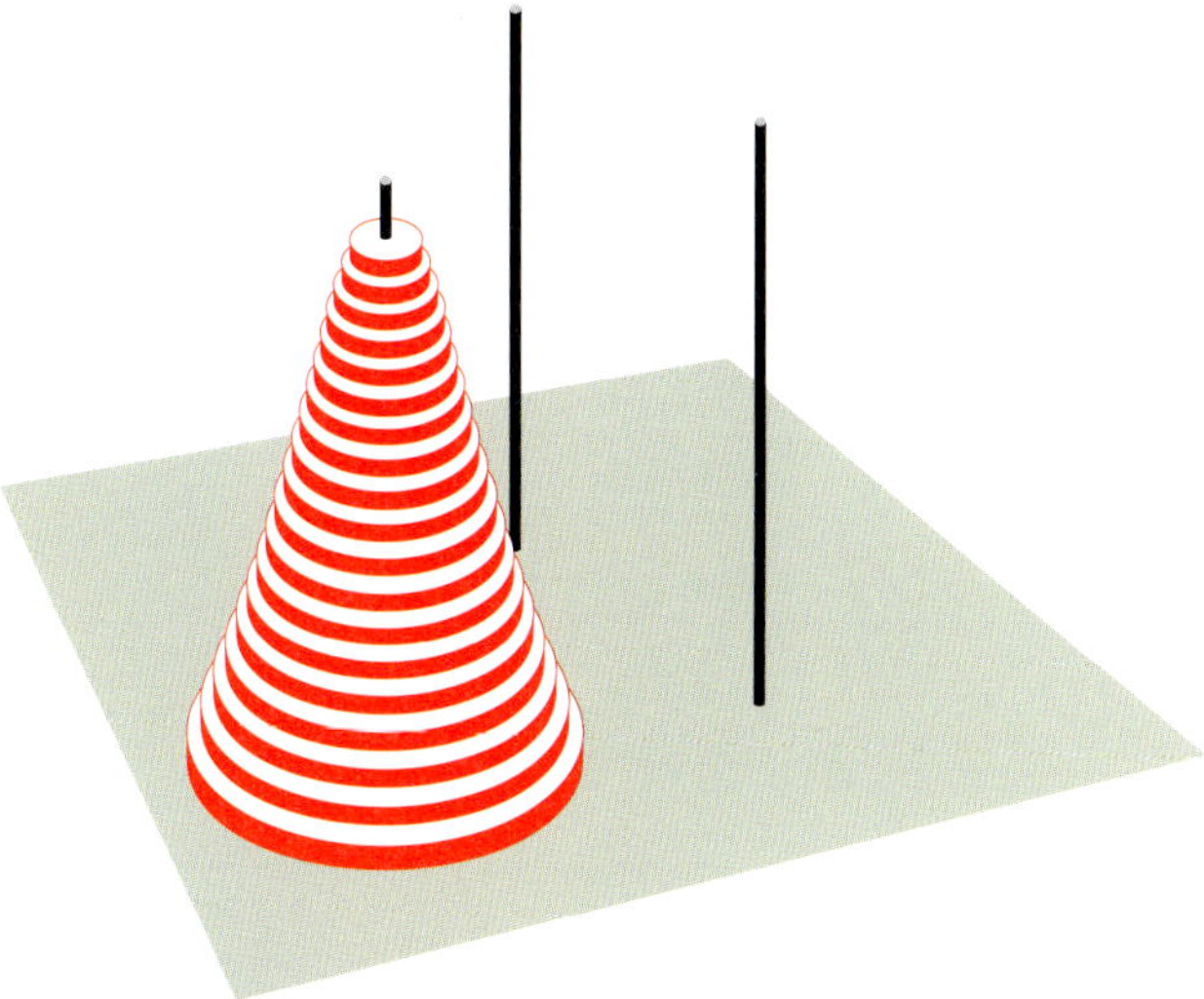

「梵天の塔」の図。
インドのベナーレスのお寺のなかの世界の中心と考えられているパゴダに一枚の真鍮板が据えられている。その真鍮板には長さが1キュービッド（約58cm）、直径5mm位の3本のダイヤモンドの棒が立てられていて、その1本に64枚の純金の円盤が大きい円盤から順にピラミッド状に積み上げられている。これが仏陀がしつらえたといわれている梵天の塔。勤行のための聖なる道具だ。これのプラスチック仕様は円盤の枚数はぐっと少いもののキディランドなどで手に入る。移動の仕方は、始めればすぐ気がつくが1枚の円盤の移動に要した回数の常に2倍ずつかかる。1枚目は当然1回，2枚目は2回，3枚目は4回というように幾何級数的に増えていく。64枚の円盤をすべて移し終えるには$2^{64}$に初項の1を引いた$2^{64}-1$で表される。途中段階の回数は$2^n-1$で求められる。nは円盤の枚数、nに数値を代入するごとにそれまでかかった総回数が示される。次ページにこの回数をピラミッド状に表した図がある

1
3
7
15
31
63
127
255
511
1023
2047
4095
8191
16383
32767
65535
131071
262143
524287
1048575
2097151
4194303
8388607
16777215
33554431
67108863
134217727
268435455
536870911
1073741823
2147483647
4294967295
8589934591
17179869183
34359738367
68719476735
137438953471
274877906943
549755813887
1099511627775
2199023255551
4398046511103
8796093022207
17592186044415
35184372088831
70368744177663
140737488355327
281474976710655
562949953421311
1125899906842623
2251799813685247
4503599627370495
9007199254740991
18014398509481983
36028797018963967
72057594037927935
144115188075855871
288230376151711743
576460752303423487
1152921504606846975
2305843009213693951
4611686018427387903
9223372036854775807
18446744073709551615

1
11
111
1111
11111
111111
1111111
11111111
111111111
1111111111
11111111111
111111111111
1111111111111
11111111111111
111111111111111
1111111111111111
11111111111111111
111111111111111111
1111111111111111111
11111111111111111111
111111111111111111111
1111111111111111111111
11111111111111111111111
111111111111111111111111
1111111111111111111111111
11111111111111111111111111
111111111111111111111111111
1111111111111111111111111111
11111111111111111111111111111
111111111111111111111111111111
1111111111111111111111111111111
11111111111111111111111111111111
111111111111111111111111111111111
1111111111111111111111111111111111
11111111111111111111111111111111111
111111111111111111111111111111111111
1111111111111111111111111111111111111
11111111111111111111111111111111111111
111111111111111111111111111111111111111
1111111111111111111111111111111111111111
11111111111111111111111111111111111111111
111111111111111111111111111111111111111111
1111111111111111111111111111111111111111111
11111111111111111111111111111111111111111111
111111111111111111111111111111111111111111111
1111111111111111111111111111111111111111111111
11111111111111111111111111111111111111111111111
111111111111111111111111111111111111111111111111
1111111111111111111111111111111111111111111111111
11111111111111111111111111111111111111111111111111
111111111111111111111111111111111111111111111111111
1111111111111111111111111111111111111111111111111111
11111111111111111111111111111111111111111111111111111
111111111111111111111111111111111111111111111111111111
1111111111111111111111111111111111111111111111111111111
11111111111111111111111111111111111111111111111111111111
111111111111111111111111111111111111111111111111111111111
1111111111111111111111111111111111111111111111111111111111
11111111111111111111111111111111111111111111111111111111111
111111111111111111111111111111111111111111111111111111111111
1111111111111111111111111111111111111111111111111111111111111
11111111111111111111111111111111111111111111111111111111111111
111111111111111111111111111111111111111111111111111111111111111
1111111111111111111111111111111111111111111111111111111111111111

梵天の塔の総回数の計算式$2^n-1$のnに1〜64の数値を代入してピラミッド状に配置した図。ピラミッドの1段1段がそれまでに要した総回数をあらわす。右が二進法，左が十進法棒に変わったに過ぎず、それまでのイヤになるほど繰り返された習慣に従って、世界が消滅する寸前についまた一枚目を動かしそうである。

ケネス・アーノルドの目撃した円盤が「空飛ぶ円盤」と呼ばれて、すでに六十年近く経つ。この「空飛ぶ円盤(フライング・ソーサー)」という呼び名は、皿のような物体が空を飛ぶからではなく、「投げたお皿が水面を跳びはねていくような飛び方をしていた」ところからつけられたらしい。とはいえ、六十年たってもいまだUFOの実在論争が続いているところをみると、めずらしく進歩のないジャンルである。

ケネス・アーノルド事件から十二年後に出版されたC・G・ユング著『空飛ぶ円盤』(一九五九)のなかでユングは、空飛ぶ円盤とは、神話的世界からずっと人間の心象風景に潜んでいる元型(アーキタイプ)・集合無意識が投影したものだという説を唱えた。デヴィッド・ボームは、空飛ぶ円盤を、時も場所も越えてつながっているホログラフィック・モデルによる、多次元宇宙からの飛来説を唱えた。こうなると空飛ぶ円盤がどこから来ようと、さしあたりどうでもよくなるが、空中に浮かんでいる円盤の様子は、あたかも空に打たれた漢字の点のようでもあり、アートの一種と見なすのも一興だろう。

# 増殖

徐々に空間を埋めていく快感は誰しも少なからず体験していることだろう。コレクションなども、すべて集め尽くさないと気が済まなくなる。一種の隙間恐怖症である。そこで、中心を喪失した隙間恐怖症的空間忌避装飾過多過剰空間のパワフルな様に注目してみたい。

「バロック」とは宝飾用語で〈歪んだ真珠〉を意味している。バロック様式がヨーロッパに現われたのは十六世紀、調和のとれたルネッサンスに対して、それを敢えて崩そうとする、いわゆる「破格」をめざしたマニエリスム運動の中から「情動と壮麗さ」を持った異端として誕生した。

異端も主流になったら異端ではなくなる。ヨーロッパを席巻して正統となってしまったバロック様式は、十七世紀半ば、植民地を求めて世界を荒し回ったスペイン人によって、中南米メキシコにキリスト教とともにもたらされた。

マヤ・アステカなど、独自のインディオ文化を持つ土地に無理矢理侵入してきた、メキシコにとっては異端の西洋文明は、当然歪んで伝えられることとなる。

アイルランドのアイオナの修道士によって描かれた『ケルズの書』の1ページ、8世紀。
ギリシャ語のキリストの最初の2文字XとPのモノグラムに、
ケルトの組み紐の渦巻や動物、変貌する魂の象徴である蛾が生息している。
こうした文字の周辺に蠢くイメージ群は、
中世になると写本の本文の周辺に出没するようになり、
本文にもくい込んで写本画家の独壇場となった。
文章と絵が一体となったページデザインは杉浦康平氏の方法論のルーツでもある。
(『装飾の神話学』鶴岡真弓著、河出書房新社、2000より)

h generatio

ちょうど明治維新によって鎖国のくびきから解き放たれ、カルチャー・ショックとともに西洋文明の吸収に邁進した日本の近代に似ている。

明治では押し寄せる開化の波と、爛熟した江戸文化とのアマルガム（溶融）、モアレ現象によって日本独自の和洋折衷文化が花開いていた。ビルの上に瓦屋根が乗っている帝冠様式などその最たるものだろう。

メキシコも、西洋伝来のバロック様式や、同じように伝わったイスラム様式などと中南米独自の文化が干渉しあい、それによって生まれたモアレ現象は、隙間を完全に埋め尽くす装飾過多の「ウルトラバロック」と呼ばれる教会建築を生むこととなった。

小野一郎写真集『ウルトラバロック』には、空間は装飾で埋め尽くされなければいけない、という思い込みに満ちた、もはや原形をとどめないほどに歪んだ真珠、異端のなかの異端の建築写真がところ狭しと並べられている。

空間をひたすら埋めていく快感は、私にも憶えがある。小学生のとき退屈な授業の合間に、ノートに虫のような小さな記号を描きつづけ、ページの半分以上が埋められたころから、憑かれたように、ページを埋めていった記憶がある。このときおそらく大量のエンドルフィンが出ていたと思うが、メキシコの建築家には「信仰」という強烈なモチベーションも加わって、いっそう加速し、西洋キリスト教とは一線を画した「増殖」の美学が打ち立てられたようである。これは江戸時代のキリシタンに起こった事態に似ている。

小野一郎写真集『ウルトラバロック』（新潮社、1995）より。
サンフランシスコ・ハビエル教会堂のカマリンの天蓋。写真：小野一郎キリシタンは徳川幕府に弾圧され、西洋キリスト教との交流が二百年間完全に途絶えた。江戸末期の開国のとき、隠れキリシタンとして日本的キリスト教を構築してきたキリシタンの末裔たちは、自らを正統と主張して怖じなかった。

フェルディナン・シュヴァルは、郵便配達の途中で、気になった石ころや貝殻をコツコツと拾い集めた。それらを使って、後ろ指を指されながらも、とうとう自ら「理想宮」と呼ぶ、宮殿様の建物を三十三年かけて、一人で建設してしまっ

シュヴァルの理想宮（フランス、オーヴリー地方）

た（一九一二年完成）。

それは、シュヴァルが集めた世界各国の観光絵はがき、新聞・雑誌・書物の写真や絵などからイメージを借用し、不明な点は想像力で補った、世界各国のあらゆる様式がごたまぜになった（ガウディも重要なアイテムだった）、エキゾチックな建築である。

細部がまた細部を呼び込み増殖していくように、多くの動物・怪物によって隙間は埋められ、シュヴァルの好きなものばかりがひたすら集まった、彼の夢・理想の建築物であり、まさしくウルトラバロックである。

シュヴァルの死後、理想宮を訪れたアンドレ・ブルトンはその感動を「郵便配達シュヴァル」（『白髪の拳銃』一九三二所収）という詩に残し、シュヴァルを「霊媒的建築と彫刻の異論の余地ない巨匠」と絶賛した。本人にはもちろん預かり知らぬことであるが。

度重なる幼児暴行未遂容疑で捕まり、精神分裂病と判定されて精神病院に送られ、そこで残りの生涯を送ったアドルフ・ヴェルフリ。彼は、発作を抑えるために与えられた紙と色鉛筆が引き金となって、一九三〇年、癌で死ぬまでの三十年間に、四十四冊計二万ページの、物語・イラスト・写真・数式・楽譜が渾然一体となってコラージュされた大旅行譚を描き、千四百点の色彩鉛筆画、千五百点のコラージュという厖大な作品を残し、のちにシュールレアリストたちの喝采を浴

装飾の増殖例

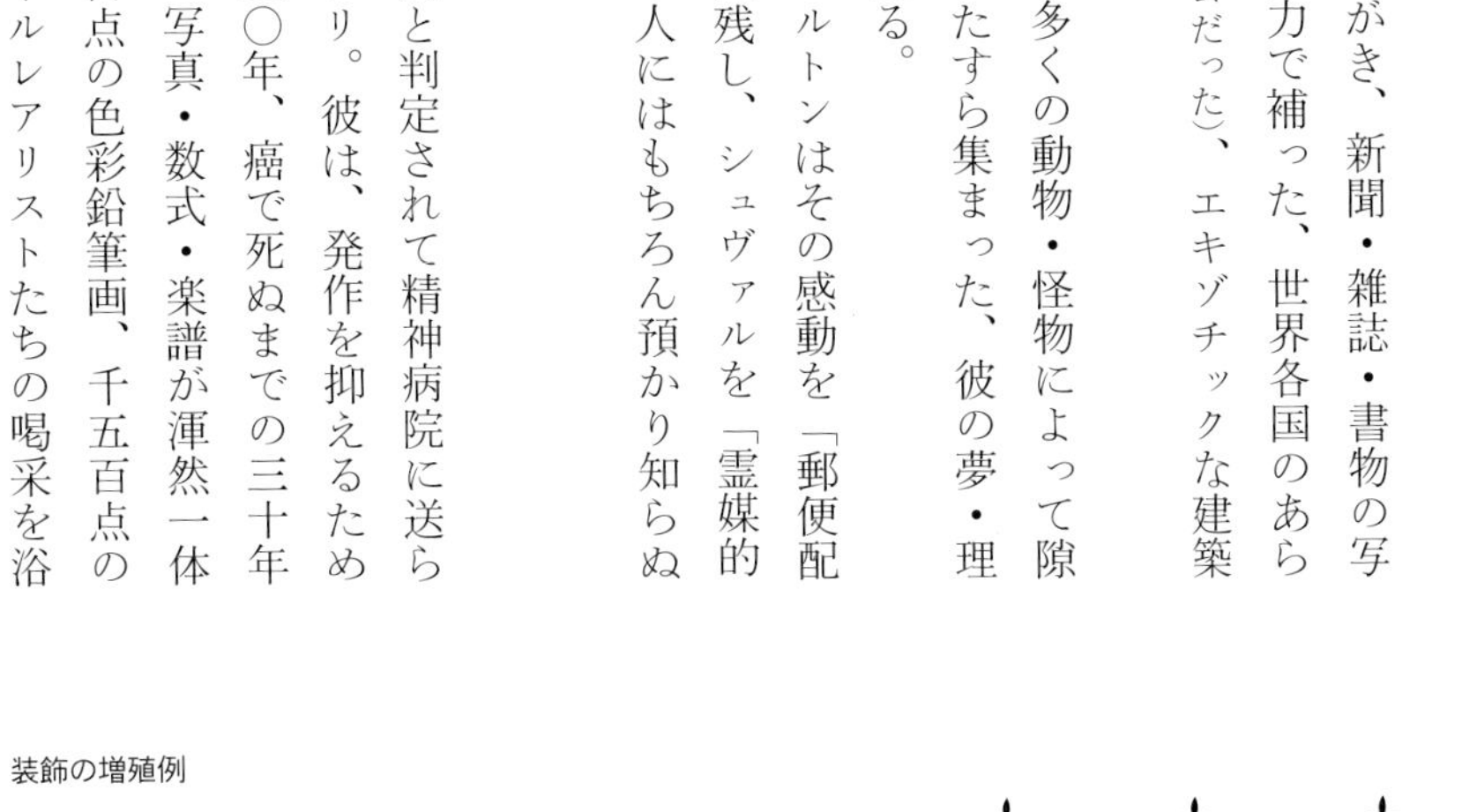

びることとなった。もちろんご本人はそんな流れとはまったく無縁に、空間を絵で埋めていくようにひたすら描くことで時間も埋めきってしまった。

それらの貼り合わせて分厚くなった書物群には、アドルフ一家が世界に飛びだし、世界を回りきってしまうと地球の外へ、そして銀河系へと旅行先を拡大していく様がこと細かに、執拗にびっしりと埋め尽くされていた。さしずめ空想のなかで全世界・全宇宙制覇を目指したものだ。ヴェルフリの死後まもなく、もうひとりのアドルフ（ヒットラー）が世界征服を目指したのは運命の皮肉である。ヴェルフリの場合は空想の世界制覇であり、表現は隙間制覇だったが……。

写真家のピーター・ビアードの『日記』や大竹伸朗のコラージュによる旅行記などにヴェルフリの表現の影響をみることができる。

ウルトラバロックも、シュヴァル、ヴェルフリも「増殖」への限りない執着は尋常でないが、その背景には「やりすぎ」の美学がある。

京劇と並んで過剰演技と装飾過多で知られる歌舞伎の「かぶき」の語源は「傾《かぶ》奇《き》」。「かぶき者」というと、異様な身なりで突飛な行動をするアウトサイダーや犯罪者を指すことばとして使われてもいたが、「傾奇」の「奇」は「数寄《すき》（奇）」の「奇」。好きに傾く、好きにシフトするということで、すごく好きになること、度がすぎるほどにのめり込むことを意味している。まさしく「やりすぎ」の美学は「傾奇」であり、しかも愛に満ちている。

右ページ／アドルフ・ヴェルフリ《怒らず島の眺め》1911

装飾の増殖例

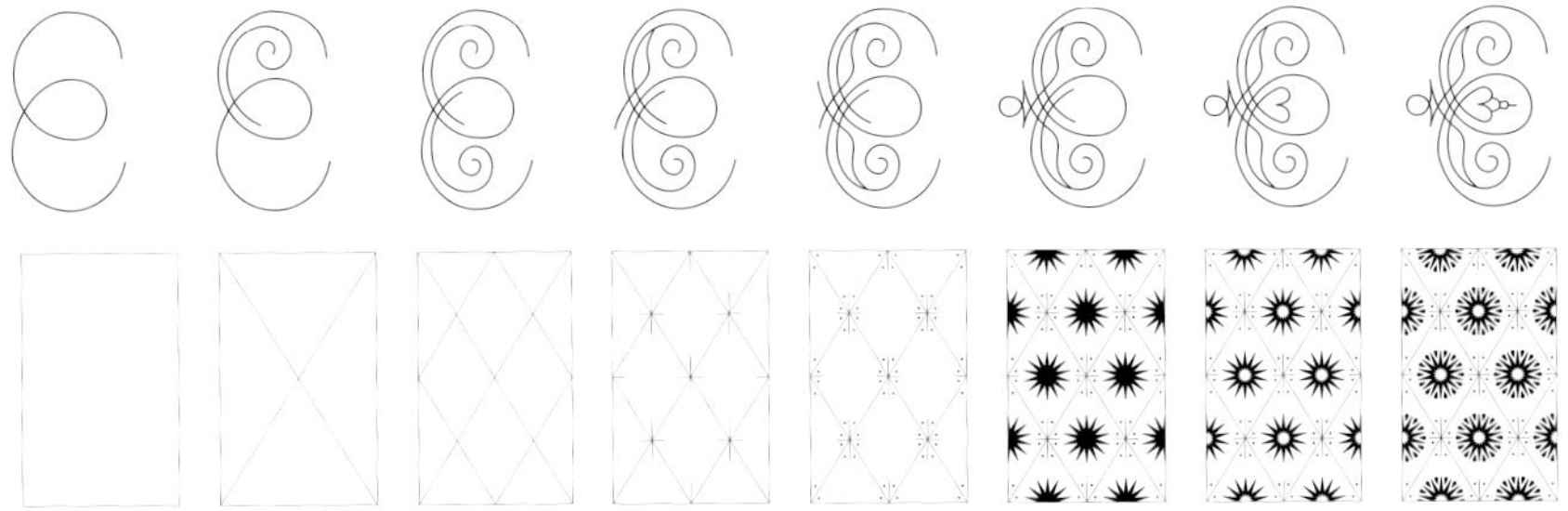

# パーツ

「木を見て森を見ない」とは「物事を一面からしかみていない」ことを指すときによく使われる。しかし、木を見れば森がわかると言ったのは物理学者のウェルナー・ハイゼルベルクであり、フラクタル幾何学やホログラフィ理論、そしてクローン技術までもが部分が全体であることを示している。

絵画を記号にしてしまったのはカシミール・マレーヴィチ。ピクトグラム（絵記号）で絵画を構成してしまったのは、洞窟壁画を別とすれば、ジョアン・ミロが最初だろう。

以前、ミロの絵を分解して記号抽出を試みたことがあった（P.160—161参照）。パーツ化された百八個の絵記号群は、一目でフォルムがわかるものと、抽象度が極めて高く、絵のタイトルやミロの発言などで、ようやくテーマが特定できたものに分かれた。抽象の仕方も、動きの軌跡をそのまま定着させたりするので、非凡な形が生み出せたようである。このあたりは未来派などの影響も見逃せない。

水の飛沫、風や空気など見えないものにも形を与えようとしたミロの最大の信条はアニミズムであり、「自然讃歌」が根底にあるので、極論ではあるが、自然讃歌という予定調和を確立したことによって、創作のエネルギーをパーツの表現に集中できたのではないだろうか。

十九世紀末のパリ警察で司法写真システムを確立し、全世界の警察にその方法が今も採用されているアルフォンス・ベルティヨンがパーツ・フェチで、パーツばかり集めていたことは「正面と側面」の項で既に述べたが、マルセル・デュシャンも生涯、パーツばかりつくり続けた（集め続けた）作家である。同じ作品をなんども取り出してアレンジし、組み合わせを変えたりするなど、「レゴ（LEGO）」で遊ぶように組み立てていたとしか思えない（第二部「プロセシズム」参照）。代表作の《大ガラス》は、まさにパーツの集合であるが、各々のパーツが絶妙なハーモニーを奏でているとはお世辞にも言えそうにない。しかし、ばらばらにレイアウトされているようで不思議な魅力に溢れているのは、パーツひとつひとつが強く主張しあってぶつかりあっているからかもしれない。

デュシャンの根底には「複製可能」ということが常に流れていたところをみると、やはりデュシャンの、作品に対する考え方は「LEGO」とさほど変わりはなさそうだ。

一九二八年、ルドルフ・フォン・ラバンは楽譜からヒントを得て、ラバノーテ

# Parts catalog by Joan Miró

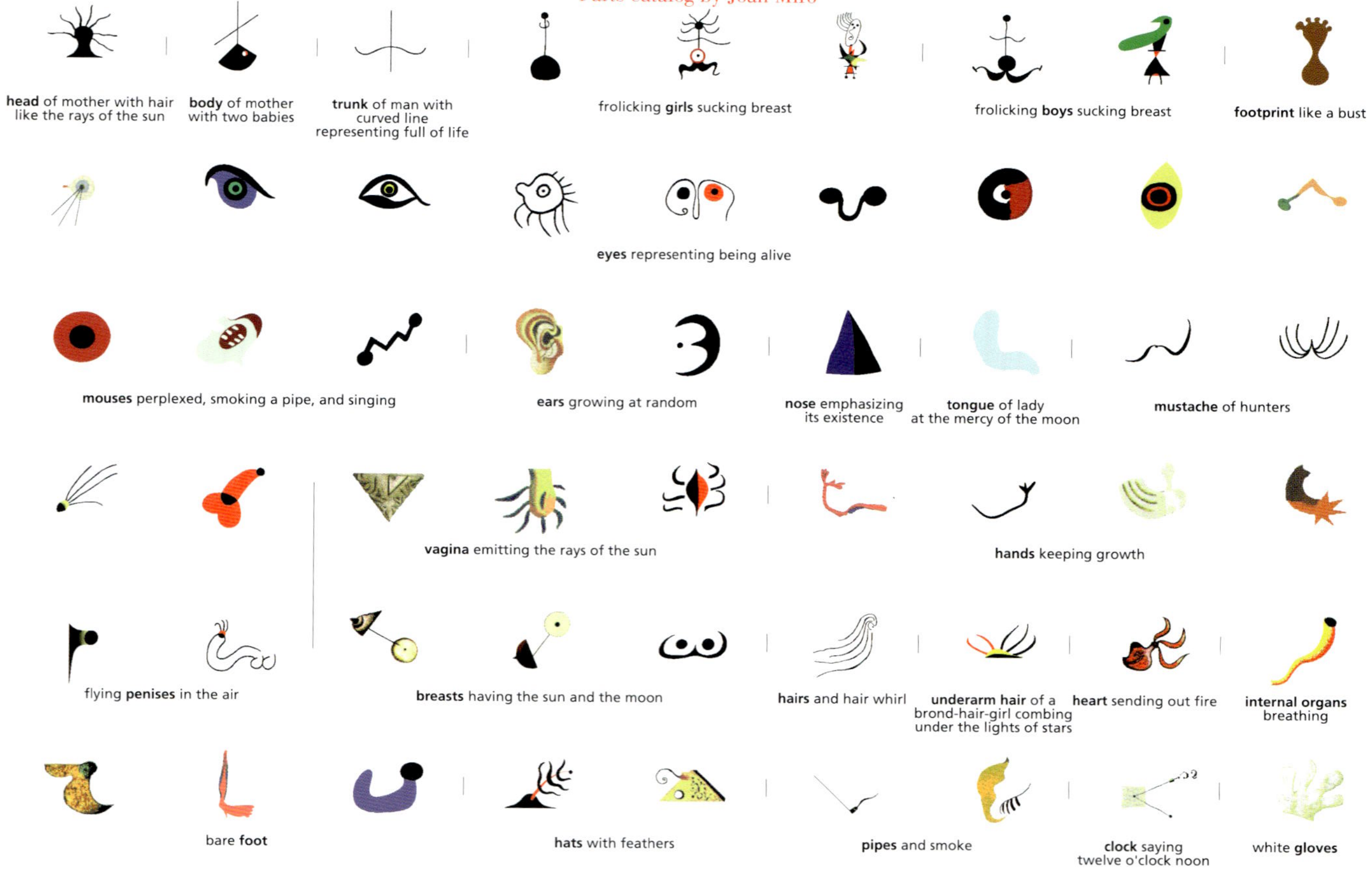

head of mother with hair like the rays of the sun
body of mother with two babies
trunk of man with curved line representing full of life
frolicking girls sucking breast
frolicking boys sucking breast
footprint like a bust
eyes representing being alive
mouses perplexed, smoking a pipe, and singing
ears growing at random
nose emphasizing its existence
tongue of lady at the mercy of the moon
mustache of hunters
vagina emitting the rays of the sun
hands keeping growth
flying penises in the air
breasts having the sun and the moon
hairs and hair whirl
underarm hair of a brond-hair-girl combing under the lights of stars
heart sending out fire
internal organs breathing
bare foot
hats with feathers
pipes and smoke
clock saying twelve o'clock noon
white gloves

four **glasses**
black **pitcher**
**knife** like a shovel
heavy **gun** firing
folding **scale**
**saw** with sharp edge
**guitar** with a gut
box like **dice**
spiral **wool**
**rock** splashing swells
spinning **globe**
growing **plant**
**leaves and branches** on a round tree
fresh **apple**
**field** with full of life
white **chimney** smoking
**boat** floating in the canal
**wheel** floating in the ai
red and green **suns**
firing **moons**
full of **stars** in the space
**planets** having five tails
quiet **clouds**
**dragonfly** with red wings chasing a creeping snake
flying **insect** perpendicularly
**butterfly** with transparent wings
**frog** chasing insects
sliding **snail** on the ground
**birds** loved by Miro
**bat** with dog face
fat **fowl**
relax **dogs**
**cat** with a vacant look
mother-**horse**
**fishes** with mastache putting their tongues out
creeping **snakes** making lines on the ground to the planet

ーション（キネトグラフィ）なる動作記録法を開発した。ラバンは表現主義バレエの演出家として名をなした人物で、ラバノーテーションは、自らの理論の完璧な再現をめざしてつくった舞踏譜である。

　総合をめざして部分を精緻に究めた造形譜は、皮肉にもヒトラーの気に入るところとなり、ラバンの意志に反して、大群衆による式典や一糸乱れぬ行進に応用され、ラバンは失意の日々を送ることとなった。このことは、より大きな全体にからめ取られた悲劇ではあったが、「人間をパーツとみなしていた」という共通項が根底にあったことは否めない。

　文化人類学者のレイ・バードウィッスルは、人の動作や表情を記号化して、会話をできるだけ表情豊かに捉えようとし、楽譜のような造形譜〈カイネジクス〉をつくった。カイネジクスは喜怒哀楽まで記号で表現できるため、対話がより立体的になり、心の綾までデータとして把握することができると言われ、心理学やカウンセリングで応用されていると聞く。実際どの程度のメリットがあるのかはよくわからない。

　バードウィッスルにとっては、表情をひとつずつパーツに分け、記号化することに興味があったとしか思えない気がする。カイネジクスに則って試しに、いわゆる「仁王」の顔をつくってみた。予想どおり奇妙で、インパクトのないピエロのような顔になってしまった。

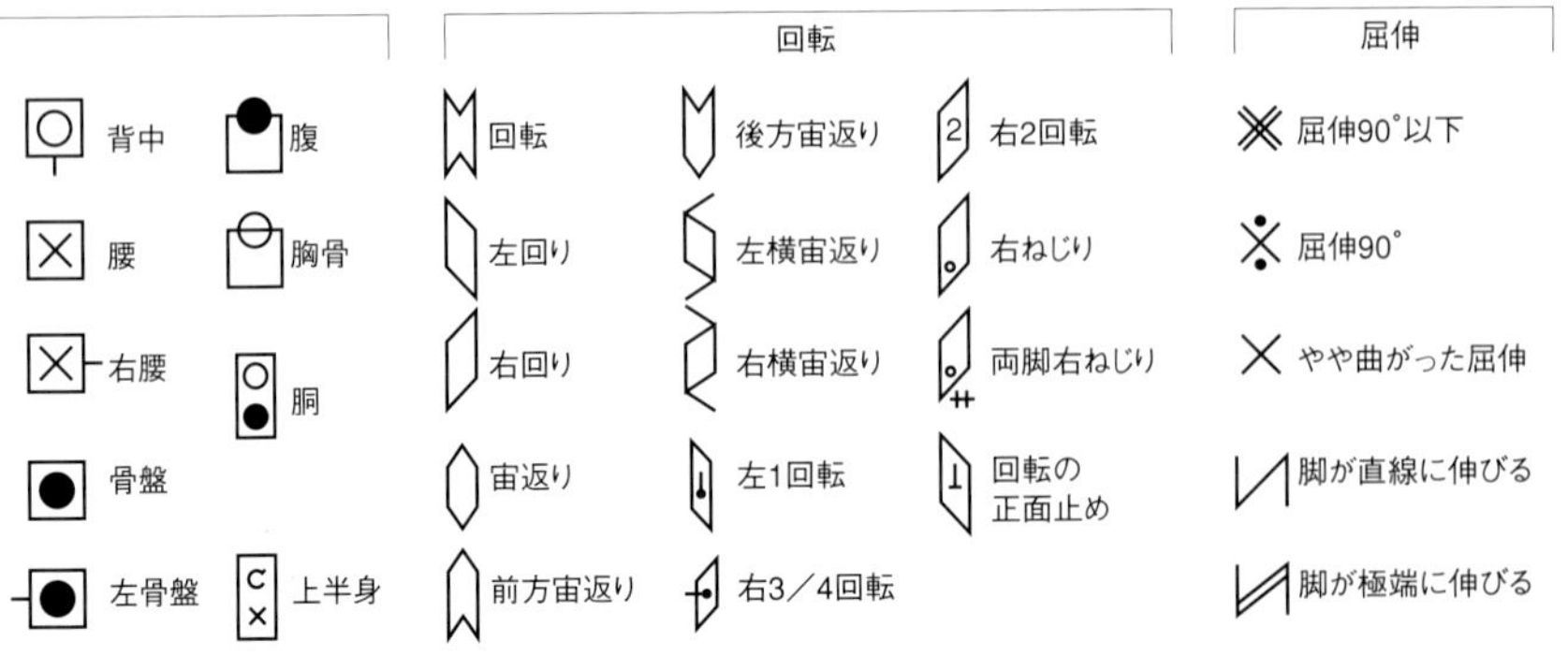

左／文化人類学者のハード・ウィッスルの「カイネジクス」一覧
下／試しに記号化してみた「仁王」の顔

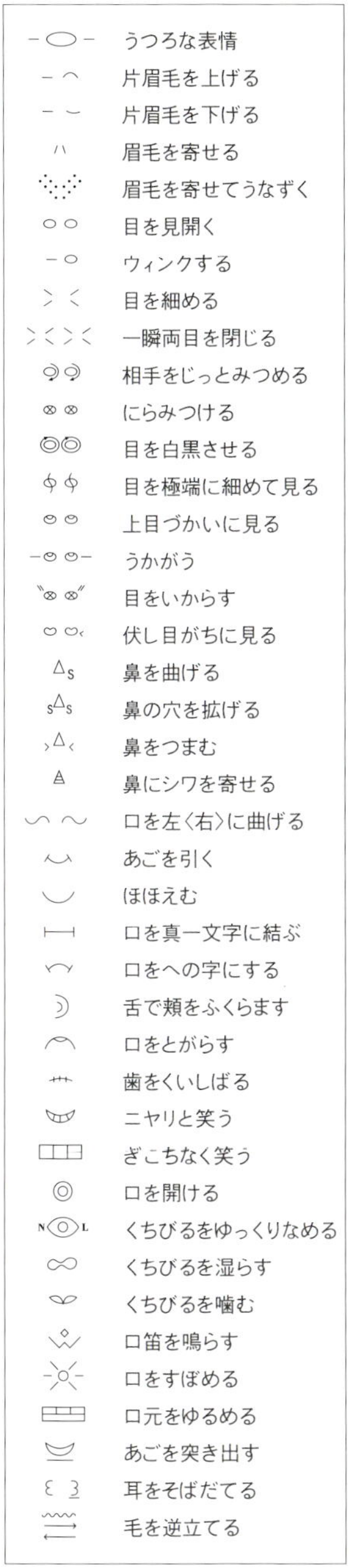

うつろな表情
片眉毛を上げる
片眉毛を下げる
眉毛を寄せる
眉毛を寄せてうなずく
目を見開く
ウィンクする
目を細める
一瞬両目を閉じる
相手をじっとみつめる
にらみつける
目を白黒させる
目を極端に細めて見る
上目づかいに見る
うかがう
目をいからす
伏し目がちに見る
鼻を曲げる
鼻の穴を拡げる
鼻をつまむ
鼻にシワを寄せる
口を左〈右〉に曲げる
あごを引く
ほほえむ
口を真一文字に結ぶ
口をへの字にする
舌で頬をふくらます
口をとがらす
歯をくいしばる
ニヤリと笑う
ぎこちなく笑う
口を開ける
くちびるをゆっくりなめる
くちびるを湿らす
くちびるを噛む
口笛を鳴らす
口をすぼめる
口元をゆるめる
あごを突き出す
耳をそばだてる
毛を逆立てる

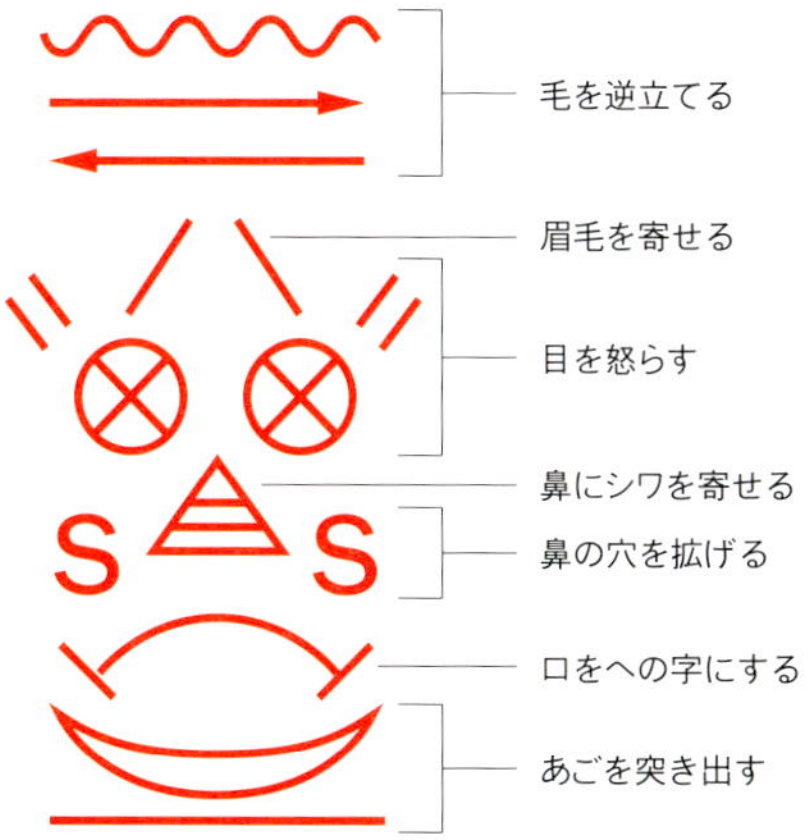

毛を逆立てる
眉毛を寄せる
目を怒らす
鼻にシワを寄せる
鼻の穴を拡げる
口をへの字にする
あごを突き出す

ラバンのラバノーテーションの一部。楽譜の考え方に基づいたもので、動作の向き・持続時間も示される。以下に示したものは動作者、身体部位、回転、屈伸の記号

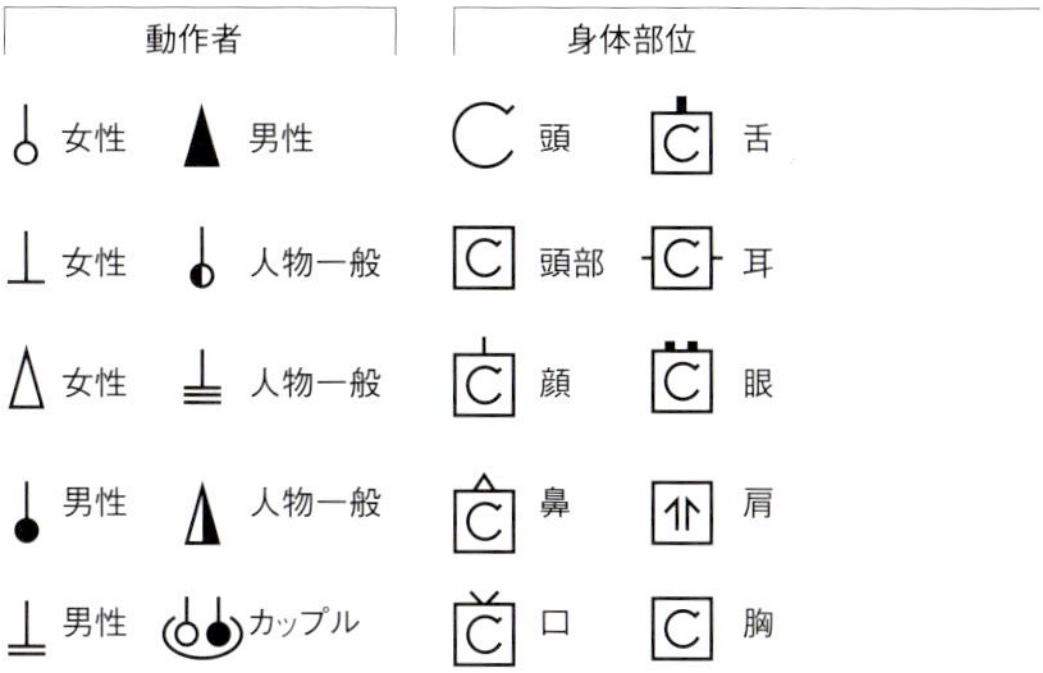

動作者
身体部位
女性
男性
女性
人物一般
女性
人物一般
男性
人物一般
男性
カップル
頭
舌
頭部
耳
顔
眼
鼻
肩
口
胸

# 覆う・包む

二十世紀は「覆う・包む」文化の世紀だったと言われている。その多くはプラスティックの登場に負っている。覆われたものは人工と化し、地球全域を電波で覆って地球すら人工化しかねない勢いだ。宇宙の彼方の外惑星から地球を観察したら間違いなく電子惑星に見えるだろう。隠すことから始まった「覆う」文化の、人類に与えたメリットは計り知れないが、デメリットはなかったのだろうか。

生まれてからほぼ三十年一〇九一三回も、本人の預かり知らないところでテレビ放映され、全世界のアイドルとなっていた男の、自己発見と自立までのドラマ、ピーター・ウィアー監督の映画「トゥルーマン・ショー」(一九九八)は、トゥルーマンという男の生まれてからの成長と生活を、毎日事細かに中継するために、島(シーヘブン島)をまるごと巨大ドームで覆い、ドーム内部にセットなら

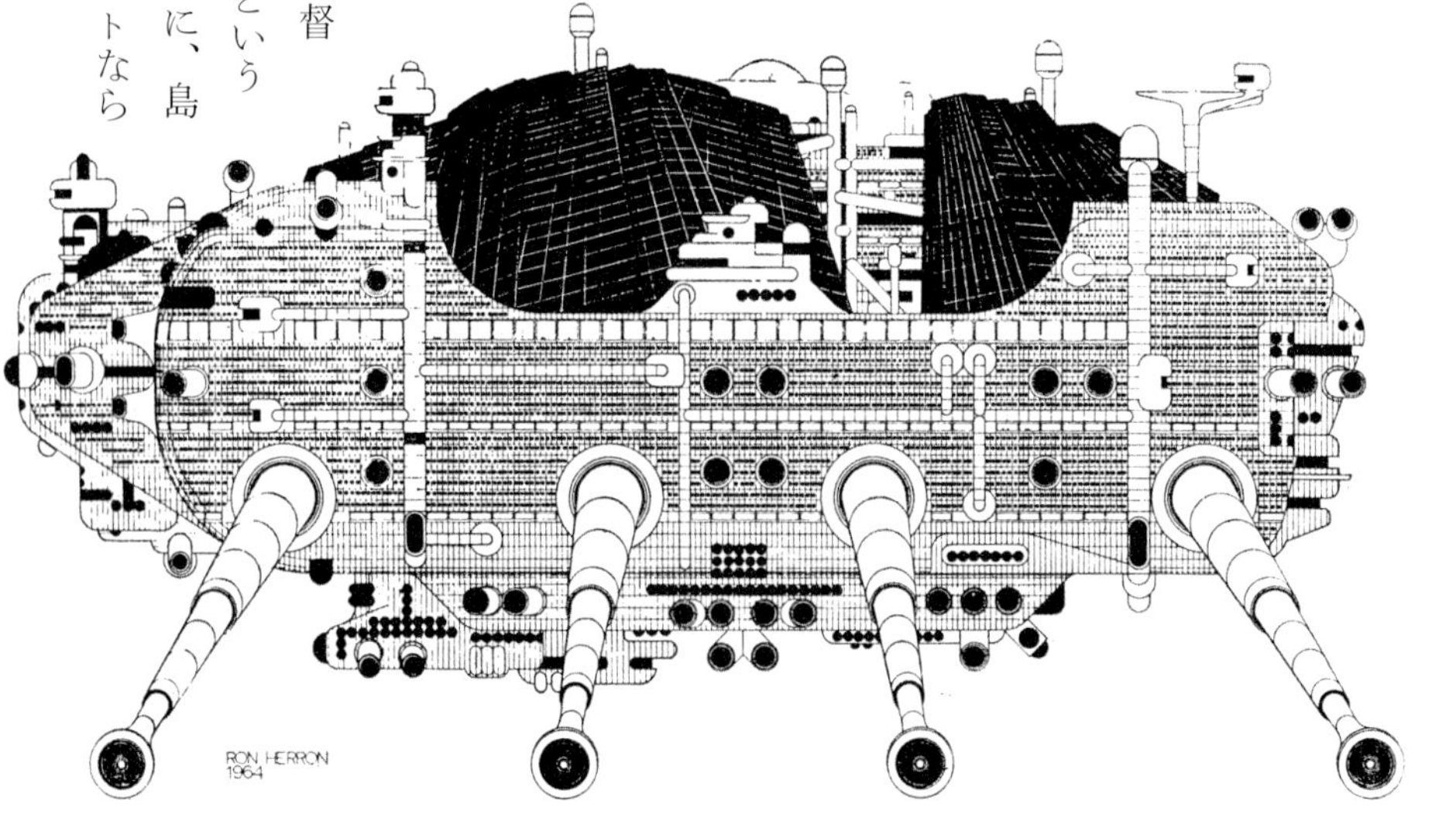


アーキグラム・グループの一人ロン・ヘロンが提唱した、都市全体を金属皮膜で覆った動く都市、シティ・ムーヴィング、1964。
(『SD No.52　特集：カプセル概念の拡張』鹿島研究所出版会、1969より)

ぬ、本物の町をつくった。町の住民、結婚したはずの妻から友人、親戚、同僚まで全員エキストラで固め、真実を知らないのはトゥルーマンのみ、という異様な設定ではじまった映画だった。トゥルーマンという名前に皮肉が含まれている。

　このドームの頂点には、輝く月を模した球体が取り付けられ、その内部にはモニタールームがある。トゥルーマン以外の、すべての住民への指示はここから即座に与えられた。プロデューサーは、トゥルーマンがこの町、つまりドームから出る気が起きないように、父を死なせてトラウマをつくることまでした。しかし、一度死んだはずの父親でさえ二十数年ぶりに復活させるという荒技も駆使した（父親役の俳優を再登場させるだけだが）。ドーム内の天候も自由に操って、放映用のドラマの盛り上がりに腐心していた。

　トゥルーマンが真実を知っていくプロセスは映画を観ていただくとして、このドームの在りようは、バックミンスター・フラーが一九七〇年に発表した《マンハッタン計画案》に、ドームの規模も含めて似ている。この計画は、マンハッタン全体を透明ドームで覆い、季節にあわせてドーム内の採光や空調を調節してエネルギーのロスを抑えるというもの。ドーム内の大気には、ほこりはまったくない、と計画案では述べられていたが、この一種無菌室状態は外界との接触を一切断ったシーヘブン島のドームを思わせる。

　二十・二十一世紀の「覆う」文化の引き金の一つに、十九世紀の都市の道路を

バックミンスター・フラー《マンハッタン計画案》1970。
（『美術手帖　特集：バックミンスター・フラー デザインサイエンス革命』1988年7月号、美術出版社より）

完全に覆って、大地を封じ込めてしまったアスファルト舗装があった。産業革命によって交通・輸送システムの高速化が求められるようになり、馬車の走りやすい道路の必要性が高まった。

最初のアスファルト舗装の実験は一八三八年、イギリスで行われたが、ほどなくヨーロッパ全域に波及し、馬車などによる騒音や砂ぼこりなどが減少した。そして自動車も登場、ゴムタイヤが発達するようになって、アスファルト舗装の需要は増加していった。

パリなど、街路に敷き詰めていた敷石は、十八世紀末以来、革命づいていた民衆が、バリケード用に積み上げたりと、革命のための武器として効果を発揮していたが、それもアスファルト舗装の道路の登場によってままならなくなってしまった。治安対策側の警察にとっては、支配・被支配の関係を徹底させるための「迅速さ」を得ることができた。

フランス初のアスファルト道路は一八五四年、それから百十四年後にパリのカルチェラタンから火がついた世界的な学生叛乱で、アスファルトは粉々に砕かれ投石用の武器として再生したのは歴史の皮肉といえる。

日本でのアスファルト舗装は一九一〇年に一部行なわれたが、本格化したのは第二次大戦後のことで占領政策によるところが大きい。

「装飾」とは、「空間=何もないところ」になんらかの装飾をほどこすこと、印を

ビルの外壁全面をアール・ヌーヴォーの植物模様が覆った、
19世紀末のウィーンに建てられた、オットー・ワーグナー設計のマジョリカハウス。
マジョリカ・タイル張りの外壁ながら窓のレイアウトなどは均一で、モダニズムの香りもする。
写真:下村純一

つけることによって、その空間自体を所有しようとする試みであり、所有欲のひとつとも言われている。

十九世紀末にヨーロッパを席巻したアール・ヌーヴォー運動は、「覆う」文化の前史を飾る異常な流行だったようだ。あらゆるものを花や蔓など、植物的モチーフが覆い尽くした。あたかもシダ類が地球を覆っていた三億五千万年前の地球か、ブライアン・W・オールディスが『地球の長い午後』で描いた、植物が支配している地球の戯画のようでもあった。

しかし、「新しい芸術」を意味するアール・ヌーヴォーも、ゴシック様式などのように骨格を変えるというものではなく、完全に表層の「装飾」という概念に納まっていた。

一九二〇年代のアール・デコの流行も、アール・ヌーヴォーの曲線に対する〈反〉曲線としての直線という文化の流れの必然の範疇に留まっていて、アール・ヌーヴォーと同様、表層の装飾に終わっていた。

一九三〇年代のアメリカに端を発した「流線型」デザインは一瞬で世界を覆い尽くしてしまった。車からコーヒーポット、エンピツ削りなどの日用品、家具、女性の帽子まで、あらゆるものが流れるような水滴の形をまとって現れた。一種未来的なイメージである。内部の持つ性能はそれほど変化はなくとも、覆

レイモンド・ローウィーがデザインした流線型の外皮をかぶったエンピツ削り、1933。
（“Raymond Loewy, Pioneer of American Industrial Design”, Angela Schönberger, International Design Center Berlin e.V. and Prestel Verlag Munich, 1990より）

われた外皮によって、性能の大幅なアップを感じさせることができる、ということの証明でもあった。これがインダストリアルデザインというジャンルの確立につながり、二十世紀の「覆う」という発想の一大転換点ともなった。

スタンリー・キューブリック監督の「二〇〇一年宇宙の旅」（一九六八）では、古典的な発想の白いピカピカの表面で覆われた清潔な近未来の姿がスタティックに描かれていた。しかし、未来は現在の延長線上にある、汚れるものは汚れるとして、内臓が裏返しとなって表面を覆い尽くしたようなリドリー・スコット監督の「エイリアン」（一九七九）がつくられ、その後の「ブレードランナー」（一九八二）の混濁した未来イメージに変化していく。

この意識の変化は、わがままを力で押し通してきた大国アメリカが、ちゃちな武器の小国にはじめて完敗を喫した、ベトナム戦争後という事情によるところが大きい。ちょうどトポロジー変換されて内面が表面になってしまったかのようである。

イタロ・カルヴィーノの『見えない都市』に、「都市《まち》の生活を支えるもろもろの関係を堅固にするために、戸口から戸口へと」白黒の糸を張り渡している、エルシリアと呼ばれている都市の話が語られている。その張り渡された糸の数が多くなって都市が覆われ身動きがとれなくなったら、その土地を捨て、ほかの土地に移り、後にはクモの巣状の糸が残るのみという、いかにも現代のアナロジーのような話である。

現在地球はあらゆる電波で表層が覆われている。その各々の電波には情報がこめられ、それが見えない層をなしていることを思うとフレッド・ホイルの描く『暗黒星雲』を彷彿とさせる。知性を持った黒雲のような暗黒星雲が地球を覆い、暗黒星雲から送られる通信が高度すぎて、地球人の脳はヒートしそうになる、というような話だった。

一九五二年、アメリカに設置されたNSA（国家安全保障局 National Security Agency）は、世界最大の情報収集・解読機関であり、盗聴システム・ネットワークは世界全域に張り巡らされ、その電子のクモの巣は宇宙にまで伸びているという。

NSAには、合衆国国会図書館が持っているデータ量と同じ位のデータが三時間ごとに選別されずに集まると言われている。何をそんなに知りたいのかは不明だが、「謎の宮殿」という異名どおり、データの選別よりも収集に比重がおかれた謎の情報フェチ組織である。

地球を覆う五千の衛星通信の七割は用途不明の軍事用であり、光ケーブル通信もより大容量・高速化してきているので、情報収集能力は日毎アップしている。この組織に限らないが、われわれは、あたかも暗黒星雲というドームに覆われた地球のように、降り積もり堆積した情報の塵でクラッシュしてしまうことがあるのだろうか。

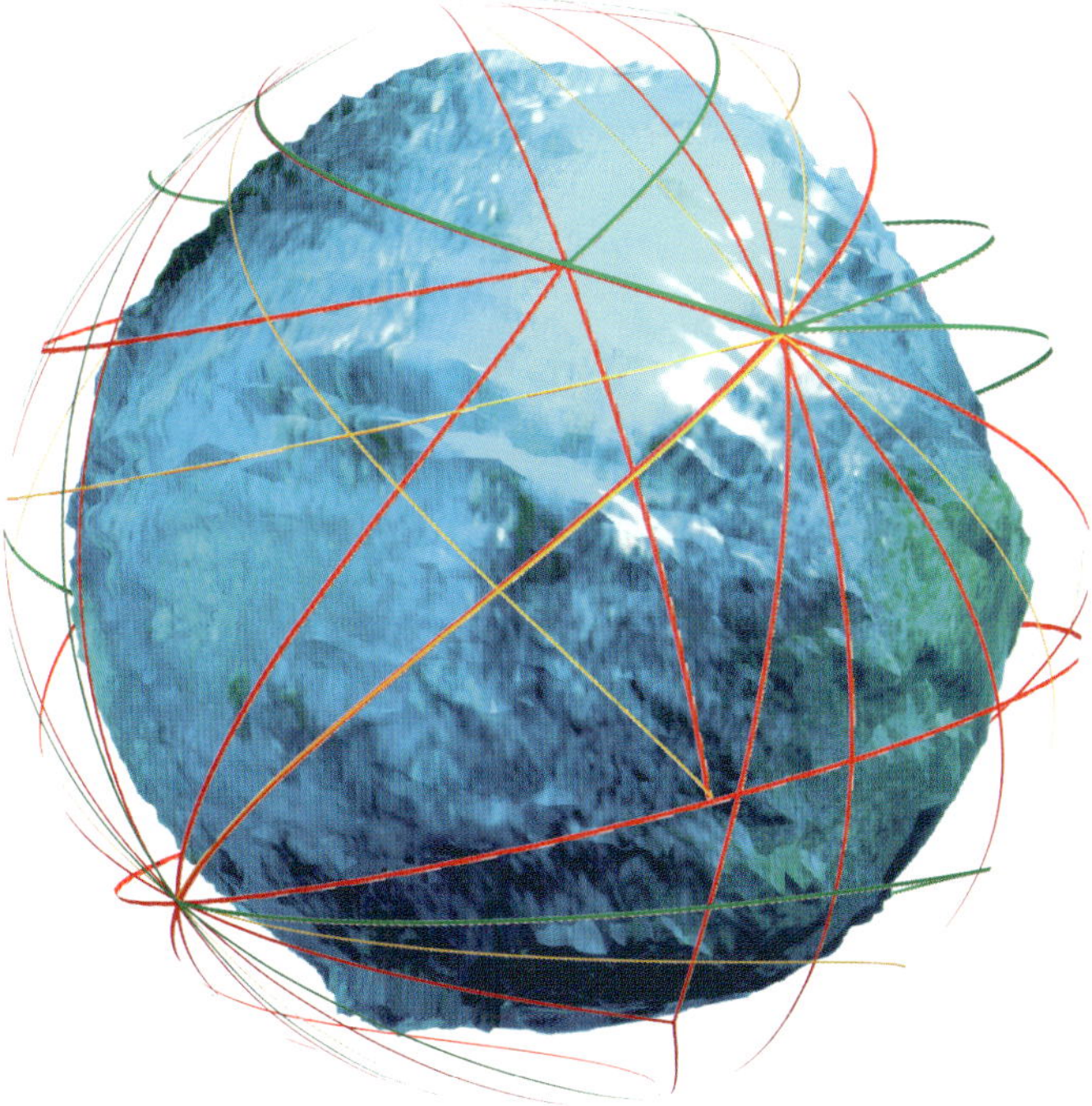

地球が覆われていくイメージ図。作画：河原田智＋澤地真由美、1997-2000

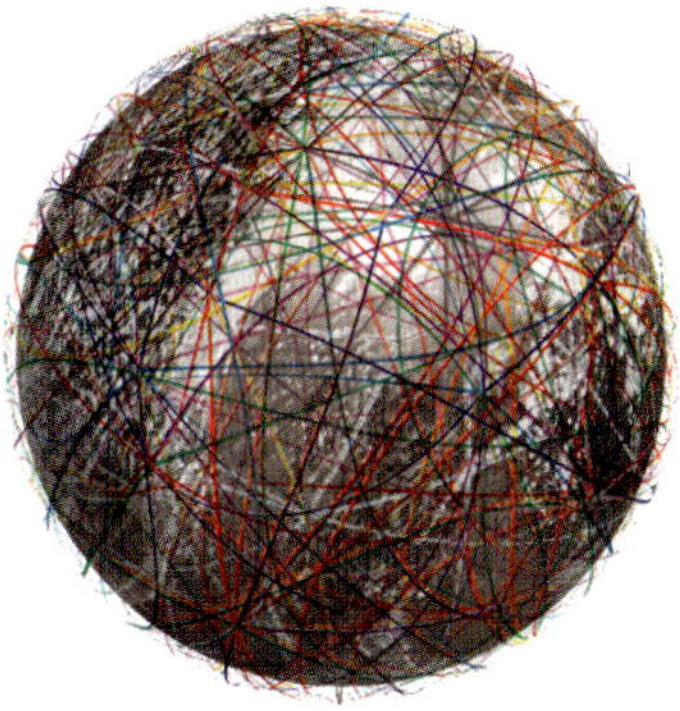

# つけ加える

「画竜点睛を欠く」ということわざの、「画竜点睛」とは、竜の絵の眼に「睛（瞳）」を書き込むことによって絵全体に生気が宿る、ということから、「最後の仕上げ」を意味するようになったらしい。

北京ではばたいた蝶がアメリカ西海岸に暴風をもたらすという比喩で有名な〈バタフライ効果〉的な、瞳をひとつ加えるだけで表情が変わったり、何かをほんのちょっと加えたり、変更したりすることによって全体のイメージが変わるものをここでは探してみた。

先頃、宇宙の年齢を百三十五億歳とする推定値がＮＡＳＡから発表された。これはハッブル宇宙望遠鏡の8年あまりの観測の成果だそうで、それまで大ざっぱに百五十億〜二百億歳といわれてきた数字をかなり正確にはじき出したようだ。

アルバート・アインシュタインは、一般相対性理論を発表した一九一七年に、引き続き〈宇宙モデル〉なるものも発表した。これは、中世の錬金術師や近世の科学者などが試みたような図解宇宙論とは根本的に違う、時間・空間・エネルギーをもとにはじきだした数式による宇宙論という画期的なものだった。

アインシュタインは「宇宙は一様で閉じている」――前進していたはずが、いつのまにか一周して出発点に戻ってしまう、あたかも風船の表面のような宇宙――という静止宇宙論にこだわっていたせいか、自らつくり出した方程式をそのまま計算すると、宇宙は縮んでしまうので、〈λ（ラムダ）項〉なる、後に〈宇宙項〉とか〈宇宙定数〉と呼ばれる式を加えた。これによって宇宙はアインシュタインが望んだ静的なものとなったが、アレクサンダー・フリードマンは、このλ項を無視した計算で「膨張する宇宙」という構図を浮かび上がらせた。フリードマンの弟子であったジョージ・ガモフは、この膨張宇宙論からビッグバン理論を導きだした。ビッグバン理論はすべての検証に耐えたわけではないが、二十世紀宇宙論の基礎である。

アインシュタインは、結局、これらの説を受け入れ、宇宙モデル発表の約二十年後、〈λ項〉をつけ加えたのは生涯最大の過ちだったとまで慨嘆する。この完全に葬り去られた感のある〈λ項〉は、アインシュタインの慨嘆から約六十年後、宇宙年齢の測定に再び脚光を浴びることとなった。アインシュタインの執念の凄さと言うべきか。

ビッグバン理論によると、宇宙の年齢は、宇宙の膨張の速さ、宇宙をつくる物質の量、重力とは逆向きに働く反発力、つまり斥力で決定されるという。アインシュタインの〈λ項〉の表す反発力（斥力）があれば百三十五億歳、なければ百二十億歳ということらしい。

マルセル・デュシャンは、既製品たるオブジェにサインするだけで、鍛錬された技術で作品をつくるという何百年も続いてきた美術・絵画の発想自体を、根底から揺さぶった。便器にサインしたり、絵はがきのモナリザの顔に髭をつけたり、とったり（とった場合はオリジナルに戻ってしまうが、その前に髭をつけていた作品を残しているので新たな作品として成立してしまう）した。

ルネ・マグリットはパイプの絵を描いて、《これはパイプではない》というタイトルをつけ、言語によるイリュージョンも試みた。

アプロプリエーション・アーティストのマイク・ビドロは、〈Not〉シリーズ、たとえば、ピカソの絵を、油絵具からタッチまで完璧にまね、ピカソの絵と寸分違わぬ、贋作ならぬ、ある種スーパーリアリズム的な絵を描き、《Not Picasso》というタイトルをつけ発表した。このときのビドロのアイデンティティは、徹底的なピカソの研究と果てのない模倣行為というプロセスにあった。

結局、写真複写をもとにした印刷では出せないリアリティの創出には成功したものの、ビドロの悲しみは、過去にビドロの作品とうりふたつの巨匠の絵画があることによって、観られる必要のない作品となってしまっている、ということにある。残るのは（現代美術に対する問題提起は別として）克明に真似たということと、観る必要のない絵画を描いたというコンセプトのみである。

《Not Picasso》とタイトルをつけることにより、自らのシジフォスの神話的な努力は宙に浮き、絵画としての存立基盤は崩壊してしまう。ビドロもデュシャンと

左／《L.H.O.O.Q.》1919、《モナリザ》の複製にデュシャンが髭を描き込んでタイトルをサインしたもの
右／《髭を剃ったL.H.O.O.Q.》1965、《モナリザ》の複製にただタイトルをデュシャンがサインしただけのもの。デュシャン展の招待状に使われた。
（2点とも"Marcel Duchamp: Work and Life" Pontus Hulter, The MIT Press, 1993より）

は違う方向から同じ目的に向かっていったように感じられる。

十三世紀、スペインで起こったユダヤ教神秘主義のカバラには、神秘主義必須の暗号解読術としてゲマトリア、ノタリコン、テムラーなどが知られている。

ゲマトリアは、ヘブライ語のアルファベットが言語と数字を共有していることから、ヘブライ語で書かれた文章を数値化し、それをまた同じ数値を持つ別の文章に置き換え、あいまいな言い方の背後に潜む、聖なる神秘を見つけだそうとするやり方。

ノタリコンは、単語を一つのアルファベットに置き換える方法で、たとえばIBMの一つ前の綴りを使ったとさかんに言われた「二〇〇一年宇宙の旅」のHAL9000はHeuristically-programmed ALgorithmic computer（発見能力をプログラムされたアルゴリズミック・コンピュータ）の略だが、こうした略字を組み合わせ、複雑にこねまわして神秘を見つけるのである。

テムラーはアナグラムのこと。文章を組み替えたり、一文字だけ変えて別の意味を導き出す、ミステリーではおなじみの手法で、バーナード・ショーの名言「神（God）も逆立ちすれば犬（dog）になる」というのが有名だ。

誤植と紙一重の例としては、"Your laughter is beautiful.（君の笑い声は美しい）"が、"Your daughter is beautiful.（君の娘は美しい）"に、また"The kids are flying planes.（子どもたちは飛行機を飛ばしている）"が、"The lids are flying planes.（このふたは空飛ぶ円盤だ）"

マイク・ビドロのレオ・キャステリ画廊での個展会場風景、1988。
（『美術手帖　特集：引用の快楽』1993年3月号、美術出版社より）

というのをある本で見つけた。

初期の日本語ワープロでは意表をつくアナグラム（変換ミス）にしばしば出会い、日本語のすばらしさに感心したものだったが、漢字自体にもアナグラムを見つけることができる。漢字の一文字をばらして組み替えるのもアナグラムである。意味の振幅の激しいものほど逆さ絵的おもしろさがある。

例えば、「太×犬、吟（うたう）×含、昆×皆、昌（さかん）×冒（おかす）、某×柑（みかん）、細×累（かさねる）、省（かえりみる）×眇（すがめ）、紋×紊（みだり）」などなど。ややタイプは異なるが、「泊×泉」もアナグラムの一種だろう。

漢字に表現されている点「、」は日や月のように空間がつまっていることを示したり、光のきらめきだったりする。「刀」に点がつくと「刃」で、光輝く刀の歯を示し、「皿」の上に点がつくと「血」となって、生け贄として捧げられる皿のなかの血を示す。「水」に氷塊である点がついて「氷」となり、本体である水の性質を変えてしまう。「言」の口は祝詞を収める箱で、神と交流するメッセージ・ボックスを意味し、神からのメッセージを待っている状態だが、点がなかに入ると「音」になってメッセージが届いたことを知らせている。つけ加えることで全体のフォルムまでが変更せざるを得なくなった文字と言えそうだ。

アラビア文字の周囲に配される15の長短母音記号

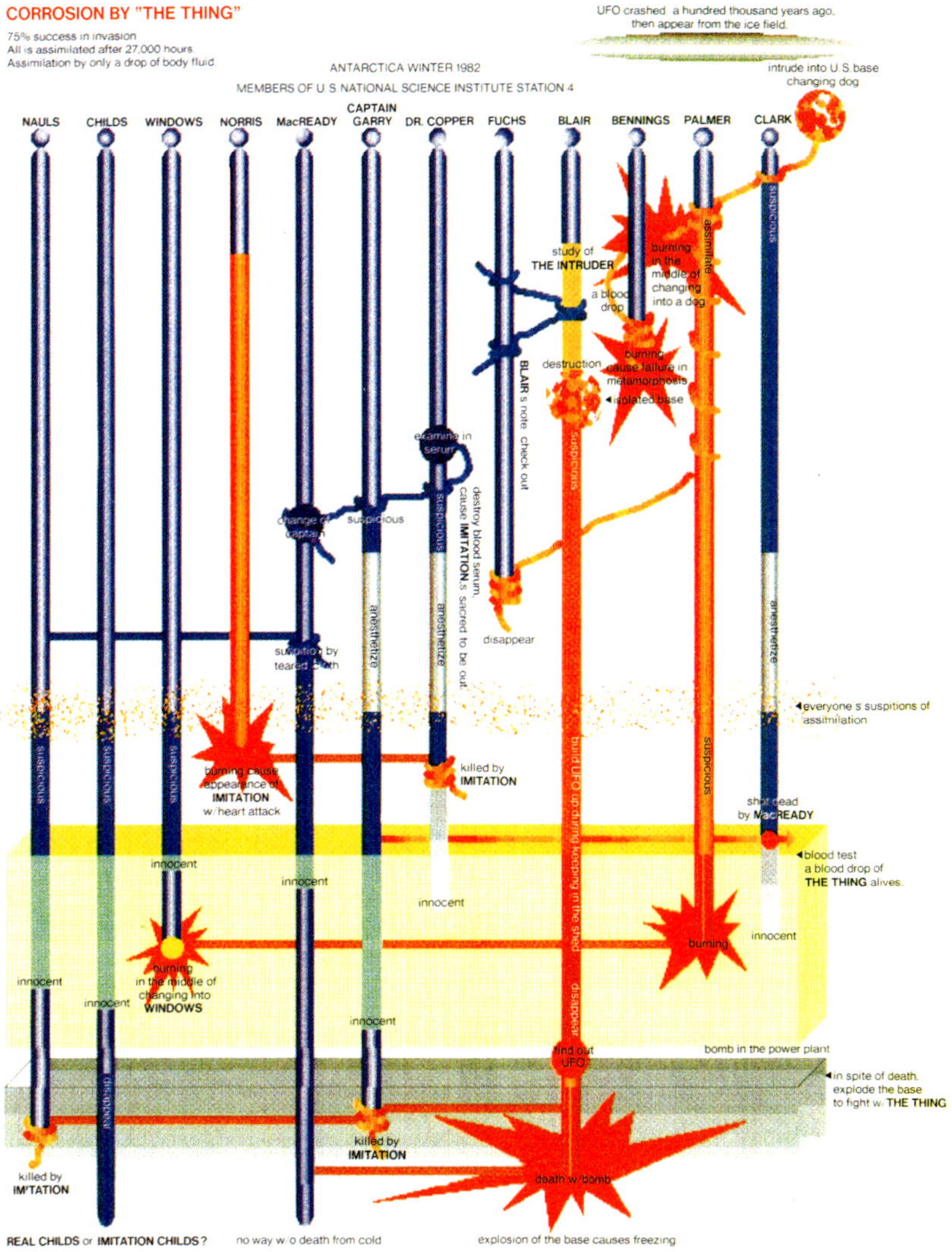


一滴の血というほんのちょっとの「付加」が全人格・肉体を改造してしまうというジョン・カーペンター監督「遊星からの物体X」(1982)のダイアグラム。松田作、1989。

登場人物がエイリアンに肉体を乗っ取られイミテーションと化していくさまを追っている。「遊星からの物体X」は50年代にハワード・ホークス監督によってつくられた「遊星よりの物体X」のリメイク版。一滴の血で人間の肉体を乗っ取り、新たなエイリアンに生まれ変わるゾンビもののはしり。ダイアグラムでは12人のアメリカ南極基地隊員がエイリアンに肉体を乗っ取られ、最後のカタストロフィを迎えるまでのプロセスがみられる。最後に生き残った隊員の名前がChildsというのも意味ありげで、「一滴のエイリアンの血で生まれた子どもたち」という隠喩もありそうだ。1982年といえばエイズが発見された年でもあり、血を媒介として感染していくところから、当時はエイズ・メタファーとして語られがちだった

# 封じ込める

グレッグ・イーガン著『宇宙消失』には、惑星の軌道も含めた全太陽系すべてを、一瞬ですっぽり包みこむ、巨大というには大きすぎる球体が登場する。これは原寸封じ込めの話だが、壺中天の話は、縮小封じ込めの話である。

人類はあらゆるものを「封じ込める」ことで知を凝集させるという戦略で文化を形づくってきた。暦に時間を、護符に悪霊を、漢字に形を、紙に文字を、地図に地球を、楽譜に音を、そして香りを香水に封じ込めてきた。多くの宗教も、善かれ悪しかれ精神を封じ込めてきたと言える。

この「封じ込め」の歴史は二十世紀にピークを迎え、いまや世界同時ネットワークを武器とした電子情報という、資本主義的神が宗教のごとく地球を覆い、あたかも情報という被膜で地球を完全に封じ込めてしまうところまで来てしまった。

一九八五年、アメリカの生物学者チャールズ・ペレグリーノは、白亜紀後期（約九千七百年前）の地層から、琥珀（マツやスギの樹脂が化石化したもの）の中に、蚊が閉じこめられていたものを発見した。時代を考えてみると、もしこの蚊が恐竜の血を吸っていたとしたら、恐竜の血のゲノム分析も可能かもしれない。ゲノムがわかれば恐竜のクローンも夢ではない。

マイケル・クライトンはこの仮説をもとに『ジュラシック・パーク』を書き、映画化もされた。が、空想科学研究所の柳田理科雄氏は、琥珀に厖大な時を超えて、分析に耐える血液を保てるほどの保存能力があるかどうか疑問だという。血液の寿命は短いからだ。

また、映画について、運良くＤＮＡ分析にかかることができたとして、復活したクローン恐竜の数（五種）や恐竜の染色体の種類（人と同じなら二十四種）、分析に携わった研究員の人数（七・八人）などから見積もると、現在のゲノム分析のテンポからしてアミューズメント・パーク開園は百七十九世紀だそうである。

しかし、絶滅動物復元計画はまだ成功していないが、現に進行中である。鳥と恐竜は系統的に近いので、鳥のゲノムと恐竜のＤＮＡデータと比較すれば、時間はかかるがそれなりの可能性はあるらしい。

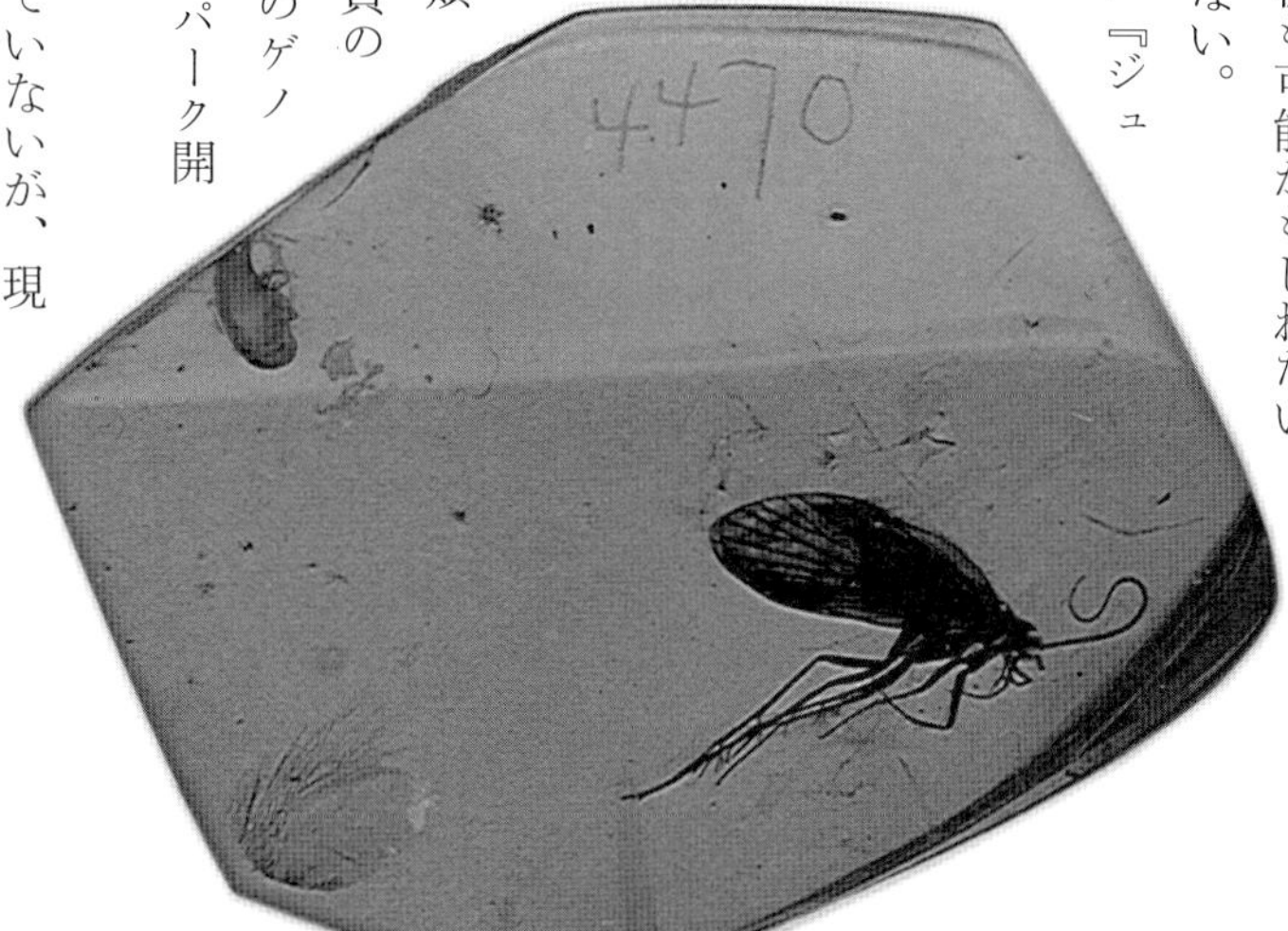


バルト海で採集された琥珀。（"Fossils of All Ages"Grosset & Dunlap, 1978より）

ヤドカリを封じ込めた置きもの
（"The Artificial Kingdom"Celeste Qlalquiaga, Bloomsbury, 1999より）

ともかく、琥珀に封じ込められた蚊から採取した血液が恐竜を生み出す、という夢想は、ミクロの世界にマクロの世界がそっくり入ってしまう壺中天《こちゅうてん》の話に似ている。

中国の葛洪（抱朴子）の『神仙傳』によると、市《いち》で薬売りをしている壺公《ここう》という仙人は、夕方になると壺のなかに入ってしまう。これを常々不思議に思っていた役人の費長房《ひちょうぼう》は壺公に頼んで、壺のなかに入れてもらったところ、そこは、あたかも竜宮城のような別天地。最高のもてなしを受け、万能の護符をもらって帰ってきた。

費長房が得た万能の護符とは、世界を伸ばしたり縮めたり、自由自在にできる力を持っていた。つまり、これは現代でいうトポロジー（位相）変換のようなものなのだろう。

ジョージ・ガモフの『一・二・三…無限大』に、人体が裏返って周囲の空間＝宇宙がそっくり人体の内臓のなかに収まってしまった絵が載っていた。これは、小さい穴があって、穴を裏返すことができれば、理論上では太陽系も含む全宇宙をそのなかに取り込める。壺中天の逸話もあながち空想の産

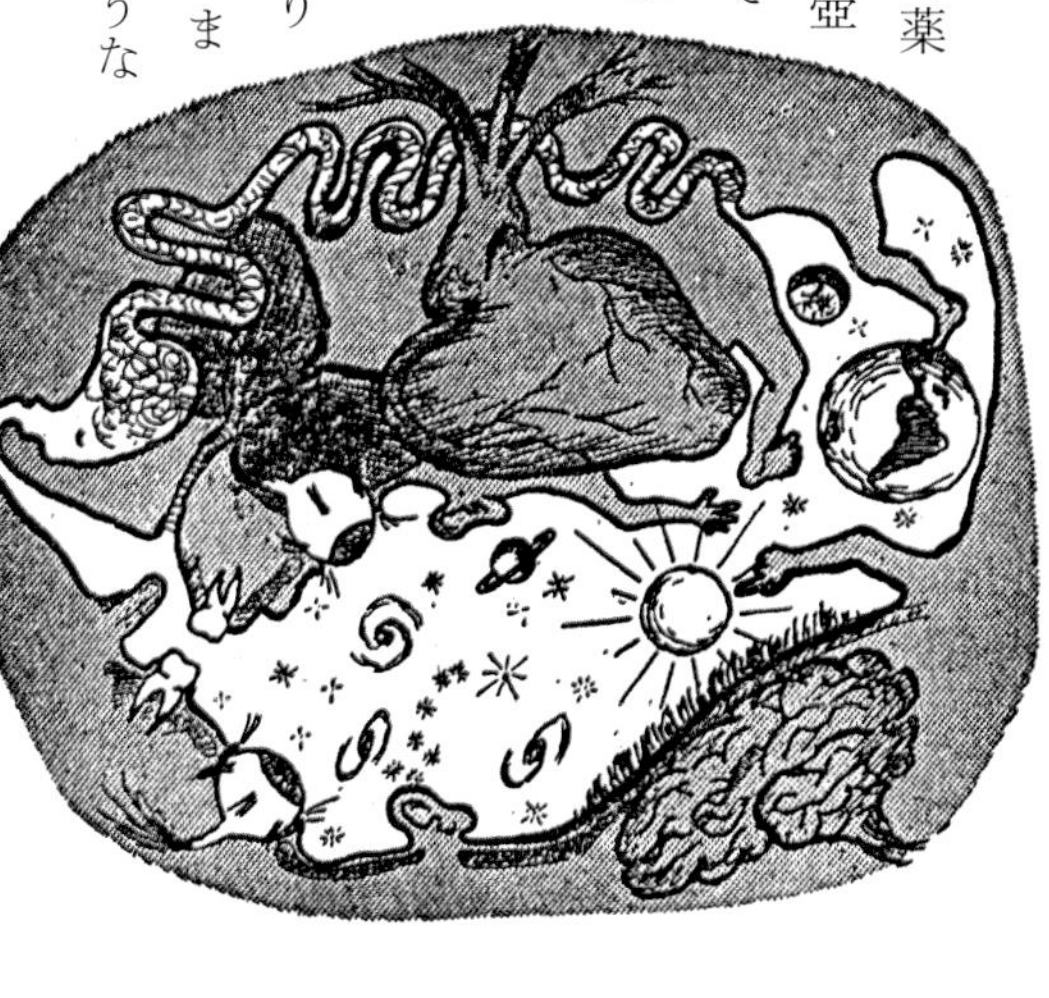

人体が裏返って内臓に全宇宙が収まってしまった図。
従って内臓の内壁は表皮だったり手足や眼・耳・口だったりする。
（『ガモフ全集6　1・2・3……無限大』ジョージ・ガモフ著、川範行訳、白揚社、1975より）

物だけとは言えなさそうだ。

また、費長房が手に入れた、空間を自由に扱える護符も、封じ込めるという観点からいったら興味深い。

白土三平の劇画『ワタリ』にも、人間関係を自由自在に、つまり、良くも悪くも操れる護符がでてくる。護符とはつまりパワーが封じ込めてあって、いつでも取り出せる魔法の杖のようなものである。映画『陰陽師《おんみょうじ》』（二〇〇一）で野村萬斎が演じた安部晴明《あべのせいめい》が使う星形マークの晴明桔梗印も、呪術図形＝護符としてよく知られている。

この図形は道教の流れを汲んでいて、五行（木《もく》・火《か》・土《ど》・金《ごん》・水《すい》）を象ったもので、陰陽五行の理《ことわり》を封じ込めたものだ。

京都の晴明神社に行って見てきたことがあるが、提灯にはじまり、あらゆるところにこのマークが記されていて、そのシンボリックな異様さと不安感はナチスの鉤十字に匹敵するかな、などと不穏な感想を抱いてしまった。

ヨーロッパの秘密結社フリーメーソンにもこの晴明印と同じマークがみられる。フリーメーソンとは、石工や建築家のギルド（組合）として、彼らの権利を守るために設立されたが、十八世紀あたりから、より思弁的になり、秘密結社化していった。組織にとってロゴマークは必要だが、まして秘密結社とあっては神秘度アップのためのマークは必需品。

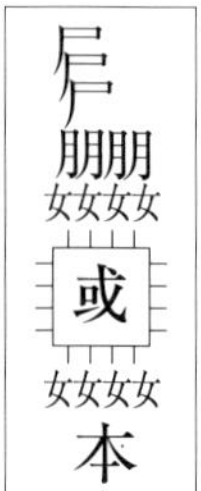

右／白土三平著『ワタリ5　0の忍者2』（小学館、1984）のなかにあった護符。
ゼロの忍者はこの真言密教系の護符で暗示にかけられ力を得た
中右／晴明神社の提灯にかかれた☆型の晴明印。神紋でもある。宇宙万物の除災清浄を表す
中左／1ドル札のウラに描かれたフリーメーソンのマーク「万物を見通す眼」。左はその部分の拡大。
「眼」とはもちろん神の眼。うがってみれば、すみずみまで警戒を怠らない監視の眼でもある

真偽はさだかでないが、フリーメーソンには今もって欧米の政財界に多くのメンバーがいると言われている。一ドル紙幣のウラの、三角形の中に眼が描かれている絵は、フリーメーソンのマーク「万物を見通す眼」として有名だ。星条旗の★型もフリーメーソンに由来すると主張する人もいるが、考えすぎだろう。

いずれにせよフリーメーソンでは、三角形や、三角形がダブルに重ね合わされた六芒星と並んでこの五芒星が、神の意志を封じ込めたマークとして、護符のように使われてきた。

ピタゴラスに由来する五芒星はペンタ‐アルファ（ギリシャ語の五―A）と呼ばれ、☆の尖ったところが、アルファベットの最初の文字Aが、五つ回転しているようにみえるところから、邪悪な精神を封じ込め友愛をもたらす、と信じられていた。護符の効能は晴明印と似ているところもあるが、晴明印のほうが天地の理念を封じ込めたぶん、力がありそうだ。

アーサー・C・クラークのことばを借りれば、「高度な先進技術は魔法と見分けがつかない」。お台場の日本科学未来館にたまたま行って納得してしまったが、ナノテクノロジーの超微細術は壺にあらゆる技術を詰め込んでもおつりがくるくらい細かく、できる仕事の奥行きも深く、範囲も広い。現在なにげなく使っている音や画像や記憶を封じ込めるためのコンパクトな装置も、見方を変えれば護符であり、一種の魔法だろう。

カジミール・マレーヴィチの《四角形》（黒丸内）がはじめて発表された「0、10展」のマレーヴィチのコーナー。1915年。
《四角形》は究極の抽象として美術概念を封じ込めたものとして知られる。ロシア正教のイコンがいつも掲げられる場所である部屋の角の上に、「イコンに変わりうるもの」という意図のもとに展示されている。
（"Kazimir Malevich 1878-1935" Ministry of Culture U.S.S.R., Stedelijk Museum Amsterdam, 1989より）

# 消す

「芸」の字の旧字は「藝」。削除された「埶」の部分には儀式的な意味があり、かつては神事や政治との関わりのなかに芸事があったことを示唆する漢字だったが、今は略されたことによって、文字通り単に芸事のみをさす文字になってしまった。「月世界旅行」などで映画黎明期に活躍した魔術師ジョルジュ・メリエスは、映画では一瞬で人を消すことができる、として映画製作に入った……など、消去にまつわる話を集めてみた。

一九七九年に出版された『ユリイカ三月号臨時増刊ダダ特集』には、ダダに関する評論や訳文に混じって、アーティストたちのダダに対する思いが綴られていた特集号だった。

そのなかで高松次郎氏は、「目次だけにある一行」という一文(?)を寄せた。該当する見開きページには、本の天地と小口の「ノリシロ部分を貼り合わせるように」、という指示が書かれているのみだった。これは、自分のページを消失させることによって目次にあるタイトル「目次だけにある一行」を浮上させようとす

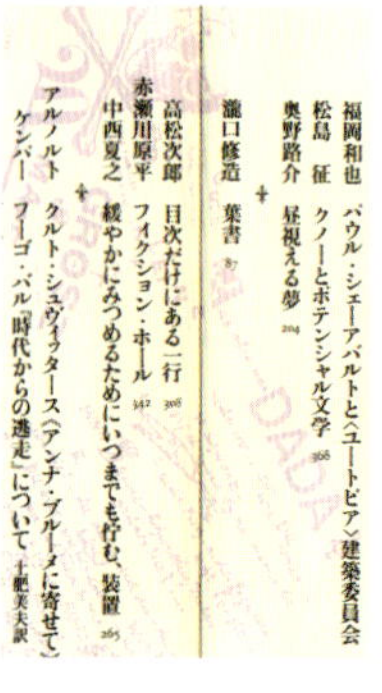
福岡和也　パウル・シェーアバルトと〈ユートピア〉建築委員会
松島　征　クノーとポテンシャル文学　368
奥野路介　昼視える夢　204
瀧口修造　葉書　87
高松次郎　目次だけにある一行　308
赤瀬川原平　フィクション・ホール　342
中西夏之　緩やかにみつめるためにいつまでも佇む、装置　265
アルノルト　クルト・シュヴィッタース〈アンナ・ブルーメに寄せて〉
ケンパー　フーゴ・バル『時代からの逃走』について　土肥美夫訳

『ユリイカ　特集：dada』（1979年3月臨時増刊号、青土社）のダダ特集の目次の一部（左）と高松次郎のページ。4カ所に「ノリシロ」とあり、ここを高松の指示通りに貼り合わせるとこのページは概念的には消滅する

る試みなのだろう。高松の「These Three Words」という作品にも似た（P.206参照）、自同律のような印象を抱いたことを覚えている。

坂根厳夫著『遊びの博物誌』に、ルイス・キャロルの熱中したパズル、マス目がひとつ増えたり減ったりする手品が紹介されている。

図の正方形の図の赤い太線のところを切り離して長方形に組み直したとき八×八＝六十四コマが五×十三＝六十五コマになって、一コマ増え、その下のアレンジでは一コマ消えてしまう。このトリックの仕掛けは太いケイにありそうだが、フィボナッチ数列（次に続く数字がその前ふたつを足した数字、例えば2＋3、3＋5、5＋8…）の連続する三つの数字の真ん中を正方形の一辺に、前後を長方形の縦横にすればいくらでもこのマス目消失手品がつくれるらしい。

欧米で古くから知られているレプリコーン（老人の妖精）の「姿かくし」ゲームでも、「遊び（冗長なところ）」をうまく使って、謎を生み出している。十五人の妖精

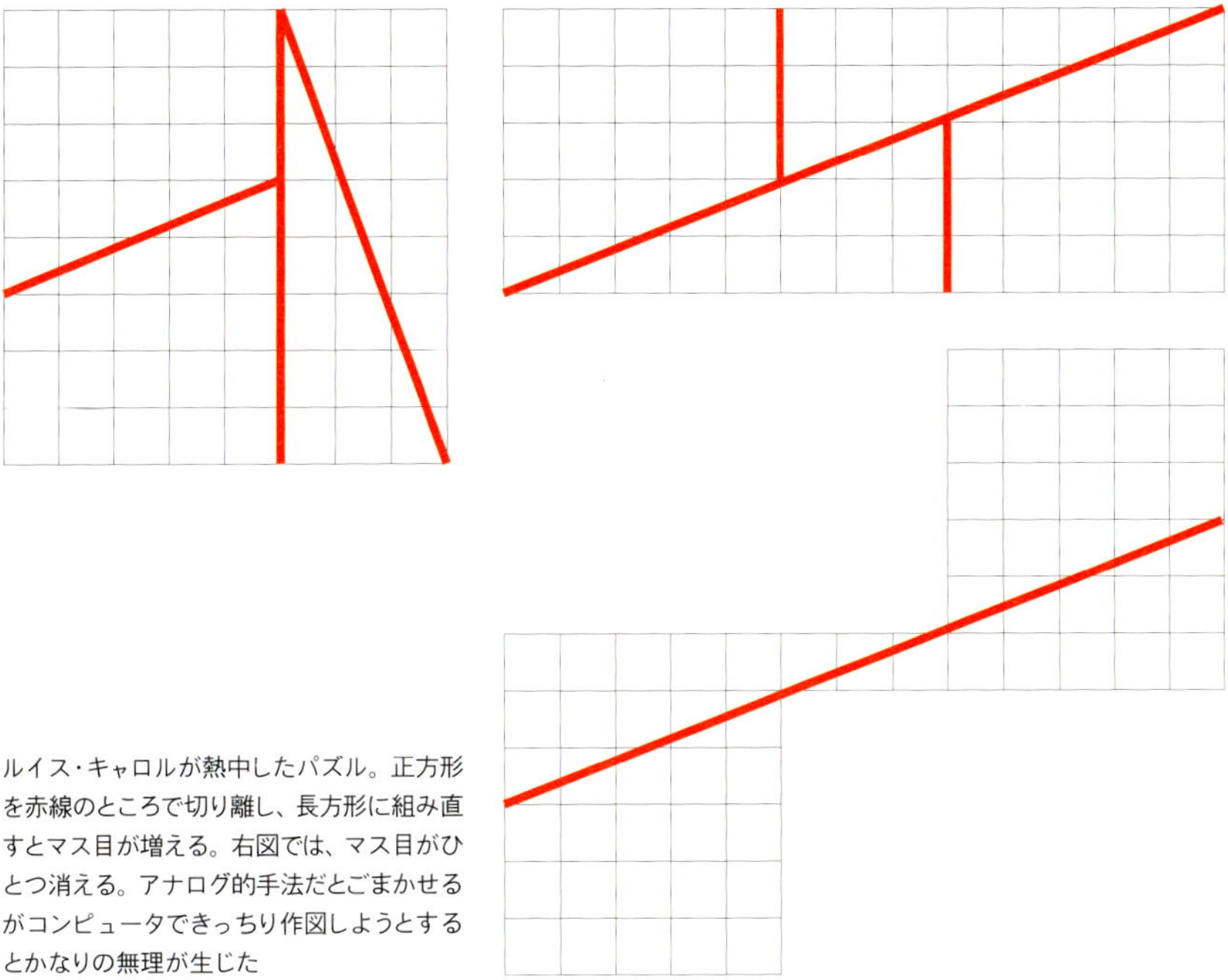

ルイス・キャロルが熱中したパズル。正方形を赤線のところで切り離し、長方形に組み直すとマス目が増える。右図では、マス目がひとつ消える。アナログ的手法だとごまかせるがコンピュータできっちり作図しようとするとかなりの無理が生じた

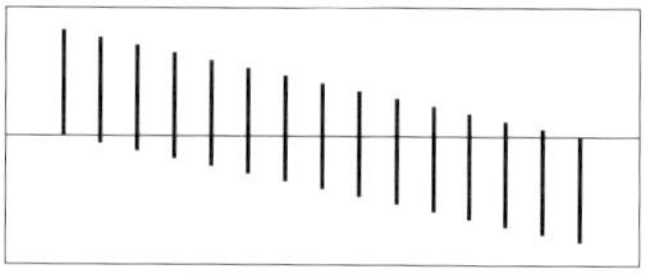

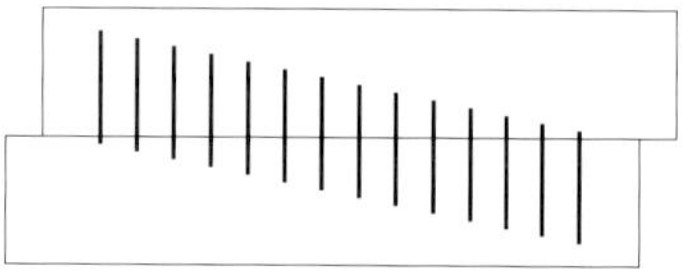

カナダのグラフィック・デザイナー、パット・パターソンがつくった
「消える妖精(The Vanishing Leprechaun)」。
上図の上段の切れ目があるところを左右入れ替えると、
下図のように老人の妖精(レプリコーン)が一人消える。
(『ひろがる視覚世界　遊びの博物館』朝日新聞東京本社企画部編、朝日新聞社、1979より)
原理は本文中で述べている「かくれ分配の原理」で、
右図の上段を右にたて線1本分動かすと下図のようにたて線が1本減る。
たて線1本が残りの14本に振り分けられたからである

の上半分を左右に切り分け、入れ替えると妖精が一人減ってしまう。このトリックにはニセ札づくりのワザが生きているという。

ミステリーファンの常としてトリックを詳しく語れないが、島田荘司著『占星術殺人事件』の骨子のトリックも同じだった。何人も殺して死体を切り刻み、組み合わせを変えてパズルのように扱い、第何回目かの「本格」ミステリーブームの火付け役となった作品だ。

殺した敵の頭をボールがわりにして遊んだのがサッカーのはじまりだったことを思うと、この死体遊びもなぜかユーモラスである。島田荘司氏の別のミステリー作品『眩暈《めまい》』では語りを一人称にすることによって真実を消し、事実誤認に導こうとするワザを用いていたが、それがまた眩暈を起こさせるような筆致で描かれていたので作品的には成功していたようだ。

どこの国にも紀元節というのがある。その国の支配権力が成立した年から起算して、国の年齢を数えるやり方である。日本では神武天皇が即位した年から数えて現在が何年、という具合である。戦前では皇紀二六〇〇年で大騒ぎしたが、これも占領軍が進駐してきて体制が名ばかりの天皇制にかわり、もはや皇紀（西暦二〇〇五年をこれで換算すると皇紀二六六五年になる、以下カッコ内同）で数える人は皆無になってしまった。

数年前に北朝鮮が金日成の生誕年を紀元とする「チュチェ紀元節」（九四年）を

発表したが、ここには自らが唯一の存在で他とは交わらない、という強い意志が感じられ、現在の世界の喧噪とは限りなく遠いところにいるように思える。もちろん世界で使われている西暦自体が、キリストの生誕年というあいまいな論拠によっているのだが。

マホメットが迫害から逃れた年から起算したヒジュラ紀元（一四〇三年）、シャカ族が北西インドを征服した年の釈迦紀元（一九二七年）、バビロニア王の即位年からはじめたナボナサール紀元（二七五二年）など、権力者が変われば消え去る悲しい運命が、紀元節にはある。世界の圧倒的な勝者はキリスト紀元だろう。

自分中心でものを考えるのが権力者というもの。ファシズムや共産主義では、ヒモの掛け違いで失脚し、粛清されたかつての同士と一緒に写っている写真から、その当人をカット・修正して、存在しなかったものとする度量の狭いワザは日常茶飯だった。これも一種の潔癖症なのだろうか。

背景に人などの夾雑物が多くて最高権力者が目立たない場合も背景をすっきり

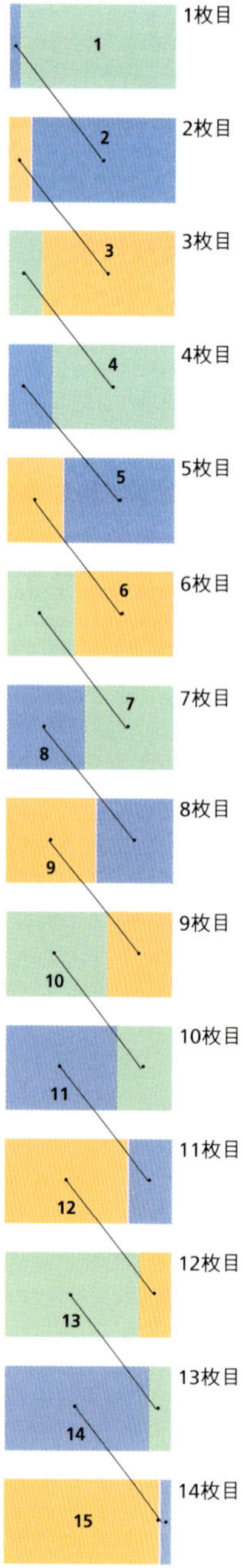


ニセ札のつくり方。14枚のお札から1枚増やす方法。
お札を15等分して線で結んだ札同士をセロテープなどでくっける。
テープで貼った部分が1か所あるお札が13枚と
右はしと左はしが欠けたお札が各1枚できる。
お金のやりとりが相当ラフなところじゃないとすぐにばれる

させてしまう。こうした細かいところにまで神経を使った低レベルのヴィジュアル重視も全体主義の特徴だった。

ヒットラーはとくに物質信仰が強く、噂に嫉妬して、ゲッペルスを自分の写っている写真から消したこともあった。ロバート・ゼメキス監督の映画『バック・トゥー・ザ・フューチャー』（一九八五）で過去が変わりそうになるとスナップ写真から家族がだんだん消えていくシーンが思い出される。

ヒットラーは、当時公式には婚約者とみられていたレニ・リーフェンシュタール（左から3人目）と談笑している場にレニと噂のあったゲッペルス（上の写真の右から2人目）が同席しているのに耐えられなかった、1937。
（“Making People Disappear” Alain Jaubert, Pergamon-Brassey's,1989より）

チェコスロヴァキアの自由化・民主化運動に火をつけた1968年の「プラハの春」の立役者、ドプチェク共産党第一書記は、ソ連がプラハに軍事介入して弾圧したあとでは消え去るしかなかった。写真では背後の建物と手前のマスコミごと移動してドプチェクを消すという荒技にでている。しかし、ドプチェクの右足のつま先の消し忘れ（○印）は自由の灯が消えたことの証拠でもあるが、同胞を粛清しまくったソ連もまた消え去ってしまった。
（『イリュージョン』エディ・ラナーズ著、高山宏訳、河出書房新社、1989より）

目立たせることと、まわりに溶け込ませることとは表裏の関係にある。生き残るために自らの存在を消去するのが昆虫などの擬態であり、迷彩服を着た兵士たちのカムフラージュである。白土三平の『カムイ伝』や『忍者武芸帖』には死んだように完全に気配を断つ術が語られているが、ゲリラ戦ではどんなに周囲の状況にカムフラージュしていても、動きさえすれば必ず見つけられるという。この百年はパッケージの世紀とも呼ばれたりしているが、製品をカバーすることで実態を消すのもカムフラージュのひとつだ。

天皇制の絶頂期の大正・昭和の頃、天皇の写真が国民に渡されることとなった。これを下付《かふ》と言い、写真自体は「御真影」と言われ、おろそかに扱うと罰せられた。文革のころ毛沢東の写真の載った新聞を破いたり捨てたりして罰せられたのと同列である。

火事で「御真影」を焼いてしまった小学校の校長が自殺した、なんていう話もあったらしい。このやっかいで疫病神のような「御真影」は天皇が写っているにもかかわらず、恐れおおくて直に見ることは禁じられていた。従って「御真影」が飾られて（祭られて）ある部屋の一角は、その家にとって頭を下げる以外には存在しない空間となってしまっていた。これもいわば消去された空間なのかもしれない。

円と四角だけのドットにカムフラージュされた「VICTOR VASARELY」の文字。

ヴァザルリに対するオマージュを捧げるためにスコットランドの視覚研究者ニコラス・ウェイドが作成したもの。

遠くから眺めると眼鏡をかけたヴァザルリの顔が浮かび上がってくる。

(『ビジュアル・アリュージョン―知覚における絵画の意味』

ニコラス・ウェイド著、近藤倫明訳、ナカニシヤ出版、1991より)

# 4

# 数字・文字・暗号・シンボル

## フィギュア

デストロイヤーのプロレス技〈四の字固め〉は英語で〈figure four leg lock〉と言うが、フィギュアという言葉には「姿・かたち」とか「図形」に混じって「(量も含めた) 数字」という意味がある。数字とはもともと「かたち」を伴っていたということなのだろうか。

エッフェル塔を三十センチの縮小模型にすると、その重さは薄い便せん一枚より軽くなってしまうという。台座から頂上までの重さが九千七百トン、錬鉄と鋳鉄だけの重さでいうと8564816kg≒約8565トンで、エンパイア・ステート・ビルの鉄骨構造だけの重さの十六・五%しかない。

あの高さでこの重量が実現できたのは、ギュスターヴ・エッフェルが、多くの鉄橋建設の経験を生かして、強烈な風圧に勝とうとするのではなく、風との共存を選んだからにほかならない。つまり、鉄骨建築の常識である対風対策の設備を一切排除することで得た軽さだった。もちろん、塔という形状だったからできた、ということもあったが、エッフェルを除いて誰ひとり考えたことのない新しい戦

アンドレ・マルタンのエッフェル塔写真。

マルタンの写真にはエッフェル塔全体の写真は1枚もない。

エッフェル塔嫌いのモーパッサンはエッフェル塔のレストランでよく食事をした。

そこではエッフェル塔を見なくてすむからだという。

マルタンの写真ではその逆で、交差する無数のエッフェル塔の鉄骨が見えるだけである。

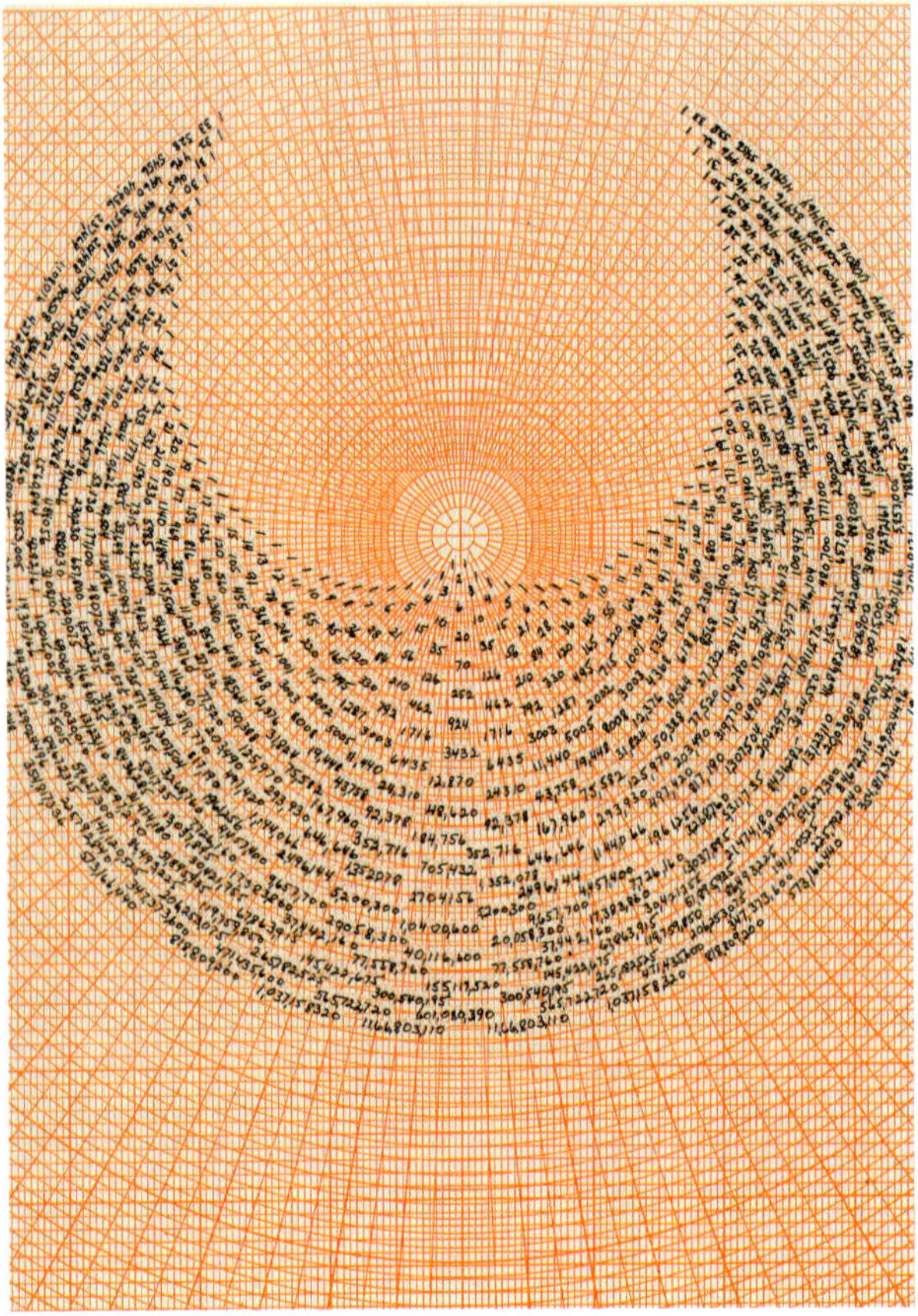

左ページ下／アグネス・ディーン《パスカルの三角形》1973-75。17世紀半ば、空気の重さの計量や、真空の実験で有名な数学の天才パスカルが完成した算術の三角形を、手書きでピラミッド状に書き連ねた作品
左ページ上／その部分アップ
右ページ上／パスカルの三角形の頂点を中心にひねりを加えたもの。
（以上は"Agnes Denes" Herbert F. Johnson Museum of Art, Cornell University/Ithaca, 1992より）
右ページ下／掛け金分配の数列でもある「パスカルの三角形」（グレーの三角形）の説明図。垂直線の右にある数字を足すと矢印の先の数字になるという数列が矢印方向に向かって永遠につづく。また、たとえば折り重なった植物の葉が万遍なく日の光を浴びるための重なり具合を表すときなどに使われるフィボナッチ数列（右側のピンク数字）もこの中に仕組まれている

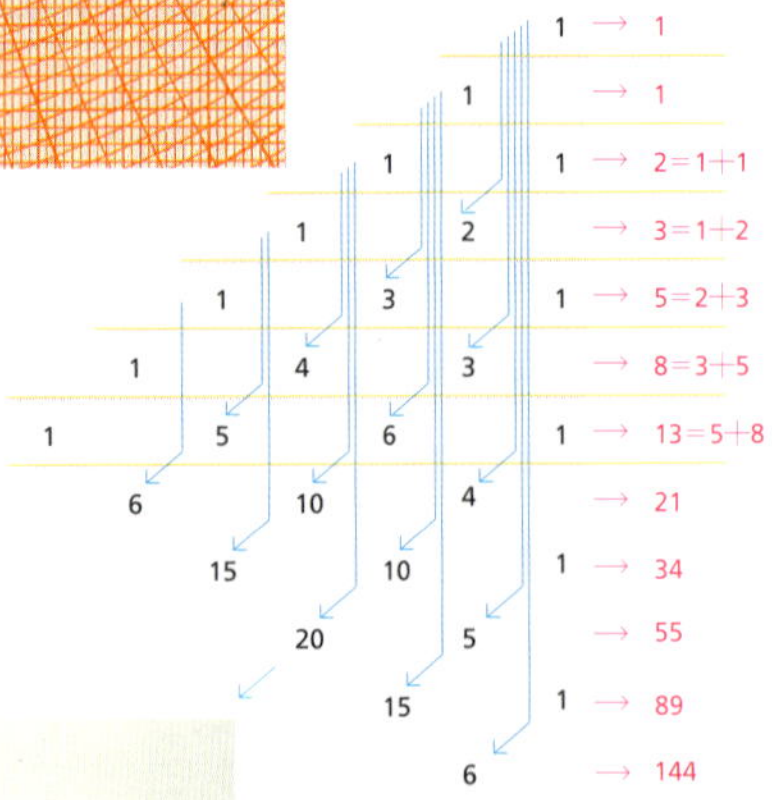


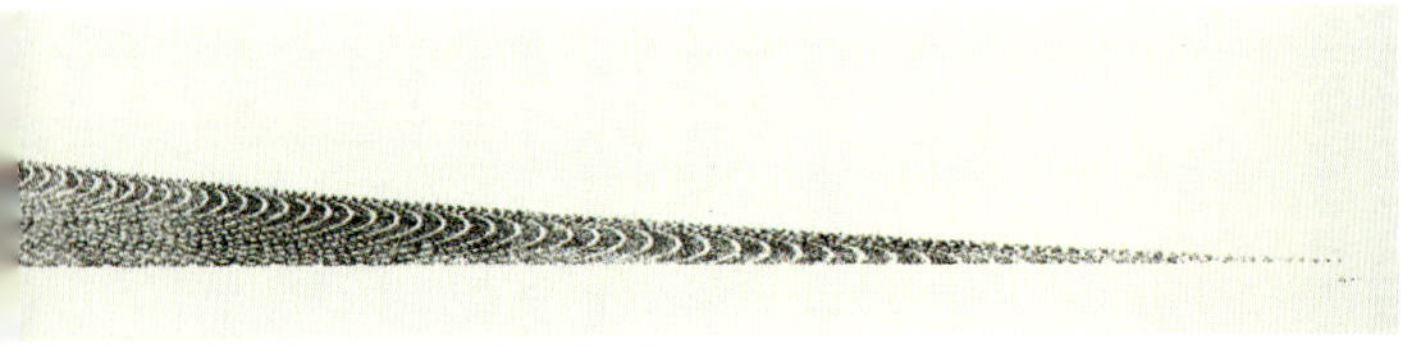

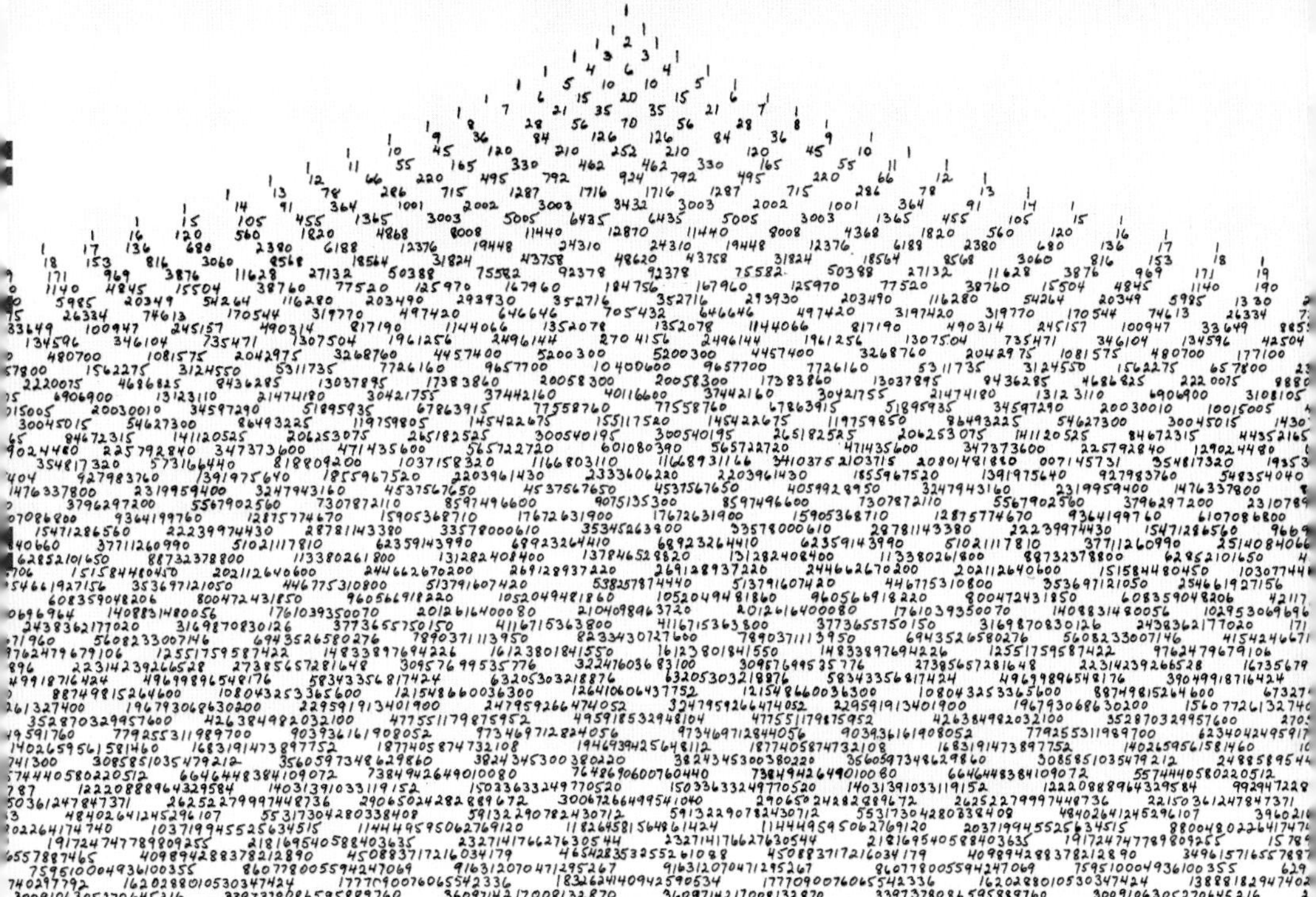

略だった。
エッフェル塔が建設された当時、モーパッサンをはじめとする多くの文化人は、パリの異物だとして毛嫌いした。しかし、エッフェルの中に「パリの風に同化させたい」というコンセプトがあったことをもし知っていれば、評価もおそらく変わっていただろう。こんなことを考えながら8564816kgという数値を見ていると、光の速さの数値（秒速299792458m）に匹敵するほどの魅力的な数字の連なりのように思えてきた。

一九一三年、一秒の長さを決めるために天体時計が導入された。緯度0度の地点、つまり赤道での一日の平均太陽時間の八万六千四百（六十秒×六十分×二十四時間）分の一が一秒と定められた。しかし、一九五〇年代以降、世界はコンピュータを介したコミュニケーション網に向かって加速していたので、より正確な時間による座標軸というものが必要になっていた。
一九六〇年以来、誤差は千分の一秒、一万分の一秒、百万分の一秒と精度は上がる一方だったが、一九六七年、国際度量衡会議で、一秒はセシウム原子133が発する放射線波の振幅周期の9192631770倍と決められた。これが原子時計で、誤差十のマイナス十乗秒という驚異的な高精度を得ることとなった。

われわれグラフィックデザイナーがQuarkXPressやInDesignなどのレイアウトソ

フトを使ってデザインする場合、ページ上の「どこで」という位置座標は大変重要である。コンピュータを使ってデザインするようになって、版下作業のころの念願だった水平垂直の正確さはもとより、全体の精度は格段に上がり、デザインしていても気持ちがいい。その数値の細かさは写植のときの一級が〇・二五ミリメートルなので、デザイン上で扱う数値も小数点以下第二位、百分の一まで制御するのはデザイナーの基本である。

QuarkXPress、Illustrator、Photoshopなどの座標表示は小数点以下三位までだが、コンピュータの単位がポイントなのでミリに変換したときに誤差が出る。Quarkでは、文字ボックスのサイズが、計算上では正確なのにうまく入らない場合がある。これは、誤差のなせるわざなので、誤差の許容値（0.0004、メジャーパレットに表示はされない）を加えれば補正できる。ということは小数点以下四位までも視野に置いておく必要があることになる。

パナマ運河の最初の発案者でもあり、十八世紀から十九世紀にかけて活躍した、探検博物学者アレクサンダー・フォン・フンボルトほどあらゆるところに名を残した人物もいない。ペルー近海のフンボルト海流、その海流に洗われるペルー沿岸に住むフンボルト・ペンギン、中南米のオリノコ川周辺ではフンボルト・コースとして探検ルートがたどれる。フンボルティはマメ科植物ジャケツイバラの一種、フンボルティライトといえばヴェスヴィオ火山の中腹で見つかる天然の珪酸塩、フンボルタインは天然の水和ショウ酸鉄、フンボルタイトは天然の水和珪化ホウ酸カルシウムである。ほかに山だ、湾だ、公園だと幅広い。

フンボルトが、オリノコ川の地勢の探査を行ったとき（一七九九〜一八〇四）、十九世紀初頭で携帯できる学術上の最高の観測器具を洗いざらい持っていった、というのは有名な話。「われわれにとっては器具のほうが自分たちの健康よりも心配だった」とうそぶくほどだった。

何種類かの六分儀、四分儀、測量のためのバロメーター、クロノメーター、マイクロメーター、経緯儀、温度計、望遠鏡、湿度計、顕微鏡、羅針盤、標尺、地球磁場観測器、キャノメーター、秤など、十七・十八世紀の観測器具史の一切がここに集められたかのようだったという。そしてこれらの器具の修理道具までも別に持っていったというから恐れ入る。

こうして徹底的に測定されたデータは、「自然絵画」とか「物理学的絵画」などと呼ばれる自然科学的な風景画へと結実していく。アンデス山脈の断面図では低地から高地にいたる動植物相を描きだし、図の左右にそれぞれの高度における測定データを事細かに記している。山脈とその周辺の大気圏も含めたあらゆる現象を一枚の絵図にまとめて編集してしまったのである。

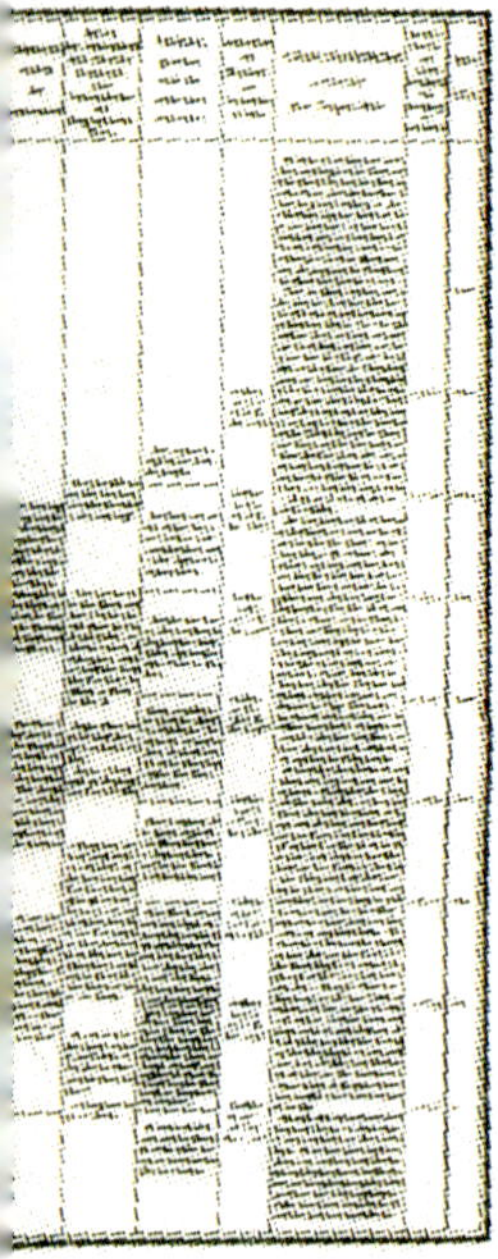

自然絵画とは数値によって示される事実だけを提示したものとフ

フンボルトのスケッチをもとにして描かれた自然科学的風景画と称された銅版画「アンデスの断面図」。『植物の地誌学の理念、および熱帯地方の自然の絵画』（1805）より。アンデスにある二つの山の断面図に植物の植生の垂直分布を描きこみ、図の左右にはほかの都市の山などの高度が比較のために記されている。絵の左右には20の欄があり、高度に伴う気温・湿度・気圧・電気現象・重力測定・大気の明澄度・空気の化学的性質・水の沸騰点・光線の強弱度などのデータが事細かに記されている、まさに自然の地図

ンボルトは考えていたが、実際は（これが風景画といわれる所以なのかもしれないが）自然美に対する感動も描きこんでしまったのである。フンボルトは単なるデータ解析者ではなく、「直観」（感動）がもたらす「数値の美」に気づいたひとりだったようだ。

# 216′ 126′ 32′ 21

謎は謎であるうちが花である。人心を惑わし続けたノストラダムスの大予言も、二十一世紀の戦略が楽しみだ。

ところで、タイトルに魅かれて映画を観に行く場合が多い。「マトリックス（matrix＝行列）」（一九九九、二〇〇一、二〇〇三）はあまりにも有名になってしまったが、「キュア（cure＝治療）」（一九九七）に、「キューブ（cube＝立体）」（一九九七）。そして、ダーレン・アロノフスキー監督の「π」（一九九七）。

「π」はπとは直接関係なく、216桁の数字をめぐって謎が展開する。結局、謎は謎のまま終わるが、焦点はこの216桁の数字にあった。この数字列は、ヘブライ語の文字を表わしているという。

ヘブライ語は、ギリシャ語と同じく数字はアルファベットで表わされる。ここから単語なり文章を数値に置き換えることができる。ユダヤ教の聖なる神の名Y《10》H《5》W《6》H《5》（ヤハウェ）は10＋5＋6＋5＝26、という具合である。既に述べたが、中世の神秘主義カバラでは、この文字の数値から単語や文章の数値を求める方法論をゲマトリアといい、後の数字を用いた運命学ジャンルの主流となる。

---

Christmas《9》 pudding《7》 Christmas《9》 pie.《3》 It《2》 at《2》 the《3》 problem's《8》 very《4》 center.《6》

しかし、この216桁の数字からユダヤの神の託宣を読み取るのは至難である。なにしろ、ヘブライ文字には三桁相当の文字もあるので、組み合わせなどを考えていたら、ノストラダムス級《クラス》の、多くの解釈を生み出すこととなるだろう。文字から数値を割り出すのは容易だが、数字から文字を割り出すのは難しい。

従って、216桁の数列は意味がありすぎて逆に意味がない、ということになりそうだ。それよりも注目すべきは「216」という数字である。

ユダヤ教の聖なる周期が216だったり、ユダヤ教の最強の神の名をなす七十二個の文字の三倍が216だったり、という神秘主義的解釈はひとまず置くとして、216は三つの三乗数の和で表わせる最小の三乗数である。つまり、$216=6^3=2^3\times3^3=3^3+4^3+5^3$。三乗とは、タテヨコ高さの立方体。ヴィンチェンゾ・ナタリ監督の映画「キューブ」の部屋数一万七千五百七十六は二十六の三乗、つまり一辺二十六の立方体を示しているが、この二十六は、ヤハウェの二十六とは関係なさそうだ。

このシンプルな数字の並びは、宇宙を数字で表わそうとしたギリシャのピタゴラス派の十八番《おはこ》だが、もうひとつ気になる神秘がある。…どうやら、ピラミッドにまつわる数字からさまざまな天文学的な数値との類似近似点を見つけだそうとする試みに、似てきてしまった。ついでに言うと、仏陀の足跡に関係ある数字も216歩だそうだ。

ルイス・キャロルがπ（円周率）の22桁を単語のアルファベットの数で表わした英文の文字遊び。
ピリオドやアポストロフィ、エクスクラメーション・マークは数に入っていない。
意味は「どうすればπを憶えることができるだろう。ひらめいた《ユリイカ》と大発明家は叫んだ。
クリスマスのプディングとクリスマスのパイ、それが問題の核心なんだ。」（下野隆生・水野精子訳）

---

小数点の位置

3 . 1 4 1 5 9 2 6 5 3 5 8

**How I wish I could recapture pi. Eureka! cried the great inventor.**



4. 216、126、32、21

魔方陣というのは、タテヨコ同数のマスのある方陣の、タテヨコナナメのどこを足しても同じ数になるもの（和方陣）のことを言う。積方陣、つまりタテヨコナナメどこをかけても同じ数になるものの最小の積算値が216（三の魔方陣で表わせる）であることも、何か特別な数字の気配に満ちている。

数字を単数化する遊び（何桁の数字でもひとつずつ足して単数にしてしまう）によると、2＋1＋6＝9＝3×3で三の方陣になる。また216の数字の組み替え（アナグラム）による126という数字は、量子力学では原子のマジックナンバーと呼ばれ、原子核を安定させる数字のひとつである。

原子核は陽子と中性子からできているが不安定であり、核分裂が起きる。この原子核が安定するときは、陽子と中性子を足した質量数が2、20、28、50、82、126のとき突然、安定する。この数列のしくみはまだ解明されていない。

第二次大戦後の最大の秘密といえば、原爆製造にまつわる秘密だろう。過日、テレビのドキュメントで知ったが、その秘密とは、ウランかプルトニウムを点火して最大の効果、つまり最大の核分裂を得るためには、どのような起爆装置（爆縮レンズという）をセットしたらよいか、ということだった。B-29に原爆を積み込

53‡‡†305))6*;4826)4‡.)4‡);806*;48†8¶60))
85;1‡(;:‡*8†83(88)5*†;46(;88*96*?;8)*‡
(;485);5*†2:*‡(;4956*2(5*——4)8¶8*;40692
85);)6†8)4‡‡;1(‡9;48081;8:8‡1;48†85;4)
485†528806*81(‡9;48;(88;4(‡?34;48)4‡;
161;:188;‡?;

エドガー・アラン・ポーの『黄金虫』(1843)に出てくる海賊キッド船長の宝の隠し場所の換字暗号文。168個の数字と記号は英語と仮定してアルファベットの使用頻度順と記号の頻度とをあわせて解読していく。英語では「e」が一番多く「aoidhnrstuycfglmwbkpqxz」と続くらしい(『黄金虫』本文より)。この暗号は約物も使っているのでなにやら難解なムードがただよっている。解読された文章は——A good glass in the bishop's hostel in the devil's seat——forty-one degrees and thirteen minutes——northeast and by north——main branch seventh limb east side——shoot from the left eye of the death's-head——a bee-line from the tree through the shot fifty feet out.…よき眼鏡僧正の宿屋にて悪魔の座にて——41度13分——北東微北——本幹第7の枝東側——髑髏の左眼より射て——直線樹より弾を通して50フィート外方に(丸谷才一訳)

む映像では、ディテールのわかるシーンは公開禁止の措置がとられていた。この均衡が崩れたのは、爆縮レンズをつくったアメリカの科学者のひとりが、アメリカだけが核を独占する世界はおかしい、と旧ソ連に情報を流したため（共産主義者でもないらしいのにこう考える人を輩出するアメリカはすごい）。ソ連は、その情報をもとに、アメリカに遅れること四年で原爆実験に成功、イギリス（一九五二）、フランス（一九六〇）と続き、ソ連の援助のもとに中国（一九六四）も、そしてインド、パキスタン、さらに、イスラエルと北朝鮮が続き、韓国も不透明など秘密は世界共有の悪魔の財産となってしまった（ちなみに水爆は原爆を起爆剤として核融合を起こそうとするもの）。

この爆縮レンズの秘密は爆発速度の速いものと遅いものの、二種の起爆装置を三十二個ウラニウムのまわりに取り付ける、三十二面体の立体（サッカーボール？）というもので、この「32」という数字はアメリカの最高機密だった（今はここに書いているくらいだから、もちろん秘密ではない）。

三十二面体は五角形と六角形でつくることができる。同じ立体でも、十六世紀の天文学者ヨハネス・ケプラーは、プラトン立体（同じ種類の正多角形からなる立体のことで五つある）を太陽系の軌道の構造を解明するのに使ったが、これなど三十二面

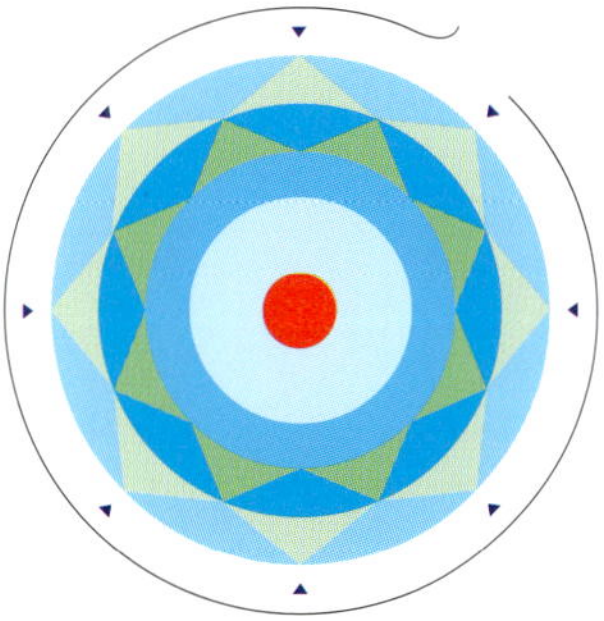

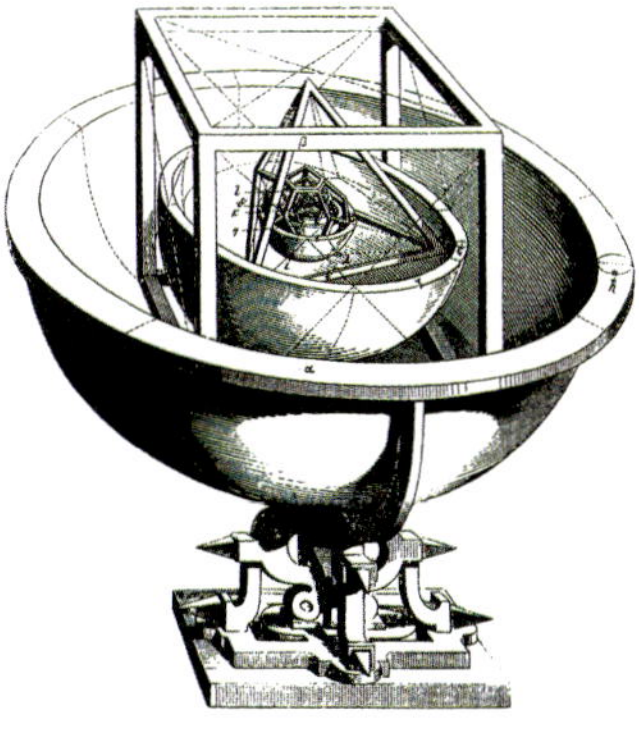

上／イラクが中国から技術援助を受けてつくろうとしていた原爆の概念図。もちろんアメリカが開発したものと同じ原理が使われている。作図／澤地真由美、1999
下／ヨハネス・ケプラーのプラトン立体5つを使った太陽系の惑星軌道モデル。惑星の軌道は球体の円周で表わされ、球体と球体の間に各立体が接してはさまり、それが惑星間の距離を形づくることになる。この立体の並びは太陽に近いほうから正8面体、正20面体、正12面体、正4面体、立方体。当時は土星までしか発見されていなかったのでこの偶然の産物と思える理屈も通用した。ケプラーの算出した軌道間の距離はかなり正確で、このモデルも見た目より科学的だがここに描かれた球体の厚みに秘密（帳尻あわせ）がありそうである



4. 216、126、32、21

体の秘密にくらべたら相当かわいい。

エクソン（EXXON）社のロゴデザインは、インダストリアルデザイナーの草分けレイモンド・ローウィである。このロゴ決定までのプロセスは興味深い。O・B・ハーディソン・ジュニア著『消失と透明化の時代』によると、エクソン側の要求は、旧社名の「ESSO」の香りがすること、アルファベットであり、頭文字の単なる羅列でなく発音可能であること、そしてこれこそすばらしくもあるが最高の難問でもある、メタファーすらもたらしてはいけない、「何も意味しない」ということだった。それは英語圏以外でもなんらかの意味（口にするのもはばかられるような意味も含めて）を持ってはならない、ということである。

ジュール・ヴェルヌの『海底二万里』（一八六七）にでてくるネモ船長の「Nemo」は、ラテン語で「存在しない人」を意味していたが、その意味とは裏腹に、存在感のかたまりだった。エクソンもネモと同じような効果を狙ったのかもしれない。何も意味しないことによって語の印象だけが浮上するというところだろうか。

いずれにせよバスク語にはみられるが、英語にはないダブルX（ローマ数字の二十、エールビールのアルコール度数、キス二回、そして成人映画系での成人度数などに使われたりするが…）を使うことによって、純粋に社名しか意味しない、翻訳不能の域を実現した。

ハーディソン・ジュニアは、これこそ最高のコンクリート・ポエトリーと語る。

silencio　silencio　silencio
silencio　silencio　silencio
silencio　　　　　　silencio
silencio　silencio　silencio
silencio　silencio　silencio

t h e s e
t h r e e
w o r d s

コンクリート・ポエトリー2種
右／オイゲン・ゴムリンガーの「シレンチオ」(1953)。silencioはスペイン語で「沈黙」。真ん中の一文字欠落がテーマを浮き上がらせる
左／高松次郎の「these three words」(1960年代末頃)。完全に表現と意味が一致していて隠喩すら排除した、いわば「純粋」に「無」意味を実現したものといえそうだ

ダダも「何も意味しないもの」をひたすら求めたが、過去の歴史性を排除しようとする意識が強すぎ、逆に歴史を感じさせるという陥穽に落ちてしまったように思える。

しかし、エクソンのように、一切の意味を消し去ったかに見えても、そこに無理矢理意味をみつけだす楽しみは残っている。たとえば、EXXONと同じ発音のexonは、イギリス王室の親衛兵。アルファベットを組み換えたアナグラムのXENOXは鼻づまりのXEROX。強引にXX-ONE＝XXIでローマ数字の二十一。

上／レイモンド・ローウィのEXXONのロゴ・ラフスケッチ（1966）。
（"Raymond Loewy: Pioneer of American Industrial Design"Angela Schönberger, Prestel, 1990より）
下／完成したエクソンのロゴ。上で紹介したローウィの伝記的著作では、
このロゴデザインはローウィの中でもひどいと酷評されていた。
問題とされたのはおそらくダブルXの長い斜め棒のところだと思うが、
文中にも登場したハーディソンJr.はロゴの当初の目的からみて、
そこにこそ唯一絶対性が保障されていると評価している。確かに変なデザインながら目立つ

# 奇妙な文字

一九七一年発売の、レッド・ツェッペリン四枚目のアルバムは、ダブル・ジャケットのオモテウラ・内ジャケのどこにも、バンド名どころか曲名・クレジット、レコード会社名すら何ひとつ記されていなかった。レコードが入っている内袋に曲名はのっているが、バンド名もなく、ジミー・ペイジ・プロデュースの小さなクレジットに混じって、文字のような四つの奇妙な記号が意味ありげに大きく並んでいた（ちなみに袋のもう一方の面は「天国への階段」の歌詞）。レーベルにその四つの記号と、**LED ZEPPELIN**の記述がやっとあった。

イギリスの音楽メディアには、この記号はレッド・ツェッペリン四人のこと、とあらかじめ知らされていたらしく混乱は少なかったが、発売元のアトランティックレコード側が、これでは売れるわけがないと言っていたところから、スーサイド（自殺）・アルバムとも呼ばれた。

実際は「ブラック・ドッグ」「ロックンロール」「天国への階段」などツェッペリンの代表曲が満載され、ツェッペリン最大のヒットアルバムとなった。

ツェッペリンのメンバーたちは「ツェッペリンIV」という呼ばれ方だけは避け

レッド・ツェッペリンの4作目のダブル・ジャケットの表（左の右半分）裏&内ジャケットの見開き（右）。どこにも文字情報はない

たかったらしい。が、なにしろタイトルがないので、欧米ではメンバー個々人を表す四つの記号から、「フォー・シンボルズ」などと呼ばれた。日本版ではメンバーの思いとはほど遠く、当然のようにオビに「レッド・ツェッペリンIV」と印刷して発売された。

ジミー・ペイジのクローリー好きは有名だ。ペイジは、二十世紀を代表する神秘主義者の一人、アレイスター・クローリーの著書の名をとった神秘主義関連の本屋（EQUINOX＝イクイノックス春秋分点）をイギリスのケンジントンでオープンしたり、クローリーが所有していたスコットランドの古い館を購入するなど、フリークぶりを発揮している。

そんな神秘主義に詳しいペイジは、神秘主義的記号でメンバー四人を表そうとした。シンボルの出典はほとんどが神秘主義関連の書物から引用されたものらしく、出典究明でマニアごころを大いにくすぐることとなった。

プリンスも、一九九四年にプリンスの名を捨て、自らを記号で表すことにした（現在はまたプリンスに戻っている）。音楽メディアは、初め「ビクター」とか「ダボ」とか呼んでいたが、そのうち「The Artist Formaly Known as Prince（プリンスとして公式に知られているアーティスト）」と呼び、長いので略して「元プリンス（ex Prince）」になり、記号化することで勝ち取った神秘性はやや薄れることとなった。

プリンス自らその名を捨て、そのかわりに採用した記号

レッド・ツェッペリン4人のシンボル・マーク。左からジミー・ペイジ、ジョン・ポール・ジョーンズ、ジョン・ボーナム、ロバート・プラント。ペイジの文字のようなシンボルはレッド・ドラゴンと呼ばれる西洋占星術関係の護符を天地逆に使ったものらしい。私見では、イエスの略号IHSに電光を加えたもので、Tとおぼしい文字はI、Zに見えるのが電光、と見ている。ジョーンズとボーナムのシンボルはヨーロッパ古語ルーン文字に由来するらしいが、図でみる通り三位一体（父・子・聖霊、天・地・人など）を表している記号。日本の家紋のなかにもそっくりなものがある。プラントのフェザー・シンボルはムー大陸の聖教シンボル

中国人アーティスト徐冰《シェイビン》がつくる「人工漢字・疑似漢字」は、読めない、いや読まれることを期待していない漢字である。読むことはできないが、一文字に含まれる多くの漢字のパーツのドラマは楽しめる。

『淮南子《えなんじ》』（中国の前漢のころの思想書）には、漢字の発明者蒼頡《そうけつ》が、言葉でも絵でもないものをつくったとき、天は、民が農耕をさぼって文字に執着することを嘆き、粟（飢えをいやす食糧）を降らせ、鬼たちは、これらの記号で自分たちが書かれることによって力が奪われるのを恐れて泣いたと言う。徐冰の漢字も漢字誕生のころの試行錯誤を思わせる。

唐の女帝則天武后（七世紀末）は、すでにでき上がった漢字をつくり替えること、つまり文字デザインを提唱した。文字デザイナーのはしりである。「則天文字」と呼ばれる、このときデザインされた、ぼう大な数の漢字をおさめた字書は現存していないので概要はつかめないが、いくつかの漢字の改変は伝わっている。

ほとんどは漢字というにはリアリティのない文字記号だが、中国では、則天武后の死後使用を禁止した。日本には奈良時代に伝えられ、仏典などに広く使われた。その奇妙な文字具合に、人々は呪術的なものを見ていたようである。

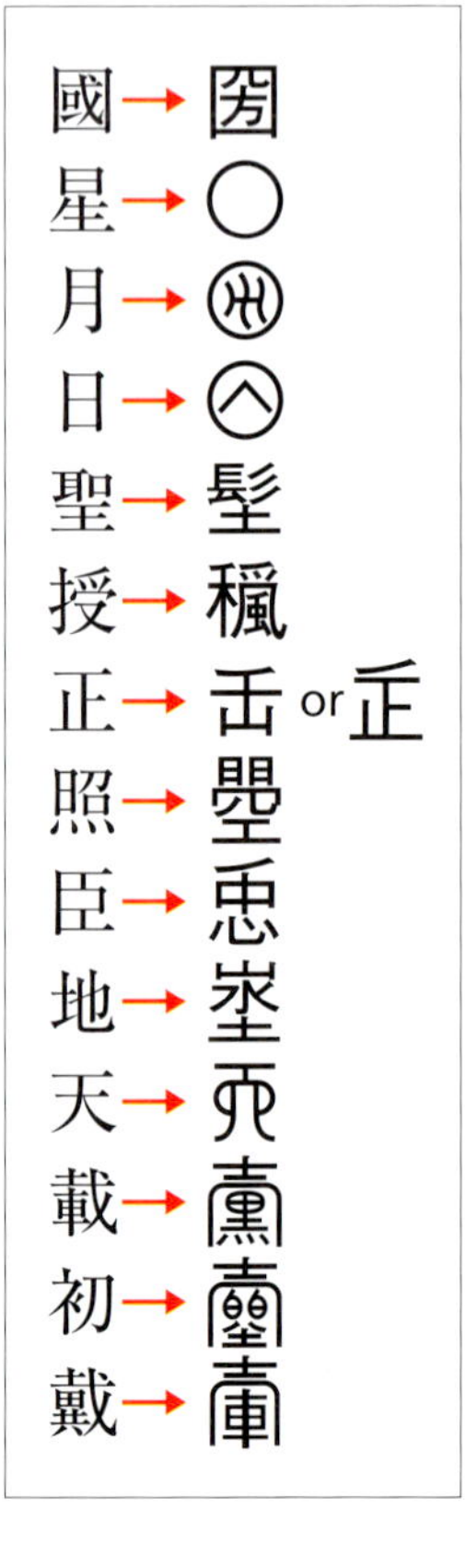

右／徐冰が1991年に東京で開いた展覧会のカタログ表紙。徐冰の名前が埋め込まれている。疑似漢字集。(『日本語大博物館——悪魔の文字と闘った人々』紀田順一郎著、ジャストシステム、1994より)
左／愚行として歴史に刻まれている則天文字。改変の意図は伝わっていない

結局、黄門様でおなじみの水戸光圀の圀《くに》が唯一、日本だけに残っている。

稀代の神秘主義者アタナシウス・キルヒャーは、一六六七年、ヨーロッパに『支那図説』なる中国情報の集大成をもたらした。そこには中国の古代書体例が引用されている。中には元の漢字がわかるものもあるが、おおよそ漢字というよ

アタナシウス・キルヒャー『支那図説』のなかの
古代漢字書体サンプルの一部。
龍蛇、農作物、鳳凰の羽根、虫や貝、草の根、
鳥、亀、星、魚などの形に由来しているらしいが、
ほとんど護符のようだ

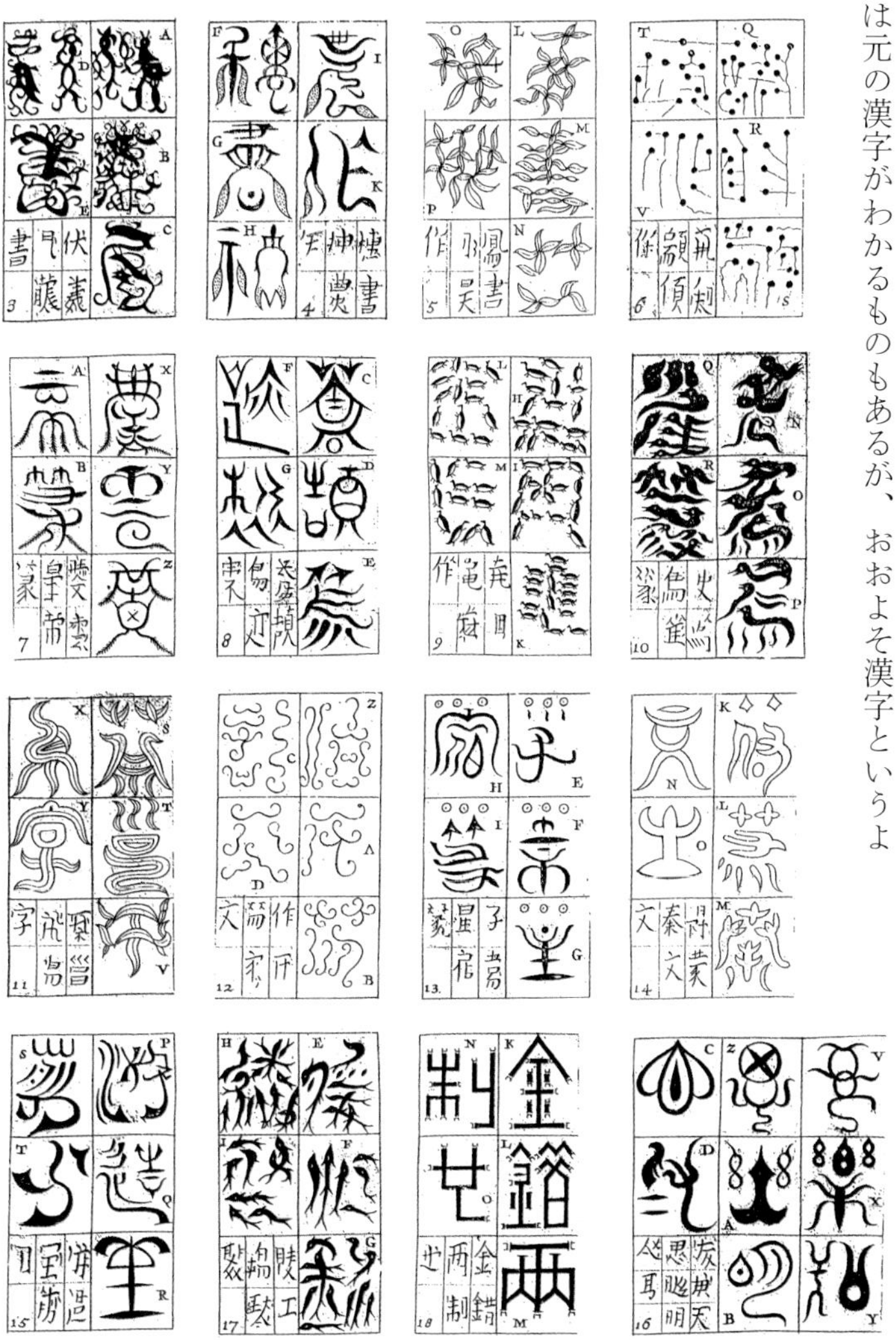

りは、ことばでも絵でもない何か得体の知れない文字記号になっている。

奇妙な漢字といえば、敗戦直後一九四六年から四九年にかけて、GHQの意を受け、過去を切断し、未来のみを見つめようという主旨のもとに、国語改革が行われた。当用漢字もこのとき生まれた。

これは漢字を全廃し、日本語をアルファベットのような音標文字にしようとする企ての一プロセスとしてなされた。カナかローマ字中心の日本語である。明治時代にも同じような運動が興ったが、実現には至らず、もちろんこの漢字全廃運動もいつのまにか中途半端に消えた。しかし、今回は本気だった。

このとき、オリジナルの漢字から新字を考えるにあたって、さしたるプレッシャーもなくひとつひとつの文字が、かなり安易に決められていった。どうせいずれ消える文字だからと漢字の字源なんぞにはまったく注意が払われなかった。

たとえば、「臭」は自と大に分けられるがこれだけでは意味不明である。旧字では「臭」と書く。自と犬である。「自」は鼻の意で、「犬」は犬。鼻が敏感な犬、で「臭う」。突、戻、器、類…皆、犬が大になって字源が失われた漢字だ。

「間」は「ま」「あわい」と呼ばれ、場所と時間を合わせ持った、いわば日本文化の神髄でもある文字だ。熟語を並べただけで神髄のニュアンスが伝わってくる。間合い、間に合う、間違い、間一髪、間を持たせる、空間、時間、行間、瞬間、

徐冰の漢字作成法のルーツを思わせる建て増しにつぐ建て増しした漢字。
意味は拍子抜けするくらいシンプルで「一《イチ》」。
中国では汎用性のない人名漢字が数多く存在するという

間隙、間際、間抜け、間配り……。

この旧字は「閒」。戸の隙間から月光がさしこむところから、すきまとかあいだの意味を持つ文字として誕生したとされている。

しかし、白川静漢字学によると、月が肉偏でもあるところから、門に肉を供えて神の意志をうかがい、神と人が接する際の、瞬間の緊張感を表すことばとなったと言う。

これが例の国語改革では、月がぱっと見「日」に似ている（横棒が三本と縦棒二本）として「間」になってしまったという、嘘のような話がある。新旧の文字の合体は、戸の隙間から月光も太陽の光も差し込む、という具合に、日月あい和している状況と考えれば悪くはないが、神と対話するという緊張感も消え、間が抜けてしまった。

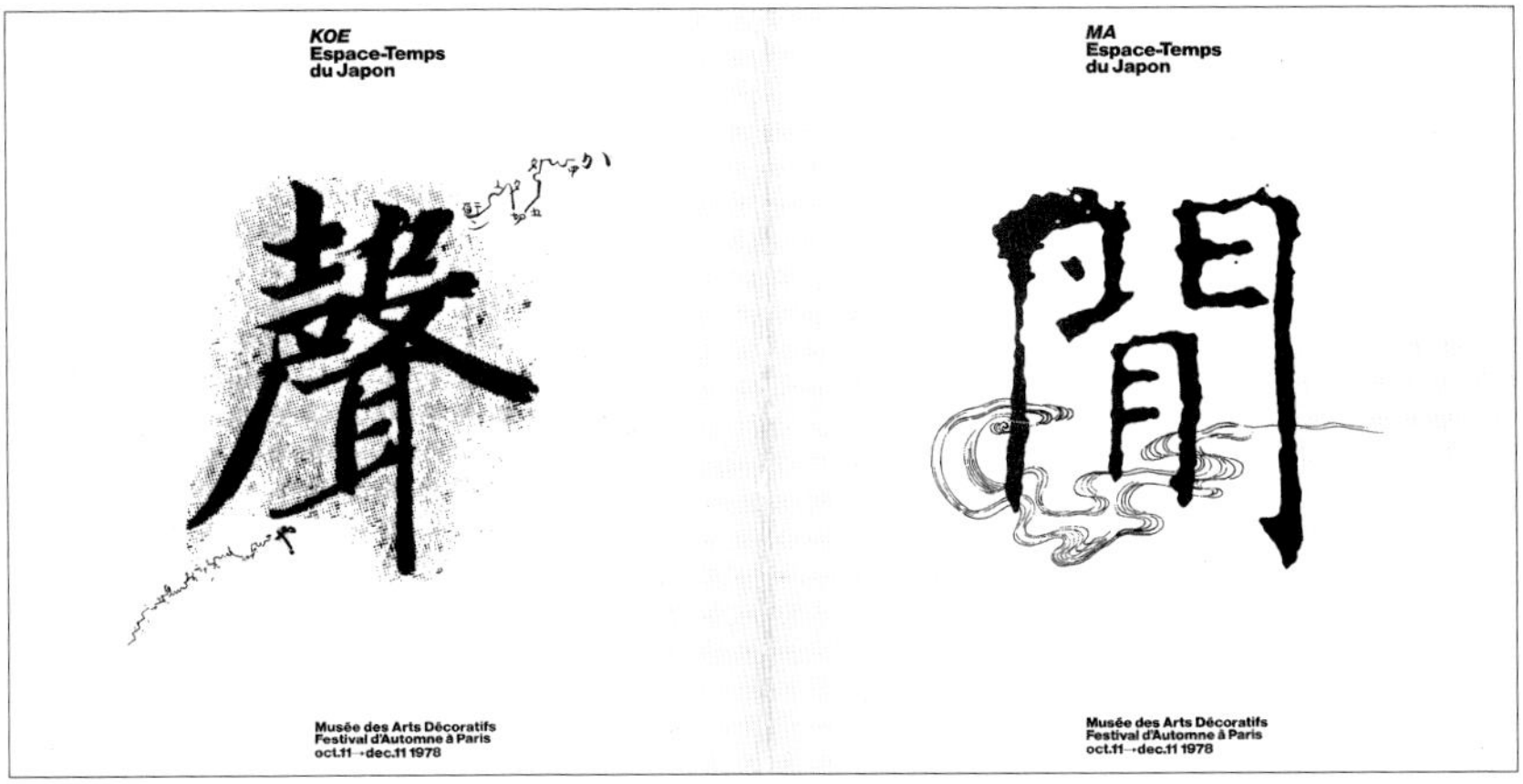


1978年、パリのルーブル美術館で開催された「間」展カタログ表紙（右）と表紙裏。デザイン：杉浦康平。
磯崎新プロデュースで行われ、篠山紀信、倉俣史朗、宮脇愛子、四谷シモン、武満徹、土方巽、鈴木忠志、松岡正剛、三宅一生、高松次郎、小杉武久ら当時の日本文化の代表的人物が参加。記述は英語とフランス語

# タテ書き

明治時代、通貨制度が整備されて初めて発行された紙幣、通称「ドイツ札」「ゲルマン札」は、ドイツの会社に頼んで印刷してもらった。紙も洋紙、デザインも若干洋風ながら、現在では考えられないことに、タテ形である。

日本はもともと縦重視社会。それまでの藩札などの形にならったためだが、この後発行された国立銀行券からは、完全に欧風の横長でつくられた。ここから日本は「横コンプレックス」克服のための試行錯誤が始まる。

明治の文明開化の波に乗って、高度な活版印刷の技術が日本に伝わってきた。それにともなって洋紙の製造も、明治五年（一八七二年）に渋沢栄一が興した「抄紙会社」という製紙会社で行われ、イギリス・アメリカからの輸入紙に国産の洋紙が加わることとなった。

左／明治5年2月発行の明治通宝（ドイツ札）の拾円紙幣の表。

明治政府は、紙幣製造技術を持っていなかったために、ドイツのB・ドンドルフ・ナウマン社に発注。

タテ長ながら当時の日本ではありえない斬新なデザインで通貨としての価値が上がった
右／明治8年に発行された国立銀行券10円の表。これはアメリカのコンチネンタル・バンクノート社に発注。

ドイツ札にくらべ、紙質も格段に良くなり、デザインもより洗練されてきた。

この後、紙幣は自分たちでつくることに決定し、試行錯誤が始まる。

右から読む「拾圓」は、もちろんタテ組1字ヅメ明治六、七年まで日本の紙はすべて和紙だったが、質はまだ劣るものの国産の洋紙の供給は徐々に増え、世の趨勢は和綴じ本でなく洋本に移っていった。

和綴じ本は水平に重ねて置くのが基本だが、洋本は背が堅く綴じられ、束《つか》もあるためタテに置くことができる。洋本用本箱も登場し、タテに立てて並べることが可能になって、背文字で書名が分かるようになった。書斎の風景も一変し、本を並べ眺めるという楽しみも生まれた。

洋紙の出現によって紙の「目」の存在もクローズアップされてきた。和紙は手漉きなので紙の目はないが、洋紙の抄紙機による機械漉き法によってつくられた紙には、パルプ繊維がつくる流れ目が存在した。そして和紙も機械漉きができるようになり、今までなかった紙の目が生じた。

紙の目は、水が流れているベルトコンベア上をパルプ繊維が動くことで、繊維が水の流れ方向に向くためにできる。抄紙機による水の流れの方向（進行方向）は変わらないので、タテ目、ヨコ目の違いは紙のサイズの違いによるということになる。つまり、紙の目はつねにタテ目であり、ヨコ目はタテ目の紙を水平にカットして、九十度回転しただけという子どもだましのようなものだったのである。

文章をタテに書く民族、文字体系は多い。中国、チベット、モンゴル系の文字の大半はタテ書きだ。なかにはモンゴル系のガリック文字や満州文字など、横書きの文字をもとにしてタテ書きの文字をつくったために、左から右に書くようになったタテ書き文字もある。

紀元前四〇〇〇年の頃メソポタミア南部（イラク）のシュメール高原に、人類最初の都市国家を建設したシュメール人のシュメール絵文字も、初めはタテ書きだった。世界初のタテ書きで、漢字よりもはるかに早い。

絵文字はもともと線が細くはっきり書けないので、徐々に先が三角にとがった葦ペンを使うようになった。しかし、葦ペンでのタテ書きは難しく、そのまま絵文字を横倒しにして、左から右へと横書きするようになった。絵文字をそのまま横倒しにしたあたりは紙のヨコ目誕生のアナロジーのようである。


日本語は明治になるまですべてタテ組だった。江戸時代にオランダ語の辞書なども出版されたが、当然タテ書き。欧文は横倒しで表していた。新井白石は西洋のことば（アルファベットという呼び名は日本にまだ伝わっていなかった）を『西洋紀聞』（一七一五年頃）の中で初めて「横文字」と呼んだが、欧文を「横文字」と呼ぶ歴史は今も続いている。

それが明治になると、ローマン・アルファベットも大量に入ってきて、横文字文化を受け入れざるを得なくなった。しかし、それま

新聞の中で使われた横組例
上／昭和9年の大阪朝日新聞の見出し。
この頃になるとタテ組による疑似横組はなくなって
堂々と右から左への横組が当たり前になった。
明治時代の新聞で横組はほとんど使われず、
明治天皇死去の際に、明治天皇の名前のみに初めて横組が使われた。
左ページ／昭和3年の大阪朝日新聞に掲載された広告。
右から左への横組なので、にわかには判読できない

での習慣はいかんともし難く、横文字ながらタテ組の習慣を壊さない奇妙な方法を編み出した。それが右から左への横書きだった。正確に言うと、タテ組みの一行一字ヅメのフォーマットである。

今ではタテ組横組が混じるレイアウトは当たり前だが、横組の一行一字ヅメのフォーマットは、苦し紛れの発想とはいえ、首尾一貫性が心地良い。

この考え方による書き方は明治五、六年頃まで続いたようだ。それ以後は右からの横書きに慣れたのだろう、ぎこちなさも消え、もうタテ書きもどきの横書きではなく、積極的な右からの横書きになっていった。

しかし、太平洋戦争に負けて、進駐軍の後押しによる国語改革によって、右からの横書きは消滅し、横書きはすべて左から書く方式に改められた。

前節でも述べたが、文明開化でアルファベットの簡便性に触発された多くの人々がいた。彼らは非能率的な漢字を廃して、カナやローマ字を日本の文字にしようと主張し始めた。いや、カナやローマ字でもまだ不便だと、新しい文字体系を提案する輩も現れた。こうした新国字改良論者は太平洋戦争敗戦後も進駐軍の協力を得て、当

大阪朝日新聞

大颶風席捲・近畿空前の惨禍

風速實に六十メートル
惨死者數百名に上らん
内陸颶風で未曾有の記
關東震災に次ぐ大都

二十一日午前八時、紀淡水道より大阪市上空を衝いた猛颶風は果然二百五十萬市民を有する大大阪の上空において内陸としては未曾有の大颶風と化し去り風速まさに六〇メートル（三〇メートル以上を颶風とす）と化し、大阪市内においても學校その他大建築物の倒壞夥しき數に上る死傷者を出し西大阪一圓には安政大津浪以來の大高潮など戰慄すべき大被害續出、大都市の天災により被つた慘禍としてはまさに關東大震災における東京、横濱兩市に次ぐ恐るべき大慘害で、廣袤百八十七方キロの大都到るところに建築物倒壞による埋沒死體、高潮による溺死體など相次いで發見され躍動の大都は一瞬にしてさながら廢墟の觀ある箇所續出した、鬼哭啾々滿街をこめた、この朝八時大阪測候所では百六十尺の無電大鐵塔二基相次いで轟然たる音響を立て飴をねぢ曲げるごとくへシ折れ本館に崩れかゝる中に決死の觀測を敢行した結果左のやうな概況が得られた

二十一日午前零時ごろ豐後水道にあつた猛颶風は東北東一直線に四國北部一帶をはじめ瀬戸内各所に大慘害を與へつゝ、午前六時紀淡水道に上陸、このころより風勢はとみに猛威を加へて中心附近は四〇メートル乃至五〇メートル、日本内地においては曠古未曾有の死の大颶風となり、午前七時過ぎ泉南地方より大阪市上空を衝き、大阪市上空は午前八時過ぎ颶風の威力は極度まで發揮され、颶風の中心勢力も極度まで低下して七二五ミリ八、平常時より約四〇ミリ以上氣壓降下を告げたため、大阪市内、阪神沿線南海沿線北部には殆ど大津浪とも稱すべき大高潮猛然として襲ひ寄り、水位の高昇四尺乃至六尺、激浪濁流にさらはれて、子を失ひ、父母とはなれ、兄弟姉妹相抱いたまゝ溺るゝものなど一瞬にして阿鼻叫喚の颶風地獄を現出、かかるうちに風位はますます募つて、測候所の風力計も吹き飛び觀測台も破壞されたが、漸くにして目測し風速は午前八時實に六〇米、内陸地方の颶風として我が國未曾有て世界の颶風記録にも優位を占むべき大異變を生じ、約四〇分間大荒れに荒れつゝ、時速キロ以上の速度で北東琵琶湖方面をさして飛び去つた、現在（午前十一時）同所の推測によれば若狭灣方面を疾驅中らしく、大阪、兵庫、京都、滋賀、和歌山、福井を中心に大慘害は續出したもやうである、午前九時四十五分ごろ風漸く弱まり強風となり、十時過ぎには疾風程度に落ちて、この範圍近畿中南部は漸く颶風、高潮の兩脅威を全く脱し去ることが出來稍愁眉をひらいた

小學校舍の倒壞無數
哀れ學童の慘死算なし

尼崎尋高倒壞し
二百餘名が下敷
三十餘名は救ひ出したが
他は安否氣遣はる

内務省へ報告
大阪府から被害狀況を

用漢字制定や漢字の簡略体化を実施した。

　この時の漢字の略し方については、漢字はいずれ消え去る運命だから、との国語審議会委員のかなり安易で恣意的な選択が行われた。

　現在、漢字を日本から駆逐しようとしたこの運動は消え去った。しかし今のカナ書き中心の若者たちを見ると、消えたのは運動だけで、漢字廃絶作戦のかなりの部分は成功したかのように見える。


　近年、横組の文章のなかにタテ組を組み込んだ奇妙な文字システムを考えだした人がいる。

　未来派宣言が発表された年（一九〇九年）に生まれた長野利平氏は、現在はぐっと減ってしまった新国字改良論者のひとりである。彼は、中国の簡体字運動に刺激され、日本語も簡略化されるべきだと考えた。日本語ワープロ誕生前夜の一九八三年に、それまでの和文タイプに代わるシステム化された文字を提案するために、『日本常用略字の体系』を出版、その中で「流水文字」を発表した。

　カタカナ・ひらがなの字体はあまり代わり映えしないが、カタカナ・ひらがながまぜこぜになっていて逆に分かりづらい。漢字は字素に分解してタテに配置している。左から右への横組の文章の中にタテ要素が入り込んだ、という具合。たとえば、「松」は「木」と「公」に分けられてタテに並べるとできあがり。

　しかし、例文を見ていただくと分かるが、まさに暗号。形の魅力は大きいが、判読のためには元の漢字を知っていることが大前提なだけに、結局、漢字の呪縛から逃れられないことを図らずも証明してしまったようだ。

夏目漱石の『吾輩は猫である』の冒頭部分を流水文字で書いたもの。カナはカタカナとひらがなのどちらかのアレンジ。カタカナとひらがなの使い分けは必要ないという判断なのだろうか。戦前の公式文書ではカタカナ（表記）に統一されていたこととおそらく無縁ではないだろう。漢字にしても、これから漢字をゼロから覚える外国の人ならいざ知らず、漢字をすでに数多く知っている我々にとって、この文字を覚えることは至難の技だ。（『日本語大博物館——悪魔の文字と闘った人々』紀田順一郎著、ジャストシステム、1994より）

## 紙と書体と印刷

十九世紀半ば、ヨーロッパには日本の文物があふれていた。世界初の博覧会ロンドン博でも日本のブースが異国情緒もあって人気を博し、これらの影響で、日本製陶磁器や浮世絵がたくさん輸入された。が、実はそれ以上に、それらを包んでいた莫大な量の包装紙も当然いっしょにヨーロッパにもたらされた。

この包装紙には版画のヤレ紙などが使われていたため、ヨーロッパの画家たちが日本の大胆な構図・アシンメトリー観に触れる絶好の機会となった。影響を受けないわけがない。

ヨーロッパでは、それまで貴重品だった紙も大量につくられるようになっていた。つまり、紙が身近になっていた。ゴッホやモネは、浮世絵などを大量に模写して、レイアウト力を磨いていった。これがジャポニスムの背景である。

こうして、ジャポニスムは次の世紀から始まるモダンアートに先鞭をつけたが、それを支えたのが大量の紙であり、紙なくしてモダニズムは存在しなかったと言っても過言ではないだろう。

コミュニケーション手段、表現手段に今も昔も紙が果たしてきた役割は大きい。西暦一〇五年、後漢の宦官蔡倫が紙を発明したと言われている。が、より安く、より大量につくれる製紙術を開発した、と言ったほうが正確だ。中国では、紀元前二〇〇年頃からすでに紙が使われていたからである。

日本に製紙法が伝わったのは六一〇年。高句麗（北朝鮮）経由だ。輸入に頼る生活の不安定さを認識していた当時の日本の権力者は、自活の道を探り、平安時代になると各地に造紙所をつくり、和紙の生産を始めた。これが平安時代以降の日本美術の隆盛につながった。

七五一年、タラス河畔の戦いで、イスラムのサラセン軍に敗れた唐軍の捕虜三万人の中に、紙漉き職人がいた。彼らが、イスラム世界に紙の製法を伝える伝道師となった。この後、イスラム世界から各地に紙が伝播していく。シルクロードは、製紙法を伝えるペーパーロードでもあった。

しかし、ヨーロッパでは早くも反イスラム色が芽生え、イスラム文化に拒否反応を起こしていたため、製紙法を得るには十二世紀まで待たなければならなかった。ストライプ模様が、ヨーロッパでは身分の低い者が身につける模様とみなされていたのも、それがイスラム世界から伝わったからだった、というのと同根の反応である。

豊富な紙は印刷術の発展も促す。印刷術の発明は、これもやはり、中国が最初

宦官蔡倫（?-121）。宦官とは、死刑に次ぐ刑罰として、あるいは出世のために性器を切除して、蔑まれ、疎まれながらも宮廷の後宮で働く男たちである。彼らは、権力を握ることによってしか自立できないかのように、漢・唐・明の時代、常に権力争いの中枢にいた。蔡倫は、宮廷で出世するために自ら去勢（自宮という）したが、順調に出世し、御用器物の製造責任者となった。そこで紙を扱う機会が増え、紙の原料の多様化や強度などの面で紙質を向上させ、文化に貢献した。
（『印刷博物誌』凸版印刷株式会社　印刷博物誌編纂委員会編、凸版印刷株式会社、2001より。中国国家博物館蔵）

だ。唐代に始まった印刷術は宋代で花開き、明代で頂点を極めた。木活字、金属活字の版や多色刷り技術など目をみはるものが多く残されている。

日本には東西からほとんど同時に伝わった。秀吉の朝鮮出兵の時と、天正遣欧少年使節がイタリアから印刷機を持ち帰った時である。

東西では、印刷術にも大きな違いがあった。中国の印刷はバレンでこすって刷るのが一般的だったが、ドイツのグーテンベルクは、木製の平圧式印刷機をつくってプレスする方法をとった。印刷とか出版のことをプレス(press)と呼ぶのはここからきている。

グーテンベルクの業績は、「鉛の可動活字」と「油性インク」と「紙」を、「プレス」で結び付けたことだった。グーテンベルクが印刷を始めた十五世紀のヨーロッパはまだ、日本や中国のように紙が豊富だったわけではなかった。グーテンベルクの代表作『四十二行聖書』の約百八十部のうちすべてが紙製ではなく、四分の一が羊皮紙製だったことでもいかに紙が少なかったかがわかる。

しかし、『四十二行聖書』を刷了した一四五五年頃から、ドイツ各地に印刷所がぞくぞくとできて、需要に応じて紙の生産力も増してきた。

1579年に来日したイエズス会士ヴァリニャーノの発案で、九州の3人のキリシタン大名の命を受け、少年4人など一行8人はヨーロッパへ視察の旅に出た。8年5か月の視察を終えて1590年に帰国。活版印刷機を持ち帰り、その専門家も連れてきた。図は1586年、アウグスブルクで発行された少年使節を表した木版画。
(『印刷博物誌』凸版印刷株式会社　印刷博物誌編纂委員会編、凸版印刷株式会社、2001より。
天正遣欧少年使節肖像画、京都大学図書館蔵)

聖書の印刷も佳境に達し、十六世紀になると、キリスト教の教義が民衆にも手の届く存在となった。そして、腐敗したカトリックに反旗を翻すプロテスタント、ルターの教えが書かれた書籍やパンフレットが大量に印刷された。これが、宗教改革や宗教戦争の引き金となった。今までになかったプロパガンダ方法の誕生である。

カトリック側は異端の思想が広まることを恐れ、印刷を抑制しており、逆にこれがプロテスタントに有利に働いた。しかし、長期にわたる悲惨な宗教戦争（ユグノー戦争一五六二～一五九八、ドイツ三十年戦争一六一八～一六四八）はヨーロッパに荒廃をもたらした。

この『四十二行聖書』の本文に使われた書体は、後にゴシック体と呼ばれることになる、教会専用の典礼書体だ。縦線が太く、印刷面が黒っぽく見えるところからブラックレ

上／ヨハネス・グーテンベルク（1397頃-1468）。グーテンベルクは、『42行聖書』の印刷をする前はラテン文法書、暦、免罪符、カトリコン（『万能薬』、一種の実用辞典）などの端物印刷を行っていた。皮肉にも、ルターに宗教改革の必要性を痛感させた、腐敗したカトリックのシンボル・免罪符も印刷するなど、両陣営の仕事を引き受けることによって、無意識に宗教改革を推し進める結果となった。
右／グーテンベルクがヨハン・フスト（1400頃-1466）と共同で制作した『42行聖書』の1ページ、1455（『さまよえるグーテンベルク聖書』富田修二著、慶應義塾大学出版会、2002より）

ターとも呼ばれた書体である。

文字の頭が三角形に尖っていて、「o（アルファベットのオー）」などは六角形そのものなので「亀の子文字」の名もある。ともかく、「グーテンベルクの最初の金属活字」という栄誉は、ゴシック体が手にしたのである。

フォルムに思想を反映した唯一の書体が、このゴシック体だ。中世になるまでヨーロッパは鬱蒼とした森に囲まれ、農民にとって、森は神が棲まう神聖な場所だった。彼らが信奉していたのは多神教である。

ところが人口が増加し、耕作地拡大のために森を切り開かなければならなくなった。それでも間に合わず、人々は都市に移住していった。そのとき彼らは、森の神々の憧憬を胸に抱きながら都市生活を始めていった。都市にもともと住んでいた民衆は、一神教であるキリスト教だ。そこに多神教の人々が流入してきたのだった。

そのころ、都市ではゴシック様式のキリスト教大聖堂などが建ち始めた。その天を突き刺さんばかりに尖って上を目指す形が、森から来た人々に懐かしい森のアナロジーを与えた。

このアナロジーは、異教の神を駆逐したがっていたキリスト教会にとって、渡りに船だった。教会堂はどんどん鬱蒼とした森のように林立していくこととなった。そして、森のアナロジーを文字にまで応用したのが、このゴシック体である。

つまり、人民教化作戦のひとつだったのである。

1933-35年、ナチスの隊員たちは、デパートのショーウインドーに、
「ユダヤ人から買うな！」と大書きされたポスターを貼って歩いた。
ほどなく起こる暴虐の始まりを告げるものだった。
（『ジーク ハイル！』ステファン・ローラント著、中山善之訳、インターナショナル タイムズ、1975より）

ゴシック（英Gothic）は、「ゴート人様式」をイタリア・ルネッサンスの知識人が侮蔑を込めて呼んだ（伊gotico）ところからきていると言われているが、ゴート人もゲルマン民族であり、文字の持つ厳粛で崇高な感じがドイツでは受けていた。

第一次世界大戦後、ナチスが政権を握った後、ヒトラーは、当時はすたれていたゴシック体（シュバーバヒャー活字）を、公式文書などに使うこととした。ゲルマン民族の意識高揚のためである。

その結果、ユダヤ人排斥文などにこの書体が多く使われ、ユダヤ人にとってはトラウマになってしまった。悪魔の言語を記した書体として。しかし、シュバーバヒャーはユダヤ人に起源をもつ、という根拠なき告発によって、一九四一年一月、使用が停止された。朝令暮改のナチスを支えていたのは「噂」であり、デマゴーグだった。

# 文字とスタンダード

明治二年（一八六九年）、上海美華書館館長ウィリアム・ガンブルは、明朝活字と印刷機材を持って来日した。このとき以来、日本の漢字書体の主流は明朝体となった。

この明朝体を開発したのは、なんとフランス人である。当時フランスでは異国情緒として漢字が流行っていた。いつの時代でも欧米人にとって漢字は不思議な判じ物だ。そして、メイン・フォントのローマン体に合う漢字書体として、明朝体を開発したのだった。

彼らはアヘン戦争後の清（中国）にキリスト教を布教しようと、中国語訳の聖書を印刷した。その書体ももちろん明朝体（中国の一般的書体は楷書）。そのため、中国に大量の明朝体の金属活字が集まり、それが日本にやってきたのだった。

かつてはフランス語も英語も、単語と単語の間にスペースがなかったので、判読しづらいことこの上なかった。

ドイツ、フランス、イタリア三国の元になったフランク王国カロリング朝の王、

PROGRESS OF THE LANGUAGE.] OF THE CHINESE LANGUAGE. 21

But this extension, though it enlarged their medium of intercourse, was in itself limited. A character which merely denoted length, could not without force be made to signify heighth; nor could one denoting command, be with propriety applied to signify depth. Necessity compelled them to advance another step, and gave rise to the forming of the Third class termed *Tcheé-sheè*, "indicating the thing," from 指 *tcheé*, to point with the finger, and 事 *sheè*, thing, business, &c. These characters, though not pictures of things, seem intended to suggest ideas to the mind from their form and position. As examples of this class the Chinese adduce 上 *shyang*, above, and 下 *hya*, beneath, which they say were formed on this principle: admitting that *yĭh*, — a horizontal stroke, denotes the level or medium, by placing 人 *yin*, a man above it, the idea is suggested of something above or superior: this character is used therefore to signify above or superior. On the other hand, by placing *yin*, a man, below this horizontal line, something below or inferior seemed indicated; this then is used to indicate inferior, below, &c. To this class, which we may term the Indicative, is said to belong 本 *pún*, which is formed by drawing a short stroke across the middle stroke of 木 *moŏh*, wood, and which then denotes the root, essence, or internal part of any thing. So 末 *mŏh*, formed by placing a long stroke above *moŏh*, wood, denotes the external part of a tree, the branches, and also the exterior of things in general. It is probable indeed, that a great part of those which are formed by adding merely a stroke or a point to another character, belong to this class; such as 太 *t'hài*, huge, formed by adding a dot to 大 *tà*, great: and perhaps 中 *choong*, within, the medium, &c. formed by drawing a stroke through 口 *khoú*, the mouth, which character seems more likely to indicate its meaning by its form, than by uniting the two ideas which result

イギリスのバプティスト派宣教師ジョシュア・マーシュマン著『中国言法』(1845)の中の英語、漢字の混植例。
(『日本の近代活字——本木昌造とその周辺』「日本の近代活字・本木昌造とその周辺」編纂委員会編、
近代印刷活字文化保存会、2003より)

シャルルマーニュは、過去の遺産の保護と検証を始めた。これはイタリア・ルネッサンスと比較され、カロリング・ルネッサンスと呼ばれている。このとき多くの写本がつくられると同時に、言語も見直され、大文字と小文字の別や単語と単語のアキも導入された。八世紀のことである。

ラテン（ローマ）・アルファベットが二十六文字になったのも、それほど古い話ではない。紀元前一世紀ごろ、アルファベットはすでに二十三文字あった。なかった三文字はjとu、wである。

wは、十一世紀にノルマン人がヨーロッパやイギリスを征服した後、ルーン文字にあるw音を表すためにつくった。uとvが区別されて使われるようになったのは十六世紀。jは、ローマ数字で数を書き表すときの〝止めマーク〟として現れた。たとえば、千七百八十九をローマ数字で書くとMdcclxxxviiij。jは数字列がここで終わることを示している。つまりiの先を曲げてつくったという案配だ。このjがiから独立するのは十五世紀になってからである。

十二世紀の西ヨーロッパでは、教育システムが整備され、大学が生まれた。その代表はパリ大学だ。これらの大学の哲学・神学教師はスコラ学者（★）と総称された。彼らはキリスト教の教義を理路整然と整えようとしたが、彼らはもともと根っからの編集者だった。過去の文献を渉猟し、分類し、現在我々が当たり前のように使っているシステムをつくりだした。

まず、文章のごった煮だった聖書を章に分け、タイトルをつけた。節もつくっ

| | |
|---|---|
| BC4世紀 | A B C D E F H I K L M N O P Q R S T V X |
| BC3世紀 | G Y |
| BC1世紀 | Z |
| 11世紀 | W |
| 15世紀 | J |
| 16世紀 | U |

た。しかし、最大の貢献は目次の発明だろう。目次によって、茫漠とした文中から簡単に目的の文が見つかるようになった。

これが索引の発想につながり、試行錯誤の末にアルファベット順を導入した。文章管理術である。それまでは神、天界、天使、太陽、月、男、女、身体部位、商人、職人などで分類していた。

フランス革命後のパリの裁判所は、一七九五年、裁判にかかわった個人をアルファベット順に登録することを決めた。それまでの犯罪者は、捕まって刑が決まると肩などに焼きごてで烙印を押されていた。このカード導入によって、犯罪者は烙印から解放されはしたが、迅速な検索によって累犯が難しくなる時代を予感させた。

このシステムは、三十七年後には小型のカードに要約が記され、より詳しくは別のアルファベット順に並べられたファイルを参照する、というふうに熟成されていった。個人管理法の始まりである。

日本で初めて五十音順を導入したのは、文献百科『廣文庫』全二十巻、『群書索引』全三巻を編纂した物集高見《もずめたかみ》。『廣文庫』と『群書索引』は編集に三十五年かかり、一九一八年に刊行が終了したという大作。

それまでの検索法は天・地・人の分類や、いろは順だったので、五十音順の利便性は圧倒的だった。『群書索引』が先のパリ警察のカード、『廣文庫』がその詳

右ページ／ラテン・アルファベット形成史。ラテン・アルファベットは、ラテン語を記すためのラテン人の文字として始まった。従来ギリシア文字の発展形と見られていたが、今ではエトルリア文字の影響のほうが強かったとされている。アルファベットの並びも、定説はないが、発音で配列順が決まったとも言われている。たとえば、くちびるから喉へ、舌先から奥へ、広音から狭音へ、という具合

★スコラ
「スコラ」という呼び名は、ラテン語Scolaticus（学校に属するもの）に由来し、英語で言うschoolとかscholarなどの原義。

細な資料にあたる、という構成である。

欧文のイタリック体がローマン体のファミリーとして従属するようになったのは、十六世紀のフランスでのこと。イタリック体は、一四二三年にイタリア人ニッコロ・デ・ニッコリがデザインした独立した書体だった。書きやすく、読みやすいとしてイタリアで主流となったため「イタリック体」（イタリアの書体）の名がある。

イタリア・ルネッサンスの洗礼を受けた人文主義者ジェフロワ・トリィは、書物のレイアウトもするし、挿絵も描く、いわばデザイナーだった。彼は、フランス語には秩序が必要と考え、また、ギリシア語やラテン語の発音をフランス語にも活かすためにアクサン（´）やセディーユ（ç）をアルファベットにつけ加えた。

そして、ローマン体活字にも注目し、その複製を活字父型彫刻師クロード・ギャラモンに頼んだ。ギャラモンは試行錯誤の末に、現在我々が知っている

クロード・ギャラモンがデザインし、発行者のひとりとして名が記されている（下の年代表記の右上）。タイトルと年代がギャラモン書体の正体、ほかの文字がイタリック体。1545。（『欧文書体百花事典』組版工学研究会編、朗文堂、2003より）

Garamondの元となった、ギャラモン書体を生み出した。

このときギャラモンを中心としたパリの印刷人たちは、イタリック体を、ローマン体の変形とみなして、一揃いの書体にしてしまった。こうしてギャラモン書体は、ファミリーという概念をフォントの世界に持ち込んだ最初の書体となった。

書物の本文にフォーマット・ルールを初めて持ち込んだのは、ウィリアム・モリス。世界初のエディトリアル・デザイナーである。

いわく、まずページは見開きを一単位とすべきで、そのためにはノドのアキは極力狭く、見開きがひとつに見えるようでなければならない。そして、天、小口、地の順で徐々にアキが広くなっていくことが望ましく、書体は太く、字間はツメて、行間はベタに。つまり、真っ黒な四角い紙面を理想としたのだった。これは現在の我々の考え方と多少の齟齬はあるが（★）、レイアウト上の基本チェック項目は、百二十年前も今もさほど違わない。

モリスの最大の功績は、なんといっても全体に対する部分の復権の提唱だろう。マージン（余白）しかり、活字の黒さ、行間・字間、文字面の改行もせずにひたすら四角を求めた方形性、ディテールにこだわったオーナメントも、その方形希求に貢献している。美しい書物はディテールへの執着でできあがっている、と言えそうだ。われわれデザイナーも日々ディテールにこだわっているという意味で、モリスの忠実な継承者である。

★モリスは、ノドのアキを極力狭くすることで見開きの一体感を求めている。欧文などのヨコ組みの場合は、書き出しの一文字が読みづらくても可読性にそれほど支障はなさそうだ。しかし、和文などのタテ組みでは、ノド側の一行がまるまる読みづらくなるのはストレスがたまる。筆者の場合は逆にノド側はできるだけ広めにとるようにしている。

　また、見開きいっぱいに写真が入る場合は普通、写真を少しずらしてノド側に大事な部分がこないようにするが、デザイナーは、見開きでレイアウトするので往々にして本が綴じられたときノド側が見づらくなることを顧慮しないことが多い。基本的に「書籍にはセンターはない」、或いは「複数のセンターがある」という考え方に立っていたほうがよい場合がある。

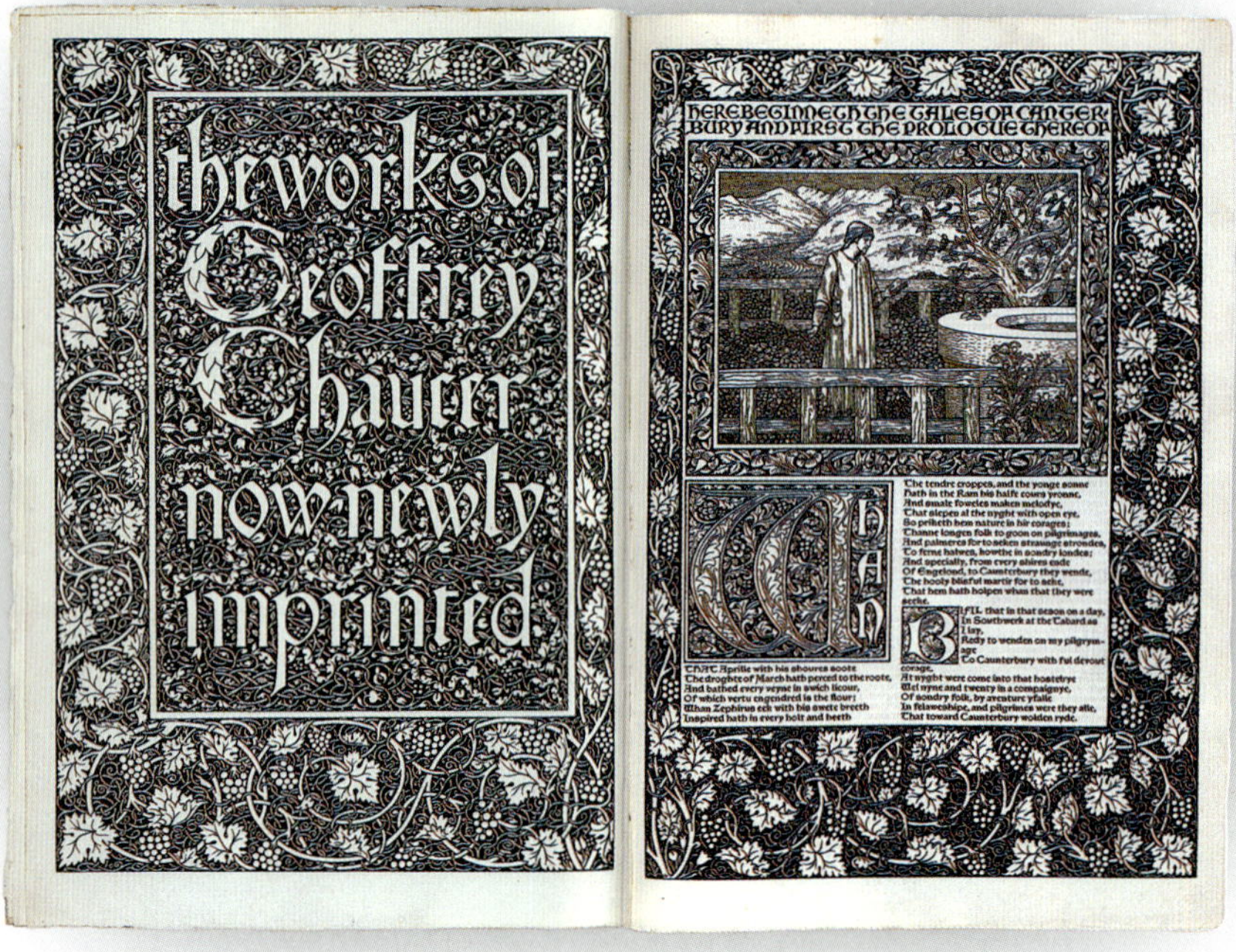


ウィリアム・モリスの版面例。

1896年、モリスのケルムスコット・プレスから刊行された
『ジェフリー・チョーサー著作集』の本文ページ。

（『ウィリアム・モリス展カタログ』鈴木博之監修、（株）ブレーントラスト編、朝日新聞社、1989より）

挿絵はエドワード・バーンズ。活字、オーナメントはモリス。空間恐怖症的デザインが素晴らしい。

擬古主義者と見られていたモリスがひたすら追い求めた四角い真っ黒な紙面は、皮肉にも約三十年後に、最もアヴァンギャルドな形として現れた。カシミール・マレーヴィチのスミベタの、四角があるだけの作品「黒い四角形」(一九一五)だ。

カシミール・マレーヴィチ《黒い四角形》(1915)
黒い四角を求めたモリスの究極の表現を見ているようだ。
インクがひび割れてできた模様も、モリス的である。
マレーヴィチは、革命前のロシアを代表するアヴァンギャルディスト。
抽象表現を追究した果てに、革命後、具象絵画に回帰する。
モリスの先進性をはらんだ懐古趣味とは逆に、
マレーヴィチは一気に抽象の極北にたどりついたために、
あとは振り返るしかなかったようだ。
もちろん、スターリンが押し進めた社会主義リアリズムという、
ロシア・アヴァンギャルドとは対極の、表現の締め付けがあったことにも関わってくるが…

# コラージュとモンタージュ

二十世紀美術最大の過激な発明の一つは、まぎれもなく〈コラージュ〉であり、〈モンタージュ〉という方法論だろう。ルネッサンスの頃のアルス・コンビナトリア（組み合わせ術）や、中世のカバラ主義者たちの、文字を数値化したり、組み替えたりして神秘的な意味を見つけ出そうとした方法論の、現代的解釈と見ることもできる。

〈モンタージュ〉とは、フランス語で「機械の組み立て、据え置き」を意味しているが、映画の編集用語であるモンタージュは「フィルムの断片を組み合わせる」となる。最初のモンタージュ映画の完成は、アメリカのデヴィッド・W・グリフィスの「国民の創世」（一九一五）。

印刷物や写真、オブジェの断片を繋ぎ合わせたり、貼り合わせたりする表現は、ブラックの〈パピエ・コレ（貼紙）〉に始まる。

ブラックやピカソは、十九世紀末からつくられ始めたポスターという、絵柄とテキストが合体したジャンルの影響を受け、文字を組み込んだ絵画を描き始めていたが、ほどなく印刷物の切り抜きを直接キャンバスに糊付けするようになった。これがパピエ・コレの始まりである。

ピカソは、ブラックのトロンプ・ルイユ（だまし絵）的表現に反発し、同じ方法論を〈コラージュ（糊付け）〉と呼んで、ブラックと一線を画そうとした。かくして、コラージュは、パピエ・コレを掌中にして、ダダや未来派・シュールレアリスムの最大の表現のひとつとなった。

ベルリンのダダイストは写真を用いたコラージュを〈フォトモンタージュ〉と名付けコラージュの幅を広げた。

一方、アメリカでは、一九六一年に、ウィリアム・C・セイツがコラージュ作品を集めた「ジ・アート・オブ・アッセンブリッジ展」を企画、ここから〈アッサンブラージュ（寄せ集め）〉ということばが、コラージュのかわりに一般化する。

その後、ウイリアム・S・バロウズは、文学は絵画より五十年遅れ、しかもコラージュは予定調和的すぎるとして、切り刻むことでよりいっそう深まる偶然性を求めた〈カットアップ〉を唱えた。〈サンプリング〉、〈リミックス〉はこの延長上にある。

バロウズは無意味性を際立たせようとしたが、映像にはじめて文字をからめたジャン・リュック・ゴダールは、「女と男のいる舗道」（一九六二）でコラージュの実験を開始し、「気狂《きちが》いピエロ」（一九六五）で、引用とカットアップ、コラージュを繰り返し、無意味性の先の意味性を求めた（無意味性と意味性は常に循環します）。

音楽で始めてサンプリングを導入したのはやはりビートルズ。ライブ・バンドからレコーディング・グループとして数々のレコーディング革命を起こしたが、サンプリングもそのひとつ。

通算七枚目のアルバム『リヴォルヴァー』の、最初にレコーディングされ、アルバムのラストにおさめられた「トゥモロー・ネヴァー・ノウズ」で、現在サンプリングと呼ばれる試みがなされた。メンバー全員の個人所有のテープを各自が適当に切ってループ状にし、録音・再生を繰り返すいわゆるテープ・ループに逆回転サウンドをコラージュして、サイケデリック・サウンドをつくりだしたのだった。テープ・ループは当時マイナーなテクニックとして既に知られていたが、ビートルズというスーパースターが遊び気分で完成度の高い使用例を示したことになる。

文化人類学者のレヴィ・ストロースは『野生の思考』（一九六二）で、職人があり合わせの材料で混成品をつくり出すことを〈ブリ・コラージュ（器用仕事）〉と呼んだ。フォト・モンタージュの先駆者の一人、ロシア・アヴァンギャルディスト、エル・リシツキーの構成・デザインによる、マヤコフスキーの革命讃歌詩集『声のために（大きな声をだして読むために）』（一九二三）は、活版の植字工のタイプ・

ケースをひっくり返して、さまざまな幅のケイやら大小の活字をプリントし、コラージュで構成したものだった。まさにありあわせの材料からつくりあげられたブリ・コラージュである。

エル・リシツキー構成・デザインによる、マヤコフスキーの革命讃歌詩集『声のために』(1923)。革命直後のロシア人にとっては内容直結のヴィジュアル表現だが大胆なレイアウトで救われている。一番上が表紙。水平の文字が著者マヤコフスキーの名前。垂直が書名。

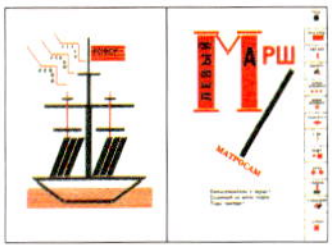
1

2

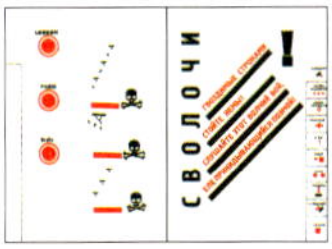
3

4

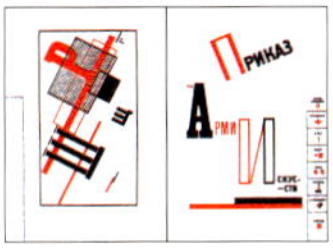
5

6

7

8

9

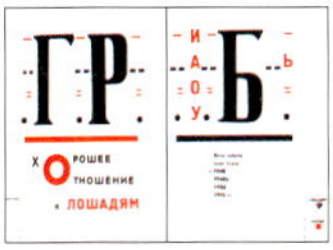
10

11

各ページのテーマは、
1.左翼行進曲(水兵たちに)
2.われらの行進曲
3.やくざども
4.第3インターナショナル
5.芸術軍への指令
6.芸術軍への指令第2号
7.あなたはできるでしょうな?
8.赤帽子の物語
9.海軍の愛
10.馬との友好関係
11.夏の避暑地で…

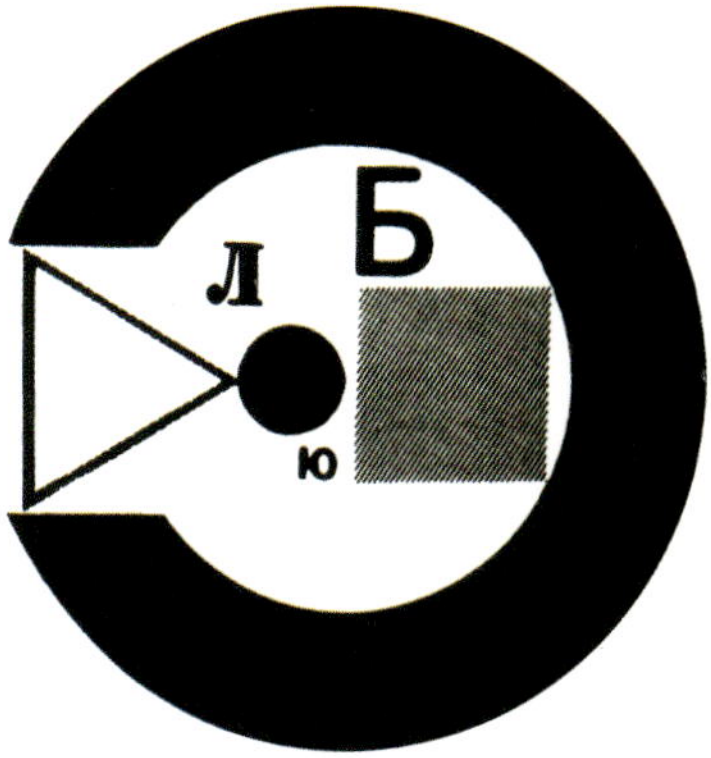


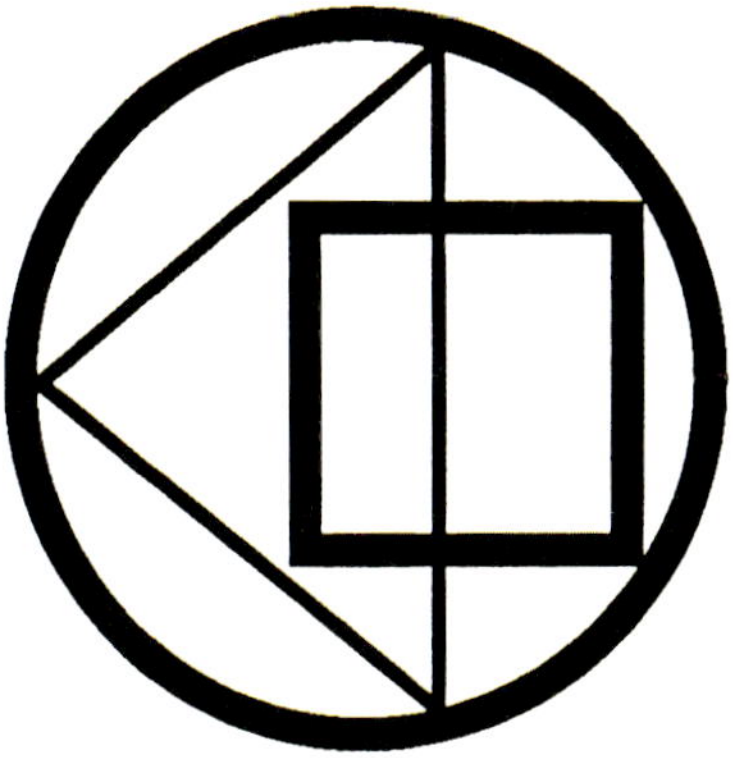

上/『声のために』のとびらの次のページの編者であるリーリャ・ブリークへの献辞の図案化。
下/ラズロー・モホリ=ナギがデザインしたバウハウスの封筒、レターヘッド、設立趣意書などに使われたマーク。リシツキーの献辞マークに似ている

象形文字と象形文字で組み合わされた漢字を会意文字という。粟津潔は象形と象形を組み合わせることをモンタージュと呼ぶ。

「聖」は耳十口十壬で構成され、「耳」からは「聴・徳」、「徳」から「省」、「口」からは「器」、「壬《じん》」からは「人」が派生し、それぞれが新たな意味を獲得して無際限にネットワークが拡がっていく。彼はこのネットワークを集約して、「聖とは、神の声を聴きうる人」という意味が生じてくる、と言う。

○や□や△や◇などの基本図形を組み合わせたり別の要素を加えてつくられた記号も、まさにモンタージュ的である。

ユダヤ人のマークとして歴史に刻まれイスラエルの国旗にも使われている△と▽を重ねた✡は、日本ではカゴメ紋として親しまれている。日本の場合は、竹を編んでつくられる籠の目のかたちからきている。

童歌《わらべうた》なんて今ではもう死語だろう。五十年以上前は、子どもの遊びと童歌は欠かせないものだった。その童歌には時代風俗が転化したものが多い。例えば、娘を売る歌（「あっちの山から」）、豊かさにつながる女性性器とその楽しさを歌った歌（「ずいずいずっころばし」）、弱いものいじめと浮き世のウサばらしの歌（「山寺の和尚さん」「あんた方何処さ」「お月さん幾つ」）、悲惨な関所と子買いの歌（「通りゃんせ」）など。

中には「神遊び」という、人の身に魂をおさめる鎮魂舞踊などにルーツを持つものもある。神楽《かぐら》・催馬楽《さいばら》を経た芸能のルーツである。

目を塞いでいる鬼のまわりを、歌いながらまわり、立ち止まったところで「うしろの正面だァれ」と言って、鬼が後ろに立っている人を当てる「かごめ歌」ゲームは、鎮魂舞踊から転化した童歌である。輪の中心にいる子どもは、小仏か地蔵の魂が乗り移っていろいろな問いに答える「口寄せ」に、起源を持っているとか、三保の松原に天女が舞い降りる羽衣物語や竹取物語などに仮託した、大和朝廷成立前後の権力争いで生じた怨念がはやり歌の形で残ったとか、いろいろ憶説がある。定説がまだないのをいいことに、シュールな歌詞をアナロジーとモンタージュで解読を試みた。

かァごめ、かごめ
かァごの中の鳥は
いついつ出やる
夜明けの晩に
鶴と亀がすゥべった
「うしろの正面だァれ」

柳田国男はかごめを屈《かが》めが転訛したものだと言ったが、ことほど単純ではない。

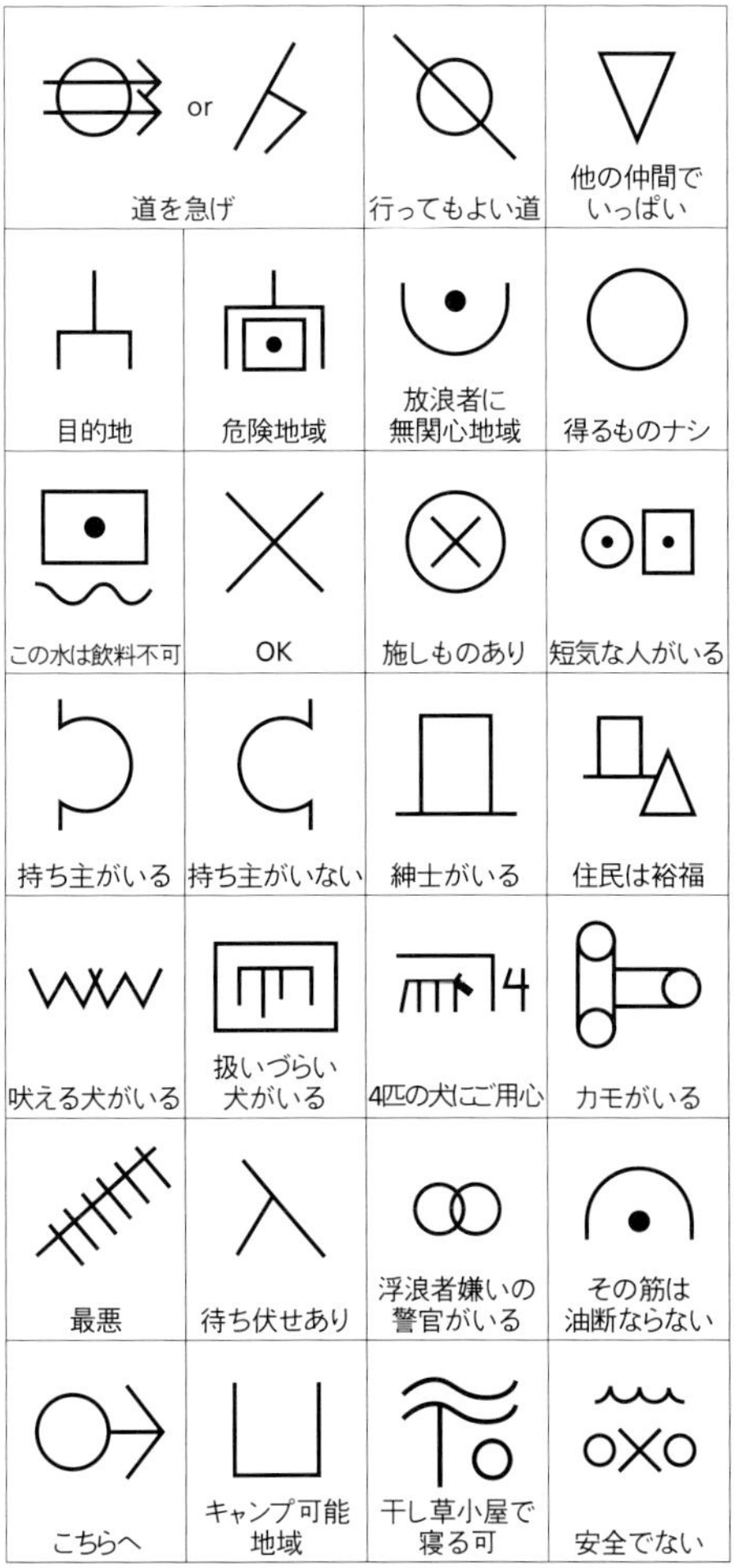


ジプシーに始まるヨーロッパの放浪者（ホボ）が、あとから来る仲間のために道端や塀に記したメッセージ。その地域の自分たちに対する状況を知らせている

カゴメ紋✡は、中国の陰陽道では神紋とみなされ、西南アジアではソロモンの紋と呼ばれる呪符、日本でも魔除けの呪符として使われていた、という背景がある。

「かごめ」の「め」は芽が出る、物事が生まれる理《め》、結び目（産霊理＝むすびめ）につながる。広大な風土に神々の意志をゆき渡らせる自在な行動力を持つ、神としての鳥（十理＝とり）は、当然その中（籠）に住まわなければならない。

長寿のシンボルは鶴と亀。鶴は剣《つるぎ》＝連気《つるぎ》、亀は瓶《かめ》＝神理《かめ》、鶴＝陽物、亀＝陰器、あまったところとたりないところで国生みする、イザナギとイザナミの神話に関係してくる。

「すべった」は「巣を経る、統べる（統治する）」。となると、このうたの原型は、古事記のアメノウズメのストリップ・ショーだろうか。弟スサノオの狂気に怒ったアマテラス大御神《おおみかみ》は天岩屋戸《あまのいわやど》に籠《こ》もってしまう。そこで、岩屋戸の前に八百万《やおよろず》の神が集まり、騒ぐことでアマテラスを引っぱり出そうとする。まわりを囲む神々（手に鏡を持っている）の中心にウケと呼ばれる、逆さにした桶が置かれ、その上でアメノウズメが神がかりで踊る。これが舞踊の起源である。ウケは魂が振り込まれるのを待っている、今でいう「鈴」。鈴のなかに玉が入ったのはもっと後世のことで、もとはからっぽ、鈴を鳴らすのは外から振り込まれるはずの魂ということになっていた。

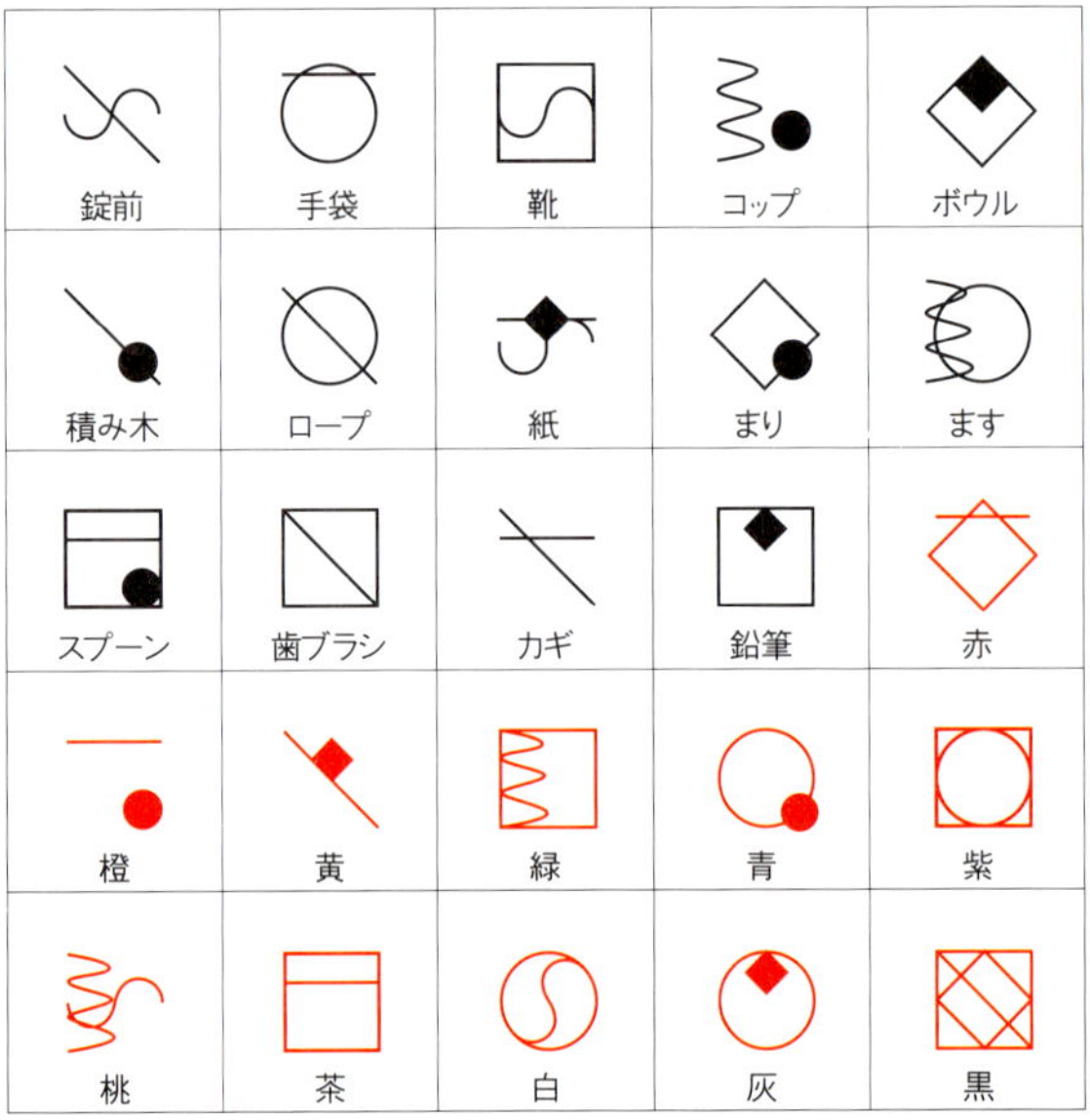


京都大学霊長類研究所が使っているチンパンジーのためのキーボード言語。色に関する記号だけを赤で示してみた

物を生み出すことをムス＝産巣。パワーを封じ込めてポテンシャル・エネルギーを高め、一気に開花させる、卵のふ化のようなものである。この封じ込めておく容器＝卵が室《むろ》で天岩屋戸にあたる。アマテラスの高まったエネルギーをウケで受け、宇宙に光を取り戻そうとしたのがこの事件の顛末だった。

「夜明けの晩」とは、アマテラス大御神が再び世に現れるまでの束の間の闇のこと。「かごめ」はこのときダブル・ミーニング。「カカメ」とは、かつては「蛇目《かかめ》」と書いてヘビの目を意味していたが、その目の形状から鏡のことでもあった。

そこで「かごめ歌」物語は、

鏡よ鏡、

籠《ムロ》のなかの十理《とり》（アマテラス）は

いつでるのか？

それは鶴と亀（陰と陽）が統治している闇と光が交差する時、

アマテラスの「うしろの正面だァれ」の声とともに

となってしまった。

ここで振り返ったアマテラスが目撃した顔は、八百万の神々がさしだした鏡に映ったアマテラス自身の顔だった……（★）。

★天岩戸神話

邪馬台国の卑弥呼が天照大神だったのではないかという説がある。

その説によると、卑弥呼はもともと日巫女、日神子などと綴られるように呪術を操った権力者だった。日とはもちろん太陽のことで太陽崇拝が国のルールである。呪術者は戦争で負けたり、飢饉などで施政がうまくいかなかったときは責任をとらなければならない。スケープゴートでもある。これは古代も今も変わらない。ついこの間まで責任のとり方は死である。

邪馬台国で起きた内乱を抑えきれなかった総帥卑弥呼は、邪馬台国の上に君臨する朝鮮の魏の命で責任をとらされた。大陸の論理からいくとトップは男王でなければならない。卑弥呼を殺したのはスサノオのモデルとなった卑弥呼の弟。普通ならトップを殺したものがトップになる。しかし、弟は性格が粗暴で不的確だった。スサノオと同じである。そこで男王では呪術を操れないと、再び為政者が女に変わる。こうしてトップに立ったのは卑弥呼。つまり、「卑弥呼」とは「天皇」と同じ女王の総称である。

天岩戸神話のベースは日食と考えられる。三世紀に二年続けて皆既日食があった。それは初代卑弥呼が死んだ日と、卑弥呼の弟が失脚して二代目卑弥呼が誕生したときである（『縦横無尽の知的冒険　専門の垣根を越えて』永井俊哉著、RESS PLAN、二〇〇三参照）。

# ！と？

記号は、絵記号・絵文字から発展するケースが多いが、「！」や「？」は、文字や約物が変形してなったようだ。

ギリシャ語の疑問文は、前後をセミコロン（;）ではさみ、スペイン語の疑問文は、文のはじめに天地逆のクエスチョン・マーク（¿）、終わりには、いつものクエスチョン・マーク（?）で文をはさむ。感嘆文も同様だ。疑問符＝クエスチョン・マーク（インタロゲーション・マーク）や、感嘆符＝エクスクラメーション・マークは、今でも違う表現・用法の国があるとはいえ、文章中の圧倒的な存在感は変わらない。

アルファベットは、母音という重要な概念がギリシャで発明され、ラテン文字とキリル文字に分かれて、ヨーロッパを二分した。その後、ラテン文字はローマ文字に、キリル文字はロシア文字へと発展していく。二十世紀末のユーゴスラヴィア紛争の遠因に、セルビア人はキリル文字を使い、クロアチア人はローマ文字を使うなど、国内に言語の境界線があるため、自ずと対立が深められたとも言われている。

ジャン・リュック・ゴダール監督の映画「勝手にしやがれ」(1959)のワンシーンで偶然見つけた背後のポスター。未来派やダダの言語感覚を見事に映像にもたらしたゴダールなのでこのポスターが偶然あったなどありえないだろう。こののち、ゴダールの饒舌な映像は加速する

ローマ文字が現在のようなスタイルにまとまったのは十六世紀頃、ロシア文字は十八世紀はじめに整備されたが、一九一七年のロシア革命で、戦後の日本でかなの「ゑ」や「ゐ」がなくなったように、整理され、現在の形に落ち着いた。約物などの記号体系も同様の発展経路をたどった。

しかし、「?」と「!」の形のすばらしさは誰が考え出したか、大変興味深い。なかでも、シニフィエ（記号内容）とシニフィアン（記号表現）がこれほど一致した見事な記号は少ない。今やこれらの記号を間違って認識する人はいないだろう。

日本には十六世紀末に、後にキリスト教徒として迫害されるキリシタンの遺欧少年使節が、ヨーロッパから活字印刷機を持ち帰り、それとともに、イエズス会の宣教師のキリスト教の本のなかで、はじめて目にすることとなる。日本語の本（国字本）のなかでは、『サルバトル・ムンヂ』や『朗詠雑筆』などの、キリシタン関連本に使われた。疑問符、感嘆符ももちろん登場していた。極東の国とは思えないほど早く伝わった理由は、乱暴に言えば、イエズス会宣教師の、スペイン・ポルトガルの侵略の先兵と化した熱烈布教の成果による。その後、キリスト教禁止令により徐々にすたれ、キリシタン迫害が少しゆるんだ、開国まであと三十年

ウォルフガング・シュミットの
《エル・リシツキーへのオマージュ》1986。
「?」から「!」へと変わる図。
（"El Lissitzky"Victor Maisy,
Hermann Schmidz Mainz, 1990より）

という時再び出始め、それから普通に使われるようになった。

明治になって「?」は「耳だれ」、「!」は「雨だれ」と名付けられる。活字組版のことを言う「ゲラ」が、奴隷がオールを漕いで進む、ガリー船に由来する「galley」からきているとすれば（この語源にはいろいろ考えさせられる）、「?」はインタロゲーションを略して「インタロ」、「!」はエクスクラメーションだから「エクス」、などと呼ばれてもおかしくないが、日本の印刷関連語には俗っぽい直球表現——たとえば、ノド、ドブ、チリ、ゲタ、ソデ、小口、版ヅラ……——が目立つので、やはり適切なネーミングなのだろう。

「?」と「!」の成り立ちに定説はない。「?」はギリシャ語の疑問文に今も使われる疑問符＝セミコロンが、上下逆転して「?」になった、とする説が一般的だ。「!」はラテン語の「勝利」を意味するＩＯがタテに並んでＯがピリオドになったという説がある。そして、黒丸＝ピリオドは文末にくる約束なので、疑問符も感嘆符も文末にくることが一般的になったと言われている。「感嘆」のときの発声は、英語では「ＡＨ」なので、これがタテに並んで「!」となったのでは、という仮説もひとつここに加えてみたい。

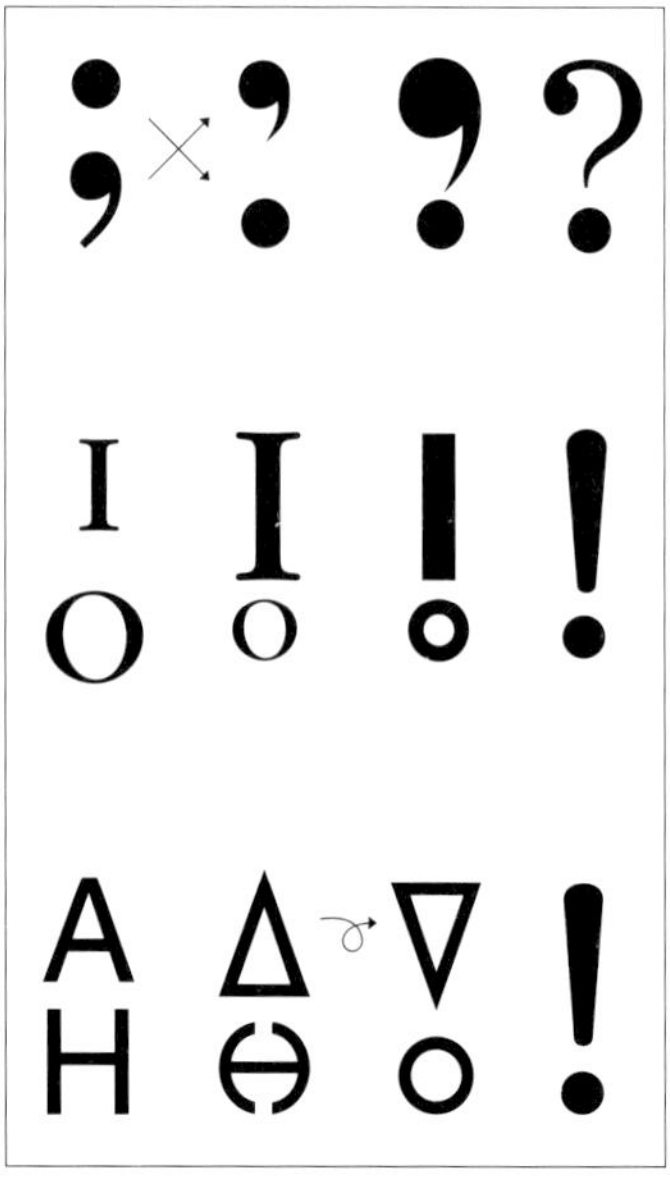

「?」と「!」にいたる記号の変化の流れの図化。
左から右へと変化していく。松田作、1998
上／「?」はギリシャ文字のセミコロン；が変化したとする説
中／「!」はラテン語の「勝利」を意味する「IO」がたてに並んだ説
下／感嘆符は英語で「AH」なのでこれがたてに並んで
変形を受けたとする松田説。
しかし「AH」の成立年代が不明なためこの説はやはり怪しい

「！」は今では、感嘆符というよりも、強調する場合に使うケースが多いので、「強調符」と呼ぶのがふさわしそうだ。雑誌の見出しの文末に「‼」や「⁉」、「?!」を、しばしば当たり前のようにわれわれは使っている。最近（二〇〇四年九月）では競馬のＪＲＡ（Japan Racing Associetion）の3連単の発売記念に、明石屋さんまの顔写真が入った「！」が三つ、紙面いっぱいに並べられた広告もあってロシア・アヴァンギャルドの手法が普通に使われているのに感動を覚えたが、「！」をはじめて広告に使ったのはそのロシア・アヴァンギャルディスト、アレキサンドル・ロドチェンコだ。

ロシア革命の後、革命の意義を啓蒙するため、菓子パッケージとか街頭ポスター、電車、壁面などにプロパガンダがそのまま使われた。当時のロシア民衆はまだ文盲が多く、メッセージ伝達手段としては簡単な文字か絵が適していた。しかし、「！」は文字でもあって絵でもある、という両義性を兼ね備えていた。視線を向けさせる強調符として最高のフォルムを持っていたのだった。

ロドチェンコは、革命を推進するためにウラジーミル・V・マヤコフスキーと組んで、広告制作会社を設立し、わずか二年間のうちに、大量のデザインやコピーを、国中に流布させた。

メッセージをしっかり大衆の眼に焼き付けさせようと、「！」がヴィジュアルの中心としてデザインされることも多く、「デザイン」が市民権を得た瞬間でもあった。

JRAの3連単の広告。
（2004年9月10日朝日新聞朝刊より）

アレキサンドル・ロドチェンコのデザインによる革命後のタバコ会社やデパート、航空会社などの企業の新聞広告やポスター。ほとんどのコピーはウラジーミル・マヤコフスキーが担当。この二人のチームは広告代理店の祖型をつくるとともにロドチェンコのデザインはエル・リシツキーと並んで、ヨーロッパの前衛美術運動に圧倒的な活力を与えた。これらは「!」マークを入れるためのデザインとでも言えそうなほど「!」がヴィジュアルの中心を占めている。1923-24。©Aleksandr Rodchenko, 2005

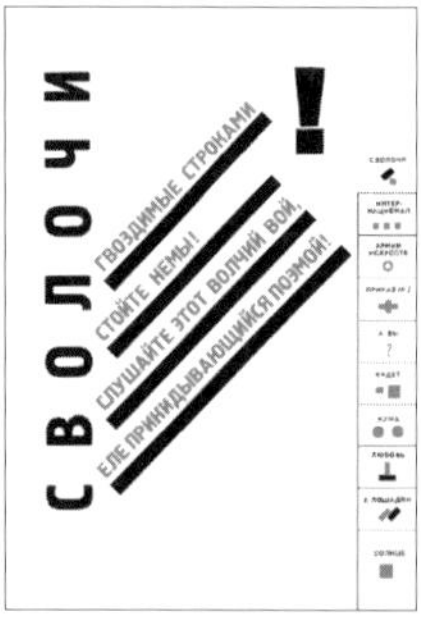


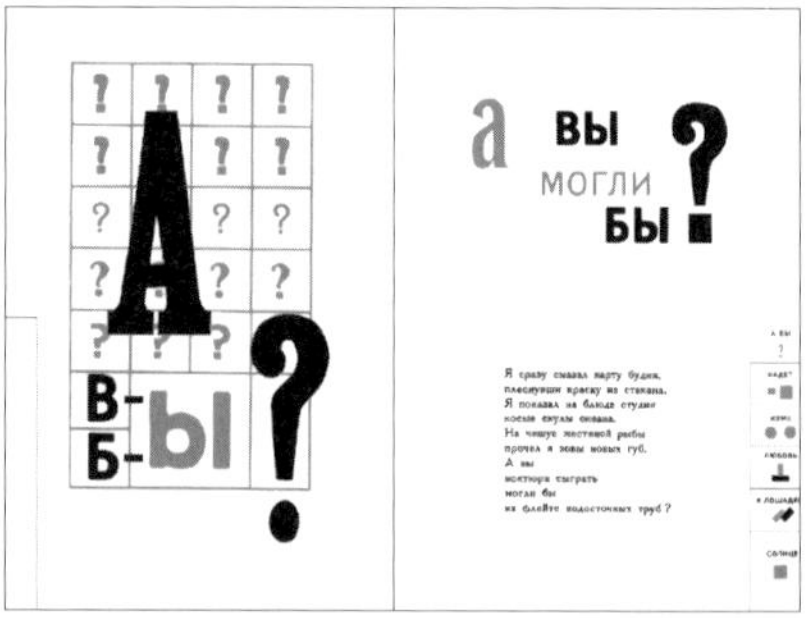


エル・リシツキーのデザインによるマヤコフスキーの詩集『声のために』のページレイアウト、1923。
最初のページにあるシュミットのトリビュート図版はおそらくこのページに触発されたものと思われる。
P.237にこの本の全体を掲載

ロドチェンコ、リシツキー以外のロシア・アヴァンギャルディストのデザイン。いずれにせよ、ロドチェンコやリシツキーにくらべると控えめ
左／ドミトリー・ブラノフの市街電車の利用推進ポスター、1926
右／タバコ会社関連でデザイナー不明、1925

しかし、「!」の効果をスターリンだけは信じていなかった。スターリンが権力を掌握したとき、側近も含めた、啓蒙（洗脳?）したはずの民衆を、誰一人信用せず、粛清を武器に恐怖政治に走ったからだ。革命普及に貢献したはずのマヤコフスキーは自殺し、ロドチェンコは一線からはずされた。しかし、彼らが残した「!」を大胆に使ったデザインのインパクトは、今もなお新鮮だ。

『・・・になる』シリーズで有名なCWSレクチャーブックス。現在4冊ほど出版されているがすべて「!」がデザインの中心になっている。（中条省平著、メタローグ、1995）

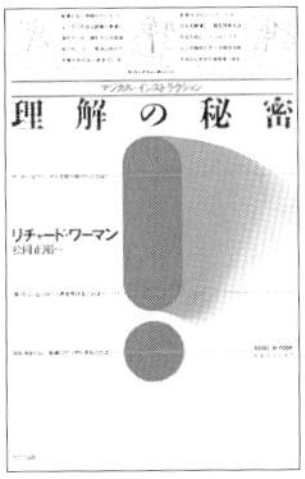


リチャード・ワーマン著『理解の秘密――マジカル・インストラクション』（松岡正剛監訳、NTT出版、1993）。この場合の「!」は、断言・強調ではなく、いわゆる頭にパッと電気がついた状態を表している

「?」は軽い「謎」がらみの本にはよく使われるが、「100匹目のサル」論を提唱したルパート・シェルドレイクが語る、骨っぽく奥深い謎にせまった本。カヴァーに「?」がデザインされているからといって決して軽くない。『世界を変える七つの実験――身近にひそむ大きな謎』田中靖夫訳、工作舎、1997

奥崎謙三著『宇宙人の聖書!?――天皇ヒロヒトにパチンコを撃った犯人の思想・行動・予言』（サン書店、1981）。映画「ゆきゆきて神軍」で筆者の過激なさまが窺えるが、戦後の人生で彼ほど戦争責任を身体をはって追及してきた人物はいなかった。全編「天皇」に対する怨念に満ちた口吻のこの本は、書名にまで「!」と「?」の両方ともつけるなど奥崎謙三氏の熱い思いが伝わってくる。タイトルに「!?」がついている本は、この本以外に私の知る限り見当たらなかった。サン書店は奥崎氏が起こした出版社。社名のサン＝日の丸も象徴的

ダダイストのなかでも文字のデザインにこだわったクルト・シュヴィッタースの「メルツ・マチネ」リーフレット、1923。シュヴィッタースはコラージュでも美術界に多くの影響を与えたが、雑誌『メルツ』を中心としたタイポグラフィや視覚詩の実験は、後のコンクリート・ポエトリー運動を予告した。

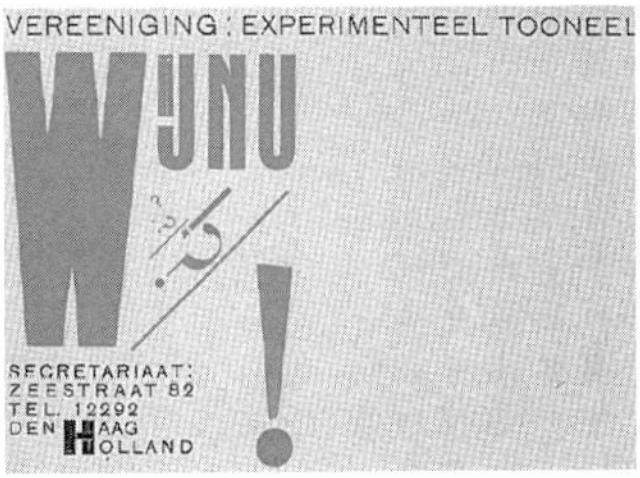


デ・ステイル派の作品ピート・ズワルトによる実験劇団「我々は今」の封筒（右）、1925、とオランダ・ケーブル製造工場のカタログ（左）、1929。（『デ・ステイル1917-1932』セゾン美術館編、セゾン美術館／東京新聞、1997より）

『デ・ステイル』誌のページレイアウト、1926

# 暗号解読

既に何度か語ってきたことだが、明治以来かな文字派とローマ字派が現れ、漢字排斥運動が起こった。敗戦後も排斥派の熱意は止まず、徐々に漢字を減らすためにとりあえず当用漢字をつくった。選ばれた漢字は、いずれなくなるのだからと関係者の主観で選んだ。しかし、世論の反対で事態はそれ以上進行しなかったのは知ってのとおり。

もし、文章がカナばかりだったら、意味がいかようにもとれて手に負えなかったに違いない。ほとんど判じものである。

レオナルド＝ダ＝ヴィンチの手稿のほとんどは、鏡に映すと普通に読める、逆向きのラテン語で書かれていた。なぜ逆向きで書いたのか。しかも上手である。

教会の力が強かった当時、研究していたことが教会の意に沿わなかった場合、それは研究者の死をも意味していた。したがって研究成果を秘匿するために暗号化した、という説が主流である。

ガリレオ・ガリレイも、天文学上の発見が教会と衝突して迫害されないために、そして、後世には「私が発見した」ということが分かるように、ラテン語で書いた文を入れ替えて（アナグラム）簡単に読めないようにした。

ここにひとつの仮説がでてきた。高津道昭説だ。レオナルドの文字は、鏡に映せばすぐ判読できるので、秘匿しようとしたというのは当たらない。実は、レオナルドは本を出版したかったのだが、図が精緻なため、印刷用の製版（つまりエッチングで逆に描く）を職人がちゃんとつくれるか心配だった。そこで、入稿原稿自体が銅版と同じように逆に描かれていたら校正もしやすいと考えた。つまり、印刷用原稿に校正原稿も兼ねさせた、という説だ。

船舶の遭難救助信号が、CQD（Come Quick Danger、－・－・、－－・－、－・・）から、モールス信号が聞き取りやすいSOS（・・・、－－－、・・・）に代わったのは一九〇六年。そして一九一二年、タイタニック号が最初のSOS発信船になってしまい、SOSの歴史がはじまる。

それから八十七年後の一九九九年、モールス信号のSOSは廃止され、衛星での監視体制に受け継がれた。

このモールス信号は、訓練を受けていない者には解読が無理という意味で、一種の暗号だ。モールス信号のように、アルファベットを一文字一文字別の記号に置き換える暗号を、〈単アルファベット換字暗号〉（以下単換字暗号）と呼ぶ。

単換字暗号はカエサルの時代以来、手を替え品を替え現れたが、九世紀、アラ

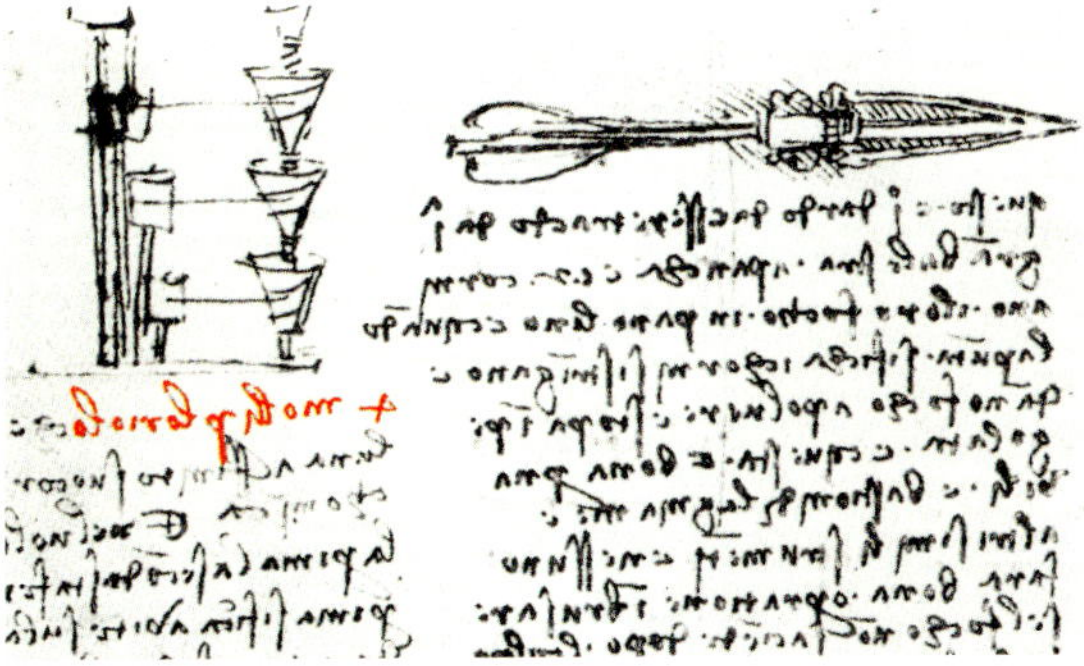

レオナルド＝ダ＝ヴィンチの手稿：ヴィオラ・オルガニスタの駆動装置図の一部。赤文字のところは「4 molli per l'oriolo（時計のための4つのぜんまい）」と書かれている。perはpに略している

ビアの学者がその解読法を考え出した。アルファベットの頻出度チェックである。英語でいえばeが圧倒的に多く、taoinsrhldcumfpgwybvkxjqzという順に大方落ち着く。

十五世紀、建築家レオン・バティスタ・アルベルティは、二つの暗号アルファベットを一文字ずつ交互に適用して、一つの暗号をつくることを思いついた。これは暗号作成の歴史のなかでも画期的な事件だった。その上、彼は二枚に重ねた円盤を、回転させて暗号文をつくる、暗号円盤も発明する。

一五八六年、この発想をより複雑な暗号に仕立てたのが、フランスの外交官、ブレーズ・ド・ヴィジュネル。一つの暗号をつくるために二十六個、つまりアルファベットの数だけの暗号を駆使する。この解読の手掛かりとなるのが〈ヴィジュネル暗号表〉である。

ある種のキーワード（たとえばENIGMA）を使って、ヴィジュネル暗号表をスキップしながら組み立てる。暗号化したい文の一文字目はEの列のアルファベット、二文字目はN、三文字目はI、という具合に六文字が終わったらまた最初のEに戻る。これが単換字暗号に対する〈多アルファベット換字暗号〉（以下多換字暗号）である。メッセージを伝えたい相手にはキーワードを知らせておくだけですむ。

琴清流楚激絃商秦曲發聲悲摧藏音和詠思惟空堂心憂增慕懷慘傷仁
芳廂東步階西遊王姿淑窕窈伯召南周風興自后妃荒經離所懷歎嗟智
蘭休桃林陰翳桑懷歸思廣河女衛鄭楚樊厲節中闈淫遐曠路傷中情懷
凋翔飛燕巢雙鳩土迤逶路遐志詠歌長歎不能奮飛妄清幃房君無家德
茂流泉清水激揚眷頎其人碩興齊商雙發歌我袞衣想華飾容朗鏡明聖
熙長君思悲好仇舊蕤葳桀翠榮曜流華觀冶容爲誰感英曜珠光紛葩虞
陽愁歎發容摧傷鄉悲情我感傷情徵宮羽同聲相追所多思感誰爲榮唐
春方殊離仁君榮身苦惟艱生患多殷憂纏情將如何欽蒼穹誓終篤志貞
牆禽心濱均深身加懷憂是嬰藻文繁虎龍寧自感思岑形熒城榮明庭妙
面伯改漢物日我兼思何漫漫榮曜華雕旂孜孜傷情幽未猶傾苟難闈顯
殊在者之品潤乎愁苦艱是丁麗壯觀飾容側君在時巖在炎在不受亂華
意誠惑步育浸集悴我生何冤充顏曜繡衣夢想勞形峻慎盛戒義消作重
惑故暱飄生愆殃少章時桑詩端無終始詩仁顏貞寒嵯深興后姬原人雲
故遺親飄施思愆精微盛翳風比平始璇情賢喪物歲峨慮漸孽班禍讒章
新舊聞離天罪辜神恨昭感興作蘇心璣明別改知識深微至嬖女因佞臣
霜廢遠微地積何遐微業孟鹿麗氏詩圖顯行華終凋淵察大趙婕所奸賢
冰故離隔德怨因幽玄傾宣鳴辭理興義怨士容始松重遠伐氏好恃凶惟
齊君殊喬貴其備曠悼思傷懷日往感年衰念是咎愆涯禍用飛辭茲害聖
潔子我木乎根嘗遠嘆永感悲思憂遠勞情誰興獨居經在昭燕輦極我配
志惟同誰均難苦離戚戚情哀慕歲殊歎時賤女懷歎網防青寔漢驕忠英
清新衾陰勻尋辛鳳知我者誰世異浮寄傾鄙賤何如羅萌青生成盈貞皇
純貞志一專所當麟沙流頹遊異浮沉華英翳曜潛陽林西昭景薄榆桑倫
望微精感通明神龍馳若然倏逝惟時年殊白日西移光滋愚讒漫頑凶匹
誰雲浮寄身輕飛昭虧不盈無衰必盛有衰無日不陂流蒙謙退休孝慈離
思輝光飾粲殊文德離中體一違心意志殊憤激何施電疑危遠家和雍飄
想群離散妾孤遺懷儀容仰俯榮華麗飾身將與誰爲逝容節敦貞淑思浮
懷悲哀聲殊乖分聖貲何情憂感惟哀志節上通神祇推持所貞記自恭江
所春傷應翔雁歸皇辭成者作體下遺葑菲採者無差生從是敬孝爲基湘
親剛柔有女爲賤人房幽處己憫微身長路悲曠感生民梁山殊塞隔河津

中国の前秦(351〜394)の時代、蘇蕙（そけい）は任地に赴いた良人のために「璇璣（せんき）図」という詩を送る。これはタテヨコ各29字、全841字の魔方陣で、どのような読み方にも対応できる回文の詩

| | a | b | c | d | e | f | g | h | i | j | k | l | m | n | o | p | q | r | s | t | u | v | w | x | y | z |
|---|---|---|---|---|---|---|---|---|---|---|---|---|---|---|---|---|---|---|---|---|---|---|---|---|---|---|
| | B | C | D | E | F | G | H | I | J | K | L | M | N | O | P | Q | R | S | T | U | V | W | X | Y | Z | A |
| | C | D | E | F | G | H | I | J | K | L | M | N | O | P | Q | R | S | T | U | V | W | X | Y | Z | A | B |
| | D | E | F | G | H | I | J | K | L | M | N | O | P | Q | R | S | T | U | V | W | X | Y | Z | A | B | C |
| 1 | **E** | **F** | **G** | **H** | **I** | **J** | **K** | **L** | **M** | **N** | **O** | **P** | **Q** | **R** | **S** | **T** | **U** | **V** | **W** | **X** | **Y** | **Z** | **A** | **B** | **C** | **D** |
| | F | G | H | I | J | K | L | M | N | O | P | Q | R | S | T | U | V | W | X | Y | Z | A | B | C | D | E |
| 4 | **G** | **H** | **I** | **J** | **K** | **L** | **M** | **N** | **O** | **P** | **Q** | **R** | **S** | **T** | **U** | **V** | **W** | **X** | **Y** | **Z** | **A** | **B** | **C** | **D** | **E** | **F** |
| | H | I | J | K | L | M | N | O | P | Q | R | S | T | U | V | W | X | Y | Z | A | B | C | D | E | F | G |
| 3 | **I** | **J** | **K** | **L** | **M** | **N** | **O** | **P** | **Q** | **R** | **S** | **T** | **U** | **V** | **W** | **X** | **Y** | **Z** | **A** | **B** | **C** | **D** | **E** | **F** | **G** | **H** |
| | J | K | L | M | N | O | P | Q | R | S | T | U | V | W | X | Y | Z | A | B | C | D | E | F | G | H | I |
| | K | L | M | N | O | P | Q | R | S | T | U | V | W | X | Y | Z | A | B | C | D | E | F | G | H | I | J |
| | L | M | N | O | P | Q | R | S | T | U | V | W | X | Y | Z | A | B | C | D | E | F | G | H | I | J | K |
| 5 | **M** | **N** | **O** | **P** | **Q** | **R** | **S** | **T** | **U** | **V** | **W** | **X** | **Y** | **Z** | **A** | **B** | **C** | **D** | **E** | **F** | **G** | **H** | **I** | **J** | **K** | **L** |
| 2 | **N** | **O** | **P** | **Q** | **R** | **S** | **T** | **U** | **V** | **W** | **X** | **Y** | **Z** | **A** | **B** | **C** | **D** | **E** | **F** | **G** | **H** | **I** | **J** | **K** | **L** | **M** |
| | O | P | Q | R | S | T | U | V | W | X | Y | Z | A | B | C | D | E | F | G | H | I | J | K | L | M | N |
| | P | Q | R | S | T | U | V | W | X | Y | Z | A | B | C | D | E | F | G | H | I | J | K | L | M | N | O |
| | Q | R | S | T | U | V | W | X | Y | Z | A | B | C | D | E | F | G | H | I | J | K | L | M | N | O | P |
| | R | S | T | U | V | W | X | Y | Z | A | B | C | D | E | F | G | H | I | J | K | L | M | N | O | P | Q |
| | S | T | U | V | W | X | Y | Z | A | B | C | D | E | F | G | H | I | J | K | L | M | N | O | P | Q | R |
| | T | U | V | W | X | Y | Z | A | B | C | D | E | F | G | H | I | J | K | L | M | N | O | P | Q | R | S |
| | U | V | W | X | Y | Z | A | B | C | D | E | F | G | H | I | J | K | L | M | N | O | P | Q | R | S | T |
| | V | W | X | Y | Z | A | B | C | D | E | F | G | H | I | J | K | L | M | N | O | P | Q | R | S | T | U |
| | W | X | Y | Z | A | B | C | D | E | F | G | H | I | J | K | L | M | N | O | P | Q | R | S | T | U | V |
| | X | Y | Z | A | B | C | D | E | F | G | H | I | J | K | L | M | N | O | P | Q | R | S | T | U | V | W |
| | Y | Z | A | B | C | D | E | F | G | H | I | J | K | L | M | N | O | P | Q | R | S | T | U | V | W | X |
| | Z | A | B | C | D | E | F | G | H | I | J | K | L | M | N | O | P | Q | R | S | T | U | V | W | X | Y |
| 6 | **A** | **B** | **C** | **D** | **E** | **F** | **G** | **H** | **I** | **J** | **K** | **L** | **M** | **N** | **O** | **P** | **Q** | **R** | **S** | **T** | **U** | **V** | **W** | **X** | **Y** | **Z** |

ヴィジュネル暗号表。

一番上の太字で小文字のアルファベットが平文（暗号化したい文）。太字の大文字で四角内にアミが敷いてあるのがキーワード（ENIGMAとした場合）。左欄外の数字が、キーワードに従った暗号アルファベットの使用順（平文の1文字目はE列、2文字目はN列…、7文字目はまたE列からはじめる）。それぞれの列と平文の該当アルファベットから垂直に下ろした行との交差点が、そのアルファベットに対応する暗号となる。たとえば、Above us only skyを暗号化するには下のような手順を踏む。

| | | | | | | | | | | | | | | | |
|---|---|---|---|---|---|---|---|---|---|---|---|---|---|---|---|
| 暗号化したい文章→ | a | b | o | v | e | u | s | o | n | l | y | s | k | y |
| | ↓ | ↓ | ↓ | ↓ | ↓ | ↓ | ↓ | ↓ | ↓ | ↓ | ↓ | ↓ | ↓ | ↓ |
| キーワードの繰り返し→ | **E** | **N** | **I** | **G** | **M** | **A** | **E** | **N** | **I** | **G** | **M** | **A** | **E** | **N** |
| | ↓ | ↓ | ↓ | ↓ | ↓ | ↓ | ↓ | ↓ | ↓ | ↓ | ↓ | ↓ | ↓ | ↓ |
| 暗号化された文章→ | E | O | W | B | Q | U | W | B | V | R | K | S | O | L |

結局、暗号文はEOWBQUWBVRKSOL。

キーワードENIGMAのようにAが入っていると、その列は暗号化されずに平文のままになるので注意

強力なヴィジュネル暗号も、一八五四年、コンピュータの雛形をつくったチャールズ・バベッジによって解読されてしまう。単換字暗号は、頻出文字の分布精査で解読できたが、多換字暗号は頻出単語（たとえばtheなど）をキーにヴィジュネル暗号表に当てはめながら解読の糸口を探す、という方法だった。

一九一八年、ドイツ人アルトゥール・シェルビウスは、アルベルティの暗号円盤を機械化し、扱いは簡単ながらもっと複雑な暗号を生みだせる機械をつくる。スクランブラー付円盤が三つセットされたこの暗号機は、スクランブラーが回転するたびに新しい暗号アルファベットで暗号化されるため、ヴィジュネル暗号の二十六個の暗号アルファベットの比ではない複雑な様相を呈する。この暗号機は「エニグマ（謎）」と名付けられた。

エニグマは、一九二九年、ドイツ陸海軍が採用、第二次大戦のドイツの主要暗号機として連合軍を大いに悩ませた。「解読は人間技じゃない」とまで言われたが、イギリスはこの解読に成功。そのストーリーはロバート・ハリス著『暗号機エニグマへの挑戦』に詳しい。エニグマの暗号書獲得がテーマのジョナサン・モストウ監督の映画「U-571」（二〇〇〇）のDVD版の付録にも、エニグマのしくみが解説されている。

なにしろ、暗号にとっては「繰り返し」が一番恐い。エニグマは、送信者と受信者の条件を同じにするために、三つのスクランブラーの目盛りの設定の仕方を、暗号で二回繰り返して送っていた。

戦争の旗色が悪くなってくると毎日設定を変えていたので、送信者側もいろいろ面倒だったのだろう、ついキーボードの並びに沿った設定を送るようになってしまった。たとえば、QWE（キーボードの左上から右へと並んだ三文字）という具合。

それに加えてドイツ人的きまじめさで毎朝気象情報を送った。そのなかには、ドイツ語の単語wetter（気象）がかならず含まれた。これが解読の糸口になってしまった。

イギリスの解読チームには、箝口令がしかれ、実態が明るみに出たのは終戦から三十年後のこと。解読チームのひとりで、コンピュータ概念をつくった数学者アラン・チューリングは、戦後めぐまれず、謎の青酸カリ自殺をしてしまう。彼の名誉回復は一九九〇年代まで待たなくてはならなかった。

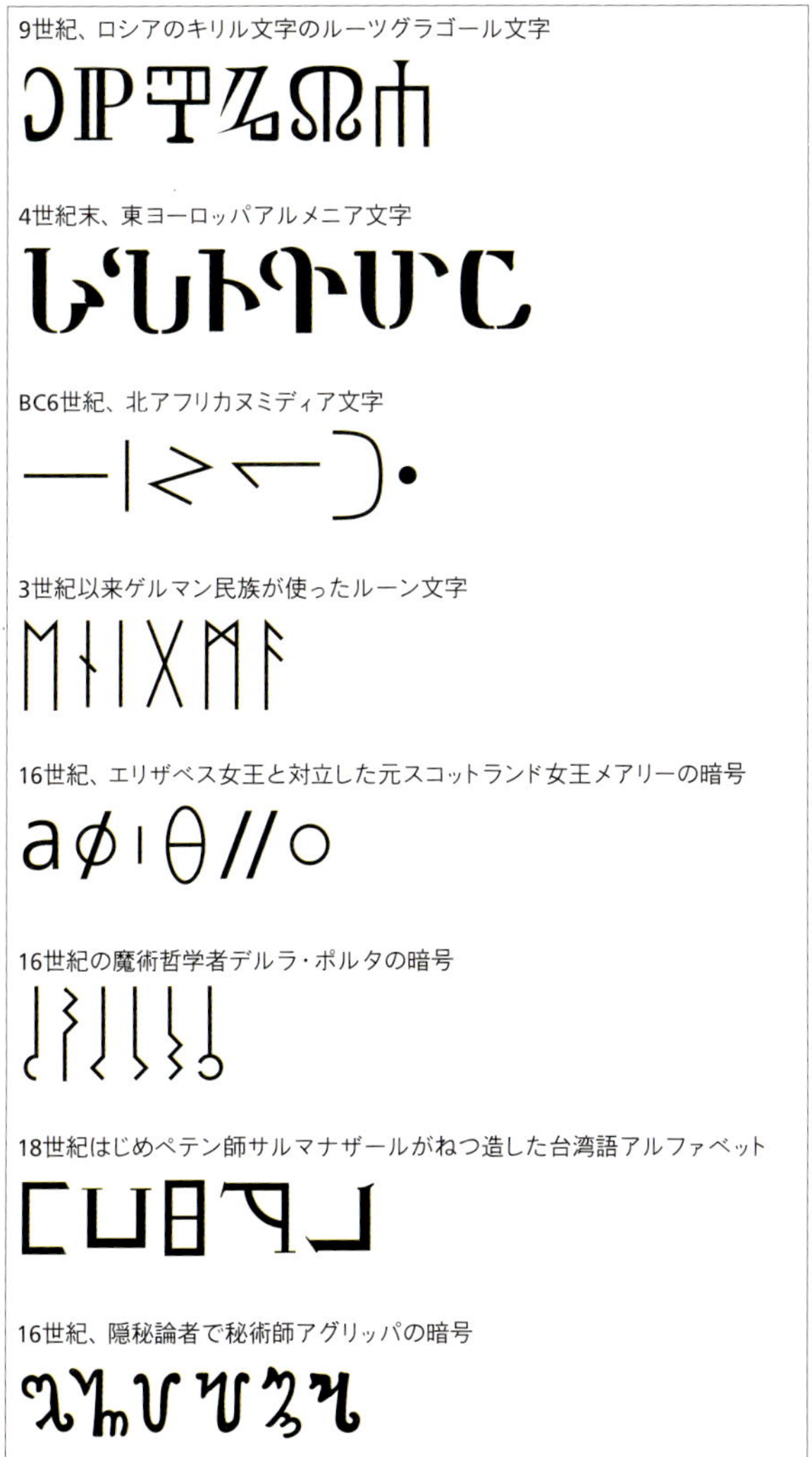


ENIGMAのスペルを8種類のいにしえの文字や暗号で組んでみたもの。こうした単アルファベット換字暗号は、文章が長ければ長いほど頻度分析で容易に解読ができる。もちろん、暗号に使われている文章の言語は分かっていなければいけない。
ジョン・ウー監督の映画「ウインドトーカーズ」(2002)は、ネイティヴ・アメリカンのナバホ族の言葉を暗号の代わりに使ったという史実をもとにした太平洋戦争もの。これはナバホ族の言葉がわかる日本人なんているわけがないという前提のもとに、暗号要員の兵士の生死を問わずに、日本軍の手からナバホ族の言葉を守ろうとする使命を帯びた主人公の話

# メッセージ

見つめあっただけで伝わる恋人同士には無縁の話だが、何も知らない他者に自分をわかってもらうことは至難である。世の中に冤罪が起こるのもコミュニケーションの難しさによるところが大きいのかもしれない。かつて地球外文明にメッセージを送ろうと試みられたことがあったが、究極の見知らぬ他者に対しては徒手空拳だ。

落語の前座ばなし「寿限無」は、寺の住職が、檀家で生まれた子に果てしなく長い名前をつけたため、その子の名前を呼ぶたびにフルネーム、「寿限無寿限無、五劫のすり切れ、海砂利水魚の水行末、雲行末、風来末、

右ページ／リンカーンが1862年に発表した奴隷解放宣言文で描いたリンカーンの顔。
（『イリュージョン』エディ・ラナーズ著、高山宏訳、河出書房新社、1989より）

食う寝る所に住む所、やぶら小路にぶら小路、パイポパイポ、パイポのシューリンガン、シューリンガンのグーリンダイ、グーリンダイのポンポコピーのポンポコナの長久命の長助」、を延々と連呼するおかしさを扱った小話だ。

この「寿限無」の名前には、意味不明の景気づけのかけ声に混じって、永遠に

情報過多の中から立ち上がるメッセージ
上／MITメディアラボのロバート・シルバースがつくったリンカーンの顔。シルバースはフォトモザイクがつくれるソフトウエアを1995年に開発、フォトモザイク・シリーズを数多くつくっているが、このリンカーンの画素は、南北戦争にまつわる兵士や将校、戦場などの写真である。下はリンカーンの左眼部分を拡大したもの。
（"PHOTOMOSAICS" Robert Silvers and Michael Hawley, Henry Holt and Company, Inc., 1997）

生きて欲しい、というメッセージが込められている。

たとえば「五劫のすり切れ」の「五劫」は仏教用語で、「劫」のつく五つのきわめて永い時間のことを指している。

例えば、磐石劫《ばんじゃく》（払石劫）の一劫は、一辺が何キロメートル（数百キロメートルという説もある）もある巨大な立方体の岩に、百年（三年という説もある）に一回天女が舞い降りてきて、衣の袖でひとなぜして、岩が磨耗してしまうまでの時間のことをいい、芥子劫も芥子がいっぱいつまった岩と同じくらい大きい瓶から百年に一粒づつ芥子を取り出して、瓶が空になる時間のことを言う。「五劫」はそれらが五つ過ぎた時間のことで、宇宙年齢をはるかに越えている。

「すり切れ」は、まさに「払石劫」からの引用だろう。しかし、「寿限無」の呪文のように繰り返される永遠の命は、最後の「長助」一語で語り尽くされているように思われる。

パブロ・ピカソのフルネームは「寿限無」ほどではないが、やたらと長い。パブロ・ディエゴ・ホセ・フランシスコ・デ・パウラ・ホアン・ネポムセノ・マリア・デ・ロス・レメディオス・クリスピン・クリスピアノ・デ・ラ・サンティシマ・トリニダード・ルイス・イ・ピカソ（Pablo, Diego, José, Francisco de Paula, Juan Nepomuceno, María de los Remedios, Crispin, Crispiano de la Santísima Trinidad, Ruiz y Picasso）。ほとんどが親戚一同の名前と聖書にある守護聖人などの名で構成されている。

スペイン語圏の人々の間では、途中と母方の姓が略され、父方の姓で呼ばれるのが一般的らしい。そうするとピカソの場合はパブロ・ルイスとなる（イはandのこと）。ピカソは20代になって絵画に記すサインに母方の姓ピカソを使うようになったが、一般的すぎるルイスではメッセージ性を感じなかったのかもしれない。

ピカソは、キュビズムの同輩ジョルジュ・ブラックが印刷物や写真、オブジェの断片を繋ぎ合わせたり、貼り合わせたりする表現のことを「パピエ・コレ」と呼んだときもピンとこなくて、同じ方法論を「コラージュ」と名付けたように、基本がへそまがりだった。しかし、名前全体が一種のメモリー装置になっていて簡単な家系図を表しているのもおもしろい。戦国時代に武士同士が相対したとき、自分の出所来歴を大声で名乗り合う前口上みたいなものである。

数年前、小学校では超越数π（円周率＝円周と直径の比率）の値を三と教えるように、という通達が文部省から出され、不評を買い、今は三・一四に戻ったらしい。さすがに三は、古代のユダヤ人やギリシャ・ローマ人の認識レベルである。せめて、小数点以下2ケタまで正確に把握していたアルキメデスでありたいと、文部省以外の人が思ったのもあたりまえだ。

小数点以下が永遠に続くことがわかったのは、たかだか二百五十年前のことというから、πの小数点以下のケタ探しの歴史はまだまだ若い。

映画化もされたカール・セイガン著『コンタクト』では、映画とは違う結末が用意されていた。πに秘められたメッセージが語られるのである。πの小数点以下十の二十乗ケタあたりから異変がおこる。十の二十乗というと、10の次に0が二十個つく、一兆の十億倍だ。現在の計算記録は五百億ケタ位らしいので、まだまだ先の未知の話である。

その気が遠くなるケタあたりから、0と1のみの連なりが現れる。その厖大な0／1の列を巨大な正方形になるように組み直すと1が真円のかたちに並んだ。これは宇宙の歴史を超える知性のサインだ、と締めくくる。検証されるにはまだまだ時間がかかる壮大な仮説である。無限に続くπの数列に全宇宙史の記

πを小数点以下10の20乗くらいまで計算すると現れる0／1の数列を、
正方形に組み直して出現した数字1による円、というセイガンのコンセプトの模式図。松田作、2001

憶がオーバーラップしていると考えるのも楽しい。

科学者のグループが、未確認の地球外知的生物と交信しようと試みたことが過去二回あった。どちらも先ほどのセイガンと彼の友人であるフランク・ドレイクが中心となって、ＣＥＴＩ（Communication with Extraterrestrial Intelligenceの略。現在はCommunicationがSearchに変わってＳＥＴＩとして地球外からくる電波の分析が主な活動となっている）プロジェクトのパフォーマンスとして行われたもので、一つは、一九七二年と七三年、太陽系外に向けて打ち上げられたパイオニア十・十一号に積み込まれた金メッキのアルミ板である。そこには異星人向け地球・人類ＰＲのメッセージが刻まれていた。

手がかりのない異星人へのプレゼンテーションとはおおいに悩むところだが、タテヨコ約十五センチメートル×二十三センチメートルのプレートに難解な二進法表記による水素の説明などとともに、地球人は皆ヌードかと疑われかねない裸の男女と宇宙船の絵が描かれていた。可愛らしい絵はがきではあるがインパクトは弱い。

もう一つは、カリブ海のプエルトリコ山中にあるアレシボ天文台から一九七四年に、三十万個ほどの星の集まったM13星団に向けて、百六十九秒間の電波のメッセージが発せられた。もし、このメッセ

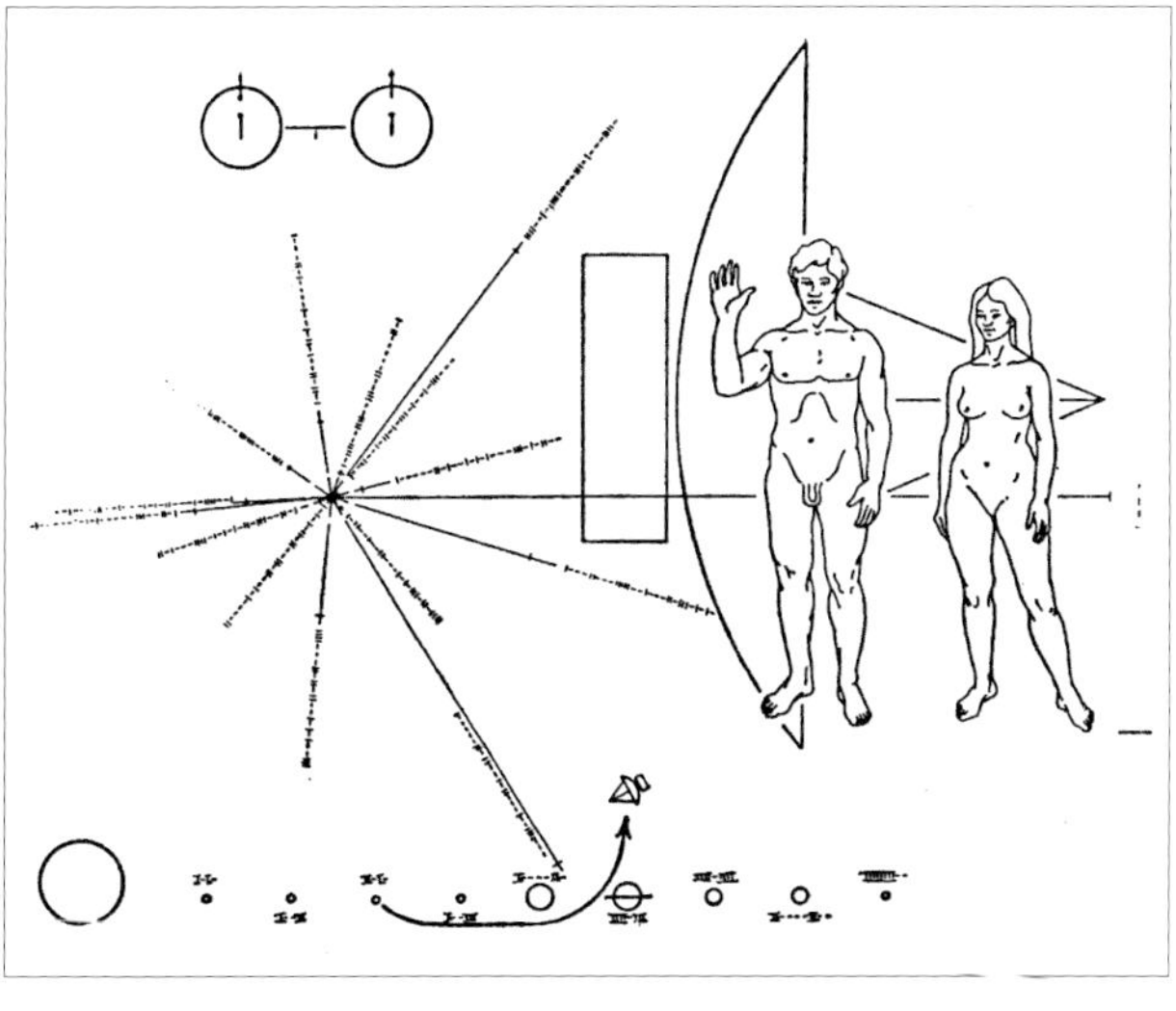

パイオニア10・11号が積み込んだ異星人へのメッセージ。左上は水素原子の超微細構造遷移図。放射状が銀河系内のパルサーの所在と周期、中心が地球。中心から女性の右まで伸びている水平線は地球から銀河系の中心までの距離。下が太陽系とパイオニア号が3番目の星からやってきたことを示し、星の下には太陽からの相対的距離（水星＝10）がついている。女性の右横には女性の平均身長、宇宙船の大きさも人間の比率に合わせてある。数値はすべて2進法。（『異星人との知的交信』カール・セイガン編、金子務＋佐竹誠也訳、河出書房新社、1976より）

ージを受けた異星人がすぐさま応答したとして、その往復に四万八千年かかる、という素敵なプロジェクトである。

電波は二進法のパルス千六百七十九個でつくられていた。これは素数23と73の積（『コンタクト』でも使われていたが素数は全宇宙共通の真理だそうである）で、それさえ解れば幾何学的発想を持つ異星人にとってメッセージの解読は容易になる、とセイガンらは踏んでいた。

が、異星人が受信するためのチャンスが三分弱と極度に短いことは置くとしても、データには二進法の数値として解くところと0／1の1にあたるところが描き出す絵柄として解くところがあり、絵柄としてみるのか数値を解読すればよいのか、いささか迷うところだろう。

ともかくこれも人間存在の科学的解釈が並べられた地球と人類の、バーコード的身上書でもあり、サインでもある。電波を受信した異星人側はわけのわからないデータに、はたしていかなる名前（タイトル）をつけるのだろうか。

しかしメッセージをいっぱい盛り込まなくても、データをあれこれいじくっているうちに突如円が現れるなんていうほうが感動は大きそうだ、地球人的感性として。

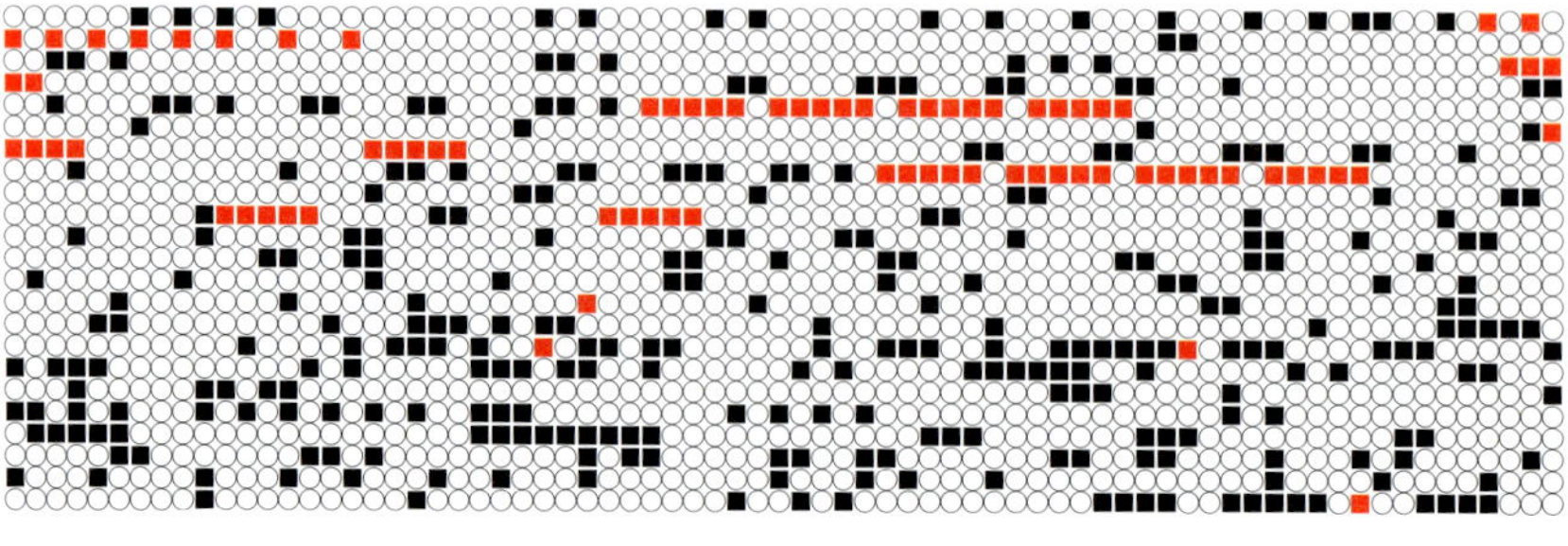

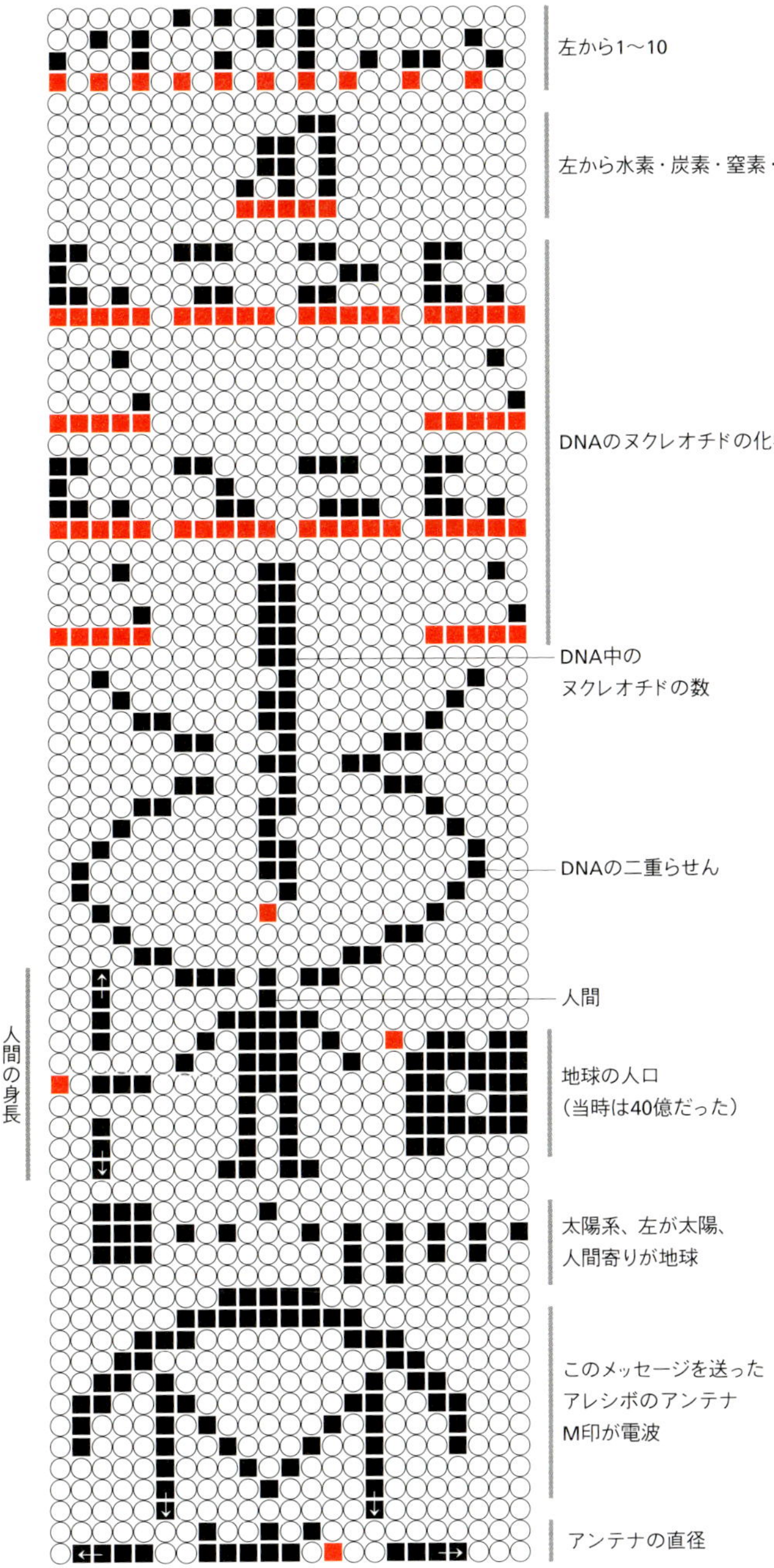


地球外文明に向けて発されたアレシボのメッセージ。
モールス信号のようにパルスのあるなしで送られた。数値はすべて2進法。
◯＝パルスなし
■＝パルスあり
■＝ここになんらかの数値的情報があるということを示す一種のチェックマーク。実際は色分けされているわけではないので数値情報と間違える可能性がある。
→(白ヌキ矢印)＝ここからここまでなどの範囲を示す。これも実際に矢印が送られたわけではないので矢印として理解してくれるかどうかは大分苦しい。
ヨコ23×タテ73に組むとこのようになるが、これを逆に組むと右ページのようになってランダムな固まりになってしまう。

『異星人との知的交信』に掲載されていたアレシボのメッセージをもとに松田が作成、2001

# 5

# 見ること・見られること

# 振動する眼球

「見ていないようで見てる」という人も、「見てるようで見ていない」という人も、どちらも「眼」はひたすら振動し、けなげにも視覚情報が消えないように努力している。

もう五十年以上前の、アルフレッド・ヒッチコック監督の映画「ロープ」（一九四八）について。古い映画でアクションもないが、息詰まる緊迫感はすばらしく、飽きさせない。全編をワンショットで、発端から破滅までがリアルタイムで行われたかのような印象を与えるために、一巻十分のリールとリールの交換を、人の背中とか、何かの影の黒味でつないでいくという手法をとっていた。

現在では長廻しを得意とする映画監督は多く、そこにスローモーション技をからめたり、細かいカット割りとの対比で展開されることも多い。「ロープ」は、全編をワンショットで撮るという映画人の夢をカリカチュアライズしたものとも言える。

ストーリーは、ルームメイトの友人を二人がかりでロープで絞殺した犯人が、

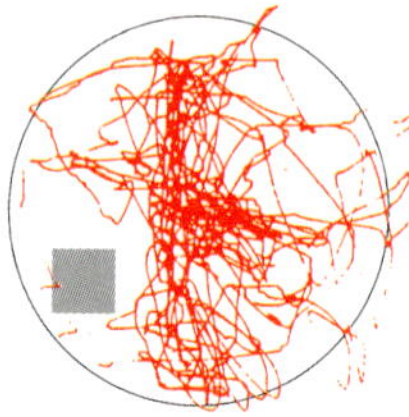

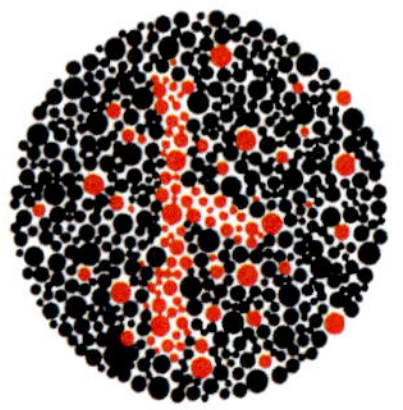

右／点で表したカタカナの「ト」の字
左／右の円の左下に視野を制限したときのポジションセンサーで得た視線の動き。四角の部分が視野。視野を制限した場合「ト」のイメージは被験者に伝わらないが、視線の動きを見ると間違いなく「ト」をなぞっている。眼は見てないようで見ている。
（『眼はなにを見ているか——視覚系の情報処理』池田光男著、平凡社、1988より）

自己の優秀さを証明すると称して、死体を自室のチェストに隠し、その部屋で、被害者の家族や友人を招いた、悪趣味極まるパーティを開いてしまう。犯罪発覚ぎりぎりのところのスリルを楽しみながら、パーティを進める犯人であるホストたちの、誇示と暗喩に対して、かれらの先生であるジェームス・スチュアートが疑惑を覚え、犯人たちに動揺を与える。

スチュアートが感じた、妙な雰囲気から湧き起こる、疑惑、そして告発・解明に至る道筋を彼の足跡に求め、部屋を俯瞰した軌跡図をつくってみた（P.266）。犯人たちの行動軌跡に沿って部屋を歩き回っていくうちに、徐々に犯行の実相が浮かび上がり、全体像が把握されていく過程の軌跡である。

周辺を走査《スキャン》しながら全体像に近づいていく、遊歩者《フラヌール》としてのスチュアートの足跡のしくみは、眼が何かを見てそれを認識していくしくみによく似ている。

そのスキャンの活動の源は、「ロープ」の場合は「疑惑」だが、我々の眼にとっては痙攣のような「微振動」らしい。どうやら人の眼は「微振動」なくして「見る」という行為が成り立たないようにできているようだ。

人間は振動とは縁が深い。痙攣も加えると人体内はひっきりなしに何かしら動き回っている。リチャード・フライシャー監督の映画「ミクロの決死圏」（一九六六）とそのリメイク版ジョー・ダンテ監督の「インナースペース」（一九八七）を

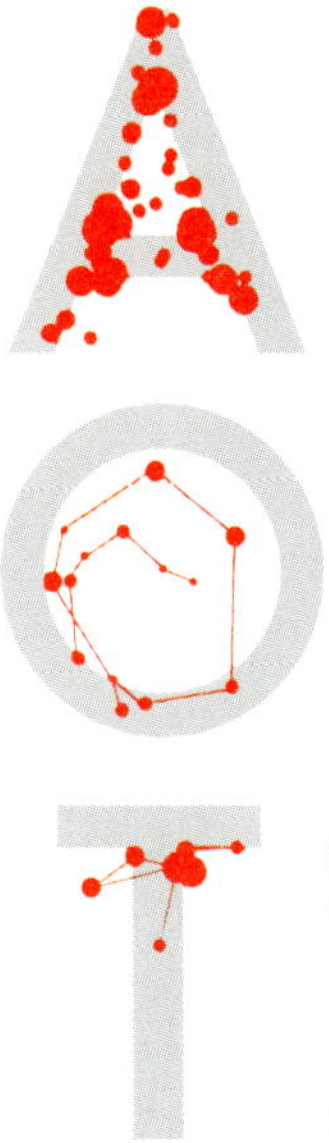

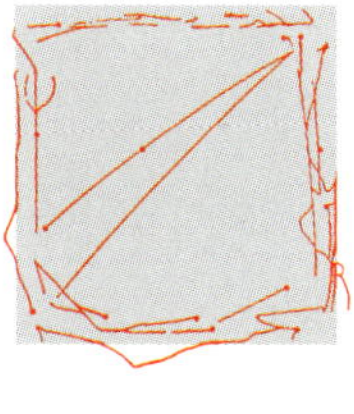

左／三つの文字A、O、Tを認識するためのアイカメラによる視線の動き。文字図形把握に対して眼は効率よく走査しているようだ。（『キサデコールセミナーシリーズ1　多木浩二対談集　四人のデザイナーとの対話』多木浩二＋篠原一男＋杉浦康平＋磯崎新＋倉俣史朗著、新建築社、1985より）
右／正方形を認識するときの視点のジャンプの軌跡

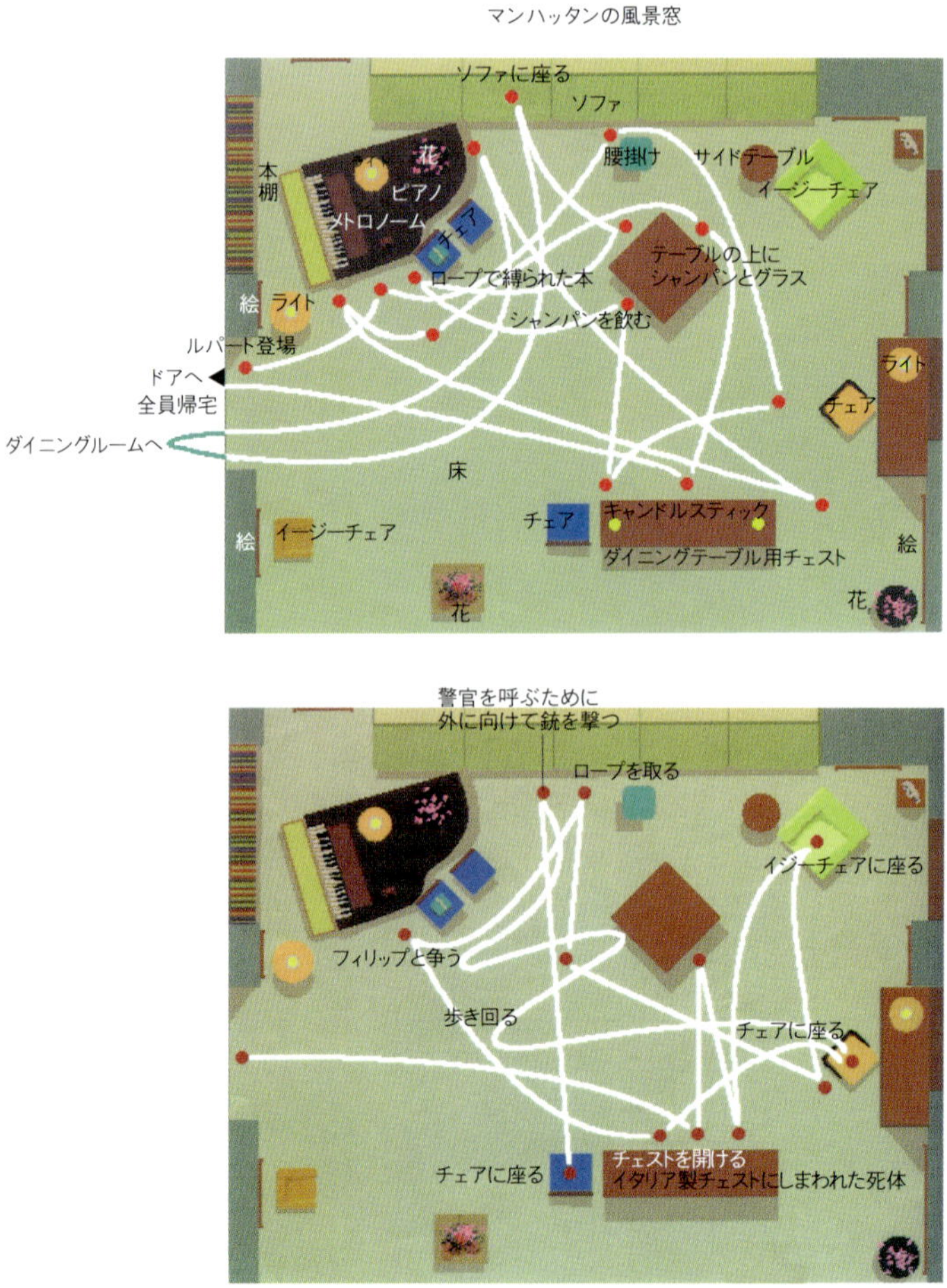


ヒッチコック監督「ロープ」(1948)の探偵役ジェームス・スチュアートの部屋を歩き回った足跡の俯瞰図。自分を優秀であると自画自賛する犯人が完全犯罪を誇るために死体を隠したチェストのまわりでパーティを行う。が、これが命取りになった。上がパーティの間にスチュアートのなかに不審が醸成されていく足跡。下がいったん帰るとみせかけて、忘れ物を取りに引き返してきて、疑惑を解明し、告発に至る足跡。どちらもアイカメラによる視線の動きに似ている。松田作、1990

ご覧になった方は、危険極まりない人体内の様子は周知のことと思う。心拍、血流の動き、内臓の内壁の消化などの運動、白血球による異物への攻撃、表皮の新陳代謝、あげくのはては、しゃっくり、くしゃみ、筋肉の痙攣、貧乏ゆすりなど、絶え間ない運動と痙攣こそ、人間の生きている証しでもある。

この痙攣人間の中でも代表格は、へびがびくっと動くことになぞらえたフランスの古語から、サッカード（saccades）と呼ばれる痙攣状の眼の運動だ。

「見る」という眼の運動には、固視と跳躍《ジャンプ》がある。固視はじっと見ること、跳躍は固視と固視の間の瞬間移動のときに行われる、ワープのようなものである。しかも固視で立ち止まる時間は約〇・三秒で、そのときも千分の一秒台の微動をしている。振動していないと視覚が成り立たない、ということらしい。

この振動は眼にひたすら刺激を与えて、せっかく得た視覚情報が消えないようにするためのようだ。手をよく使う人はボケないと言うが、人間には常に刺激が必要だ。

アイカメラやポジションセンサーで得た視線の動きをトレ

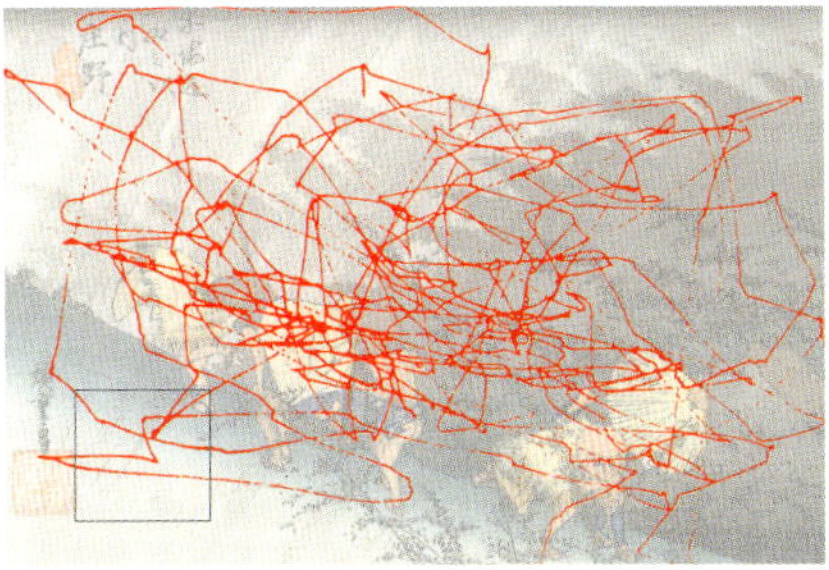

歌川広重の『東海道五拾三次』のうちの「庄野」の夕立の絵。（右上）を見たときの視線の動きをポジションセンサーで捕らえた図
左上／視野を左下の四角の部分に制限したときに得られた軌跡。やはり視野が制限されると全体把握が難しくなる
左下／1分間自由に見たときの動き。
（『眼はなにを見ているか——視覚系の情報処理』池田光男著、平凡社、1988より）

ースした図をみていると、何となく輪郭をたどっているような気がしないこともないが、やはりその動きは傍若無人だ。でも、やたらに視線がさまよっているわけではない。「見ていないようで見ている」というのが眼の特性であり、また視野を限定したときは「見てるようで見ていない」。

さまよう視線の秘密には、〈範疇化〉と呼ばれている、対象物や出来事をわかりやすくまとめたり、認知可能な状態にしようとする力が大きく働いている。たとえば、サバイバルの状態で出会う出来事すべてを、毎回一から対処するとなると生き抜くことは限りなく大変だ。動物一般にこの〈範疇化〉という力は備わっているらしいが、人間は特に、初歩的な推測から深い理解まで推し進めることができる。つまり、同じものを何度も見ると視線のポイントがずれ、少ない情報で対象を識別できるようになること、などである。「混沌からの秩序」そのままが、視線のふるまいのようだ。

キュビスム研究の中に「パサージュ論」というのがある。これはヴァルター・ベンヤミンの同名の論を踏まえた絵画論で、パサージュとは通過点とか、ポイン

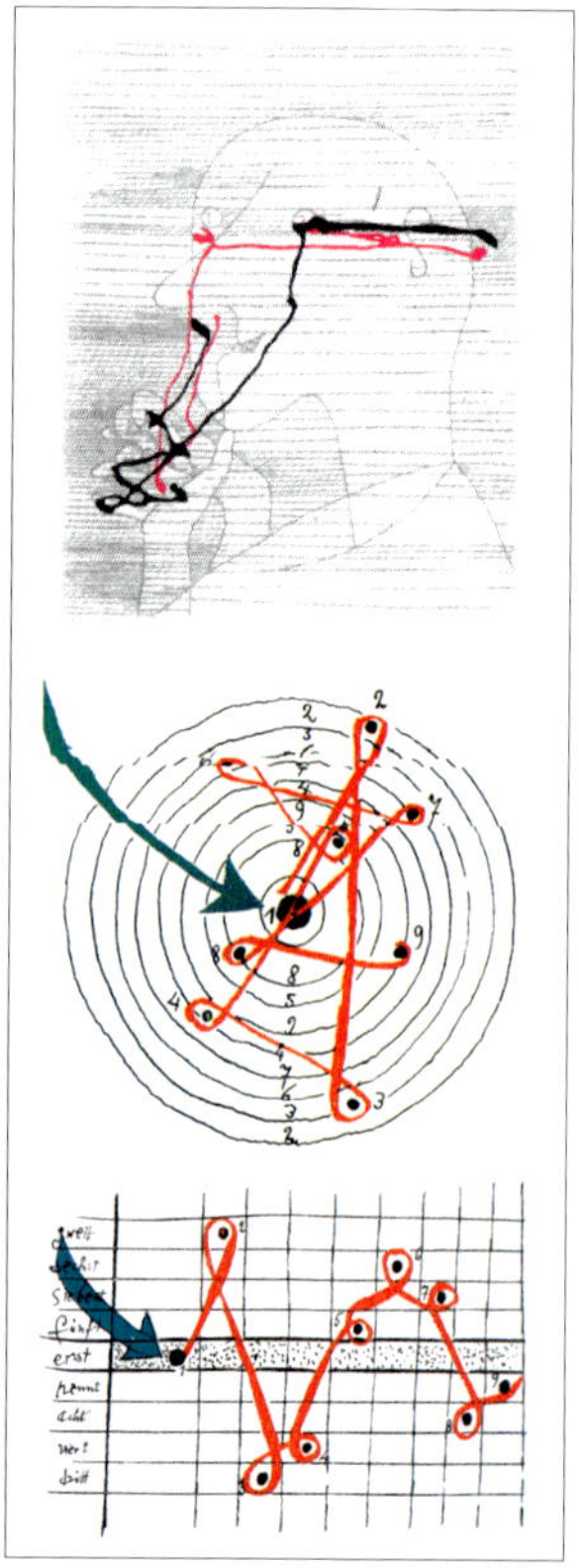

上／クレーの絵を走査する視線の軌跡。黒いラインが絵を見る最初の20秒間の動き、赤が一度見たものの再確認の動き。再確認のほうが視線の逗留点がやはり少ない。クレーの絵は《勘定をする老人》1929。
(“Eye Movements and Visual Per-ception“G.Oster＋L.Stark: Scientific American, Jun, 1971より)
下2つ／パウル・クレーは自分の絵にたいして眼はいかにしてそれを受けいれ結像していくかを研究していた。これはそれらのスケッチの一部。アイカメラなどによる眼の動きの研究が一般化する前なのに視線の動きに精通していたようだ。
(“Paul Klee Notebooks Volume1 The thinking eye“ Lund Humphries, 1961より)

トとポイントを結ぶ路線を意味している。パサージュによる輪郭線が突然途切れ、路線によって二つに分けられていた面同士がお互い流入しあい、にじみあうことによって、面と面のつながりが生まれる、というもの。

ベンヤミンはこのパサージュに幻想空間や夢、異界への入り口などといった思い入れも付け加えている。これを眼の運動になぞらえてみると、視線が跳躍によって次の固視に移る間に跳躍周辺の情報のにじみあいが行われ、それによって、固視がとりこぼした周辺情報の収集を果たしているのではないか、というパサージュ的イメージも浮かんでくる。「ロープ」のフラヌール（遊歩人）＝スチュアートの動きなどまさにパサージュ的だ。

ところで、格闘家にとって相手の眼は、相手の動きを読むための鏡である。だいぶ前だが印象深い試合が記憶に残っている。現役の終わり頃の高田延彦がヒクソン・グレイシーと戦った試合である。ヒクソンは、一ラウンドぎりぎりでケリをつけ、とうとう自称四百一戦無敗となったが、試合中、高田の眼しか見ていなかった。ヒョウがシマウマの眼を凝視するように。そこでは眼の動きがすべてを察していた。このとき、ヒクソンの眼の振動数はおそらくピークに達していたことだろう。

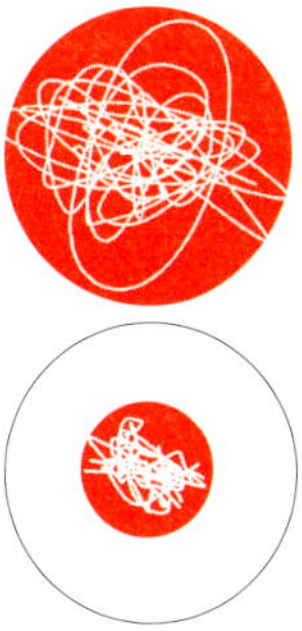

阪神大震災のときに大阪の高層マンションに取り付けられていた地震計の激しい揺れの軌跡。マンションは31階、92.5m。上が最上階、下が地盤。とまどう「大地」の視線の動きのような気もする。（阪神大震災1カ月後の1995年2月17日の朝日新聞より）

スケート靴をはいて氷上に立ったときの重心の揺れた軌跡。左から
踵をつけて垂直に立った状態
中腰のまま上体を垂直にして足を40cm開いて立った状態
中腰のまま上体を前傾させて足を1m開いた状態
垂直のまま足を80cm開いた状態
中腰で上体垂直，足を20cm開いた状態
初めの3つに比べて後の2つは安定している。
（『科学の眼でみたスポーツ動作の隠し味』石井喜八著、ベースボールマガジン社、1994より）

## 眼光ビーム

かつては呪力をもつ目を「眼」と表した。そして、マクルーハンの言うごとく、ヒトの眼は技術を介して拡大し、さまざまなメディアの眼となって人々を翻弄している。今もって「眼」には呪力が宿っているような気がする。

墓地で対峙するふたりの男、男のなかの男の極道と殺し屋。粘りつき、絡みあう視線。その刹那、お互いの視線はドスに変貌し、片方は空を切り、他方は殺し屋の腹に突き刺さる。苦悶のなかで抱き合う男たち。「本物の極道に引導をわたしてもらって、俺は幸せ者だぜ」と、やっとつぶやき、崩れ落ちる殺し屋…。これは東映Vシネマ「修羅がゆく　八」（★）のラストシーンである。

C級映画ながら、やくざ映画の定石どおりの展開が嬉しく、つい見続けてしまったが、この通俗的なシーンのすばらしさは、アメリカの文化人類学者エドワー

右／3D映画を例の赤青の眼鏡をかけて見ている観客たち。いつもの土曜の夜という風情ながら、この全員が超能力者で眼光ビームを一点に集中させているとすれば恐るべきことが起こりそうだ。
© J.R.Eyerman / Time Life / Getty Images / AFLO FOTO AGENCY

左ページ／アレクサンドル・ロドチェンコによるウラジーミル・マヤコフスキーのポートレイト、1924。眼光の鋭さは当代随一。数年後に追いつめられて自殺したことを想うと余計、眼がたたえる光に悲劇的な色彩が加わる。
©Aleksandr Rodchenko, 2005

ド・T・ホールが提唱した、人間関係の距離の理論「プロクセミックス」（★）のうち、「エルボウ・ディスタンス」（ひじの長さ＝人を愛することも殺すこともできる距離）を、象徴したかのように思えるからだ。愛するゆえに殺す（もちろん理解しづらいが）、このシーンで視線の果たした役割は大きい。

西洋の中世キリスト教社会ではルネッサンスを迎えるまで、窓から外を見ることは罪悪視されていた。「見ること」を含めた感覚的快楽全般を悪だと信じていたからだ。教会での視線も常に上に向き、窓もステンドグラスなどで覆われ、外を見ることができなかった。いや、もともと窓から外を見る習慣がなく、神が与えてくれるものだけを見ていればよいと思われていた時代だった。

古代中国では西洋中世以上に過激な信仰が一般的だった。白川静氏によると、〈見る〉ことは、神を視ること、見えざるものを視ることであり、支配者にとって、極めて神聖な行為だった。従って、呪力の源である神に従う者には、神の呪力を乱す視力があってはならず、神の領袖を意味する「臣民」の〈民〉は、目を針で突く形で表されていた。

また、呪力をもつ目を〈眼〉といい、眉に呪飾りをした巫女（眉に飾りをつけた女というところから「媚女」と呼ばれた）が多く集まって、敵方に呪視・邪眼を飛ばす（ガンをとばす?）ことを〈望〉といった。戦争に勝った者がまずすることは、敵の媚女を殺して敵の呪力のもとを断つことだった。

★修羅がゆく　八
やくざ・チンピラ映画のヒーロー哀川翔が、男のなかの男、極道の本郷流一を演ずる。親（親分）殺しの冤罪をはらせぬまま新宿に拠点を得て、利権を求めて全国制覇をめざす本当の親殺し萩原流行の伊能組と事あるごとに全国各地で衝突する、いわば観光地映画のシリーズ第8弾。警察が一切登場しない、殺し放題など「わかりやすい」というやくざ映画道に忠実な（安易な?）つくりが人気の秘密。

★プロクセミックス
コミュニケーションという視点から人間と文化を考察した理論で、なにげない立ち話でもその両者の距離からその関係がみえてくるというもの。バス停でバスを待つ人々の間など、えもいわれぬ距離を保っている。ヒトで言えば、密接距離（例のエルボー・ディスタンス）・個体距離・社会距離・公衆距離の4つに分けられ、動物のスペーシングでは、他の種との間の逃走距離・臨界距離・攻撃距離、仲間との間の個体距離・社会距離に分けられる（『かくれた次元』エドワード・ホール著、日高敏隆＋佐藤信行訳、みすず書房、一九七〇参照）。

A. 黒人の女の視線

B. 刑事風の視線

C. 赤毛の娼婦の視線

D. バーテンの視線

E. 金髪の女の視線

F. ピアノ弾きの視線

上の12点の図版と下の線画／レッド・ツェッペリンが解散（1980）前に発表した9枚目のアルバム『In Through the Out Door』』（1979）のジャケット写真。6種類あって、買って開けてみるまでどのジャケットになるかはわからなかった。シーンはかなりいかがわしいバーのバーカウンターに座っている白い服の男をバーテンも含めた6人が見た光景の写真。実際は視線の組み合わせはまちまちで発売されたが、ここでは同一人物は並べ変えた。下の図は6人の視線の流れをダイアグラム化した多木浩二氏作成の図をアレンジしたもの。白服のストレンジャー（●）に緊迫したまなざしが突き刺さっている。

（『GS file　欲望からの批評I　視線の政治学』多木浩二著、冬樹社、1985より）

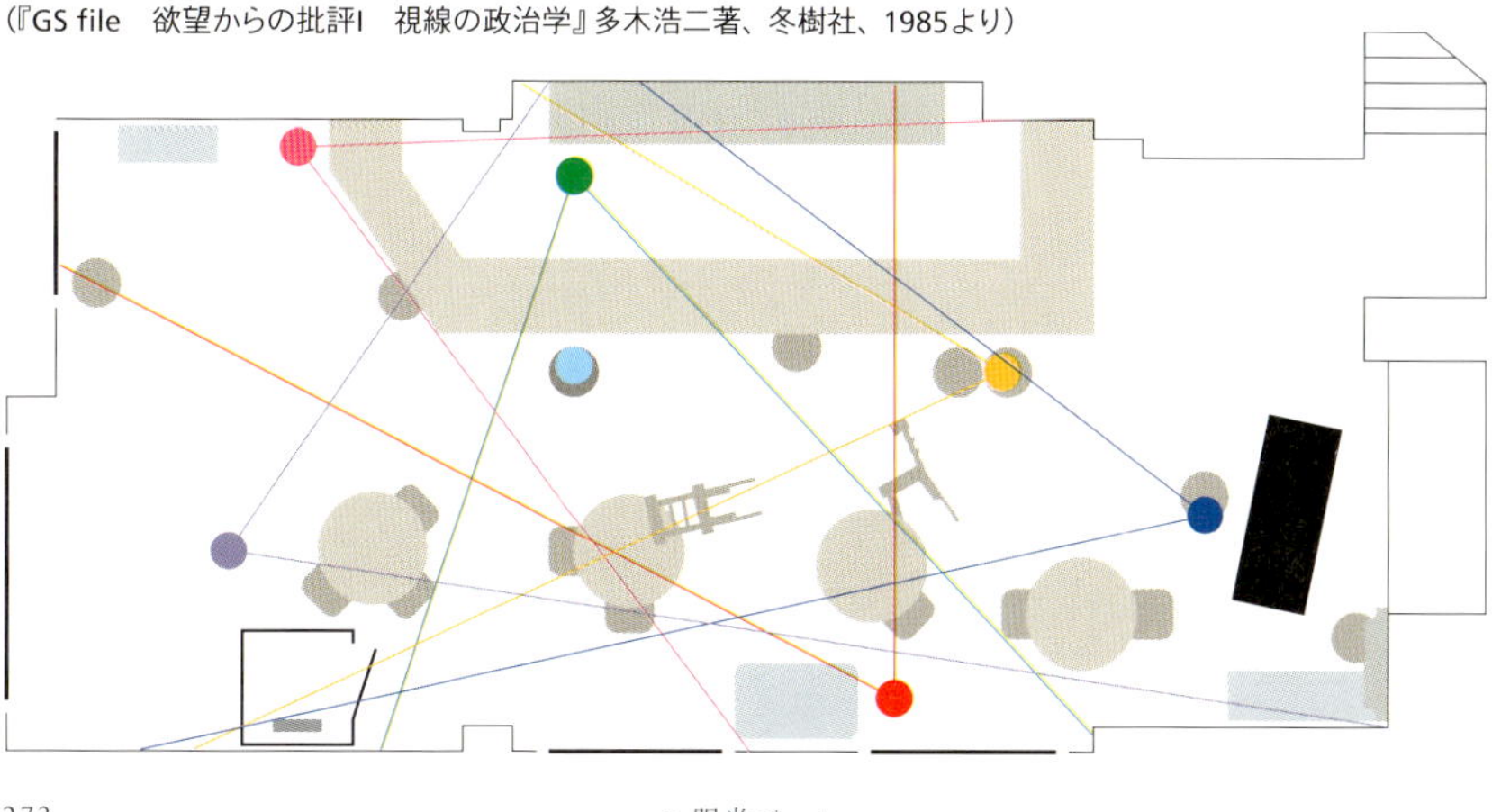

まさに、呪力こそ古代の生活に働いていた中心概念であり、かつては、目は口ほど以上にものを言っていたようだ。

尾行のプロは、その対象者を決して直に見ることはせず、眼のはしで追いながら、後を付けるという。（詳しいわけではないが）ストーカーは、逆に、見つめている自分という存在を誇示するため、しっかり見つめながら後をつける。

「形態形成場」理論（★）で有名なルパート・シェルドレイクは「見つめられている感覚」について、気配とか神秘的体験という解釈を超えて、そこには実際に眼からなにかが出ていて、未知の物理的な作用があるのではないか、と問題提起している。「熱い視線」は文字どおり熱いということになる。

眼は受信専門で電磁波等の電波の発信源ではない、というのが科学の定説だが、もし何かが出ているとすればやはり電磁波だろう。そうだとしたら、少なくとも多少熱いということも充分考えられる。

スーパーマンは、眼からレーザービームやらX線ビームやらを発生させて、ドアを溶接（溶接工よりも効率のよい仕事ぶりだ）したり、部屋の内部を覗き見たりする。スーパーマンのX線視の実際は、コウモリの超音波エコーのように、あらゆるところに放射したX線視覚情報を総合して、画像イメージをつくり上げているようだ。病院などで使われているX線画像は、物体の影を映しているだけ

★「形態形成場」理論
シェルドレイクの「形態形成場」理論が語られている『生命のニューサイエンス』（邦訳は工作舎）が発表されたとき、イギリスの科学雑誌『ネイチャー』は「焚書に値する」と批判した逸話が残っているほどセンセーショナルな仮説。島に住むサルの間でイモ洗いという文化がある一定量のサルに広まったとき、空間的に交流のない別の島々のサルにもその文化が伝播するという共鳴現象は、形態形成場という「見えない場」にサルたちのイモ洗いという情報が集まり、それが過去・現在・未来へとつながっていくからだ、という説で、あらゆる動植物はもとより原子・分子、結晶構造、果ては星・宇宙の形が常に一定の形を保って次から次へと生まれ出ることともつながってくる。つまり、形態形成場に個的な情報がたまって臨界点に達したとき、一挙に同じ種の共有財産になるというもの。本文が16Qくらいであっという間に立ち読みできる経営コンサルタント船井幸雄著『百匹目のサル』（サンマーク出版）はこのシェルドレイクの理論に想を得たもの。

なのだから、スーパーマンのように、映像として見えるようなケースは、このように考えざるをえない。

また、眼から発するレーザービームのほうも、物を溶かしたり、人や物体を空中に持ち上げて滞空させたりする。しかし、柳田理科雄著『空想科学映画読本』によれば、このそれほど重要でもない行為に使われるエネルギーは、おそらく厖大なものとなるはずなので、スーパーマンを倒すのは、レーザービーム放射後を狙えば、赤子の手をひねるようなものだ、と言う。

スーパーマンですら見つめ続けるとヘナヘナになるのだから、われわれ一般人が、じっと見つめて疲れるのもあたりまえである。……やはり眼からエネルギーは放出されているのだろうか。

一方、見られる側について。哲学者のジェフリー・ヴィッカーズは、子どもの中枢神経系には、効果的な学習ができるための身体的・精神的準備「レディネス」があり、さまざまな知識を、カテゴリーにふるい分け、シェマータ（ドイツ語の「シェーマ＝型・図式」の複数形、場合に応じ

右／アレクサンドル・ロドチェンコのフォトモンタージュ作品《The Political Football》1930。第2次大戦前の各国の緊迫した政治状況をフットボールになぞらえて皮肉ったもの。登場人物の視線は定まらず、皆勝手な方向を向いているなど、キュビズムのようにあらゆる視点が同居している。しかし、ロシア・アヴァンギャルドの破綻が決定的となったこの年のことを想うときシニカルに笑っている場合でなかったことは確かだ。

（"Rodchenko-Stepanova: The Future is Our Only Goal"Peter Noever, Prestel, 1991より）

左／ジョルジュ・ブラックのキュビスム作品《ポルトガルの男》1911。どうやらバーにいるギターを抱えた一人の男をあらゆる方向から見てひとつの画面に集約してしまったようだ。ツェッペリンのアルバムも同じ方法論で描けないこともない。視線を分解して並置するのはブラック、ピカソらキュビストの発明。

（『現代世界美術全集15　ブラック／レジェ』梅原龍三郎他監修、集英社、1972より）

下／飛行場で双眼鏡を構えて一斉にこちらを見ている男たち。1930年代。原爆実験を見ようとしているかのような不気味さがただよっている

たいくつかの先験的な図式）を形成していく、と言う。

シェマータを平たく言えば、ある現象を自己の経験知で判断していくルールである。技術者はもちろん、あらゆる職業に精通している人々、もちろん主婦業ですら、このシェマータによって判断が決まる。

そして、自分の経験に即さないミスフィット（ぴったりしないもの、異物）の検出にも、知らずに応用しているらしい。いわゆる「カン」である。この「ぴったりするもの」を受け入れ、「ぴったりしないもの」を排除する姿勢によってあらわになるのは、「いやな予感」や「胸騒ぎ」などとともに、「見られている感じ」などの違和感である。

しかし、この地から図を識別し、雑音から信号を区別する「何か違う感じ」に、シェマータばかりではなく、物理的作用が実際に働いているとしたら、と考えることは楽しい。

二十世紀前半、Keenest Eye（最も鋭い眼）と評された、岩石や樹の根のアップ写真で有名な精密写真家ポール・ストランドは、「自分の眼の先をとがらせ、対象へ突き通す」（伊藤俊治著『寫真史』）文字どおり凶器としての眼の持ち主だった。

ロバート・メイプルソープもエイズで朽ちていく自らの肉体を撮り続け、「死

キーネスト・アイ、
ポール・ストランド《リーブズ》1929。
（『寫眞史』伊藤俊治著、朝日出版社、1992より）

と直面し朽ちかけてゆく自分の肉体を、まるで物質のように冷徹な科学者の眼差しで定着させている」（伊藤俊治著『寫真史』）、凶器としか言いようのない観測装置としての眼の持ち主だった。

どうやら彼らの眼から呪力としてのエネルギーが発されていたのは間違いなさそうである。

ロバート・メイプルソープ《セルフ・ポートレイト》1988。
(『死の鏡──一枚の写真から考えたこと』多木浩二著、青土社、2004より)

# 凝視する

湾岸戦争で活躍したと言われているアメリカのＮＳＡ（アメリカ国家安全保障局）が開発したスパイ・ソフト「プロミス（捜査情報システム）」は、究極のハッカー・マシン。このソフトを買った側の覗き行為を売った側が覗くことができる、ピーピングをピープするという、かなり悪趣味な犯罪的ソフトだが、それでも人気のソフトだったようである。

『ソロモンの指輪』などの著書で知られる、ノーベル賞も受賞した動物行動学者コンラート・ローレンツが元ナチの党員で、人種政策に関与したことが一九九〇年代に判明した。少なくともヒトラーやヒムラーより激しく人種改良政策を唱えていたという。

戦後は、いかにナチス的過去を隠蔽して、新たな職を得るかが、あらゆる学者の死活問題だった。ローレンツは、その隠蔽に成功し、それ以上に社会的栄誉も得ることができたと報じられた。

ローレンツがナチス時代に発表した論文をノーベル賞選考委員がチェックして

いたら、ノーベル賞受賞はなかっただろうとも言われている。記憶の忘却への危惧から、過去への新たな凝視で浮上した事実だった。

フランスの泥棒作家と同じ名をもつジャン＝ピエール・ジュネ監督の映画『アメリ』（二〇〇一）に、証明写真コレクターの青年が出てくる。監督の話によると、この青年のモデルは哲学者ミシェル・フーコーだと言う。

フーコーといえば、ゲイであることを公言し、エイズで死亡した哲学者。十九世紀の功利説の中心人物、ジェレミー・ベンサムが近代国家の合理的なモデル像の一つとして考案した、独房監視システム（パノプティコン）を初めて紹介、分析するなど、ジャンルを往還した哲学者として有名である。

パノプティコンとは、円形の建物の中心に監視塔があり、そこから放射状に伸びたところに囚人がいる。監視塔の監視穴は小さく暗い。囚人側は監視塔から丸見えだが、囚人のほうからは監守の存在は不明だ。監視塔に監守がいてもいなくても、監視されているかも知れない、と囚人に思わせることが重要な、そういう建物のシステムのことを言う。監視塔の小さな穴はここではまさにのぞき穴であり、三分間写真で撮る証明写真の撮影システムとよく似ている。

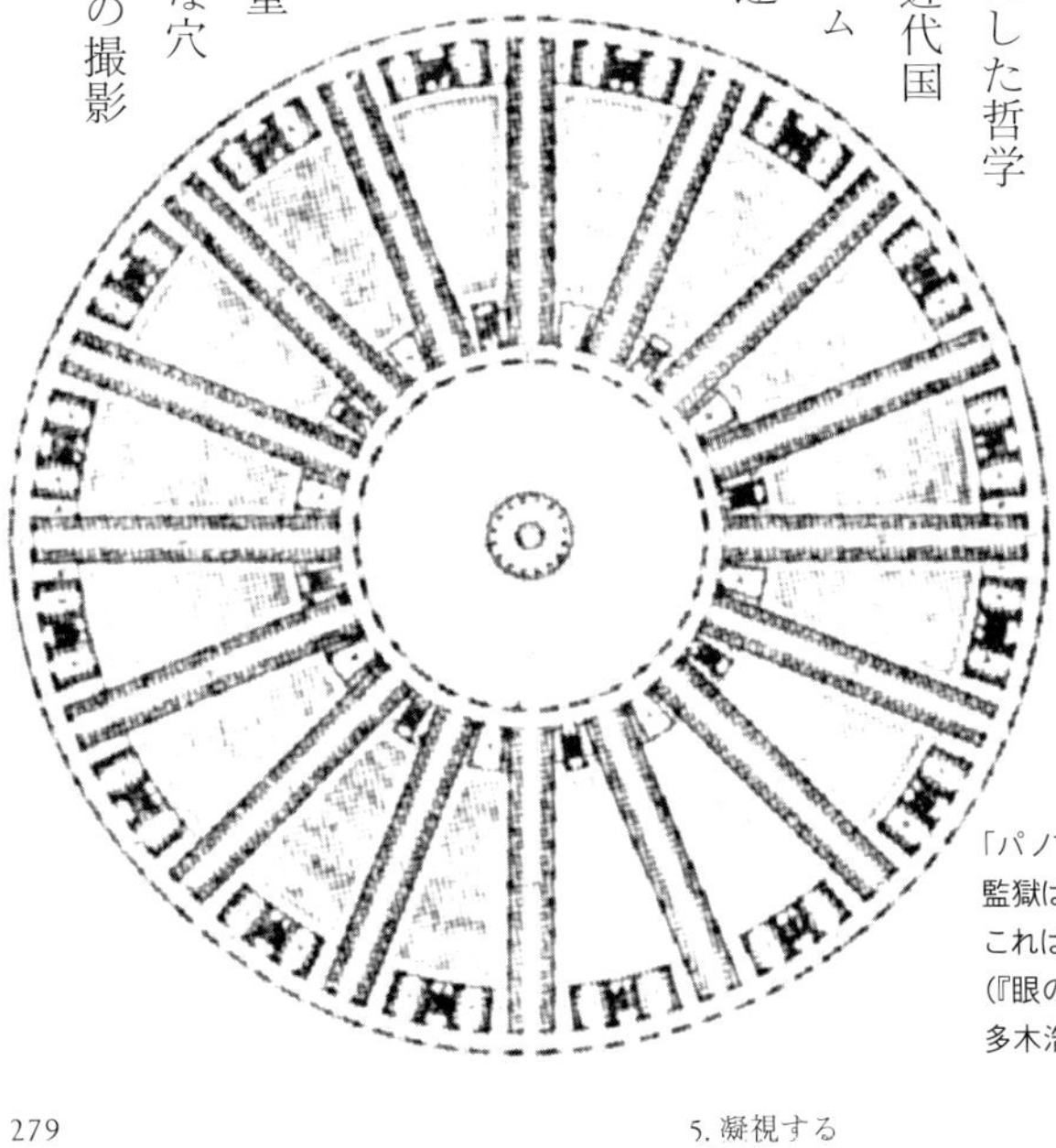

「パノプティコン」という発想は
監獄ばかりではなく、応用範囲は広い。
これはB・ポワイエの病院の計画図、1786。
（『眼の隠喩――視線の政治学』
多木浩二著、青土社、1982より）

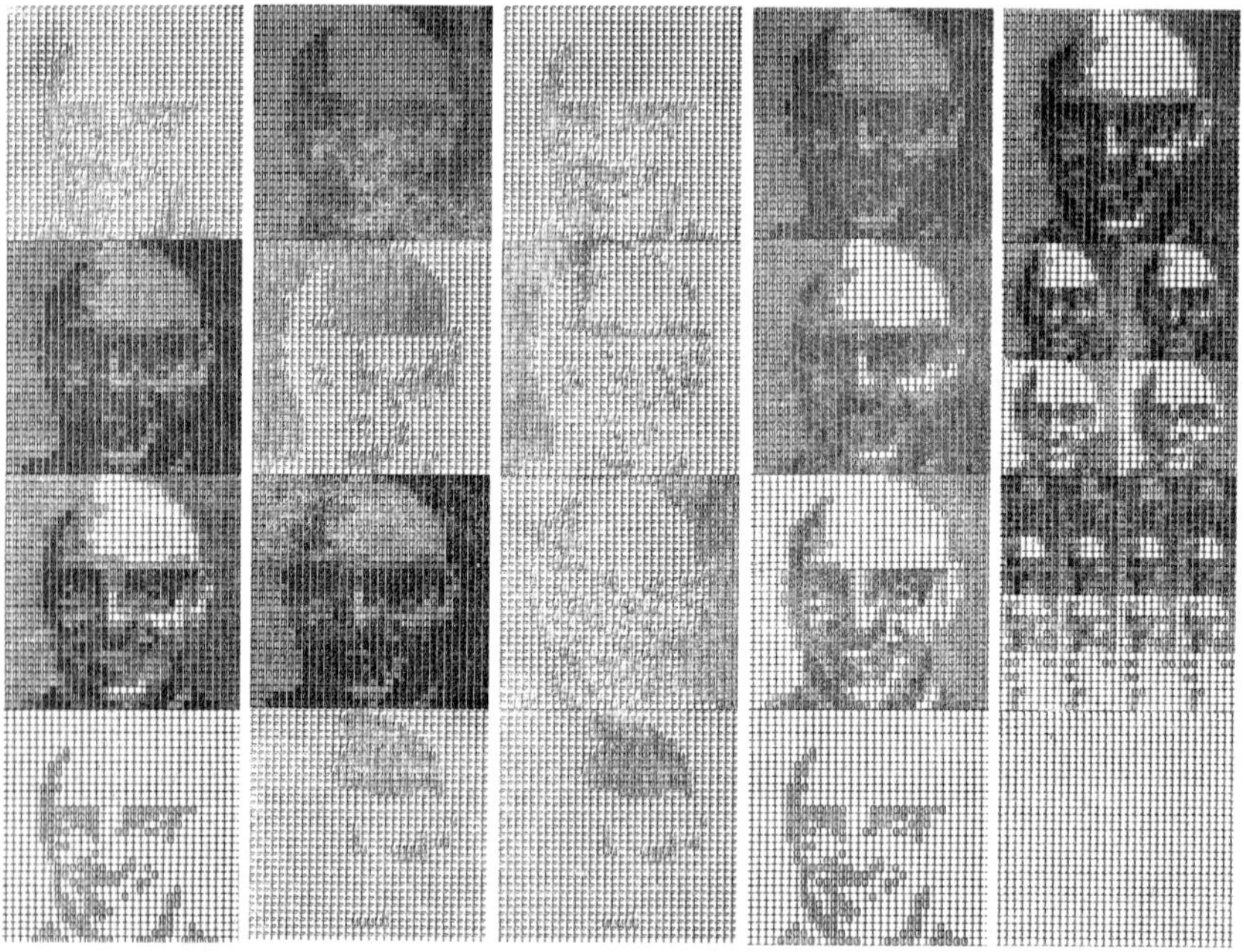

三分間写真のカメラのレンズは、「二〇〇一年宇宙の旅」のコンピュータHAL九〇〇〇の赤いレンズと同じように、何を考えているのかじっと見つめ続けている。フーコーは、証明写真にパノプティコンのアナロジーを見ていたのかもしれない。

海野弘著『陰謀の世界史』では、一九六三年のケネディ暗殺にまつわるさまざまな陰謀説を紹介している。暗殺犯としてのちに射殺されたオズワルド単独

ミシェル・フーコーの顔をアルファベットのMfやOT、
数字の1234を使って描いた4枚つづり図。
（季刊『パイデイア11　特集＝〈思想史〉を超えて――ミシェル・フーコー』の扉カット、
8ページ分、竹内書店、1972より）
デザイン：杉浦康平

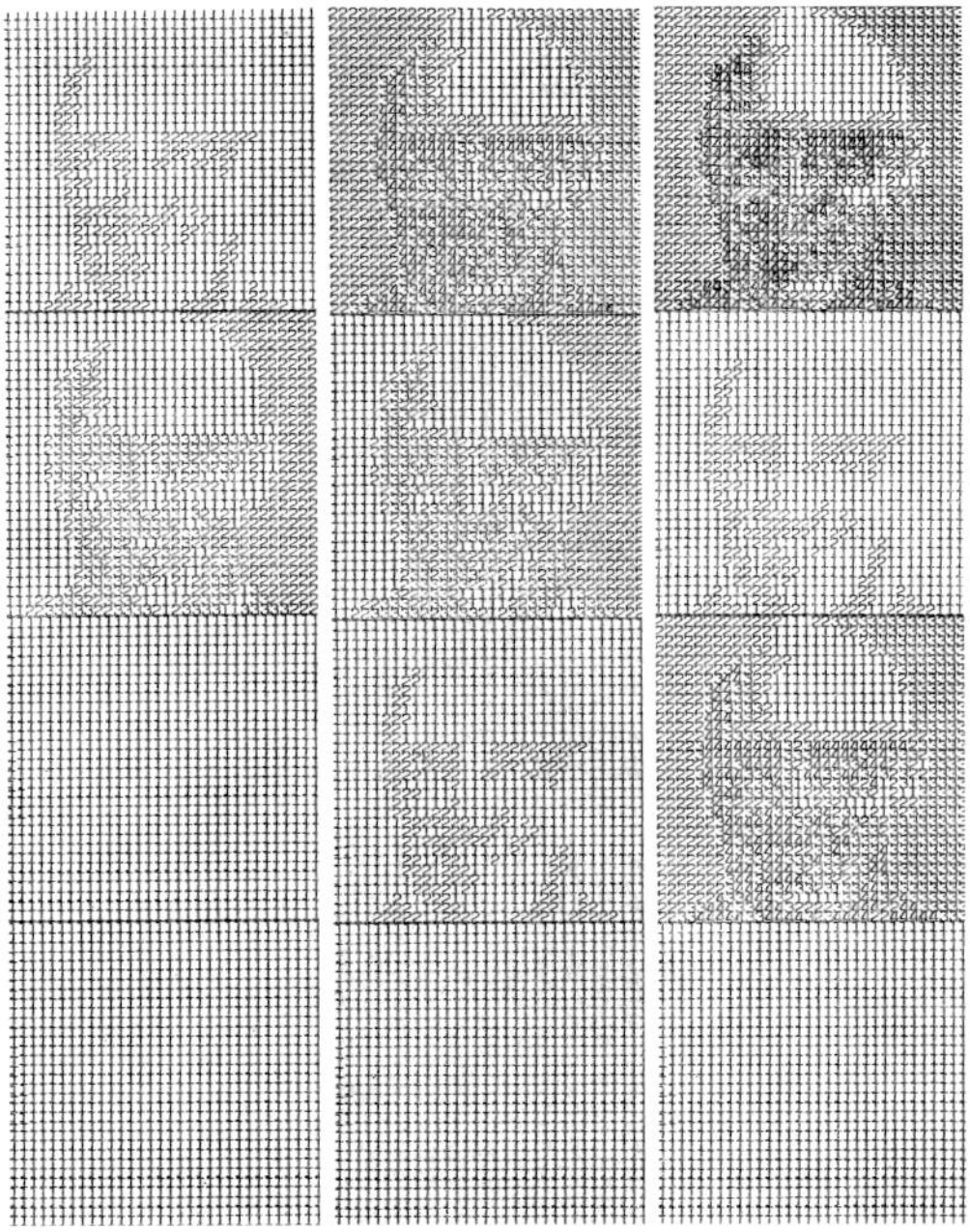

犯行説はありえないとしても、登場する犯人像は多岐に亘っている。

　まず暗殺によって利益を得たものが最も怪しい、というのがサスペンスのセオリー。ケネディの暗殺後、たなぼたで大統領になったジョンソン。ジョンソンは疑惑を晴らすかのように、ソ連、アメリカの共産主義者、CIAによるキューバ政権転覆謀議を恨むカストロを含めたキューバ人、南ヴェトナムのゴ・ディン・ジェム大統領暗殺の報復説などを唱えたが説得力に乏しく、逆にジョンソンの疑惑は増した。

　また、キューバ問題から手を引こうとしたケネディに逆恨みした反カストロのキューバ人亡命者、石油に大幅に課税しようとしたケネディを恨んだ石油業者、ケネディの自由主義政策に反発する極右派、キューバ関係がこじれて稼ぎ損なったマフィア。

ケネディとマフィアの関係は深い。大統領選挙のときマフィア票にケネディは助けられ、第二次大戦の直前、駐英大使でナチ好きのケネディの父親は、マフィアのオナシスと密貿易で財をなしたとも言われている。

その恩あるマフィアを、ジョンもロバートも取り締まろうとした。オナシスは、ジャクリーンと結婚することでケネディ暗殺の秘密を守ろうとしたとまで言われた。

ほかには、キューバ侵攻作戦の失敗の責任をとらされたＣＩＡ幹部、ケネディ時代にＣＩＡの仕事につき、のちにＣＩＡ長官になった湾岸戦争の当事者ブッシュ元大統領、ニクソン、女遊びに怒ったジャクリーン・ケネディ、フリーメーソン、ＭＪ12、ヴェトナムから撤退しようとしたケネディに危機感を抱いた戦争で儲けたい石油カルテルも含めた軍産複合体、ケネディ内閣内部の冷戦を終わらせようとしたケネディへの反発グループ、あるいは、日本で戦後、ゾルゲ事件の調査を担当し、退役後に極右の情報機関をつくったウィロビーのしわざなど。

そしてこれらの欲望にまみれた人々が陰に陽につながってケネディ暗殺を引き

波形万線スクリーンで隠されたジョン・F・ケネディ。暗い運命を暗示しているかのようでもあるし、冥界からのうらめしそうな通信という見方もできる。
油谷勝海作。
(『不思議の部屋2　だまし絵百科』桑原茂夫著、筑摩書房、1982より)

起こした、というのが真実らしい。ケネディは、あたかも四六時中複数の悪意の眼で凝視されていたかのようだ。

大日本帝国憲法が制定された明治二十二年（一八八九）、全国の小学校も含めた官公立の教育施設に〈御真影〉なる天皇の肖像写真が配布されはじめ、天皇制は熟成に向けて一気に加速した。

明治になって天皇は天皇制確立のために各地に赴き、民衆にこれからの支配者としてお披露目したが、その巡幸も物理的に限界があり、〈御真影〉を天皇と同等に扱うように申し渡した。しかし同等扱いということは、もし写真の取り扱いに不備が生じたときに民衆は命も賭けなくてはならないという無限責任も引き受けることである。こうして天皇制という拘束を生き甲斐にせざるをえない巧妙な政治システムができあがっていった。

写真であって天皇の代替物という奇妙な代物は、なんと肖像画を複写してつく

明治21年にキヨッソーネが描いた明治天皇。椅子の背もたれに寄り掛からず背筋を伸ばしていることが重厚さのポイントのようだ

られたものだった。理想の明治天皇像をつくるべく、写真では表現できない威厳と重厚さを求め、大蔵省の招きで紙幣のデザイン・印刷などのために来日していたイタリア人の肖像画家エドアルド・キョッソーネに肖像画を依頼し、それを複写して〈御真影〉としたのだった。見られ続けるために生身の人間性を超えるためには経年変化のあるリアルな写真では無理だったようだ。

ビートルズの『サージェント・ペパーズ・ロンリー・ハーツ・クラブ・バンド』(一九六七)のジャケット・デザインのアイデアはポールからはじまった。

ビートルズ四人が、幼少の頃から見つめ続けてきたヒーローたちの写真の貼られた壁の前にビートルズが立つというものだった。アーティストのピーター・ブレイクが起用され、アッサンブラージュ(寄せ集め)で四人のアイデアをまとめることとなった。

撮影は、原寸に拡大された六十二人のカルト・ヒーローたちの写真を、手作業で色付けし、厚紙に貼りこんでシルエットにそってきりぬいて背景にセットし、マダム・タッソー蝋人形館のビートルズ人形や福助人形、小さなテレビ、花でつくった「BEATLES」の文字や黄色いギターを前景に配置して、四人がまん中に入って撮影が開始された。レコード・ジャケットもアートになりうることを証明した瞬間であり、のちにポピュラー・ロック界の〈御真影〉となって、多くの見つめ続けるフォロワーたちを生みだすこととなった。

左から右にThe Bus Station Loonies『Mad Frank's Zonal Disco』
The Simpsons『The Yellow Album』
Various『Salsa the Beatles』
Ginger『And This Time I'm Serious』

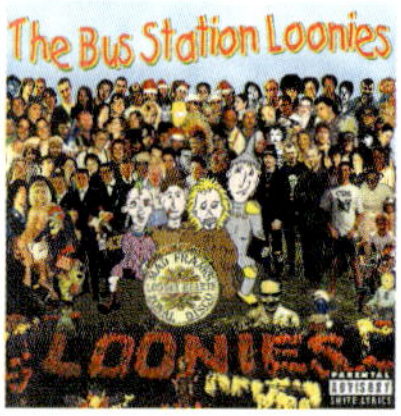

ザ・ビートルズ『サージェント・ペパーズ・ロンリー・ハーツ・クラブ・バンド』(東芝EMI、1998)のジャケット。登場人物はクローリー、シュトックハウゼン、ポー、アステア、ボブ・ディラン、ビアズレー、ハックスレー、マリリン・モンロー、カール・マルクス、H・G・ウエルズ、マーロン・ブランド、オスカー・ワイルド、ターザン俳優ジョニー・ワイズミューラー、バーナード・ショー、ルイス・キャロル、ボクサーのソニー・リストン、子役シャーリー・テンプル、アインシュタイン、マレーネ・ディートリッヒ、5番目のビートルといわれた故ステュワート・サトクリフなど布陣は多岐にわたっている。ロック・ポップス史上はじめて歌詞を掲載したアルバム

『サージェント・ペパーズ〜』のジャケット・オマージュ集。バス・ドラムにアルバムタイトル、その前に花でバンド名を描くというのが基本。
左から右に、Frank Zappa & The Mothers of Invention『We're Only in it for the Money』
Various『Pepperisms』
小林克也のSnakeman's Band『Come Together』©バップ
Big Daddy『Sgt. Pepper's』

# 形の知覚

「百聞は一見に如かず」というが、はたして「見た」ものは確かなのだろうか。それとも見たものこそ仮想現実で、実は「本当のもの」など知覚しえないのか。など、脳は、虚実さまざまな視覚のドラマを編集している。

ボケボケのUFOフォトは誰しも一度ならず見たことがあると思う。コンノケンイチ著『NASA極秘写真が明かす　月のUFOとファティマ第三の秘密』という怪しい本の中に、アポロ十二号が撮影した写真のひとつを、UFO写真だとして（NASAによるフォトクレジットはHatch / Window, Ringsとなっている）、輪郭図を添えながらどんどん拡大し、とうとうボケた塊りの中から窓と、そこから覗くエイリアンの影を、強引に引きだしてしまっていた。

エイリアンは頭部が異様に大きく、体がきゃしゃな（一般にエイリアンと思われている生物の典型である）グレイタイプに違いない、とイメージがふく

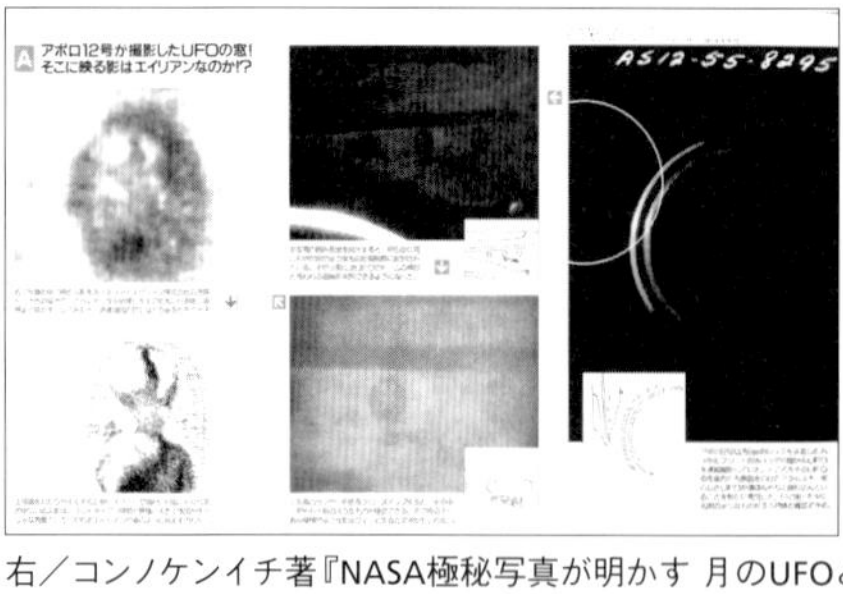


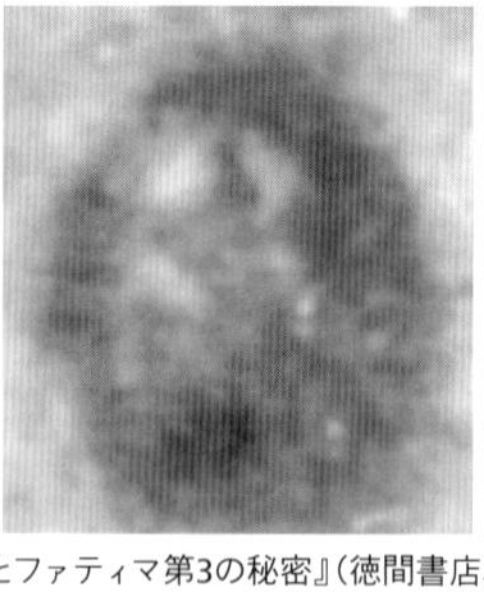

右／コンノケンイチ著『NASA極秘写真が明かす 月のUFOとファティマ第3の秘密』（徳間書店、1993）表紙
左／本文で述べられている口絵三つ折りページ
中／本文ページ左上の、窓から見ているエイリアンと認定された写真の拡大。表紙に使われている写真は、説明によれば月に月と同じ位の大きさのUFOが接近している、とある。『トンデモ本の世界』によると、写真の背景に星がちゃんと写っていることなど長時間露光や二重露光によるゴースト像の出た写真で、光る球体は月そのもの、という。実際、物理的には月の大きさと同じくらいの宇宙船が近接していたら、お互いの引力で衝突するか、あるいは地球に潮汐を起こすほど強力な月の引力と平衡を保てるほどの天文学的エネルギーを宇宙船が発しているかのどちらかしか考えられないのだが

らむ。ところがこの写真は「と学会」会長山本弘氏が、アポロ司令船のハッチの裏側の写真だとみなしてしまった。UFOの窓と思われた部分はハッチの窓の横にある十《プラス》型のネジで、十部分の拡大はエイリアンに見えないこともない。

コンノ氏はこのミスを素直に認めたらしい（この辺の事情はと学会編『トンデモ本の世界』に詳しい。コンノ氏はトンデモ本の世界では常連である）。このボケ写真の結果は、フォトクレジットどおりのものだったという、オチがつく。が、ここで瞠目すべきは、期待によって得られた仮定への熱情である。

ボケボケ写真といえば、三十数年前のイタリア映画、ミケランジェロ・アントニオーニ監督「欲望（原題BLOW UP）」（一九六七）が印象深い。カメラマンが公園でたまたま撮影した何枚かの写真に興味を持ち、紙焼きをどんどん拡大していくとピストルらしきものが現れ、死体らしきものも現れる。一挙にサスペンスに突入するが、結果は思わせぶりなシャドーテニスのシーンで終わる。確実なものは何もなく、「らしきもの」に全編終始している。

邦題の「欲望」は、六十年代末のフリーセックスの流行など、乱れた若者（いつの時代でも若者の生態は同じだ）の風俗がそのまま反映された、不条理映画ということで、安易につけられたよう

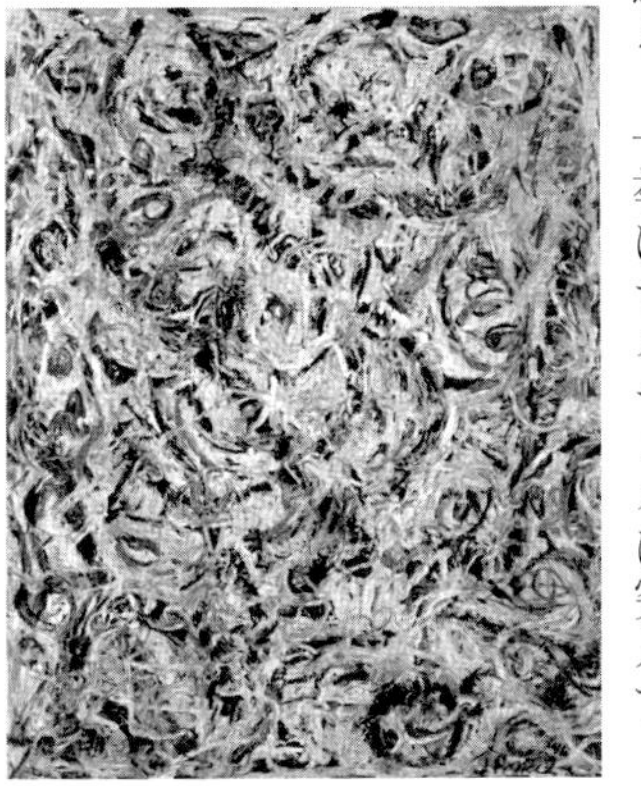

上／ジャクソン・ポロック《興奮した眼》1946。眼らしきものがあちこちに散らばり、いくつもの人の顔が形づくられる。
（『現代美術6　Jackson Pollock』講談社、1994より）
下／アンリ・ミショーのドローイング1948。タコのような巨大生物の前でたむろしているエイリアンという風情か 。
（“Henri Michaux: Œuvres Choisies 1927 / 1984” Réunion des Musées Nationaux, 1993より）

だ。毅然とした原題とギャップがある。

しかし、この映画には、何をもって真実といえるか、という問題提起も潜んでいる。ポール・ヴァレリーの「生のままの真実は虚偽以上に虚偽である」にこだわっていた花田清輝が、戦争中に書き、戦後すぐに出版された、いまだに色あせていない『復興期の精神』（初版は一九四六年）には、二項対立を対立のまま統一しようとする試みに満ちていた。

無期懲役か無罪かで揺れ動く物証のない事件のドキュメント、島田荘司著『三浦和義事件』では、同じ現象について双方向、すなわちマスコミ側から見た有罪と、三浦氏側から見た無罪のドラマが、淡々と併記されている。ミステリーでも「真実」が乱立すればするほどおもしろい。


マックス・ヴェルトハイマーらが始めた、ゲシュタルト（形態）心理学によって、知覚に対する脳の特性はかなり分かってきた。まず脳は、常にまとまりとしてものを知覚しようとする。つまり、図と地を分けようとする。なにごとも関連づけて見ないと気がすまない質《たち》のようだ。余計なものなど大歓迎である。むしろ冗長な部分が多ければ多いほど、一種ミステリーじみた楽しみ方を勝手にしているとも言える。

似たもの同士はまとめてしまい、そこにひとかたまりの画像や連続した画像を認める。色盲検査表などはこの応用であり、二次元画面を立体的に感じさせたり

上／ターナー《ヘローとアンドロスの別れ》1837。今にも襲いかからんばかりに眼が輝いている大鷲のような大気
中／再びアンリ・ミショーのドローイング、1962。アンドレ・マッソンの《殺戮》のような、戦場での殺し合いのワンシーンみたいだ。

（"Henri Michaux: Œuvres Choisies 1927 / 1984" Réunion des Musées Nationaux, 1993より）

下／マックス・エルンストの文字とデッサンを融合した「マクシミリアーナ文字」。生物の息吹きに満ちた架空言語。「マクシミリアーナ」はドイツの天文学者テンプルが1861年に発見した惑星の名であり、エルンストに先立つ1914年にルドルフ・コッホはディスプレイ・ローマン体の書体「マクシミリアン・アンティカ」を発表する。

（"Max Ernst" René Passeron, Filipacchi, 1971より）

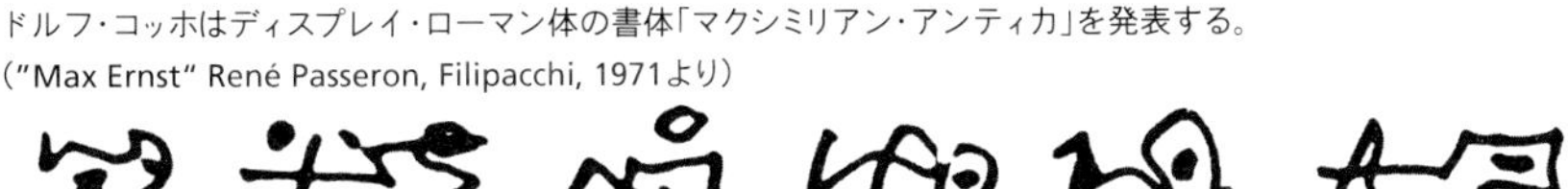

するのもこの作用の一つ。脳には眼という端末を駆使するエディトリアル機能がついていることになる。ここには目撃した事態が事実か否かということはさして問題ではなく、編集された画像の整合性のみが重要となる。

脳のもうひとつの、そしてこれこそ天の配剤とでも言うのか、すばらしくもあり、うっとうしくもあるのは、このようにまとめあげた画像から、意味を見つけだそうとすることである。かつて、そしてこれからもあらゆる哲学・思想・宗教が生まれ続けるのも、人間の本性と言ってしまったら身も蓋もないが、人間の知覚は意味至上主義であることは確かだ。人類初のロールシャッハテストとも言える「星座」の発見など、その最たるものだろう。マルセル・デュシャンのアートや抽象絵画がさまざまな憶測を生むのも、なんとしてでも意味を見いだそうとする体質だからだ。たとえそれが無意味だとしても、無意味という「意味」がトートロジー（同語反復）のように無限に繰り返される。

この意味の追求もさまざまな記憶なくしては展開できない。ビタミン不足でかかるウェルニッケ脳症という病気では、脳の海馬が破壊され、記憶の蓄積ができなくなる（ということを推理小説で知った）。常に消えゆく記憶の前に真実は影が薄い。

この病気にかかった患者はタガのはずれた（失礼！）悟ったような表情になると言われている。この病気の先にアルツハイマー症が控えているが、修行のしすぎでビタミン不足に陥った悟り顔の宗教者になぞらえるという不謹慎な発言をする御仁もいる。

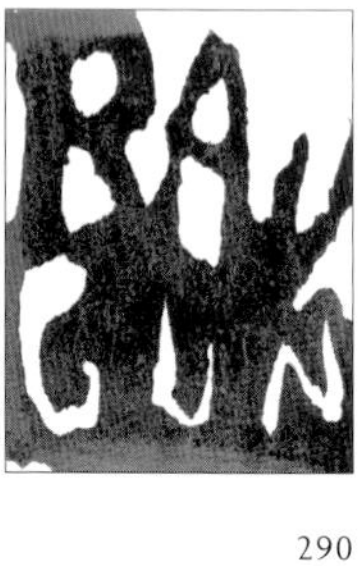

中／ヴィクトル・ヴァザルリ。抱きあっている恋人同士ながら、一方が図のときは他方は地となり永遠に合体できない悲劇（?）の恋人たち。©ADAGP, Paris & SPDA, Tokyo, 2005

左／三角形が並んでいるだけなのに見ているうちに向きが変わる。ランダムに弱い脳による、まとめて見ようとする視覚の体制化。いかようにもとれる図像ではあらゆるケースが存在しうる。
（上記2点＝『脳は絵をどのように理解するか――絵画の認知科学』ロバート・L・ソルソ著、鈴木光太郎＋小林哲生訳、新曜社、1997より）

右／クレス・オルデンバーグ「レイ・ガン・ポスター」1961年。ベタ文字と白ヌキ文字の合体という図と地の反転。（『20世紀美術とアウトサイダー・アート　パラレル・ヴィジョン』モーリス・タックマン＋キャロル・S・エリエル編、世田谷美術館監修、淡交社、1993より）

ともあれ、脳に視覚情報が送られる前に画像は眼球内で球面収差、散乱、水晶体の内面反射などで既にボケているらしい。このボケ画像を修整するためにマッハバンドなどのエッジ強調補正が行なわれて、はじめて画像が画像として認識されるが、基本は「あいまいさ」である。

映画「ブレードランナー」(一九八二)でもそうだったが、映画やテレビに登場するコンピュータは、どこまで拡大してもシャープな画像が現れる。もとの画像に、シャープなデータがない限り、これは無理な相談である。視覚情報のボケ具合は映画のコンピュータのようにはいかない。

論理哲学者ヴィトゲンシュタインは、「世界は私のところでボケている」といって世界を唖然とさせたが、これは次のように安直に言い換えたい欲望にかられる。我々が見る「世界はもともとボケている」と。そこでは「本当」に拘泥することの無意味さが感じられる。

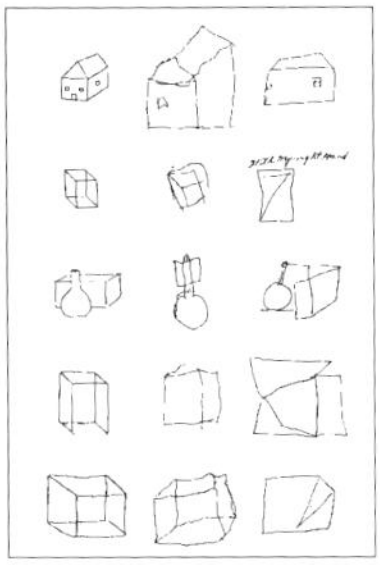

てんかん治療のために脳の左右の半球をつなぐ脳梁を切断された患者による視覚構成能力の比較(M.S.ガザニガ、1965)。右が左端のサンプルを右手で模写した場合、真ん中が左手で模写した場合。右手は脳の左半球、左手は右半球の影響を受けるが、図をみると描画能力は左半球に、模写能力は右半球に軍配が上がるようだ。いずれにせよ両半球の交通が遮断されると、目撃した事実の再現は極度に難しくなる。
(『見る脳・描く脳――絵画のニューロサイエンス』岩田誠著、東京大学出版会、1997より)

ブルーノ・ムナーリ、文字の冗長度の実験。アルファベットはどこまで省略が可能か、可読性の限界に挑む。
( "Bruno Munari" Aldo Tanchis, The MIT Press, 1986より)

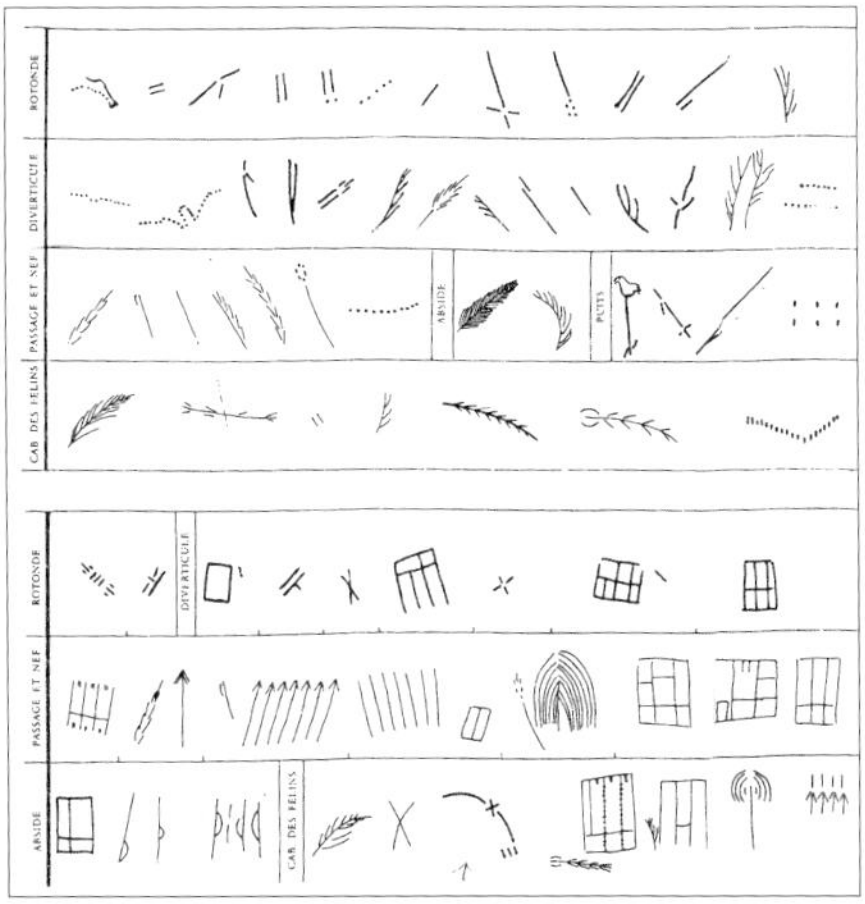


左/ルロア=グーランによるラスコーに残されたさまざまな図を、性器イメージをもとに分析して得られた男性記号(上)と女性記号(下)一覧表。むりやり考えればわからないこともないが、どのような観点から区分けされたのか不明な図が多い。やはりすばらしいのは人間の想像力。
(『知の再発見双書39 記号の歴史』ジョルジュ・ジャン著、矢島文夫監修、田辺希久子訳、創元社、1994より)

# 物質的想像力

精神を眼に見える形にしたいという欲望は人類史の中核をなしてきた。宗教しかり、錬金術などの神秘主義しかり、ファシズム、共産主義。資本主義ですらその欲望にとりつかれているように見える。ここでは、精神を具現化する想像力、夢想を物質化する想像力を〈物質的想像力〉と呼んで探ってみたい。

「故郷というものは〈空間の〉拡がりというよりは物質だ、つまり花崗岩あるいは土、風あるいは乾燥、水あるいは光なのである。そのなかにおいてのみわれわれはおのれの夢想を物質化し、それによってのみわれわれの夢はおのれに適した実体を捉らえるのであり、われわれの根元的色彩を要求するのはそれに向かってなのである。」（ガストン・バシュラール『水と夢』小浜俊郎＋桜木泰行訳）

すでに何度も述べたように、脳は眼という端末を駆使してランダムノイズ、つまり、明確に形が定まらない状態からなんとか意味のある図を立ち上がらせようとする。これは体制化とか補完作用とか呼ばれている。何もなさそうなところか

ら意味をみつけるのは得意であり、いろいろディテールは省略して、似ているところを見つけるのである。冗長度こそ図認識のための最高のマニエラ（手段）でもある。

この体制化・補完作用は、同じ神経システムを共有する聴覚にもみられる。騒音の中で会話を聞き取ることができたりすることなどである。幻聴もすばらしい物質的想像力である。こうした何もないところから、有機的な意味を見つけることをここでは、「夢想を物質化する想像力」と定義し、「故郷ですら物質で埋め尽くされた夢想である」と語るバシュラール風に〈物質的想像力〉と呼んでみたい。カール・グスタフ・ユングはＵＦＯ現象を「具現化された精神」とみなし、精神を物質化するためのメディウムとして元型（アーキタイプ）を置いた。スタニスワフ・レムの『ソラリスの陽のもとに』では、精神を具現化するおせっかいな海が主役だった。

これもすでに述べた、アルフレッド・ワトキンスが発見した、イギリスの神秘的スポットを結ぶと直線上に並ぶという〈レイライン〉、こののちイギリス国内を、縦横無尽の直線で覆うこととなったが、なかでも、有名なストーンヘンジもある〈聖マイケル・ライン〉は、夏至の日昇線に沿って聖地が直線上に連なっている。エジプトのギザのピラミッドも、星や太陽の動きに関するあらゆる数値が組み合わされた、北半球の天文学的モデルと言われている。

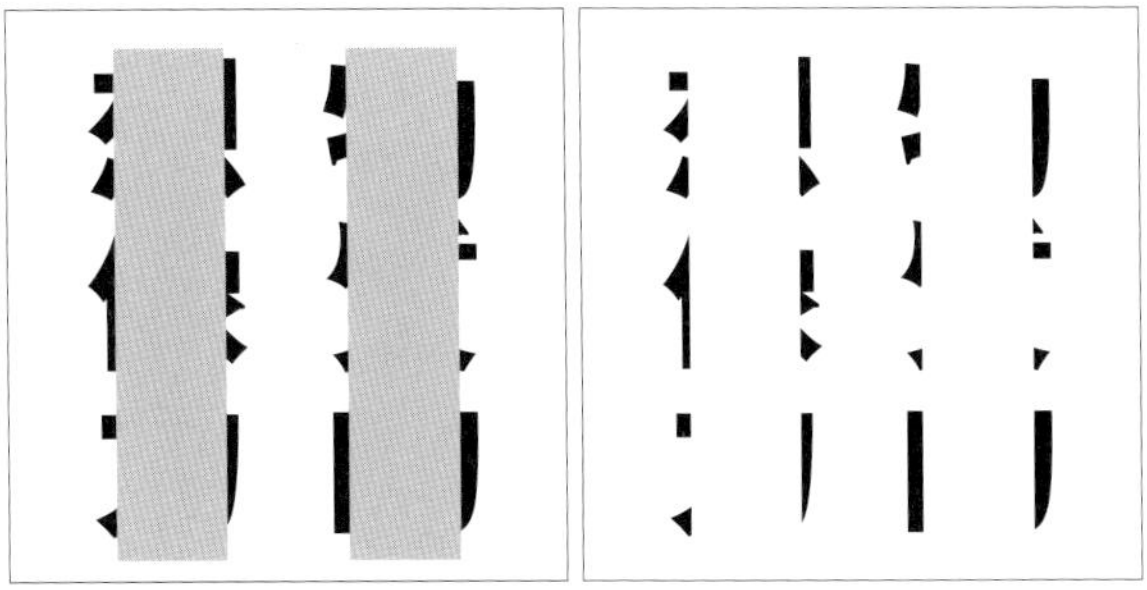

脳による視覚の補完作用例
右ページ／「IMAGE」の文字を断片にしたもの。下のように円を補うと文字が浮上してくる
左／同様に「物質的想像力」の文字の断片。左のように補完すれば文字のイメージが醸成される。
2点とも松田作、1999

このレイラインも、天の神秘を地上の手の届くところにしつらえようとした、物質化を求めた想像力なのだろうか。

レイラインの東洋版は〈風水〉における龍脈である。〈風水〉では、天からのエネルギーを、避雷針のように地上に伝える、ピラミッド状の山からのエネルギーの流れを、龍になぞらえて龍脈と呼んだ。この気の流れ（つまり風）と、山から下ってくる水の流れが〈風水〉の基本であり、大地のエネルギー活用法だ。龍脈は繁栄と幸福をもたらす経路と言われている。

この大地のエネルギーの噴出点・急所が龍穴と呼ばれるパワー・スポット。エルンスト・マッハが提唱した〈思考の経済学〉やエル・リシツキーの〈表現の経済学〉の、水が流れるように、思考や表現が流れやすい道筋を通ってやってくる、というのもいかにも風水的な考え方のような気がする。

一九九五年、韓国ソウルの真ん中にあった国立中央博物館の撤去が開始され、今は跡形もなく公園になっている。ここは、かつての日本の植民地主義時代に、朝鮮支配のためにおかれた司令部、朝鮮総督府だった建物である。

ソウルという都市は、昔から完全に〈風水〉に則って建設さ

これらの図は何に見えるか。脳による視覚の体制化例
上右／ヒゲをはやした男
上左／ブチ犬
右／馬にまたがった騎士
いったん形が見えてくるとそれ以外には見えなくなってしまう。
（『キサデコールセミナーシリーズ1　多木浩二対談集　四人のデザイナーとの対話』
多木浩二＋篠原一男＋杉浦康平＋磯崎新＋倉俣史朗著、新建築社、1975より）

れた風水都市だったらしい。この風水都市の中心の、龍穴に位置しているのが、李朝ゆかりの王宮、景福宮。背後にそびえる、ピラミッド型の避雷針、北岳山から流れる天のエネルギーは景福宮でいったん中継され、ソウル市中にまんべんなく流れるしくみになっていた。

大東亜共栄圏をめざしていた頃の日本（朝鮮では「日本帝国主義」を侮蔑を込めて「日帝」と略して呼んでいた）は、朝鮮支配を確立するために、この龍脈を断って、朝鮮を軟弱化するべく、景福宮のまん前に、プロシアの建築家ゲオルグ・デ・ラランデ設計の朝鮮総督府を建てた。この建物は上から見ると、漢字の「日」の形にレイアウトされているように見え、あたかも徹底的に日本を意識せざるをえないような構造だったと言われている（日本の国会議事堂も上から見ると漢字の「日」になっているが、単なる偶然だろうか）。

しかし、龍脈の流れに真正面から立ち向かうと、強烈なエネルギーをまともに浴びて、押し流されてしまう危険もあるため、ソウルを北から二分するように流れる龍脈に対して水平に建てられた周囲の建物群にまじり、やや斜めに設置されていた。つまり、遊び・冗長度を加えたというわけである。地政学（ゲオポリティックス）は、おうおうにして観念的になりがちだが、ここでは壮大な地政学による観念ゲームが展開されていたようだ。これは大東亜共栄圏という夢想を〈風水〉をもって物質化し

何に見えるか。カリグラフィー画家ハンス・ハルトゥンクの1957年の作品。彼は「線を引く」宣言をしてのち、粒子の軌道やブラウン運動、双曲線、心電図とおぼしき図を描き、見えないものの視覚化をめざした

ようとした、国家による物質的想像力なのだろうか。

神経生理学者ワイルダー・ペンフィールドは、脳の側頭葉には、何ごとも過去の経験から解釈する大脳皮質の解釈野があり、そこに電気的刺激を与えると、夢をみているようなフラッシュバックがリアルに起こることを発見した。これは幻覚には違いないが、当の本人には現実に起きているとしか思えない現象だという。これは「水槽の脳」と呼ばれた実験だ。

臨死体験やUFO目撃、エイリアンによる誘拐事件なども、われわれの社会に広く存在する、たとえば、電化製品、コンピュータ、送電線、ビル、滝や水域、鉄道、地震などから発生する電磁パルスが、側頭葉に刺激を与えた結果ではないか、という説も最近現われた。UFOの動きが眼球の動きに似ているのも脳内に発生した電磁パルスによるバーストをまさに「見た」からにほかならない、ということなのだろう。

理論物理学者のフレッド・アラン・ウルフはこれらの体験を「物質的経験の可能性がある想像の領域」(『ホログラフィック・ユニヴァース』)と語る。まさに物質的想像力である。

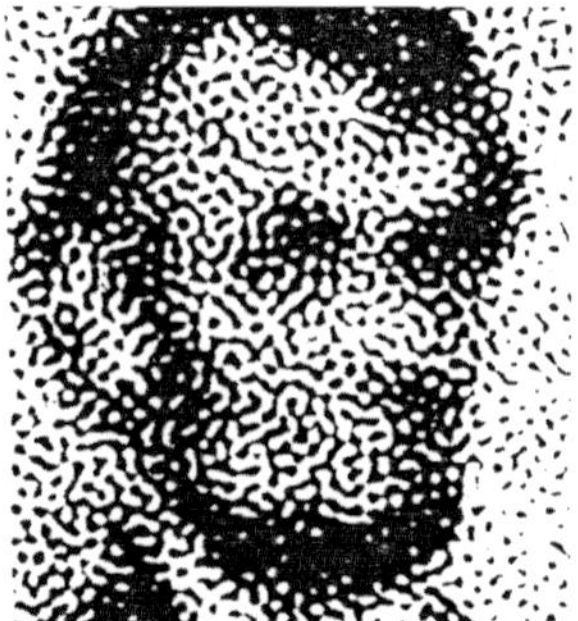

ノイズが画像信号の周波数帯域に接近したとき(左)と2オクターブ離れた(右)場合。いずれもリンカーンの顔と判別できる。
(『キサデコールセミナーシリーズ1　多木浩二対談集　四人のデザイナーとの対話』
多木浩二+篠原一男+杉浦康平+磯崎新+倉俣史朗著、新建築社、1975より)

空飛ぶ円盤図面集より。あまりにも皆似た形で、ユングのアーキタイプ説はかなり当たっている気にさせる。

(『円盤物語』松田行正構成、澤地真由美画、牛若丸、1997より)

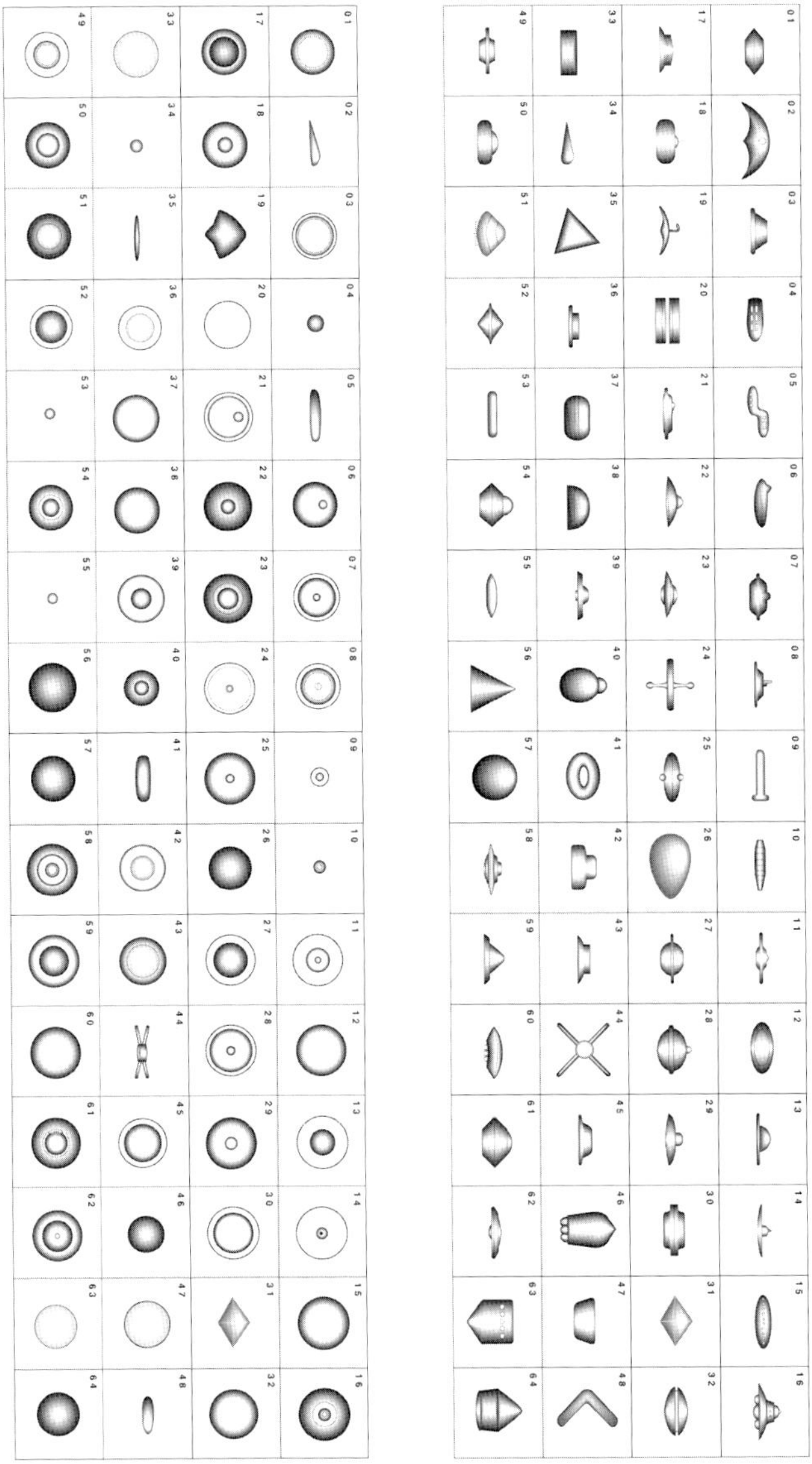

# パスワード

ジャン・ボードリヤールの『パスワード』に、パスワードとは、事物の中に入るためのイニシエイション（入会儀式）的なもので、言葉はパス（渡す）されることで変身・変態・進化し、予想外の経路をたどって別の視界を開かせてくれることもあり、また、事物の輪郭をパノラマ的遠近法で捉え直すものでもある、とあった。これをきっかけに、「目・口・耳」をパスワード（渡す言葉）に迷走してみた。

まず、パスワードは「目」。

木の桶といえば、今や量産できるプラスティックに置き換えられ、ほとんど見ないが、江戸時代から戦前位まで、木製の桶を専門に作っている桶屋が普通に存在していた。

落語に「風が吹けば桶屋が儲かる」という話がある。「桶屋論法」と呼ばれる黒か白かの二段論法の話である。

大風が吹けば、砂ぼこりで盲人が増える。盲人は三味線を弾くからネコの皮が必要になる。たくさんのネコを殺して三味線に使うと、ネズミが増える。ネズミは桶をかじるから桶を買う人が増える、というわけだ。江戸時代のことでリアリティにいささか欠けるが、低い蓋然《がいぜん》性にもとづいた論理展開は最も落語らしい落語だろう。

＝増加
＝減少
風が吹く
盲人が増える
三味線が増える
ネコの皮が必要
ネコが減る
ネズミが増える
ネズミが桶をかじる
桶を買う人が増える
材木屋が儲かる
森林が減る
動物が減る
猟師が減る
鉄砲の需要が減る
兵器屋が戦争を仕掛ける
戦争で人が死ぬ
人が死ねば棺桶屋が儲かる

風が吹けば桶屋が儲かる

「桶屋論法」のストーリーを試しにもっと続けてみると、桶屋が儲かると、材木屋も儲かる。すると、森林が減り、そこに生息している動物も減る。従って猟師も減って、鉄砲の需要も減る。兵器屋は困って、国に圧力をかけてどこかの国と戦争をはじめさせる。戦争で人がいっぱい死ぬ。人が死ねば棺桶屋が儲かる。つまり「風が吹けば棺桶屋がもうかる」である。あるいは、桶屋が儲かると、材木屋も儲かる。すると、森林が減り、山が坊主になって風が起こりやすくなる。従って、「風が吹けば、もっと風が吹く」になって自同律に陥ってしまう……。
松田十中村晋平作、2003

風が吹けば棺桶屋が儲かる

風が吹けば、もっと風が吹く

途中のプロセスを二段論法でないがしろにしたせいで、とんでもない結論に導かれる話は、「複雑系」でよく語られた〈バタフライ効果〉だが、この論法のよいところは、大げさな話につい納得してしまうところかも。

それでは、「ポット（土器）が都市をつくった」という話は、どこに落ち着くだろうか。

パスワードは「口」。

人類は火を百四十万年も前から使っていたが、八千年前、ポットが発明された。それまで生か焼くか発酵させるかしかなかった料理法に「煮る」ことが加わり、料理という概念が大幅に拡がった。料理革命である。穀物は煮れば食べられるのだ。こうして畑を開墾（農業自体は九千年前からはじまっているが）する穀物依存社会が現れた。これが農業革命。畑の開墾は、自然を人類にとって都合がよいように加工する最初の出来事で、最初の環境破壊でもある。

そこに人々は定住し、集まった。そうなると、もっと食糧が必要になり、畑を増やす。畑には多くの水が必要だ。そこで治水・潅漑工事がはじまり、工事のためにまた人々が集まり住みついて、大集落ができた。五千年前のことで、これが都市誕生のストーリーである。

都市では、分業がはじまり、富が集中することで支配層が生まれ、人類史の支配・被支配の基本パターンができあがった。都市誕生物語は地球を人工化していく歴史の始まりと読みかえることもできるが、ポットという人工物が都市化の発端というのもあながちおかしくなさそうだ。

次のパスワードは「耳」と「聴く」。

もうだいぶ古いが、チャールズ・ブロンソン主演、ドン・シーゲル監督の「テレフォン」（一九七七）という映画があった。米ソ冷戦時代の話で、ソ連スパイがアメリカに潜入し、普通のアメリカ人として十数年暮らし、その間、スパイらしき仕事は何ひとつしない。あるとき一本の電話から自爆テロに走る。スパイたちは後で効く後催眠をかけられ、ある言葉が引き金（たしかソ連での本名だったような気がする）となって行動するというものだった。ブロンソンもソ連スパイだが、どうしてもそうは見えなかったのが逆によかった、という記憶がある。

そこで、いわく、「電話は無意識を生み出した」。

電話は、今のインターネットを中心とした、瞬時に情報を遠方に送るというメディアの出発点となった発明だ。十九世紀後半、多くの人が、影響しあいながら、「生の声を伝える」ことをめざしていた。「テレフォン」という言葉は「遠くの音」という意味で、ドイツ人フィリップ・ライスの、振動膜によ

音声のアルファベット化。
J・ウィルキンズ『真正の文字』1668より。
英語の発音図のルーツ。
（『ガラスのような幸福　即物近代史序説』
高山宏著、五柳書院、1994より）

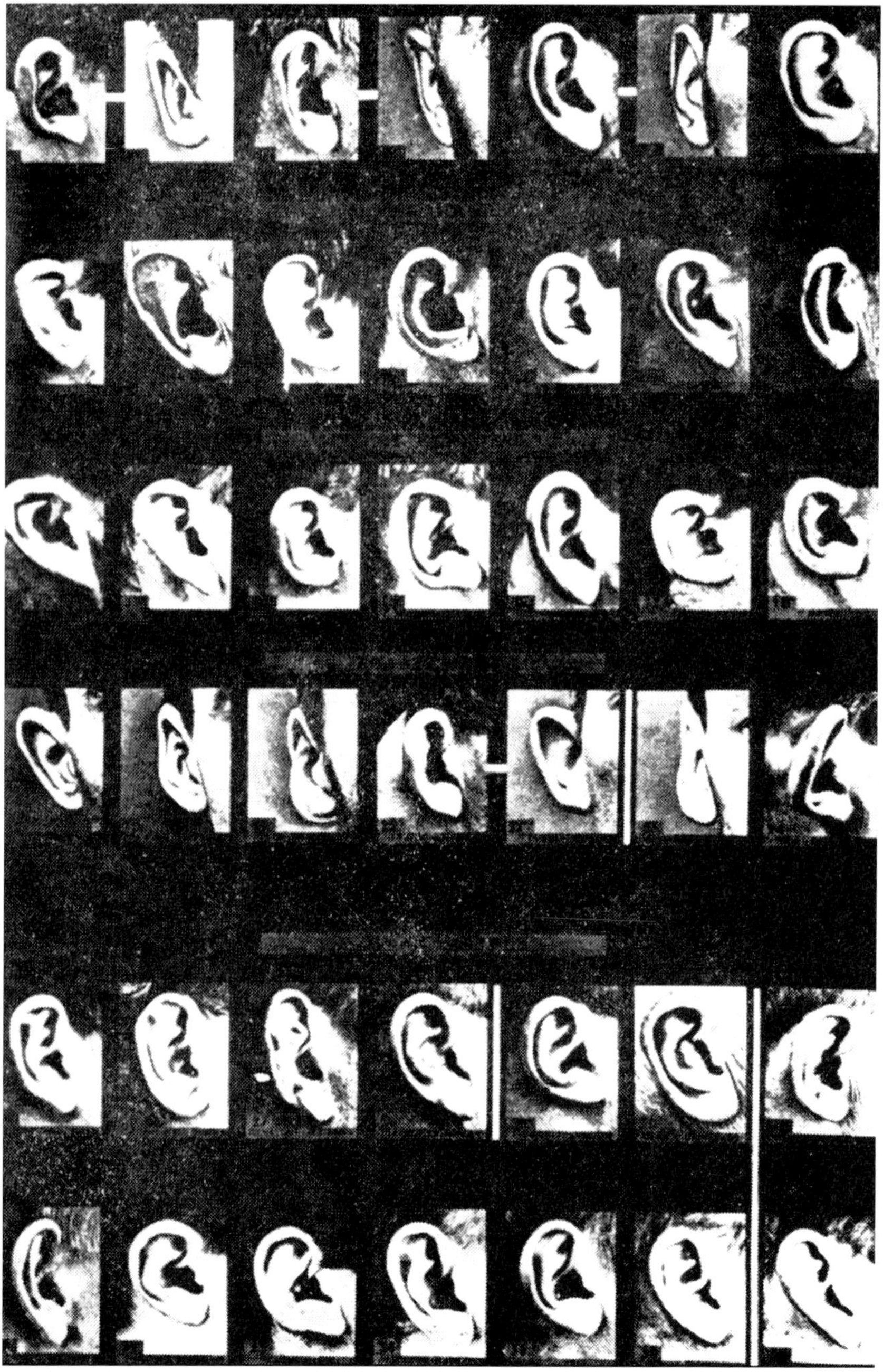

って電流を遠方に送る装置——見えない相手に楽器の音を伝える装置につけられた名だ（一八六〇）。

電話発明の栄誉は、一八七六年、イライシャ・グレイより数時間早く特許局に駆け込んで届け出たグラハム・ベルが手にすることとなった。スコットランド移民の子でアメリカに帰化した人物である。この頃、エディソンも蓄音機を発明し（一八七七）、生の声の記録も出来るようになり、声の発信と記録が可能になった。

第一次大戦の最中1915年にイギリスで発明された音響位置測定器（上）と第二次大戦に日本軍が使った対空中聴音器（下）。レーダー発明前のレーダーで敵機来襲、あるいは戦車の動きを察知するもの。日本では花形兵器として絵はがきにもなったらしいが、聴く兵士は鼓膜が破れる覚悟で任務についたのかもしれない。ともかく、連合国ではこの時すでにレーダーが開発されていた。（上『グラモフォン フィルム タイプライター』フリードリッヒ・キットラー著、石光泰夫＋石光輝子訳、筑摩書房、1999より）
右ページ／パリ警察の人体計測学者A・ベルティヨンの耳コレクション、1890。犯罪者を特定するためのさまざまな技術を開発。（『GS file　欲望からの批評I　視線の政治学』多木浩二著、冬樹社、1985より）

グラハム・ベルの「聴く」ことへのこだわりは、祖父に遡る。ベルの祖父はヴィジブル・スピーチ、つまり、英語の教科書などでおなじみの発音図の発明者であり、話しことばの視覚化に熱中していた。これも聴くということの変化形である。

そして、ベルの父親メルヴィルも、発生生理学を受け継ぎ、一つの音が発されるときの唇の形や舌の位置にこだわった。加えて、ベルの祖父も父もシェイクスピアの朗読者として有名で、発声に関しては一家言持っていたのである。

父メルヴィルは、一八六七年に、世界のあらゆる話しことばを記号化しようとした試み「目で見る話しことば」を発表、聾唖者にとっていささかの福音となった。が、実はメルヴィルの妻、つまりベルの母親が聾唖という切実な問題を抱えていて、母に音を聴かせたいと常々思っていたベル父子の努力の結実がベルの電話を生み出したのだった。そして、人工の耳が誕生した瞬間でもあった。

エディソンにもベルと同じような状況があった。若いころのけんかで耳が不自由だったエディソンは、当時高価だった銅線の節約をするための、電話と電報の効率を高める研究をしている最中に偶然蓄音機《フォノグラフ》を発明した。あたかも自分の耳の

上／量産可能な蓄音機を完成させたときの、ナポレオン・ポーズをとる得意満面なエディソン、1888
下／エディソンの拡声受話器、1893。エディソンがラッパ状の拡声受話器を発明したことによって、電話は一つの耳から多くの耳に同時に音声を届けられるものになった。図はコンサート会場外の人に音楽を聴かせるための音楽専用受話装置

機能の代替物を見つけようとするかのように。

言語障害の研究者ヘルマン・グツマンは、当時の電話が、技術やコストの問題で上下の周波数がカットされ、聞きづらいときがあることを逆手にとり、患者にメチャクチャな言葉や自由な連想で浮かんだ言葉を電話口でしゃべらせた。すると、意味不明の言葉は聞き取りづらい電話を通してなにやら意味ありげな言葉として蘇ってきたのである。

この研究を受けたジークムント・フロイトも、ウィーンで電話事業が国営化されるとすぐ電話を診療所に設置し、グツマン同様活用した。フロイトは、電話発明後二年で始まったオーストリアの電話事業の、二人目の加入者である。

フロイトは電話をなんと患者の精神分析にも使っていた。そこで生まれたのが、患者の心の声を聴くための「無意識」概念だった。グツマンは患者の言葉を取捨選択したが、フロイトは患者から無意識的思念のすべてを洗いざらい引っぱり出し、取捨選択せずにすべてを受け付けることをめざした。あたかも電話の受話器のように。

かくして、無意識のランダムな連なりすべてにコンテンツを与え、ストーリーをつけるフロイトの「ひたすら聴く」精神分析が誕生した。つまり、「電話は無意識を生み出した」。

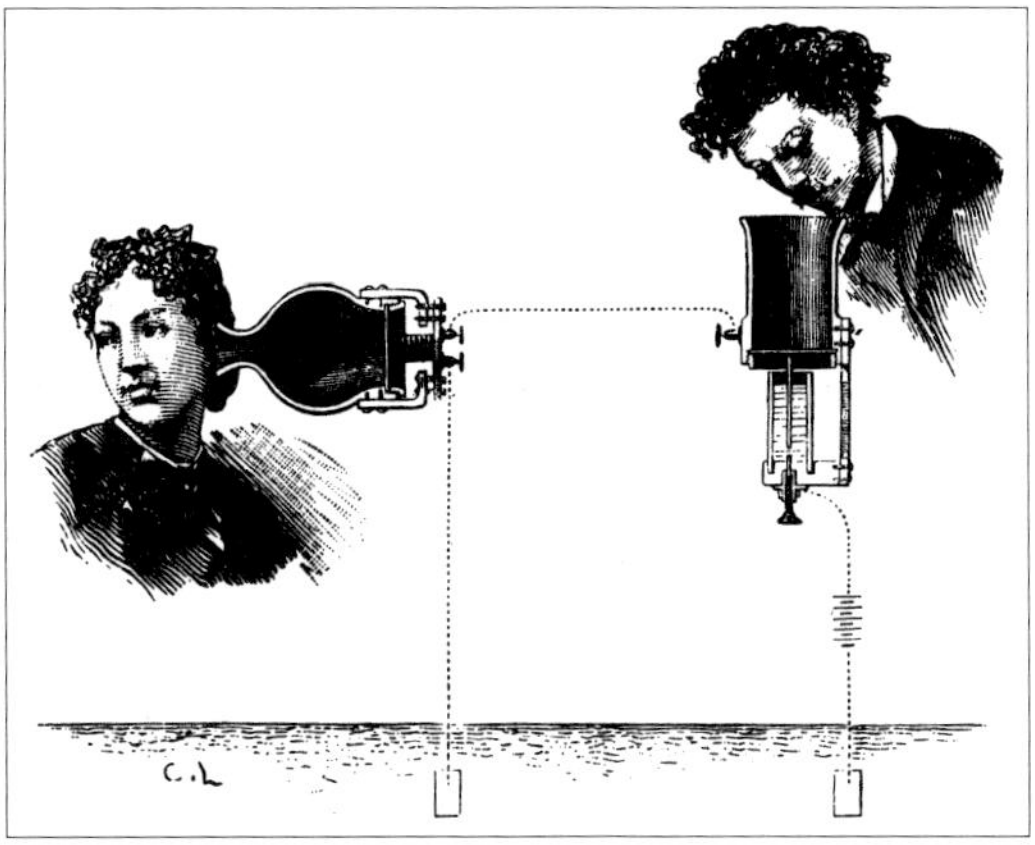

上／数時間の差で電話発明の栄誉を逃したイライシャ・グレイの電話、1882
右／グラハム・ベルの電話、1877

# 反転するイメージ

洋画家の故中川一政画伯のコレクションのオークションで、当初、評価額一〜二万円だった絵がオークション寸前で、ゴッホの真作と判明し、価格が一挙に「五百万円〜」にはね上がり、最終的に六千六百万円で落札された。

評価が反転したこの絵は上から重ね塗りされていて、オリジナルの特徴は失われているとされていたが、ゴッホの《馬鈴薯を食べる人々》の農婦の横顔にそっくりで、オリジナルとは何か、イメージとは何かを考えさせられる事件だった。

四世紀の司教聖マルタンは、裸のキリストに自分の法衣（カペラ）を半分切って与えたことから崇拝され、礼拝堂のことをカペラ（シャペル＝仏、チャペル＝英）と呼ぶようになった。礼拝堂で歌う伴奏のない歌がアカペラである。

ポルトガルではこの法衣のことをカッパ（caha）と呼んでいた。それが日本に伝わり、南蛮ブームが起きた十六世紀半ば、大名がポルトガル人の外套をまねて作ったのが〈合羽〉である。幕末にフランス陸軍用語のマントも登場して合羽は雨具に限定されるようになった。

右と左ページ／どちらもヴィンセント・ゴッホの《馬鈴薯を食べる人々》1885。農民の労働にこだわっていたゴッホは多くの習作やスケッチのあと、同じ構図で2点描いた。メインディッシュはじゃがいも。飲んでいるのはカフェインを含まないチコリコーヒー。ヨーロッパの農民には欠かせない、貧しい主食だった。しかし、この食事風景はなんという暗さだろう。右がゴッホ美術館蔵、左はクレラー・ミューラー美術館蔵だが、クレラー・ミューラー美術館のほうがはるかに暗い陰気な晩餐だ。じゃがいもしか食べられない農民ということは、最底辺で生きていることを意味していた

右上／評価額1万円だったのが6600万円で売れてしまったゴッホ《農婦》。左ページの農婦と顔がそっくりだ

こうして合羽は、流れ流れて、聖から俗にイメージが反転してしまった。

国連のアフガニスタン食糧支援要請報告書をネットで見ていたら、抽象的な用語に混じって具体的な食品名がひとつだけあった。なんと「じゃがいも」。小麦、とうもろこし、米と並んで全世界で生産量も含めて重要な食物、食糧安定供給の王様じゃがいもである。

アンデス原産のじゃがいもは、十六世紀初め、スペインの略奪者フランシスコ・ピサロが母国にたまたま珍品土産として持ち帰ったときから、ヨーロッパに広まった。

しかし、イングランドなど、普段から根菜類を食べる習慣のない人々は、痩せた土地でもかならず芽がでるじゃがいもに、畏怖を覚えた。そこら中に生えるので腐敗の源ともみなした。見た目の醜さも悪魔の化身としてレプラ（ハンセン病を含めた皮膚病の総称）になぞら

え、嫌悪した（★）。

一六二〇年頃、フランスでは、じゃがいもを食べてレプラがはやった、と栽培を禁止する地方も現れた。このじゃがいも＝レプラ視は以後二世紀も続き、かつてストライプ模様が差別のシンボルとして使われたように、じゃがいもを食べるのは劣等人間だけだ、と決めつけた。

ドイツでは囚人用、スコットランドでは聖書に記述がないとして嫌い、十八世紀半ばではとうとう家畜のえさである。イギリスでは十九世紀前半まで豚とカトリック教徒の食べ物とみなしていた。

しかし、これほどの悪罵にもめげず、生命力が強く、飢饉のときのパンの代用食としてヨーロッパで地道に市民権を獲得していった。

一方、アメリカ合衆国では、ヨーロッパから移住してきた人々は、じゃがいもに対する偏見も捨て去ってきたので、百年足らずで常食の地位を得る。ヨーロッパでのじゃがいも嫌悪はまだ一世紀近く続くというのにである。

ヨーロッパのアメリカ移民はじゃがいもに対する偏見とともに、マナーも捨て去ってきた、とよく言われる。国連安保理で権勢を振るうアメリカの無茶のルーツはこの辺にもありそうだ。

第二次大戦後すぐ、五十一か国によって「国際連合（The United Nations）」が発足した。ところが「The United Nations」とは、ドイツ・イタリア・日本の枢軸国

★太平洋戦争で、イギリス人かアメリカ人の捕虜にゴボウを食べさせたとしてB級戦犯に問われた日本人がいた。彼は自分たちの食べる分から、捕虜に栄養をつけさせようとしてやっと工面した好意だったが、捕虜にしてみれば、人間に木の根っこを食わせるとは何事だ、というわけで捕虜虐待になってしまった。偏見とは空恐ろしい。

（The Axis Powers）に対する連合国のことを指していた。旧ソ連は「World Union」という組合らしい名を主張したが、アメリカは譲らず、得意のごり押しで「The United Nations」に決めてしまった。「戦勝国連合」みたいなものである。国連が、アメリカに頭が上がらないのも発足時のトラウマから逃れられないからなのだろうか。しかし、確かに世界はアメリカを中心に回っている感が強い。

ついこの間まで高濃度の核燃料をバケツとヒシャクですくっていた我が国には、北朝鮮核施設のずさんな管理を大笑いできない辛さがある。原潜の放射能漏れ事故を描いたキャスリン・ビグロー監督の映画「K-19」（二〇〇二）でも事故処理の乗組員にはビニールコートが与えられただけで、結局、JOC事故の被害者を彷彿とさせる凄惨な死が待っていた。

一九五三年、ときのアメリカ大統領アイゼンハワーは、国連総会演説で原子力を「夢のエネルギー」として平和利用をうたった。裏ではもちろん核の軍事利用が進んでいたが。

日本でも、読売新聞が中心となって原

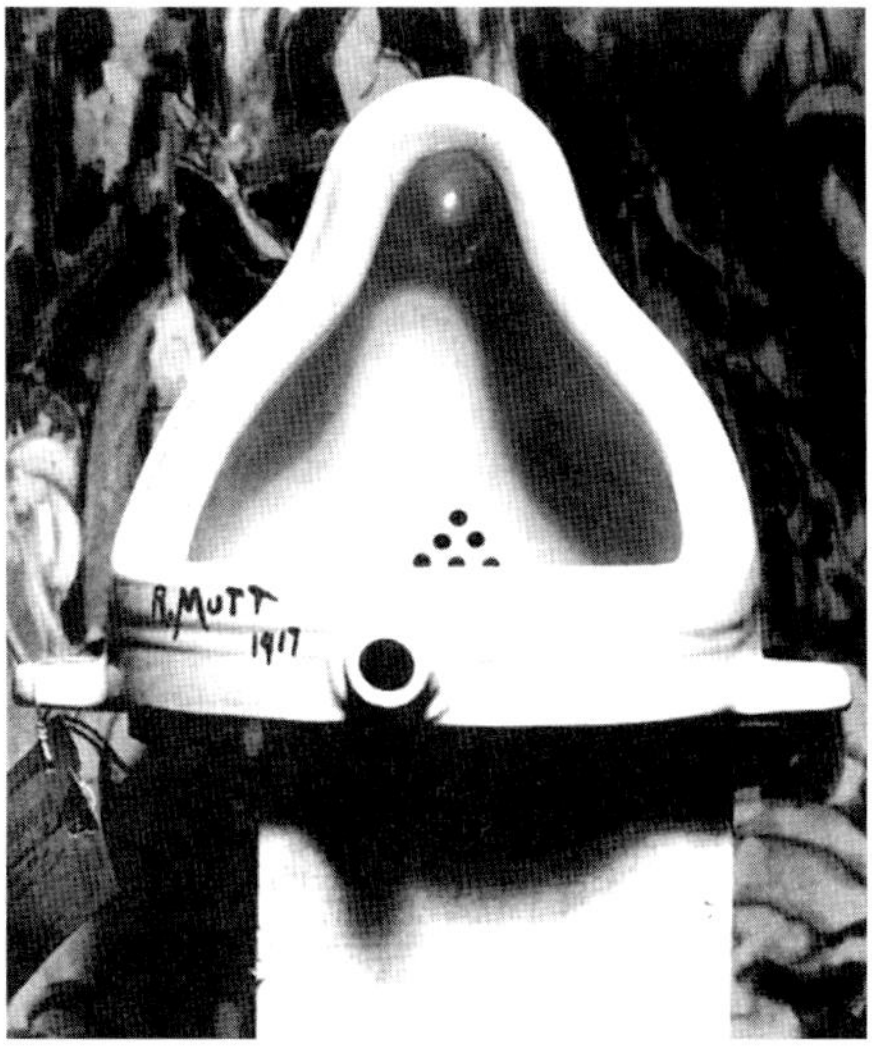


マルセル・デュシャン《泉》。1917年、ニューヨークで開かれたアンデパンダン展は、年会費＋6ドル払えば誰でも出展できたので、1200人が参加し、アメリカ最大の展覧会となった。その委員だったデュシャンは、本名で出展するとありのままの反応が得られないと思い、リチャード・マット名義で作品をだすことを決めた。デュシャンはオープン1週間前に「ベッドフォードシャー型磁器製小便器」を購入、「R.MUTT 1917」と署名し、一般公開2日前に偽名と年会費＋6ドルを添えて会場に配達搬入した。ところが、倉庫で大騒ぎとなり、オープニング寸前に理事の票決で僅差で負けて展示不可となった。不潔だ、という真っ当な意見だった。デュシャンは委員を辞任。その後、便器はアルフレッド・スティーグリッツの画廊に運ばれ、アメリカの画家マーステン・ハートリーの絵の前でスティーグリッツ自ら撮影したのがこの写真。結局便器は行方不明となり、このスティーグリッツの写真とデュシャンがつくった多くのレプリカが残された。こうして「便器」という、レディメイド品のなかでも眉をひそめそうなものが、デュシャンの「選択と命名」によってアート作品としか思えなくなってしまった瞬間である
（"Marcel Duchamp: Work and Life" Pontus Hulten, The MIT Press, 1993より）

子力平和利用キャンペーンが展開され、アメリカのラジウムブームに三十年程遅れて、日本中に一攫千金を夢見たウランラッシュがはじまった。

そのあげく、カラダにいいからと風呂にウラン鉱物片を入れ、肥料にウランをまぜて野菜を育てた人物も出現。ウランの産出地では、ウラン饅頭や陶器のウラン焼きが売られ、放射能酒や風呂に入れるためのラジウム砂を販売した人もいた。

ウランに振り回された人々のその後はおそらく大変なことになったに違いない。健康を人一倍周りが気にした昭和天皇ですら、一九五九年の産業見本市で臨界に達した原子炉の運転中の炉心をのぞき込んだという。放射能に対する認識不足は今の北朝鮮よりひどかったかもしれない。

米軍のイラクに対する特殊作戦（special ops＝operations）、国連の平和維持活動（PKO＝Peace Keeping Operation）もオペレーションなら、高濃度の核燃料をバケツとヒシャクですくうこともオペレーションである。

「オペレーション」とは、もともと視覚的効果も含めた、美に対して手や道具を駆使することを指していたらしい。外科手術を施す熟練の医者などである。

しかし、この熟練した手さばき技は、近代科学の黎明期、魔術が表裏の関係にあった十八世紀のヨーロッパ、科学の実験も魔法とみなされた時代に大きな様がわりを体験する。

機械技師や画家、光学関係者たちは、人を欺くという意味で魔術師や妖術使い

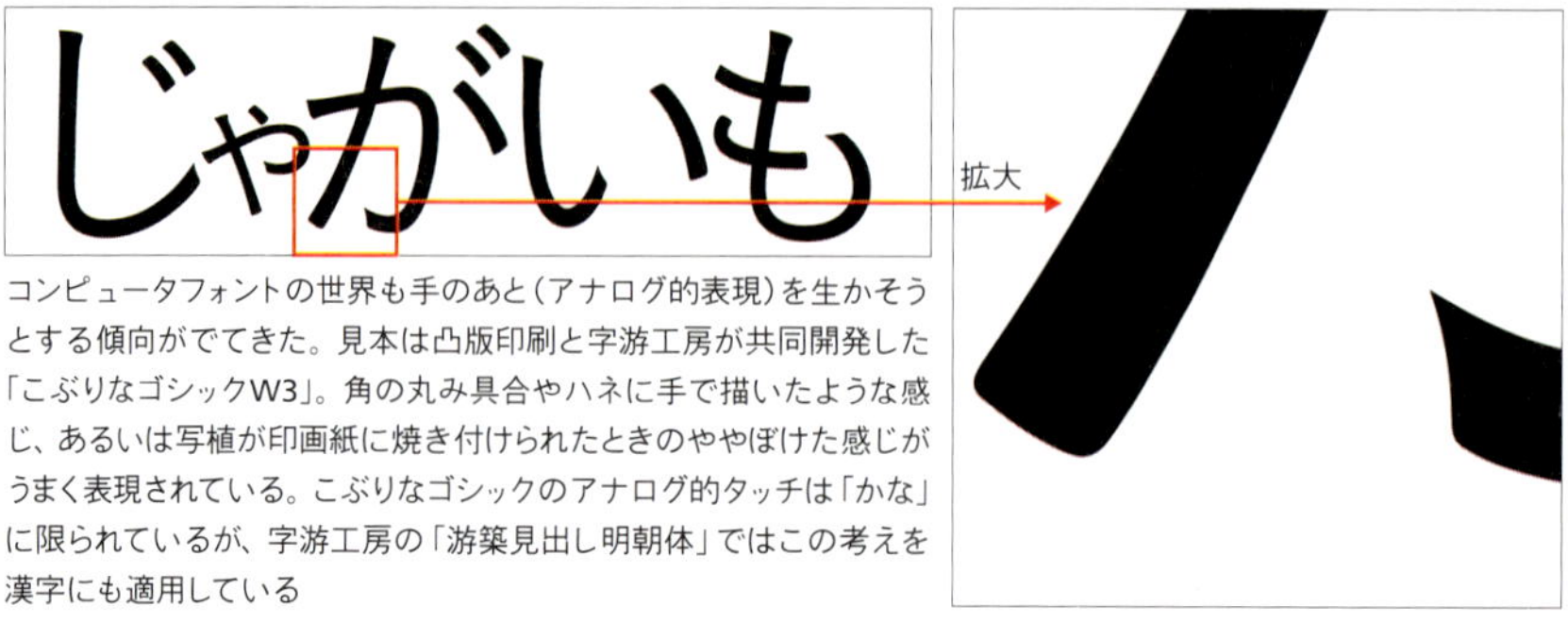


コンピュータフォントの世界も手のあと（アナログ的表現）を生かそうとする傾向がでてきた。見本は凸版印刷と字游工房が共同開発した「こぶりなゴシックW3」。角の丸み具合やハネに手で描いたような感じ、あるいは写植が印画紙に焼き付けられたときのややぼけた感じがうまく表現されている。こぶりなゴシックのアナログ的タッチは「かな」に限られているが、字游工房の「游築見出し明朝体」ではこの考えを漢字にも適用している

とみなされ、手品師、ペテン師と共にオペレーターと呼ばれた。外科医師はこれらオペレーターと同一視されることを嫌い、解剖図などの作成を画家に頼むときも、できるだけ手のあとの残らないような仕上げを望んだものだった。この風潮は発明ラッシュの十九世紀まで続き、発明家は魔術師と同義だった。たしかに手練れの技は魔術である。

現在、コンピュータを使ったデザイナーもオペレーターと呼ばれたりして「デザイナー」との境界があいまいになりつつあるが、コンピュータの大衆化が手のあとを消してデザインの画一化を促したことは否めない。

この事態を脱却するためには、ウィリアム・モリス的な、手のあとが感じられるオペレーションということだろうか。〈特殊作戦〉も人の手のあとが残るようなものだったら、作戦内容もかなり違ったものが期待できるかもしれない。

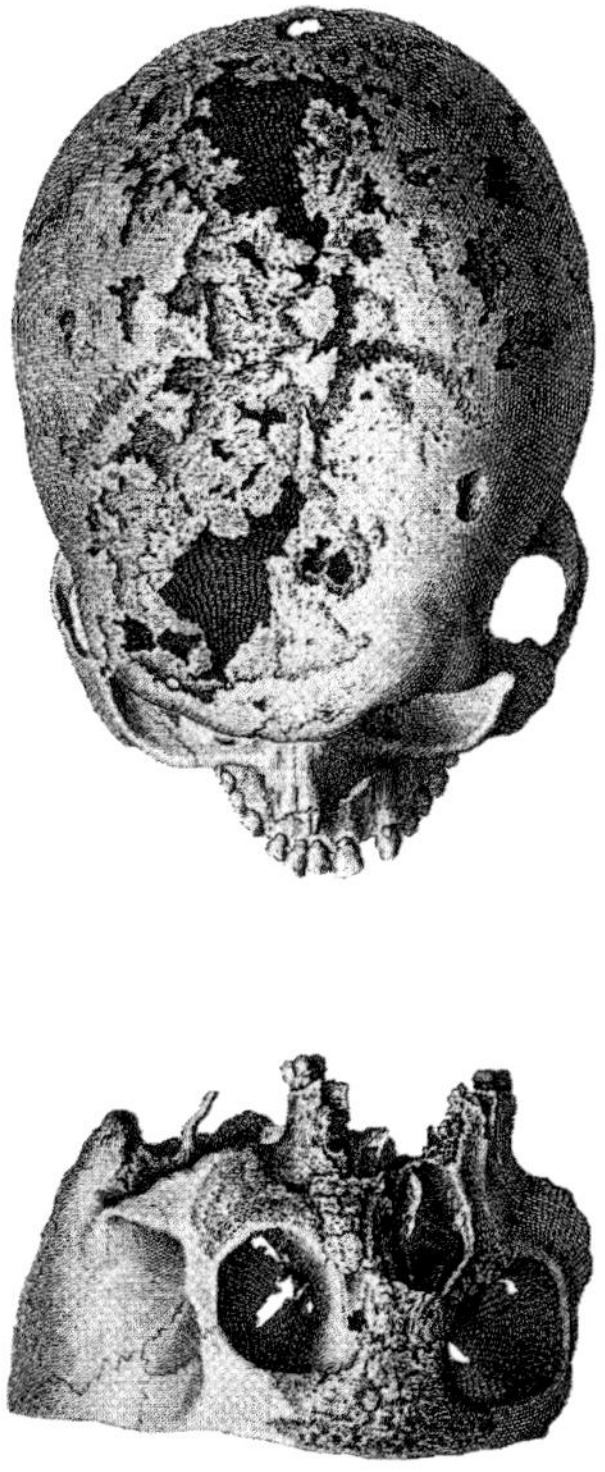

外科医ウィリアム・チェゼルデンが図譜画家にできるだけ手のあとをみせないことを条件に描いてもらった『骨格剖見図譜』(1733)より「性病で死んだ女性の頭蓋骨」

# 光をあてる

『日本書紀』によると、ある時太陽の神アマテラスはスサノオの狼藉に怒り洞窟にたてこもってしまった。世界は闇である。世界に光を取り戻そうと、ほかの神々は洞窟の前で饗宴を始めた。アマテラスは騒がしさに興味を覚え、洞窟から顔を出した瞬間、ほかの神々の顔に光があたって白くなった。ここから「面（顔）白い」という言葉が生まれたという。

高山宏氏がある講演で、「デザイン」とか「クリエイト」という言葉は、ヨーロッパでは二十世紀初めまで、神がなす行為のことを指していたと語っていた。つまり、大文字の「The Designer」というと、「世界創造」をする神のことだったのである。

「イラストレーション」ということばも、J・ヒリス・ミラーによれば、「さながら探検家が洞窟を照らしだし、また、中世の写本が彩色されるように何かを明るみにだすことである」（J・ヒリス・ミラー『イラストレーション』尾崎彰宏＋加藤雅之訳）。illustrationのilluはillumination（照明）、illusion（幻影）のilluであり、イラストレーシ

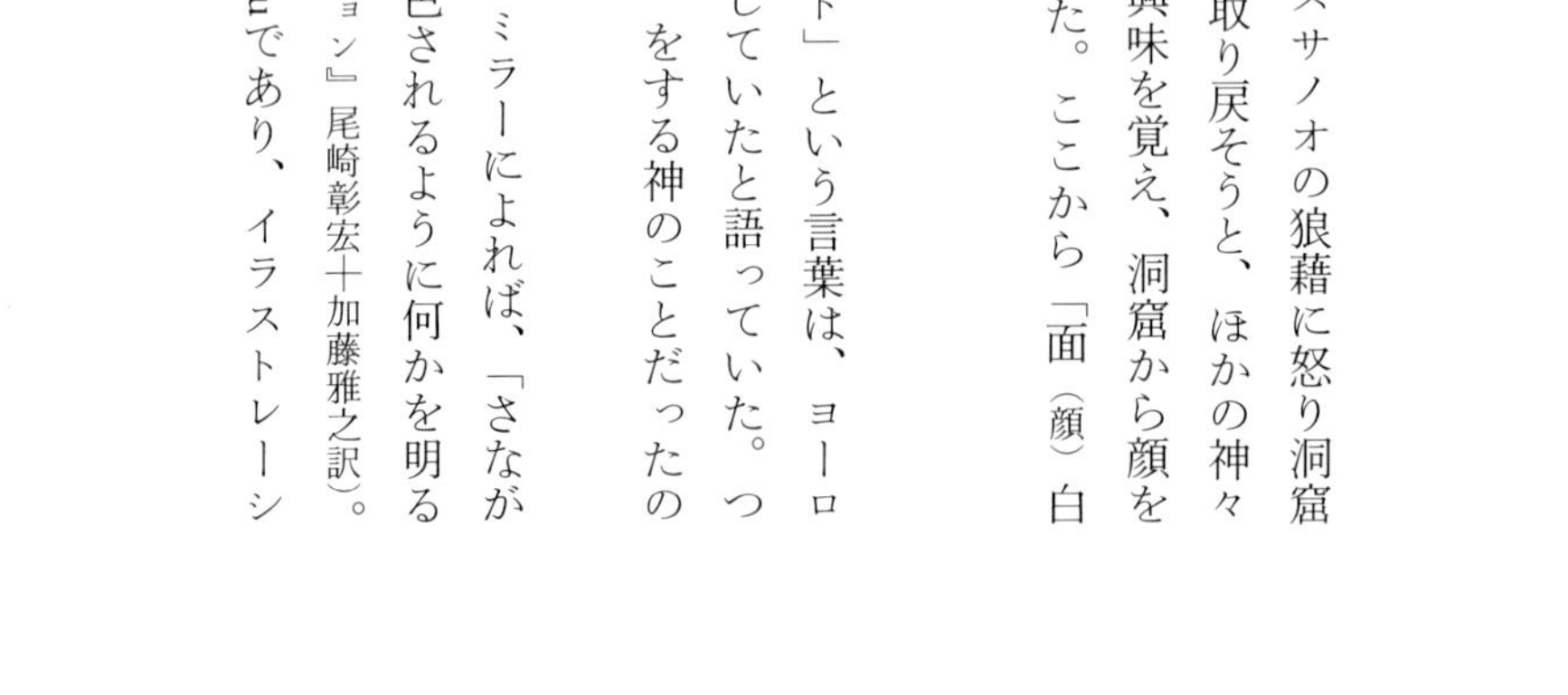

ヨンもかつては光を発するものだったようだ。

フランス語のlumièreといったら、「光」のことで、十八世紀では、ルソーやヴォルテールらによる啓蒙のことも意味していた。映画発明の栄誉が与えられているリュミエール兄弟も同じスペルである。

マルティン・ハイデガーも、ラスキンのことについて語った際、「デザイン」を裂け目・痕跡になぞらえ、それが徐々に形をなして光を呼び込む、と語っている。つまり、イラストレーションである。


十八世紀後半、ロンドンで、借金を払えなくて刑務所に収監されたロバート・パーカーは、あり余った時間の中で、独房の窓から差し込む光の動いていく様を観察していた。窓の四角のフレームは表情を変えながら少しずつ移動していく。パーカーは出所後、絵を円周状に繋げれば、素晴らしい風景を再体験できるのではないか、と三六〇度のマルチプルな眺望を思いつき、特許を取得した。これが「パノラマ」。一七八七年、フランス革命の二年前である。独房での体験は誰も見たわけではないので、真偽は不明だが、「パノラマ」誕生にふさわしいドラマチックなシーンだ。

「パノラマ」の語源は、ギリシア語の「すべてを見る」からきている。この自然を一望のもとに見るというコンセプトは、当時、産業革命絶頂期であったイギリスで、拡大膨張していく都市の理念とシンクロしていた。


十字路の360度マルチプル写真。作者、撮影時ともに不明。

（“Panoramas Photographies 1850-1950 Collection Bonnemaison” Joachim Bonnemaison, Actes Sud, 1989より）

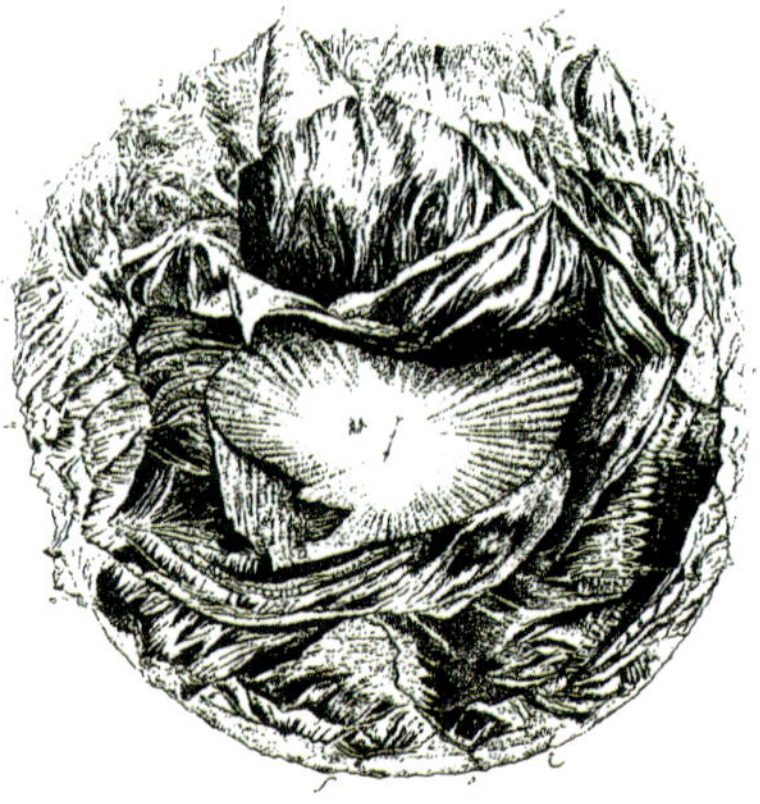

右上／ヘンリー・アストン・バーカーの「パリの戦争」と題されたパノラマ。
ナポレオン戦争を戦後ナポレオンが流刑されたエルバ島から見た図のようだ。1815年
右下／オラース＝ベネディクト・ド・ソシュールの『アルプス紀行』。
ピュエの氷河頂上から見た山岳のパノラマ。まだ「パノラマ」という言葉がない頃のもの。1779年
左上／ロンドンのパノラマ館で公開された
レイナーグル作「フィレンツェのパノラマ」をもとに作られた版画。1806年
左下／名古屋城天守閣から見た城下町のパノラマ。江戸時代

パノラマ興業は、円形劇場の円周に沿って切れ目なく絵を描き、どこからでも見えるように遠近法の消点を少しずつずらしたり、照明も工夫して、リアリティをめざし、映画誕生前夜の十九世紀のヨーロッパを席巻した。

まんべんなく光を与え、すみずみまで見る、という〈パノラマ〉の考え方は、すでに述べた、ミシェル・フーコーのパノプティコン（一望監視システム）と似ていて、全体主義的な監視社会の雛形のようでもある。

一八八〇年代はじめ、一八八九年の万国博覧会のための記念碑的建築物のコンクールが公示された。電気技師のセビロと建築家ブルデは「太陽の塔（トゥール・ソレイユ）」案を提出

上／フランス革命100年後の万国博覧会のモニュメントのための、ジュール・ブルデ設計による「太陽の塔」案。尖端に立像が置かれ、アーク灯はその下につけられた。19世紀は、ガス照明から電気照明が登場し、誰しも人工照明に無限の可能性を感じた時代であり、夜も昼に変えられると信じていた。しかし、アーク灯の運命は、1890年代、フィラメントを使った白熱電球の登場で終わることになる。（『闇をひらく光——19世紀における照明の光』ヴォルフガング・シヴェルブシュ著、小川さくえ訳、法政大学出版局、1988より）
右／1889年の万博開幕のとき、ギュスターブ・エッフェル自らが、エッフェル塔の尖端から22000個のガスランプをエッフェル塔の足元に向けて照射した。これは、そのシーンを脚色して描いたジョージ・ガランの絵

した。これは「パリ市全域をただひとつの光源で照明する、高さ三百六十メートルの電気灯台」計画だった。

結局「空と大地を結ぶ橋」の、ギュスターブ・エッフェル案が採用されたが、エッフェルも先端にアーク灯を取り付けるパリ照明案を検討していたようである。

しかし、太陽の塔の照明計画はこの時代の精神を象徴していた。塔の先のアーク灯はその上端に設置された反射鏡によってパリの市街地に降り注ぎ、市街地の各所にまた反射鏡が設置されていて、パリのどんな隅にも光がゆきわたるようにするというアイデアである。

この発想はフランス革命以来、街頭騒乱が絶えなかったパリで、群衆の叛乱を完全に封じ込めるための、国家による完全監視案という側面も持っていた。「白昼のように明るい夜というユートピア的な夢が、逃げ場のない明るさという悪夢に転じたのである。」（ヴォルフガング・シヴェルブシュ『闇をひらく光』小川さくえ訳）

ワールド・トレード・センター（WTC）ビル跡地近くの埠頭で、崩壊から半年後の二〇〇二年三月十一日夜、「光の追悼」と題されて、大型電球（朝日新聞の表現による。たぶんサーチライト）各四十四個を使った二本の光の塔が立ち上がった。ありし日のWTCを模した企画で、跡地に建築物が建つまで毎年続けられるという。エドワード・ノートン主演、スパイク・リー監督の映画「25時」（二〇〇二）のオープニングにこの「光の追悼」シーンが登場するので興味のある向きには必見だ。

この光景から、かつての古い記憶が蘇ってきた。

　一九三七年、ヒットラー率いるナチスのニュルンベルク党大会での出来事である。フィナーレで、百三十台のサーチライトが夜空に一斉に放たれた。それは垂直だったり、一点に集中したりと、光と闇による壮大な動く列柱建築を生み出した。党員たちには自らの小ささと、より大きな権力の存在を再確認させる最大の儀式となり、〈光のカテドラル（大伽藍）〉と名付けられた。

　が、結局この大きな権力の野望は挫かれ、光のストライプは、幻想に終わった第三帝国のシンボル、いわば崩壊に向けて建てられた幻想建築となってしまった。〈光のカテドラル〉は、皮肉なことに企画したアルベルト・シュペーアにとっては代表的建築となり、ナチスの権力の象徴となった党大会が開かれたニュルンベルクも、これまた皮肉にもナチスの戦争犯罪を裁く地になった。

　巨大であることがファシズム・全体主義の特徴のひとつだとすれば、巨大さでしか着目されてこなかったＷＴＣとは、はたして何だったのだろう。闇のなかに垂直に立ち昇った二条の光は実際にＷＴＣがあった高さよりもはるかに高くそびえ立ち、巨大建築＝幻想建築を実証しようとしているかのようでもあった。

　崩落した今となっては、かつてそこに経済の一極支配の象徴でもあった巨大ビルが存在していたことすら想像し難くなっている。この光はあたかも、ニューヨークのまん中に開いた大きなふたつの裂け目から地球内部の強烈な光が漏れ出たかのようだが、この裂け目《デザイン》からの光ははたして何を明らかにしたのだろうか。

上／20万人の党員を集めたナチスのニュルンベルク党大会のフィナーレで行われた、
サーチライトによる光のモニュメント。ちらちらするストライプは催眠効果をもたらす。1937。
(『未完の帝国　ナチスドイツの建築と都市』八束はじめ＋小山明著、福武書店、1991より)
下／レニ・リーフェンシュタール監督の映画「オリンピア」(1936)で描かれたベルリン・オリンピックのフィナーレ。
オリンピック・スタジアムで行われた光のドーム。Photo : Allstar / Orion Press
左ページ／2002年3月11日から1か月間、ワールド・トレード・センター崩壊跡地に近い岸辺で行われた追悼の光の儀式。
Photo : The Image Works / Fujifotos / Orion Press

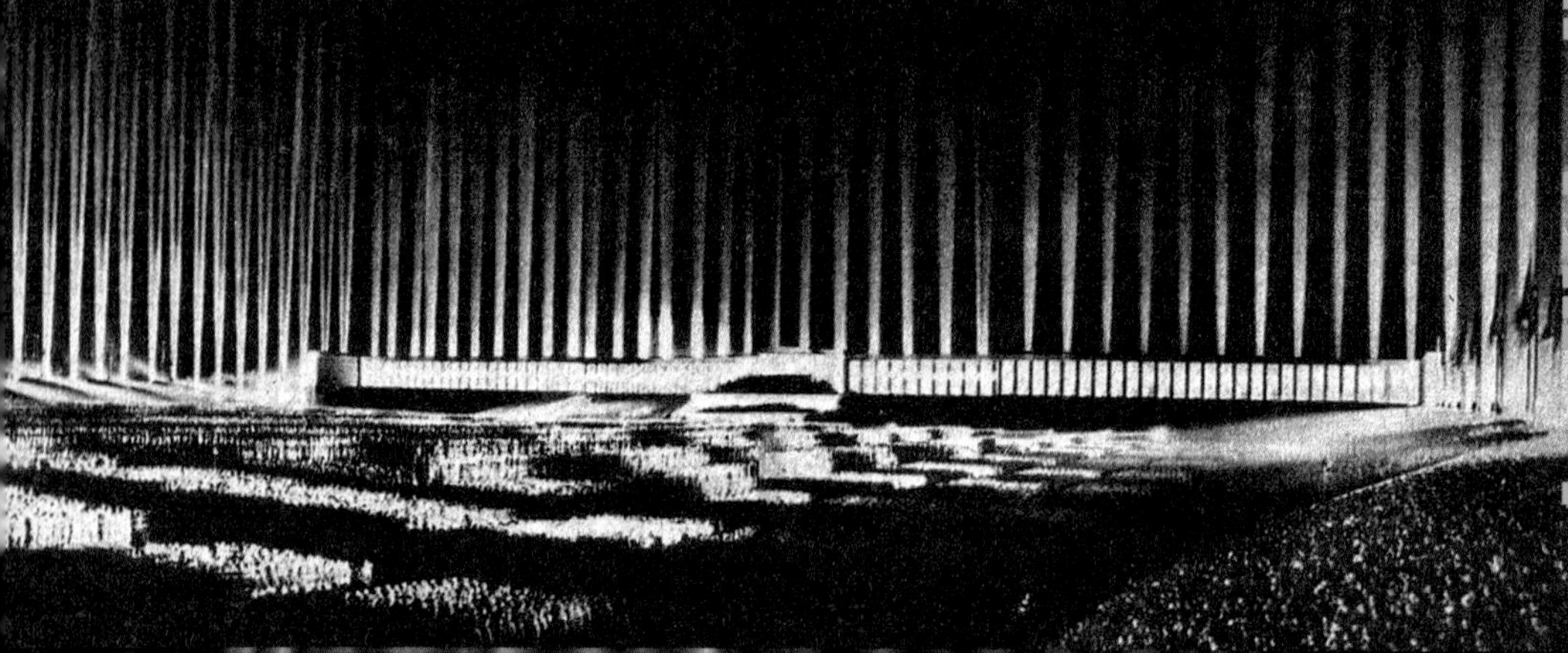

参考文献


◆はじめに

『遊一〇〇一　相似律』松岡正剛編、工作舎、一九七八年

『時代の流れが図解でわかる！　早わかり世界史』宮崎正勝著、日本実業出版社、一九九八年

『鉄道旅行の歴史　十九世紀における空間と時間の工業化』ヴォルフガング・シヴェルブシュ著、加藤二郎訳、法政大学出版局、一九八二年

★1　直線の夢

◆線の乱舞

『眼と精神』モーリス・メルロ＝ポンティ著、滝浦静雄＋木田元訳、みすず書房、一九六九年

『表象と倒錯　エティエンヌ＝ジュール・マレー』松浦寿輝著、筑摩書房、二〇〇一年

◆縦と横

『日本のかたち縁起　そのデザインに隠された意味』小野瀬順一著、彰国社、一九九八年

『書に通ず』石川九楊著、新潮選書、一九七九年

◆水平線に浮かぶ風景

『ル・ノートル庭園』マイケル・ケンナ写真集、トレヴィル、一九九七年

『未完の帝国　ナチスドイツの建築と都市』八束はじめ＋小山明著、福武書店、一九九一年

◆反重力

『千メートルビルを建てる　超々高層のハードとソフト』尾島俊雄著、講談社、一九九七年

『二〇〇一年終局への旅』アーサー・C・クラーク著、伊藤典夫訳、早川書房、一九九七年

『THE DIG』アラン・ディーン・フォスター著、池谷律代訳、メディアワークス、一九九七年

◆オモテケイの舞い

『点と線』松本清張著、新潮文庫、一九七一年

『カンディンスキー著作集2　点・線・面　抽象芸術の基礎』ヴァシリー・カンディンスキー著、西田秀穂訳、美術出版社、一九七九年

◆ルート

『狂牛病　人類への警鐘』中村靖彦著、岩波新書、二〇〇一年

◆モジュール

『魔方陣』大森清美著、冨山房、一九七三年

『円＋正方形　その発見と展開』ブルーノ・ムナーリ著、上松正直訳、美術出版社、一九七一年

◆直線の夢

『荒俣宏の二〇世紀世界ミステリー遺産』荒俣宏著、集英社、二〇〇一年

『装飾空間論　かたちの始源への旅』海野弘著、美術出版社、一九七三年

『デザインの現場　一九九九年四月号　どこまでできる?! 印刷・製本・加工』「タイポグラフィの読み方」小泉均、美術出版社、一九九九年

★2　面の愉しみ

◆デシメトリ

『自然界における左と右』マルティン・ガードナー著、坪井忠二＋小島弘訳、紀伊國屋書店、一九七一年

『土星の徴しの下に』スーザン・ソンタグ著、富山太佳夫訳、晶文社、一九八二年

『王の身体都市　昭和天皇の時代と建築』飯島洋一著、青土社、一九九六年

『ドイツ空軍計画機一九四五』バイロンズ　オフィス編、光栄、一九九六年

『異形機入門　究極の機体研究』飯山幸伸著、光人社、二〇〇四年

『反対称　右と左の弁証法』ロジェ・カイヨワ著、塚崎幹夫訳、思索社、一九七六年

『隠された十字架　法隆寺論』梅原猛著、新潮社、一九七二年

◆周辺重視

『中国の青い鳥　シノロジーの博物誌』中野美代子著、南想社、一九八五年

◆透明

『透明人間の科学　SFから物理学へ』大槻義彦著、講談社ブルーバックス、一九八四年

『透明人間の告白』H・F・セイント著、高見浩訳、新潮社、一九八八年

◆プロセシズム

『マルセル・デュシャン』東野芳明著、美術出版社、一九七七年

『形象と文明』篠田浩一郎著、白水社、一九九二年

◆同化と反転

『自然　まだ見ぬ記憶へ』港千尋著、NTT出版、二〇〇〇年

『優生思想の歴史　生殖の権利』スティーブン・トロンブレイ著、藤田真理子訳、明石書店、二〇〇〇年

◆奥行き反転

『ウィンター殺人事件』S・S・ヴァン・ダイン著、創元推理文庫、一九六二年
『円と四角』向井周太郎＋松田行正著、牛若丸出版、一九九八年
『本格ミステリー宣言　ハイブリッド・ヴィーナス論』島田荘司著、講談社、一九九五年
『グラフィックの魔術』ブルーノ・エルンスト著、ベネディクト・タッシェン出版、一九八六年

◆正面と側面

『殺す・集める・読む　推理小説特殊講義』高山宏著、創元ライブラリ、二〇〇二年
『科学捜査の事件簿　証拠物件が語る犯罪の真相』瀬田季茂著、中公新書、二〇〇一年
『鬼の宇宙誌』倉本四郎著、平凡社ライブラリー、一九九八年

◆組み替える

『数学マジック』マーティン・ガードナー著、金沢養訳、白揚社、一九九九年
『遊びの博物誌』坂根厳夫著、朝日新聞社、一九七七年
『新・遊びの博物誌』坂根厳夫著、朝日新聞社、一九八二年

★3　形のコラージュ

◆フトンタタキの謎

『ものと人間の文化史32　蛇　日本の蛇信仰』吉野裕子著、法政大学出版局、一九七九年
『重力と恩寵』シモーヌ・ヴェイユ著、田辺保訳、ちくま学芸文庫、一九九五年

◆円盤物語

『光・運動・空間　境界領域の美術』石崎浩一郎著、商店建築社、一九七一年
『花田清輝著作集Ⅰ復興期の精神、錯乱の論理』花田清輝著、未来社、一九六四年
『日本デザイン論』伊藤ていじ著、鹿島出版会、一九六六年
『ガモフ全集六巻　一、二、三…無限大』ジョージ・ガモフ著、崎川範行訳、白揚社、一九五一年
『ホログラフィック・ユニヴァース　時空を超える意識』マイケル・タルボット著、川瀬勝訳、春秋社、一九九四年

◆増殖

『ウルトラバロック』小野一郎写真集、新潮社、一九九五年
『郵便配達夫シュヴァルの理想宮』岡谷公二著、作品社、一九九二年
『種村季弘のネオラビリントス2　奇人伝』種村季弘著、河出書房新社、一九九八年

◆パーツ

『芸術選書　ミロとの対話　これが私の夢の色』ジョアン・ミロ＋ジョルジュ・ライヤール著、朝吹由紀子訳、美術公論社、一九八三年
『科学捜査の事件簿　証拠物件が語る犯罪の真相』瀬田季茂著、中公新書、二〇〇一年
『人間の測りまちがい　差別の科学史』スティーヴン・J・グールド著、鈴木善次＋森脇靖子訳、河出書房新社、一九八九年
『記号の事典　セレクト版第二版』江川清＋青木隆＋平田嘉男編、三省堂、一九九四年
『世界のグラフィックデザイン1　ヴィジュアル・コミュニケーション』杉浦康平＋松岡正剛著、講談社、一九七六年

◆覆う・包む

『マルコ・ポーロの見えない都市』イタロ・カルヴィーノ著、米川良夫訳、河出書房新社、一九七七年
『暗号戦争』吉田一彦著、小学館、一九九八年

◆つけ加える

『code』松田行正著、牛若丸出版、二〇〇〇年

◆封じ込める

『空想非科学大全　科学を拒絶する空想十五の法則』柳田理科雄著、メディアワークス、一九九八年
『種村季弘のラビリントス　壺中天奇聞』種村季弘著、青土社、一九七九年
『フリーメイソン　西欧神秘主義の変容』吉村正和著、講談社現代新書、一九八九年

◆消す

『種村季弘編集　ユリイカ三月号臨時増刊総特集ダダ特集』美術出版社、一九七九年
『遊びの博物誌』坂根厳夫著、朝日新聞社、一九七七年
『天皇の肖像』多木浩二著、岩波新書、一九八八年

★4　数字・文字・暗号・シンボル

◆フィギュア

『エッフェル塔試論』松浦寿輝著、筑摩書房、一九九五年
『近代の小道具たち』エンゲルハルト・ヴァイグル著、青土社、一九九〇年
『探検博物学者フンボルト』ピエール・ガスカール著、白水社、一九八九年

◆216、126、32、21

『消失と透明化の時代　二十世紀文化を解読する』O・B・ハーディソン・ジュニア著、下野隆生＋水野精子訳、白揚社、一九九九年

◆奇妙な文字

『蒼頡たちの宴　漢字の神話とユートピア』武田雅哉著、筑摩書房、一九九四年

『日本語大博物館　悪魔の文字と闘った人々』紀田順一郎著、ジャストシステム、一九九四年
『漢字と日本人』高島俊男著、文春文庫、二〇〇二年
白川静氏の諸著作

◆タテ書き
『近代日本のデザイン文化史1868-1926』榧野八束著、フィルムアート社、一九九二年
『日本語大博物館　悪魔の文字と闘った人々』紀田順一郎著、ジャストシステム、一九九四年

◆紙と書体と印刷
宮崎正勝氏の諸著作
『デザインの現場十一月号増刊　紙の大百科』海野弘「モダンデザインと紙」、美術出版社、二〇〇〇年
『紙の博物誌』渡辺勝二郎著、出版ニュース社、一九九二年
『欧文書体百花事典』組版工学研究会編、朗文堂、二〇〇三年
『さまよえるグーテンベルク聖書』富田修二著、慶應義塾大学出版会、二〇〇二年
『印刷博物誌』凸版印刷　印刷博物誌編纂委員会編、凸版印刷、二〇〇一年
『ジーク ハイル！』ステファン・ローラント著、中山善之訳、インターナショナル タイムズ、一九七五年

◆文字とスタンダード
『日本の近代活字』「日本の近代活字・本木昌造とその周辺」編纂委員会編、近代印刷活字文化保存会、二〇〇三年
『世界の文字の図典』世界の文字研究会編、吉川弘文館、一九九三年
『数量化革命　ヨーロッパ覇権をもたらした世界観の誕生』A・W・クロスビー著、小沢千重子訳、紀伊國屋書店、二〇〇三年
『司法的同一性の誕生　市民社会における個体識別と登録』渡辺公三著、言叢社、二〇〇三年
『日本博覧人物史　データベースの黎明』紀田順一郎著、ジャストシステム、一九九五年
『欧文書体百花事典』組版工学研究会編、朗文堂、二〇〇三年
『ケルムスコット・プレス　ウィリアム・モリスの工房』W・S・ピータースン著、湊典子訳、平凡社、一九九四年

◆コラージュとモンタージュ
『ビートルズと60年代』イアン・マクドナルド著、奥田祐士訳、キネマ旬報社、一九九六年
『文字始源　象形文字　遊行』粟津潔編著、東京書籍、二〇〇〇年
『「かごめ歌」に秘められた裏卑弥呼』関裕二著、フットワーク出版、一九九八年
『縦横無尽の知的冒険　専門の垣根を越えて』永井俊哉著、RESS PLAN、二〇〇三年

◆！と？
『世界の文字の図典』世界の文字研究会編、吉川弘文館、一九九三年
『句読点おもしろ事典』大類雅敏著、一光社、一九八八年

◆暗号解読
『レオナルド＝ダ＝ヴィンチ　鏡面文字の謎』高津道昭著、新潮選書、一九九〇年
『マドロスはなぜ縞のシャツを着るのか』飯島幸人著、論創社、二〇〇〇年
『暗号解読　ロゼッタストーンから量子暗号まで』サイモン・シン著、青木薫訳、新潮社、二〇〇一年

◆メッセージ
『人名の世界地図』二十一世紀研究会編、文春新書、二〇〇一年
『コンタクト』カール・セイガン著、池央耿＋高見浩訳、新潮文庫、一九八九年
『異星人との知的交信』カール・セイガン編、金子務＋佐竹誠也訳、河出書房新社、一九七六年

★5　見ること・見られること

◆振動する眼球
『眼はなにを見ているか　視覚系の情報処理』池田光男著、平凡社、一九八八年

◆眼光ビーム
『かくれた次元』エドワード・T・ホール著、みすず書房、一九七〇年
『生命のニューサイエンス　形態形成場と行動の変化』ルパート・シェルドレイク著、幾島幸子＋竹居光太郎訳、工作舎、一九八六年
『世界を変える七つの実験　身近にひそむ大きな謎』ルパート・シェルドレイク著、田中靖夫訳、工作舎、一九九七年
『空想科学映画読本』柳田理科雄著、扶桑社、二〇〇一年
『寫眞史』伊藤俊治著、朝日出版社、一九九二年

◆凝視する
『ナチスと動物　ペット・スケープゴート・ホロコースト』ボリア・サックス著、関口篤訳、青土社、二〇〇二年
『眼の隠喩　視線の現象学』多木浩二著、青土社、一九八二年

『陰謀の世界史　コンスピラシー・エイジを読む』海野弘著、文藝春秋社、二〇〇二年
『天皇の肖像』多木浩二著、岩波新書、一九八八年
『ビートルズと60年代』イアン・マクドナルド著、奥田祐士訳、キネマ旬報社、一九九六年

◆形の知覚

『NASA極秘写真が明かす月のUFOとファティマ第3の秘密』コンノケンイチ著、徳間書店、一九九三年
『トンデモ本の世界』と学会編、洋泉社、一九九五年
『花田清輝著作集Ⅰ　復興期の精神、錯乱の論理』花田清輝著、未来社、一九六四年
『三浦和義事件』島田荘司著、角川書店、一九八七年

◆物質的想像力

『水と夢　物質の想像力についての試論』ガストン・バシュラール著、小浜俊郎＋桜木泰行訳、国文社、一九六九年
『柔らかい都市の柔らかい空間　空間情緒学序説』箱崎総一著、時事通信社、一九七六年
『ホログラフィック・ユニヴァース　時空を超える意識』マイケル・タルボット、川瀬勝訳、春秋社、一九九四年

◆パスワード

『パスワード　彼自身によるボードリヤール』ジャン・ボードリヤール著、塚原史訳、NTT出版、二〇〇三年
『「モノ」の世界史　刻み込まれた人類の歩み』宮崎正勝著、原書房、二〇〇二年
『メディア論　人間の拡張の諸相』マーシャル・マクルーハン著、栗原裕＋河本仲聖訳、みすず書房、一九八七年
『ガラスのような幸福　即物近代史序説』高山宏著、五柳書院、一九九四年
『グラモフォン フィルム タイプライター』フリードリッヒ・キットラー著、石光泰夫＋石光輝子訳、筑摩書房、一九九九年

◆反転するイメージ

『じゃがいもが世界を救った　ポテトの文化史』ラリー・ザッカーマン著、関口篤訳、青土社、二〇〇三年
『核論　鉄腕アトムと原発事故のあいだ』武田徹著、勁草書房、二〇〇二年
『アートフル・サイエンス　啓蒙時代の娯楽と凋落する視覚教育』バーバラ・M・スタフォード著、高山宏訳、産業図書、一九九七年

◆光をあてる

『イラストレーション』J・ヒリス・ミラー著、尾崎彰宏＋加藤雅之訳、法政大学出版会、一九九六年
『ふたつの世紀末』高山宏著、青土社、一九九八年
『闇をひらく光　十九世紀における照明の歴史』ヴォルフガング・シヴェルブシュ著、小川さくえ訳、法政大学出版局、一九八八年
『光のドラマトゥルギー　20世紀の建築』飯島洋一著、青土社、一九九〇年
『現代建築・テロ以前／以後』飯島洋一著、青土社、二〇〇二年

本書は隔月誌『デザインの現場』（美術出版社）の一九九七年四月号から二〇〇四年四月号まで「designscape」のタイトルで連載した四十二本の原稿の順序を入れ替えて加筆、図版も多少加えたり、さしかえたりしたものです。この連載は、『デザインの現場』のADとして何号か仕事をこなしていた頃、当時の編集長柳沢晴美さんから連載の依頼を受け、毎号いつ連載が打ち切りになるかヒヤヒヤしながら、鈴木一男編集長、押金純士編集長と続いて、ありがたいことに現在も田邊直子編集長のもとで連載を継続中です。

そして、この連載を読んだ高校時代からの畏友で装幀家の芦澤泰偉さんが紀伊國屋書店出版部の水野寛さんに話を持ち込み、紆余曲折を経て出版に到ったものです。

芦澤さんは、十九のときに大学入学で上京してからの濃密な数年間のほとんどをお互いに影響しあいながらすごした仲で、私に知の世界の魅力を伝えた張本人でした。今も会うとその頃の気持ちになれる数少ない友人の一人です。

部のまとめ方と順序の入れ替えは水野さんの試案に基づきました。著作権の確認などの煩瑣で面倒な仕事は出版部の近藤真里子さんが図版点数の多さにもめげず、すべてこなしてくれました。感謝します。

原稿を読み直しながらレイアウトをするという、筆者としてもデザイナーとしても非常に楽しいひとときを過ごさせていただきました。

こうして牛若丸以外で出版される二冊目の本が刊行されることになりました。本が好きで編集かデザイン、あるいはその両方ができる仕事に就きたいと若いころ思っていましたが、今はそれが日々の作業の中心となっています。望外の喜びを感じています。

二〇〇五年三月　　　　松田行正

# 初出誌一覧

## ★1　直線の夢

線の乱舞　『デザインの現場』二〇〇一年八月号
縦と横　『デザインの現場』一九九九年十二月号
水平線に浮かぶ風景　『デザインの現場』一九九八年六月号
反重力　『デザインの現場』一九九八年四月号
オモテケイの舞い　『デザインの現場』一九九八年十月号
ルート　『デザインの現場』二〇〇二年二月号
モジュール　『デザインの現場』二〇〇〇年十二月号
直線の夢　『デザインの現場』一九九九年六月号

## ★2　面の愉しみ

デシメトリ　『デザインの現場』一九九七年六月号
周辺重視　『デザインの現場』一九九七年十月号
透明　『デザインの現場』一九九八年二月号
プロセシズム　『デザインの現場』一九九七年四月号
同化と反転　『デザインの現場』二〇〇一年十月号
奥行き反転　『デザインの現場』二〇〇〇年二月号
正面と側面　『デザインの現場』二〇〇二年四月号
組み替える　『デザインの現場』二〇〇三年六月号

## ★3　形のコラージュ

フトンタタキの謎　『デザインの現場』一九九九年四月号
円盤物語　『デザインの現場』一九九七年八月号
増殖　『デザインの現場』二〇〇〇年四月号
パーツ　『デザインの現場』二〇〇〇年六月号
覆う・包む　『デザインの現場』二〇〇〇年十月号
つけ加える　『デザインの現場』二〇〇〇年八月号
封じ込める　『デザインの現場』二〇〇一年十二月号
消す　『デザインの現場』二〇〇一年二月号

## ★4　数字・文字・暗号・シンボル

フィギュア　『デザインの現場』二〇〇二年八月号
216、126、32、21　『デザインの現場』一九九九年十月号
奇妙な文字　『デザインの現場』二〇〇二年六月号
タテ書き　『デザインの現場』二〇〇三年十二月号
紙と書体と印刷　『デザインの現場』二〇〇四年四月号
文字とスタンダード　『デザインの現場』二〇〇四年二月号
！と？　『デザインの現場』一九九八年八月号
暗号解読　『デザインの現場』二〇〇三年八月号
コラージュとモンタージュ　『デザインの現場』二〇〇一年四月号
メッセージ　『デザインの現場』二〇〇一年六月号

## ★5　見ること・見られること

振動する眼球　『デザインの現場』一九九七年十二月号
眼光ビーム　『デザインの現場』一九九九年二月号
凝視する　『デザインの現場』二〇〇二年十月号
形の知覚　『デザインの現場』一九九八年十二月号
物質的想像力　『デザインの現場』一九九九年八月号
パスワード　『デザインの現場』二〇〇三年二月号
反転するイメージ　『デザインの現場』二〇〇三年四月号
光をあてる　『デザインの現場』二〇〇二年十二月号

著者
松田行正（まつだ・ゆきまさ）
グラフィックデザイナー。書籍・雑誌のデザインを中心に活躍。現在、雑誌『CONFORT』『デザインの現場』『10＋1』『InterCommunication』などのADをつとめる。ここ数年は、せんだいメディアテーク、大社文化プレイス、みなとみらい21の元町・中華街駅プラットフォーム、まつもと市民芸術館、富弘美術館などの建築のサイン・デザインも手がける。著書は『絶景万物図鑑』（TBSブリタニカ）、『MODERATO』『lines』『円盤物語』『円と四角』『code』『ZEЯRO』（以上・牛若丸）。

---

眼の冒険──デザインの道具箱
2005年4月30日　第1刷発行

発行所
株式会社　紀伊國屋書店
東京都新宿区新宿3－17－7
出版部（編集）電話　03（5469）5919
ホールセール部（営業）電話　03（5469）5918
〒150－8513 東京都渋谷区東3－13－11


ISBN4-314-00982-9 C0070
Printed in Japan
定価は外装に表示してあります

印刷・製本
文唱堂印刷

本書使用書体
見出し：リュウミンR-KL＋秀英3号std. R＋Bodoni Book
本文：イワタ明朝体オールド＋AGaramond
キャプション：イワタ中ゴシック体v3＋Frutiger Roman
ノンブル：Joannna MT
その他：ゴシックMB101B、KRあおいM、こぶりなゴシックW6、Frutiger Bold、Gill Sans

本書使用用紙
カバー：ヴァンヌーボV・スノーホワイト　四六Y135kg
本表紙：ヴァンヌーボV・スノーホワイト　四六Y110kg
見返し：タントN-1　四六Y100kg
別帖：NTラシャ・ひまわり　四六Y100kg
本文：Be-7　98g / m²